Luisa Elena Delgado

LA NACIÓN SINGULAR

Fantasías de la normalidad democrática
española (1996-2011)

SIGLO XXI
ESPAÑA

Diseño interior y cubierta: RAG

© Siglo XXI de España Editores, S. A., 2014

Sector Foresta, 1
28760 Tres Cantos
Madrid - España

Tel.: 918 061 996
Fax: 918 044 028

www.sigloxxieditores.com

ISBN: 978-84-323-1671-5
Depósito legal: M-12.690-2014

Impreso en España

ÍNDICE GENERAL

AGRADECIMIENTOS

El proceso de conceptualización y escritura de cualquier libro es largo y arduo, y el de este ha sido particularmente largo y arduo. En varios momentos decidí que el tema era demasiado amplio, demasiado lleno de aristas, demasiado explícitamente político, y lo abandoné para enfocarme en otros proyectos de temática más reconfortante. En última instancia, sin embargo, el deseo de ahondar en las cuestiones aquí estudiadas acabó imponiéndose, particularmente porque las consecuencias negativas de querer evitar o anestesiar lo problemático es precisamente uno de los hilos conductores del trabajo. En cualquier caso, si a pesar de las interrupciones y los desvíos el proyecto se ha podido llevar a cabo, es gracias a la colaboración, directa e indirecta, de instituciones e individuos, la cual me es muy grato reconocer.

El tipo de análisis que llevo a cabo en este libro es un resultado directo de mi afiliación profesional con la Universidad de Illinois (Urbana-Champaign), y en particular con su Unit for Interpretive Criticism and Critical Theory, que desde 1981 es uno de los centros más importantes de crítica cultural de Estados Unidos. La impresionante actividad de dicho centro, en particular sus conferencias, seminarios y publicaciones, me abrieron la puerta a un tipo de investigación interdisciplinaria y teórica que ha marcado un antes y un después en mi evolución crítica. Un papel muy importante, en una línea similar, ha tenido el Illinois Program for Research in the Humanities. He sido afortunada por poder trabajar en un entorno que no solo respetaba la libertad de cátedra, sino donde era posible crecer intelectualmente, sin encasillamientos. Agradezco a Diane Musumeci su apoyo a mi deseo de integrar el análisis cultural a mi actividad docente e investigadora. En un determinado momento, Silvina Montrul supo hacerme ver que a veces la única manera de avanzar es detenerse a recuperar el aliento. Espero que lo que ha sido una de las mejores universidades públicas de Estados Unidos sepa mantener su compromiso con los principios con que se fundó, buscando soluciones inteligentes a los retos con que se enfrenta. Espero también que esa solución consiga evitar reducir la actividad crítica y creativa a una gestión administrativa de recursos que exige, además, la aquiescencia como única reacción legítima.

El departamento de Español de la Universidad de Illinois se ha caracterizado por su énfasis en la consideración de las culturas nacionales como construcciones complejas, y marcadas por la tensión entre una gran narrativa de homogeneidad, y la realidad que siempre es plural y contradictoria. Es también un departamento donde se enseñan las cuatro lenguas peninsulares, que se pueden escuchar de forma habitual en los pasillos. Es indudable que un libro como este se ha beneficiado de ese entorno cultural y humano. Mis alumnos, en particular los de doctorado, han sido parte fundamental de la manera en que ha ido evolucionando mi pensamiento. Han sido ellos los que muchas veces me han hecho recuperar la esperanza de que la discusión honesta entre posiciones antagónicas sea posible.

Un reconocimiento especial tienen Toni Prado, Iker González Allende, Ana Vivancos, Jordi Olivar, Sally Perret, Kristina Pittman, Mario López González, Luján Stasevicius, Fernando Herrero Matoses y Emily di Filippo, todos los cuales han contribuido con sus ideas, sus discusiones y su apoyo a este proyecto.

Agradezco el apoyo económico del Programa de Cooperación entre las universidades norteamericanas y el Ministerio de Cultura español, programa ahora, como tantas otras cosas, suspendido. El Research Board de la Universidad de Illinois me concedió un semestre libre de responsabilidades docentes; ese periodo, unido a otro semestre sabático, fue lo que dio el impulso final a esta obra.

El tema de este libro requería la inmersión no solo en un archivo textual (libros, periódicos, revistas, cine, televisión, teatros), sino también en debates académicos, foros y tertulias. Lo que se discute y cómo se discute, las reacciones en entornos profesionales pero también en la calle, es parte fundamental de un estudio que toma en cuenta no solo la realidad legal o política de las cosas, sino su percepción desde distintos contextos. En ese sentido, me he beneficiado enormemente del intercambio personal y profesional con Akiko Tsuchiya, Joseba Gabilondo, Joan Oleza, Facundo Tomás, Pura Fernández, Teresa Ferrer, Iban Zaldúa, Jonathan Mayhew, Germán Labrador Méndez, Maite Zubiaurre y Josep-Anton Fernàndez. Mis colegas en el *Journal of Spanish Cultural Studies* han contribuido en numerosas ocasiones a un diálogo enriquecedor sobre prácticas culturales en general y sobre cultura española en particular. Joan Ramon Resina ha sido un interlocutor importante en los últimos años, en los cuales me he beneficiado de su profundo conocimiento de la cultura catalana, de su rigor crítico y de su amistad. A lo largo de los años, Joseba Gabilondo y yo hemos mantenido numerosas conversaciones sobre los límites y la función de las fantasías nacionales. Sus propios análisis sobre las literaturas vasca y española me han resultado enriquecedores. Mención especial merece Jo Labanyi, que es para mí un modelo a muchos niveles: como crítica, por su brillantez, su amplitud de conocimientos y su respeto a las ideas ajenas; como editora y profesora, por su generosidad, su integridad y responsabilidad; como amiga, porque su lealtad, comprensión y sentido del humor me han sostenido e impulsado en muchas ocasiones.

Anaclet Pons y Justo Serna fueron lectores generosos de un proyecto un tanto alejado de su propia práctica crítica, pero que se ha beneficiado de la inteligencia e integridad que la caracteriza. Tomás Rodríguez ha sido el editor que todo autor desearía tener, por su inteligencia, por su compromiso y por el tipo de trato respetuoso y cordial que establece en sus relaciones con los demás. Montserrat Pruna colaboró con excelente criterio a editar el texto final, que se ha beneficiado de su buen ojo crítico y de su profesionalidad.

Dara Goldman y Ann Abbott han sido colegas, confidentes y amigas, en los buenos momentos y en los malos. Su inteligencia, sentido del humor y capacidad de comprensión enriquecen mi vida y la convivencia en el entorno laboral. Angelina Cotler ha traído con ella música y sentido del humor, así como importantes conversaciones sobre la realidad latinoamericana y española.

Dr. Avis Bernstein taught me invaluable lessons about mindfulness and acceptance. Her sensibility, intelligence and sense of humor provided a much needed anchor in the midst of a storm, as well as an example of what a constructive dialogue should be.

La fase final de preparación de este libro se hizo en Barcelona, en el contexto de una nueva situación laboral y personal, por un lado enriquecedora y, por otro, exigente. Agradezco su ayuda al equipo del programa de las universidades de Illinois y California, sin la cual mi trabajo administrativo hubiera sido mucho más difícil: gracias, por tanto, a Mar Puchau, Axel Forrestier y, sobre todo, a Gemma de Blas: *moltes gràcies per tot.* El grupo de estudiantes de las universidades de Illinois y California (2013-2014) me ayudó a entender mejor el proceso de mi propia relocalización cultural, contribuyendo con su alegría y su comportamiento a hacer que el día a día fuera enriquecedor.

Mi familia, como tantas otras, es complicada y diversa, cultural e ideológicamente. Esa diversidad dificulta las relaciones, pero también nos obliga a aprender a buscar puntos de encuentro. Haber crecido en un entorno donde había republicanos (anticlericales y creyentes), franquistas, socialistas, comunistas, catalanistas, y –en otro contexto– peronistas, todo ello repartido entre exiliados, emigrantes y otros que no tuvieron que moverse nunca de donde estaban, explica el impulso que me llevó a analizar las tensiones entre diferentes ideas de España en el presente. Agradezco a mis padres, Marisa García y Diego Delgado, el compromiso con la educación de sus hijas, algo que ha sido la base de nuestra independencia y nuestra vida profesional. Mi hermana Sylvia encontró su vocación de filóloga y escritora en los últimos años de redacción de este libro, pero, sobre todo, se empezó a encontrar a sí misma, lo cual me enorgullece y me llena de alegría. A lo largo de los años, mi hermana Alicia ha resuelto con paciencia infinita innumerables problemas informáticos, técnicos y logísticos, además de aportar su capacidad de comunicación visual a numerosos proyectos. Sobre todo, ha sido mi gran apoyo, mi aliada incondicional y mi mejor amiga: su generosidad y su persistencia en llevarme al barrio de la alegría son un regalo que nunca podré agradecer bastante.

Adrián, Daniel y Nico han sido un ejemplo de lo que puede ser una unión que no se basa en la biología, ni en el deber, sino en la voluntad de entenderse y apreciarse. Su cariño y su apoyo enriquecen mi vida. Mi hijo Álvaro ha sido un ejemplo de superación personal y madurez. De él he aprendido a juzgar menos, aceptar más y tomarme las cosas con más sentido del humor (*I'm working on it!*). Su aceptación de las contradicciones y ventajas de una identidad nacional múltiple es un ejemplo de que lo que no se plantea como problema, no lo es. Agradezco también su generosa confianza en que este proyecto, que ha mantenido a su madre durante años con la cabeza siempre sepultada entre libros y papeles, llegaría a buen puerto. En un sentido más concreto, el capítulo sobre el fútbol y el goce nacional no se hubiera escrito sin el ejemplo de su propia pasión futbolística, vivida con intensidad desde una ciudad universitaria de Illinois, rodeada por campos de maíz. A él está dedicado el capítulo, en recuerdo emocionado de los momentos especiales que hemos compartido juntos en relación a un deporte que tanto ha aportado a su vida.

El tema y el enfoque de este libro están muy profundamente influidos por dos décadas de convivencia con Mauricio Parra. En todo este tiempo, hemos compartido el día a día profesional y personal, desde el acuerdo, el consenso y también desde el disenso. Este libro lleva la impronta de sus ideas y su sensibilidad sobre la justicia y la igualdad; sobre el valor de lo público y la necesidad de la política; sobre las deudas sociales que quedan siempre sin pagar y que, sin embargo, cada vez cuentan menos. Más allá de sus palabras y sus ideas, sin embargo, le agradezco, más de lo que puedo expresar, sus acciones: la inteligencia, la generosidad y el amor que ha puesto siempre en preservar y enriquecer nuestro espacio común.

En cierto sentido, este libro empezó a escribirse hace mucho, cuando dos niñas, hijas y nietas de españoles pero nacidas en Caracas, llegaron a un Madrid que en ese entonces les pareció gris, frío y no particularmente acogedor. Esas niñas oyeron una y otra vez que su acento venezolano era raro, igual que el de su padre, canario, cuya tierra apenas aparecía en un recuadro del mapa del tiempo, en una España donde todos los locutores tenían el mismo acento. Raro también era tener una madre que trabajaba fuera de casa y hablaba bien inglés. En realidad, todo lo que no se ajustaba a ciertas normas culturales era raro o, como se decía entonces, «anormal». Esas niñas oían a sus abuelos, madrileños que también habían ido y vuelto de Venezuela, mencionar con tristeza una guerra de la que no se daban los detalles, simplemente se constataba su carácter de terrible catástrofe. Años más tarde, entendería el porqué de sus silencios, pero siempre lamentaré no haberles hecho más preguntas. Me enorgullezco, en cambio, de haberles acompañado a votar libremente por la opción política por la que habían luchado en el pasado: su emoción al constatar que podían ayudar a decidir el futuro de su país de forma pacífica, y que su idea de España volvía a *contar,* es uno de los mejores recuerdos de mi vida.

Agradezco a Juan Miguel Ribera Llopis que en los años ochenta del siglo pasado preguntara a los alumnos de cuarto de Filología Hispánica de la Universidad Complutense de Madrid si querían dar la clase optativa de Introducción a la literatura catalana en catalán, aclarando que se traduciría lo que fuera necesario. Que los alumnos dijeran mayoritariamente que sí, a pesar de no tener conocimiento previo de catalán ni ser, en la mayoría de los casos, de origen catalán, da la medida de cómo han cambiado a peor las cosas en España. Pero las puertas que se abren no se pueden volver a cerrar como si no hubiera pasado nada, y esa puerta abierta me ha llevado a conocer mejor, y a estimar (en sentido catalán y castellano), las palabras y las razones de una cultura fascinante; también a reflexionar sobre la pluralidad de lo que se nos presentaba como singular. En esa misma época, mi familia se amplió con un padrastro catalán cuya familia también había vivido el exilio en Argentina, donde intentó mantener viva la lengua y la cultura que habían tenido que dejar. Entraron también otros familiares catalano-vascos-argentinos que recalaron en Suecia, huyendo de la guerra sucia de Videla, así como una familia colombiana también marcada por la complejidad de su realidad nacional. A pesar de las vicisitudes en común, el entendimiento entre todas esas experiencias es complicado, a veces, de hecho, casi imposible, porque no siempre se puede ir más allá de lo que nos ancla a ciertas experiencias y perspectivas. Y sin embargo, todos, o casi todos, hemos querido seguir intentándolo para poder compartir, aun de manera imperfecta, un espacio común.

Para cuando se empezó este libro, yo llevaba casi dos décadas de residencia y vida profesional en Estados Unidos, primero en California y luego en Illinois, trabajando en inglés y en español, dentro y fuera del hispanismo. De este modo, todas las experiencias previas se mezclaron con las vividas en una sociedad mucho más compleja que su estereotipo y que me planteó otra serie de retos y oportunidades. La perspectiva de este trabajo está, por tanto, inevitablemente marcada por la realidad del desplazamiento, tanto geográfico como simbólico, la reflexión sobre las distintas condiciones en que ocurren y la constatación de las dificultades, pero también del enriquecimiento que implica salir de lo que creemos es nuestro lugar en el mundo. Ojalá llegue el día en que las fantasías identitarias asentadas sobre ideas fijas de lo que inevitablemente somos se sustituyan con una reflexión abierta sobre los motivos, los objetivos y la mejor manera de ser en común.

A Mauricio,
Por querer encontrarme en las terrazas del gozo y de lo cierto.

A Álvaro,
Por llenar todos los espacios con su luz.

A l@s que, siendo considerados la parte sin parte de un todo, han luchado por contar y ser contad@s.

INTRODUCCIÓN

Que quinientos años más tarde, los historiadores llamen *españoles* a los numantinos, a Viriato y al emperador Teodosio y a los godos, es solo un síntoma de la radical anormalidad de la historiografía hoy padecida por un pueblo, cuya conciencia colectiva se nutre de ilusorias fantasías, y carece de un objeto real a que referirse, situado en un tiempo y en un espacio rigurosamente determinados.

AMÉRICO CASTRO: ESPAÑOL, PALABRA EXTRANJERA

Este libro presenta un análisis de un tipo de lógica cultural movilizada durante la democracia española, desde los años del primer gobierno de José M. Aznar, cuando España aparentemente iba bien y estaba instalada en la normalidad democrática, hasta el final del gobierno socialista en 2011. Las reflexiones finales se sitúan ya en un estado de crisis sin precedentes y de consecuencias impredecibles, pero uno de cuyos más claros síntomas es la reducción de la realidad social a listas de cifras y cuentas, unas cuentas cuyos balances no cuadran: ni los de las instituciones financieras que necesitan rescates millonarios; ni los de las inversiones públicas que lejos de generar un beneficio público, se convierten en rémoras sociales y económicas; ni los de la sanidad y la educación públicas, en situación de emergencia y vía de privatización. Y qué decir de los presupuestos de los más de seis millones de personas, hombres, mujeres, jóvenes, cuya situación de extrema precariedad ya parece haberse convertido en una circunstancia permanente. Las cifras y los porcentajes del desastre se usan además como arma arrojadiza. El gobierno usa las suyas para demostrar la ineptitud de la oposición y su herencia envenenada; y la oposición demuestra que los mecanismos oficiales maquillan la realidad. Los casos de corrupción de un partido político se justifican con los de otro, la calamitosa gestión de una comunidad autónoma se justifica comparándola con la más calamitosa de otro y la lógica del «y tú más» se mantiene operativa al más alto nivel político.

En el estado de excepción normalizado en que vivimos, la ciudadanía es interpelada con un lenguaje que la infantiliza y reduce a gestión económica la tarea política: es necesario «hacer los deberes» y «cuadrar los balances», hacer que todo encaje en la columna apropiada para que los políticos-gestores, y sobre todo los auditores foráneos, nos aprueben o nos suspendan. La desafección y la ira de los ciudadanos quedan manifiestas en la presencia casi diaria en las calles de movimientos de protesta de distinta índole, cuyo mensaje se califica en virtud de las cifras de asistentes manejadas, siempre disputadas. Es más, hasta el propio derecho de manifestación, la protesta, se quiere someter a un proceso de regulación jurídico que se justifica también con motivos cuantificables: el grado de «conflictividad razonable» que exige el buen funcionamiento democrático. Asimismo, las manifestaciones del descontento ciudadano se interpretan como reflejo de la «anorexia patriótica» que afecta históricamente a España, patología que se quiere combatir con un incremento en las dosis de patriotismo inculcadas a la ciudadanía desde el gobierno y los medios de comunicación. Las protestas en los espacios públicos se entienden como contrarias a la lealtad nacional por el perjuicio que suponen para la proyección internacional de la «marca España», definida oficialmente como una estrategia pilotada desde el estado, que es el que debe dirimir entre intereses contradictorios, determinando así lo que representa el bien común.

La nación singular parte de una premisa diferente, del cuestionamiento de lo que debe *contar* en un sistema democrático, esto es, lo que debe computarse, pero también lo que debe ser tenido en cuenta y referido. Para ello, hay que utilizar un modelo de contabilidad en el que la lógica de la acumulación, el beneficio y el endeudamiento se someta a un tipo de auditoría diferente. Mi argumento, desarrollado teóricamente por pensadores como J. Rancière, J. L. Nancy y R. Esposito, sostiene que la crisis económica es la manifestación más evidente de otro tipo de cuentas erróneas, unas cuentas que justifican la contabilidad simbólica de la llamada democracia de consenso (o posdemocracia) de la que España es un ejemplo singular, pero, desde luego, no único. En efecto, el estado de consenso se sostiene sobre un cómputo equivocado: entender que son todos los que (ya) están, y que (ya) están todos los que son. Presume, asimismo, de tener la capacidad y la legitimidad de representar el todo («lo común») cuando lo cierto es que una parte muy significativa de la ciudadanía, por motivos diferentes, no se siente en absoluto parte de ese todo, ni siquiera se reconoce representada por los políticos y las instituciones. Mi propuesta es que esa discrepancia, lejos de constituir una fractura que debe ser soldada para preservar la cohesión social y nacional, apunta precisamente a la cualidad esencial de la democracia, que consiste en la posibilidad de cuestionamiento de las formas de compartir, dividir, adjudicar y relacionarse dentro de lo común. La política democrática se hace precisamente a base de cuentas erróneas: las que surgen cuando se toma en cuenta la «parte sin parte», cuando se hacen visibles los elementos que no contaban desde el principio, cuando se incluyen en el cómputo los excedentes y las carencias. En ese marco, la política deja de ser un mero intercambio de bienes y servicios, o de pérdidas y ganancias; deja de plantearse también como la alternancia entre el orden y la revuelta, para identificarse precisamente como la tarea constante, y siempre inacabada, de definir y repartir lo común.

En su libro *El desacuerdo,* Jacques Rancière define la democracia de consenso como «la práctica gubernamental y la legitimación conceptual de una democracia después del *demos.* Una democracia que ha eliminado la apariencia, el error de cálculo y la contienda del pueblo, y por consiguiente es reductible a la sola interacción de mecanismos estatales y combinaciones de energías e intereses sociales»[1]. Ese marco político implica la consideración del orden social como no contencioso, debido a la armonía fundamental entre una determinada forma de ser y unos valores. Asimismo, la visión consensual de la política define las opciones presentadas a la ciudadanía como objetivas y unívocas[2]. Dicha visión, característica del estado moderno gerencial, convierte la política en el oficio de unos pocos expertos y políticos profesionales cuya función no es otra que el arbitraje de las posibilidades marginales y residuales que la situación de crisis permite[3]. Si bien se mantiene el aspecto formal de las instituciones democráticas, el funcionamiento de estas cada vez es más restringido, y la política se convierte en un espectáculo controlado, maneja-

---

[1] Jacques Rancière, *El desacuerdo. Política y Filosofía,* Buenos Aires, Nueva Visión, 1996.

[2] Steven Corcoran, introducción a *Dissensus: On Politics and Aesthetics,* Londres, Continuum, 2010, p. 5.

[3] Jacques Rancière, *Dissensus: On Politics and Aesthetics,* cit., p. 5.

do por grupos de expertos y circunscrito a temas específicos que parecen circular continuamente[4]. La ciudadanía, inmersa en la lógica del goce consumista, se vuelve cada vez más apática, y en gran medida se identifica con un escenario en el que los antagonistas políticos o culturales son demonizados. En verdad, lo único que hoy se espera del buen ciudadano es su consentimiento a las medidas que se toman en su nombre, y que mantenga la formalidad democrática votando cada cuatro años a unas alternativas que se presentan como las únicas posibles «con la que está cayendo».

Desde el colapso de la Unión Soviética (esto es, desde los años ochenta del siglo pasado), la actividad política de las democracias occidentales está marcada por esta concepción del «estado de consenso». En ese marco, todo litigio político y social se entiende como problemático, puesto que atenta contra la normalidad de una comunidad definida en virtud de su cohesión y cuyos componentes se presumen bien integrados, y representados en el todo. Esto, por supuesto, contradice lo que la política representa en verdad, desde Atenas a Berlín, desde Praga a la Plaza de Mayo: el momento en que los excluidos del orden político, la parte sin parte del sistema, o aquellos (aquellas) a los que se asigna un orden subordinado o marginal, renuncian a su lugar preestablecido en el *statu quo* y demandan ser vistos y escuchados, reorganizando así la topografía social. Esto es, la democracia implica la posibilidad de que lo que no contaba desde el principio, acabe contando; que el sujeto cuya historia era invisible, se haga ver. En la misma línea, un argumento pasa a ser político cuando está articulado por un sujeto que se considera con derecho a hacerlo y está dirigido a un interlocutor de quien se exige que escuche algo que en circunstancias normales no consideraría. En otras palabras, el litigio político no implica un intercambio entre grupos de intereses diferentes y bien delimitados, ya apropiadamente distribuidos en el sistema social, sino el enfrentamiento entre lógicas distintas, entre modos diversos de contar las partes que constituyen una comunidad.

En el caso español, la expresión «democracia de consenso» se ajusta perfectamente al ideal político democrático consolidado con la mitificada Transición, que propugnaba, ante todo, una equivalencia entre la normalidad democrática y la unidad y estabilidad del país. Que esos fueran los objetivos del gobierno en 1978 es com-

---

[4] Yannis Stavrakakis, *La izquierda lacaniana,* Buenos Aires, Fondo de Cultura Económica Argentina, 2007, p. 296.

prensible, dadas las peculiares circunstancias en que se produce dicha Transición, discutidas en el primer y segundo capítulo de este trabajo y analizadas, por lo demás por numerosos expertos. Que la lógica del consenso se haya mantenido intacta hasta nuestros días, y que además se presente como la única forma legítima de actuación democrática, ya tiene otras implicaciones. Muchas de ellas han sido analizadas por Guillem Martínez, que ha acuñado el término CT (Cultura de la Transición) para denominar el paradigma cultural dominante en la España democrática, caracterizado por su verticalismo, la desproblematización de la realidad, y preocupación obsesiva por la cohesión y la estabilidad. La CT aspira a una identidad nacional «vertebrada», unida en sus objetivos, en sus representaciones culturales y defendida desde el estado de los elementos ajenos que amenazan su estabilidad. Por su parte, Amador Fernández-Savater ha analizado con gran brillantez en numerosos textos el funcionamiento de esa CT entendida como ámbito de lo decible, visible y pensable, esto es, utilizando también a Rancière, entre muchos otros apoyos teóricos. El mayor éxito de esa cultura de consenso, subraya Fernádez Savater, ha sido su monopolio del «sentido común» ejercido a través de ciertas «palabras rodillo» (cohesión, estabilidad, vertebración, normalidad, unidad) y de una serie de clasificaciones binarias incuestionables (PP o PSOE; la cadena SER o la COPE; Barcelona o Real Madrid)[5]. La negociación a la baja que implica el consenso se ha presentado además como la única posibilidad democrática, la alternativa a la presencia fantasmática de la violencia y la discordia civil. Como desarrollo en el libro, la obsesión con el consenso afecta no solo a las prácticas políticas, en particular las relacionadas con el modelo de estado, sino también a todas las discusiones sobre el pasado, sea desde un punto de vista histórico, literario, económico o legal. La necesidad de no separarse del marco de la democracia consensual se vuelve a considerar imperativa precisamente en un momento en que su funcionalidad empieza a ser cuestionada.

Hasta el momento en que la crisis sacó literalmente de quicio las cosas (esto es, las desencajó del marco que las sostenía), la articulación de la idea de la España democrática fue en efecto inseparable de los conceptos de «normalización» y «normalidad», términos ubicuos que se utilizaban de muy distinta forma y con muy distintos fines: en

---

[5] Amador Fernández-Savater, «La cultura de la Transición y el nuevo sentido común», *Rebelión,* 22 de junio de 2013.

relación a la política del gobierno, por supuesto, pero también de varias comunidades autónomas que llevaron a cabo sus propios procesos de normalización política y cultural[6]; en relación a ciertos tipos de creación literaria o de comportamiento social. Desde el estado, cuando España iba bien, se entendía que el problema eran, desde luego, *los otros,* los aguafiestas que no se sentían felices de participar en el goce de una españolidad triunfante. Esto es, el sentido común nacional siempre se presentaba en relación de oposición a sus excedentes, entre los cuales destacaban, por supuesto, los nacionalismos periféricos (en particular, el vasco y el catalán) presentados como irracionales, intransigentes, insaciables en sus peticiones y empeñados en impedir el disfrute pleno de la nueva plenitud nacional[7]. El litigio y el antagonismo político, representado por los que han querido cuestionar la premisa de una España unida por un sentido común incuestionable, se han considerado (entonces y ahora) como graves fracturas que deben ser soldadas desde el estado para preservar la vertebración del cuerpo nacional, sin la cual no es posible su funcionamiento normal. Como veremos en el capítulo primero, esta posición enlaza con la idea de unidad nacional consustancial al franquismo (deudor en esto de las teorías del jurista del nazismo Carl Schmitt), pero también con la concepción unitaria y centralizada del estado consolidada desde el siglo XVIII. En última instancia, por supuesto, la consideración de la diferencia y la disidencia cultural o religiosa como amenazas a la esencia nacional se remontan en el tiempo y se celebran con términos como «Reconquista» o con la fecha mítica de 1492, cuya importancia para el imaginario nacional

---

[6] Aunque el uso del término sea el mismo, no quiero equiparar los intentos de normalización de las culturas gallega, catalana y vasca a principios de la democracia con el empeño normalizador del estado español. Aunque creo que todo proceso «normalizador» depende de una lógica problemática, no es lo mismo intentar normalizar una cultura minoritaria y que ha sido reprimida que insistir en imponer una única versión de una cultura nacional que no se encuentra en absoluto en situación de precariedad. Sobre las limitaciones de la normalización en Cataluña, véase el excelente análisis de Josep-Anton Fernàndez, *El malestar en la cultura catalana,* Barcelona, Editorial Empúries, 2008; análisis que se ha continuado también en el proyecto de investigación «Funcions del passat en la cultura catalana contemporània: institucionalització, representacions i identitat» (FFI2011-24751), asociado al grupo «Llengua, cultura i identitat en l'era global» de la Universitat Oberta de Catalunya.

[7] L. Elena Delgado, «Settled in Normal: Narratives of a Prozaic (Spanish) Nation», en Teresa Vilarós (ed.), *Nationalisms,* citado en *Arizona Journal of Hispanic Cultural Studies* 7 (2003), pp. 117-132.

español se ha vuelto a destacar con la emisión de la exitosa serie *Isabel* (emitida en 2012 y 2013), en la que se justifica la expulsión de los judíos y la lucha contra el enemigo árabe por razones de estado.

La premisa que se desarrolla en este libro es que la insistencia por parte del estado democrático español en defender a ultranza la asociación entre normalidad nacional y cohesión (o vertebración) constituye una fantasía, entendiendo el término no en su significado coloquial (una representación imaginaria subjetiva), sino en el que tiene en teoría psicoanalítica: el apoyo que da coherencia a lo que llamamos realidad, lo que hace posible e imposible a la vez la identificación colectiva. Para el psicoanálisis, la realidad social siempre está atravesada por una imposibilidad fundamental, por un antagonismo que impide que pueda ser simbolizada por completo. La fantasía, entonces, funciona como el escenario que esconde la inconsistencia social. Toda construcción social de la realidad depende de un marco fantasmático, de ahí que las grandes promesas políticas estén ligadas a un escenario de pérdida (de un pasado de plenitud) y de posible recuperación y armonía. Sin embargo, la fantasía no puede hacer realidad el deseo, sino solo sostenerlo, enseñarnos cómo desear (premisa desarrollada en el capítulo uno). La fantasía social otorga un sentido de coherencia a las construcciones identitarias, pero esa coherencia se mantiene a costa de la negación o neutralización del síntoma, del elemento que interrumpe esa simbolización armoniosa y que no es otra cosa que lo real. El síntoma se entiende así como una presencia intrusa, ajena al sistema, su excedente, y no como el punto de erupción de las verdades escondidas del orden social[8]. Por supuesto, en un determinado momento, puede haber varias fantasías nacionales luchando por la hegemonía, y la articulación de nuevos sujetos políticos se canaliza, a su vez, a través de nuevas fantasías. La fantasía también está ligada a la forma en que se estructura el goce (*jouissance*) y, de hecho, no hay política que no se sostenga sobre concepciones específicas de lo que constituye el goce, ni los elementos que lo amenazan. De ahí la importancia de entender cómo se moviliza ese concepto en el discurso político, y cómo deberían integrarse los afectos en las movilizaciones colectivas, algo que estudio en el capítulo cuarto.

Este entendimiento de la fantasía es el que se utiliza en la crítica de la ideología lacaniana, también llamada «izquierda lacaniana», en par-

---

[8] Slavoj Žižek, *Looking Awry,* Cambridge, Mass., MIT Press, 1991, p. 40.

ticular por Slavoj Žižek, Chantal Mouffe, Ernesto Laclau y Yannis Stavrakakis. La denominación «izquierda lacaniana» no se refiere a un proyecto político relacionado con determinados partidos, sino a una reconsideración radical de la democracia y la ciudadanía democrática. Desde diferentes ángulos, los críticos mencionados –cuyas propuestas son, por lo demás, muy diferentes– desarrollan sus argumentos a partir de la consideración de una afinidad estructural entre el inconsciente y la política. Todos coinciden también en interpretar las tensiones no como externas al *demos*, sino inherentes a este, que debe ser capaz de asumirlas y no perpetuarse en la construcción discursiva de una nación coherente y triunfalista, basada en la proyección fantasmática que promete un encuentro con la plenitud del goce situado en las raíces de la historia nacional[9]. Mi análisis es deudor muy en particular de la concepción de la fantasía nacional que desarrolla en toda su obra Jacqueline Rose, cuya crítica, aunque también inserta en un marco psicoanalítico, tiene un perfil más amplio que incluye el feminismo, los estudios judíos, o la literatura inglesa y sudafricana, por escoger las áreas más destacadas. El trabajo de Rose es particularmente útil para analizar las fantasías del estado (de los estados), algo que ella hace con apabullante brillantez en relación a Israel, Sudáfrica y el Reino Unido. Rose también se hace importantes preguntas, de las que me hago eco en distintos momentos de mi análisis. Su planteamiento nos lleva a cuestionar, en primer lugar, las políticas identitarias dependientes de una fantasía de coherencia y continuidad. En segundo lugar, si se cambia el foco desde lo identitario hacia la identificación, entonces habría que plantearse lo que permite o impide ciertas identificaciones, lo que hace que podamos amar o no al prójimo y convivir con el vecino[10]. En un contexto peninsular, la función de la fantasía en relación a una determinada concepción nacional ha sido bien estudiada por Begoña Aretxaga en el contexto vasco y Josep-Anton Fernàndez en el catalán. Ambos coinciden en la interpretación de dicho concepto como componente fundamental de la vida política y factor esencial en la estructuración de las relaciones de poder[11]. Por

---

[9] Y. Stavrakakis, *La izquierda lacaniana,* Buenos Aires, Fondo de Cultura Económica Argentina, 2010, p. 232.

[10] Jacqueline Rose, «Just, Lasting, Comprehensive», en *The Jacqueline Rose Reader,* Durham, Duke University Press, 2001, p. 154.

[11] Begoña Aretxaga, *States of Terror*, Reno, Universidad de Nevada, Reno, Center for Basque Studies, 2005. Josep-Anton Fernàndez, *El malestar en la cultura catalana,* Barcelona, Editorial Empúries. 2008.

lo demás, los enfoques de sus libros son muy diferentes, ya que uno se ocupa de contextos históricos marcados por la violencia (el País Vasco e Irlanda del Norte) y otro de la fantasía de la normalización en Cataluña, subrayando sus implicaciones como proceso político, y de transformación cultural y social. Las proyecciones fantásticas identitarias han sido también exploradas por Joseba Gabilondo en numerosos y sugerentes trabajos sobre cultura española y vasca a los que hago referencia.

El concepto de fantasía ideológica en relación al estado-nación permite explorar los puntos ciegos de los imaginarios nacionales y toda su carga afectiva, identificando lo que emerge como su excepción constitutiva: aquello que constituye el apoyo necesario para el sistema a la vez que su mayor amenaza. Como demuestra el repaso fundamental a los debates más frecuentes en prensa escrita, tertulias de radio y televisión, «los nacionalismos» –entre los que nunca se encuentra, por supuesto, el del estado que se identifica como un patriotismo constitucional exento de ideología– han sido representados como el gran problema del estado democrático. Durante muchos años, la violencia representada por ETA y, por asociación, todo el nacionalismo vasco, marcó el límite entre la democracia y la barbarie, entre nosotros y ellos. Terminado el conflicto armado (por mucho que se siga oyendo que la decisión es insuficiente o tramposa), el gran problema de España ha pasado a ser un proceso no violento, «el desafío secesionista» catalán que ha pasado a hacer del fantasma de la fractura nacional una presencia palpable y verificable. Y sin embargo, si algo ha puesto de manifiesto el colapso económico, político y de representatividad de los últimos años, es que no son vascos y catalanes los únicos excedentes de la nación ni los únicos elementos que se representan como amenazas a la consistencia de esta, impidiendo además el goce pleno de lo español. Una función similar ejercen todos los segmentos de la población que disienten, en el sentido más literal del término, de la política oficial del estado: las múltiples «mareas» de personas que han tomado las calles para protestar contra los recortes en educación y sanidad, contra los copagos sanitarios, contra los cierres de minas, contra los desahucios, contra la nueva ley del aborto. En el momento en que este libro iba a prensa (principios de 2014), el barrio obrero de Gamonal, en Burgos, se estaba manifestado de forma contundente en las calles para cuestionar, precisamente, el uso del espacio público que hace su gobierno local. La manera en que la prensa conservadora criminalizó la protesta se interpretó como una «batasunización» de la población, con el argumento de que «los violentos» no eran vecinos de Gamonal, sino venidos de fuera. Esto es, el que una ciudad tan fundamental para el imaginario nacional conservador como Burgos fuera testigo de una protesta de tal magnitud solo se podía explicar, dentro de ese mismo imaginario, como resultado de una infiltración de elementos extraños, algo que era por lo demás incierto, tal como se pudo comprobar con los documentos de identidad de los detenidos por la policía. Por los mismos días, la vicepresidenta del gobierno, Soraya Sáenz de Santamaría, se reconocía perpleja por la continua manifestación de indignación ciudadana que había en las calles españolas, cuando, según ella y el gobierno que representa, en España las cosas habían mejorado notablemente. Los hechos de Gamonal fueron también calificados de «atentados» por parte de la alcaldesa de Madrid, que hizo así un trasvase simbólico de lo que era una protesta ciudadana (aunque tuviera ocasionales erupciones de violencia contra la propiedad) hacia el terrorismo. De manera consistente, los manifestantes, como los del 15-M, como los que protestan diariamente en frente de la sede de un Congreso protegido con vallas, se caracterizaron como «enemigos de la recuperación de España», como manifestó un diario nacional, que, por cierto, muy dentro de la lógica dominante, encontró la forma de ligar los disturbios con la «huida secesionista» de Artur Mas[12].

La estrategia de etiquetar con el estigma de «extranjero» o «ajeno a la comunidad» a los que protestan es consistente con la lógica del consenso, según la cual las tensiones y conflictos políticos están siempre ligados a una fractura causada por presiones externas cuya soldadura devolvería la cohesión y la funcionalidad (la normalidad) a la comunidad. Pero esa normalidad es, por supuesto, solo virtual: la crisis, el deseo siempre diferido de la comunidad ideal, es en realidad el estado operativo de cualquier estructura subjetiva de pertenencia comunitaria. Las crisis se usan para azuzar reacciones viscerales de un nacionalismo acrítico que finalmente se ampara en las instituciones y procedimientos formales de la democracia para que las aguas vuelvan a su cauce. Por otro lado, las últimas encuestas del Centro de Investigaciones Sociológicas, que depende del mismo estado (y es, en ese sentido, una anomalía europea, ya que no hay otros gobiernos que tengan sus propios centros de encuestas), revelan da-

---

[12] *La Razón,* 19 de enero de 2014.

tos muy consistentes. Incluso con preguntas muy selectivamente escogidas, el principal problema para los españoles es, con gran diferencia, el paro; le siguen la corrupción y los problemas económicos. Los nacionalismos y el Estatuto de Cataluña representaban en 2013 una preocupación mínima, y la negociación con ETA no parecía preocupar a ninguno de los encuestados. Esto es, los problemas en los que se hace énfasis desde el gobierno, sus instituciones y medios de comunicación afines no parecen corresponder en absoluto a las preocupaciones de los ciudadanos españoles, pero quizá precisamente por eso, ciertas cuestiones se repiten tan machaconamente, como mecanismo de distracción[13]. La absoluta perplejidad del gobierno ante la protesta de los vecinos de Gamonal solo es comprensible en el contexto de la habitual sordera e indiferencia de los responsables políticos a las peticiones ciudadanas. La realidad es que lo que se presentó como un foco incontrolable y repentino de violencia, relacionado con la alta tasa de paro actual de la ciudad, era una demanda ciudadana que se remontaba a 2005. En ese año, el documental «¿De quién es la calle?» ya retrataba exactamente la misma situación que se repitió en 2014: la oposición de los vecinos de Gamonal a los planes urbanísticos del ayuntamiento y una constructora; los enfrentamientos con la policía y la eventual cancelación de los planes municipales como consecuencia de la reacción vecinal. Como bien ha visto Germán Labrador Méndez, el episodio actualiza en plena democracia la experiencia de las luchas y resistencias a nivel vecinal de los años setenta, algo que, como menciono en el capítulo primero de este trabajo, fue fundamental para socavar la lógica del franquismo[14]. En ese sentido, el título del documental, alusivo a la famosa frase de Fraga Iribarne «La calle es mía», es significativo. En 2005, esta primera protesta no tuvo gran trascendencia política ni eco mediático. Siete años después, el país había cambiado: ya había otra conciencia social, influida por el 15-M y por la extensión del desastre económico, y por tanto la repercusión social y mediática del hecho fue muy diferente. En 2014, la situación de Gamonal suscitó el apoyo de muchas otras ciudades españolas, que

---

[13] Centro de Investigaciones Sociológicas, datos de febrero de 2013 [http://datos. cis.es/pdf/Es2978mar_A.pdf].

[14] Agradezco a Germán Labrador Méndez esta referencia, incluida en su artículo inédito «"Ends of the world as we know it". Cómo hacer historia cultural de la España contemporánea desde la temporalidad de crisis», presentado en la Modern Languages Association Conference en enero de 2014.

se manifestaron con el lema «España entera es gamonalera». Esta reverberación de una protesta de barrio pone de manifiesto cómo un síntoma «local» puede sacar a la luz las grandes verdades de la sociedad (en este caso, la privatización del espacio público, la especulación del suelo, la irregularidad y opacidad en la adjudicación de obras públicas). Así, el problema de Gamonal «en particular» acabó convirtiéndose en un problema «general» con el que era posible identificarse, impidiéndose así la habitual estrategia de convertir lo que son síntomas de una problemática estructural en simbólicas cabezas de turco individuales. Esto es, en el marco teórico en que se desarrolla este libro, la protesta de Gamonal funciona como síntoma, es decir, como el «elemento particular que subvierte su propio género», el punto de ruptura de un campo ideológico y a la vez lo necesario para que ese campo logre su clausura[15].

Mi análisis quiere cuestionar la idea, consustancial a la democracia española, de que sea el estado el encargado de definir, defender y adjudicar lo que constituye «lo común» y los intereses de la comunidad. Al contrario, utilizando como base las teorías sobre el disenso y el litigio de Jacques Rancière y la idea de comunidad de Roberto Esposito, sostengo que la expresión «democracia consensual» pone en relación dos términos contradictorios, que corresponden a dos lógicas muy diferentes. La lógica del consenso entiende la comunidad como el resultado natural de una forma común de ser, la suma de todas las partes de un todo. Bajo ese prisma, la identificación con el todo es la única forma de «ser en común», y esa forma a su vez está siempre mediada por el estado. La lógica del disenso, por el contrario, sostiene que la democracia implica un debate abierto sobre lo que constituye lo común y la división del todo. En efecto, la comunidad democrática no se puede dar nunca por cerrada, como constituida de forma permanente. Antes al contrario, tiene que existir la posibilidad de que en ella quepan formas singulares de pertenecer a ella. A la vez, la pertenencia a una comunidad no puede excluir la realidad del litigio político, ni de un antagonismo que tiene que ser reconocido y negociado. Esto implica una forma de entender la comunidad, que no se define en base a una delimitación constante de «lo nuestro», ni en la convergencia y la cohesión ni en la aspiración siempre frustrada a la plenitud del todo. La comunidad

---

[15] Slavoj Žižek, *El Sublime objeto de la ideología,* Madrid, Siglo XXI de España, 2010, p. 47.

en su sentido más democrático debe entenderse como relación transversal, como movimiento que nos pone en contacto con lo que queda fuera de nosotros, con lo que evidencia una falta que nos constituye, pero también nos relaciona con otros.

Además del marco teórico ya comentado, el libro quiere establecer un diálogo con críticas y prácticas culturales que desde España analizan muchos de los problemas aquí presentados. Una de las consecuencias más lamentables del énfasis en el consenso es que parece haber una unanimidad de opinión sobre ciertos asuntos cuando la realidad es, siempre, mucho más compleja y diversa. Mi visión de la cultura española contemporánea, de los debates identitarios actuales, así como de las consecuencias de la crisis y las alternativas a las formas tradicionales de entender lo común y la comunidad nacional, se ha beneficiado de la lectura de ciertos autores. Debo destacar particularmente el trabajo de Amador Fernández Savater, que también ha usado las teorías de Rancière para analizar la democracia consensual española y que es alguien que toma bien el pulso no solo de la España que tenemos, sino de la que muchos querríamos construir. Guillem Martínez, como ya he dicho, dio nombre a un tipo de lógica cultural (la CT o Cultura de la Transición) predominante en el periodo que analizo. Sus críticas, hechas en tono humorístico y en un estilo diferente al tradicional en el ensayo académico, causan irritación en ciertos sectores, pero me parecen bien fundadas y muy perceptivas. Considero fundamental también la labor de Josep Ramoneda, tanto en sus libros como en sus artículos de opinión y en su más reciente proyecto, la revista *La maleta de Portbou*. Mi interpretación de la política cultural del estado español democrático es deudora de los incisivos análisis de Jorge Luis Marzo y mi visión del nacionalismo español coincide a grandes líneas con las premisas de Carlos Taibo y X. M. Núñez Seixas. Conocí el excelente trabajo de Marta Segarra cuando este libro ya estaba terminado, pero comparto sus premisas teóricas y su concepción de la comunidad, así como su interés en considerar la manera en que el género y la sexualidad inciden en los modos de pensar lo común. De más está decir que los autores aquí citados no comparten necesariamente mis interpretaciones y no tienen responsabilidad alguna por la forma en que interpreto su trabajo.

Los datos y las citas aquí presentados son rigurosos, y por eso he querido incorporarlos tanto en notas como en una lista de obras citadas al final, para facilitar su consulta. Mi deseo ha sido que el libro fuera accesible no solo a académicos, sino también para un público más amplio. Soy consciente, sin embargo, de que en ocasiones el aparato teórico crea una cierta densidad en la escritura que espero haber podido aliviar con el uso de ejemplos pertinentes. He querido también romper con la aparente neutralidad del lenguaje académico, sobre todo el habitual en el ensayo anglosajón, y escribir con un estilo que no esconde mis propias posiciones ni está exento de afectividad.

La mayor parte de este libro se escribió en Estados Unidos, de ahí que la mayoría de las obras citadas en traducción lo sean por su versión inglesa que, en la mayoría de los casos, era la más accesible. En ciertos casos, cito también la edición en castellano, como ocurre con la obra de Žižek, disponible en español en traducciones excelentes de la editorial Akal.

El libro se divide en cinco partes, la última de las cuales funciona como «coda» de las anteriores, ya que se refiere al periodo 2011-2013. La primera parte, «El estado de consenso y la fantasía de la normalidad nacional», presenta la premisa teórica sobre la que descansa el análisis, la consideración de las fantasías que sostienen la política democrática española y los elementos que funcionan como excedentes de la plenitud de lo español. Asimismo, desarrollo los conceptos de consenso y disenso, y planteo la forma en que el ideal del consenso se ha establecido como representativo de un bien común gestionado desde el estado. Mi conclusión, basada en las teorías de Rancière, Mouffe y Žižek, es que la política no consiste en distribuir, ordenar y gestionar las cosas como ya están planteadas, sino en reconocer la parte sin parte que no tiene representación y, con ella, el desacuerdo y el litigio, lo cual implica la posibilidad de reconfiguración del orden social existente.

El segundo capítulo, «Razón de estado: la cultural nacional y el imperativo de cohesión», continúa el argumento en el contexto de la política cultural de la última década. En efecto, en la España democrática, el estado de la cultura ha sido, en gran medida, equivalente al de la cultura del estado, que la ha subvencionado generosamente y cuyo objetivo principal, declarado de forma explícita y oficial, es la cohesión social y nacional. Analizo, en ese contexto, la manera en que desde el estado se han leído ciertos autores y producciones culturales, borrando la complejidad de su localización y trayectoria original para ser integradas en un todo abarcador del que se quieren borrar los marcadores ideológicos. El tercer capítulo, «Unidad de destino en lo universal», analiza la manera en que desde el estado español (del signo político que sea) se establece como imperativo categórico el hecho de que la cultura oficial representa un sentido común profundo, una «coincidencia en lo sustancial» que une a todos los ciudadanos de manera natural, y que además se caracteriza por una proyección universal incuestionable. En ese contexto, planteo las implicaciones a la aspiración y presunción de universalidad de una determinada cultura. En el cuarto capítulo, «El ruido y la Furia Roja: el estado del goce español y sus puntos de adhesión», analizo el concepto de «goce» nacional en el marco de las reacciones provocadas por el éxito de la selección española de fútbol en el Mundial de 2010 y la posibilidad de una democracia «sensible», en la que se movilicen de forma positiva los afectos que inevitablemente funcionan en las identificaciones identitarias y sociopolíticas. Finalmente, el capítulo quinto funciona como una especie de recapitulación y coda, puesto que se refiere al periodo comprendido entre 2011 y finales de 2013. En él analizo lo que denomino las cuentas erróneas de la democracia, que no tienen que ver tanto con las cifras equívocas, ocultadas o manipuladas de la realidad económica, sino con la idea de Rancière de que la esencia misma de la política implica el cómputo erróneo de las partes del todo. A partir de esa premisa, planteo que la conflictividad social visible en las calles españolas, que el gobierno intenta reprimir por medios policiales y legales, es la manifestación de un intento de redistribución de las partes de un todo cuya legitimidad y funcionalidad empieza a cuestionarse de forma consistente. La hostilidad y la descalificación gubernamental a esa masiva presencia ciudadana en las calles demuestra que las nuevas demandas de la ciudadanía se entienden como algo «fuera de lo común», ruido político que impide el normal funcionamiento de las cosas. Mi premisa es que en pleno apogeo de la crisis económica y con la ciudadanía en un estado de indignación patente, la fantasía de normalidad democrática ha empezado a mostrar sus propias fracturas estructurales. En su lugar, vemos una involución, un retroceso a retóricas y políticas de gesto incuestionablemente autoritario, que se justifican además en nombre de la singularidad de la situación española: sea esta su necesidad de castigar adecuadamente al terrorismo etarra, la dificultad de defender de manera contundente sus fronteras con Marruecos, o de defender como progresistas la práctica derogación de la ley del aborto y la defensa de los derechos del *nasciturus*. Finalmente, concluyo con una reflexión, inspirada en la teoría sobre lo común de Roberto Esposito, sobre la posibilidad –y las consecuencias– de atravesar el territorio de las fantasías ideológicas nacionales y crear un nuevo concepto de comunidad que no requiere sumar más a lo mismo, sino restar: a los modos de ser que limitan nuestra relación con los demás; a los marcos conceptuales que limitan las preguntas que nos hacemos para establecer los lugares comunes de nuestra pertenencia.

El análisis aquí desarrollado cuestiona también explícita e implícitamente la idea predominante en la España democrática de la cultura como «marca», esto es, como estrategia de visualización y consumo de un producto reciclado que se tiene que presentar como singular e intransferible. Por el contrario, entiendo con Raymond Williams que la cultura es algo «ordinario», esto es, una serie de prácticas que no siempre son singulares, sino habituales y cotidianas. Entendida en ese sentido amplio, «cultura» no implica una taxonomía de textos, figuras, u objetos, sino perspectivas, interpretaciones, relaciones materiales y afectivas con lo que se identifica con una comunidad determinada. Parto también de la premisa, tan característica de la práctica crítica de Žižek, de que la verdad, lejos de ocultarse en rincones en los que solo puede indagar el especialista, está a la vista, en la apariencia. Desde ese punto de vista, mi archivo lo constituyen una multiplicidad de prácticas culturales del periodo que me ocupa: el ensayo político e histórico; las historias de la literatura; la producción literaria y artística; los artículos de opinión de la prensa diaria; las campañas publicitarias oficiales o privadas; los debates televisivos y radiofónicos; las campañas políticas de los principales partidos nacionales. Desde ese punto de vista, estudio no solo las manifestaciones culturales de un determinado momento o la forma en que se articulan oficialmente, sino también la manera en que se interpretan afectivamente, o, por decirlo con la famosa formulación de Williams, su «estructura de sentimiento»[16]. Parafraseando a la crítica Lauren Berlant, autora de una serie de libros brillantes sobre las fantasías de pertenencia en la cultura norteamericana, reconozco estar interesada en la generalización: utilizo casos concretos y documentados como ejemplos de la forma en que lo singular se convierte en general, o lo ejemplifica debido a su resonancia más allá del contexto que le da origen. De manera inversa, también me inte-

---

[16] Raymond Williams, *Marxism and Literature,* Oxford, Oxford University Press, 1977 [ed. cast.: *Marxismo y literatura,* Buenos Aires, Las Cuarenta, 2009].

resa la forma en que la conceptualización de «lo general» y el todo subsume o anula lo singular.

Este libro no quiere ser tanto una aportación más al interminable debate sobre la idea de España, aunque, en cierto modo, inevitablemente lo sea. No quiere ser tampoco un recuento exhaustivo de los grandes debates que marcan la política estatal y se discuten en los medios de comunicación. Quiere ser más bien un cuestionamiento de la lógica cultural y política que se moviliza a través de dichos debates. Como todo análisis cultural, el aquí desarrollado implica un posicionamiento político y aspira a ser también una intervención, un compromiso con la posibilidad de reconfigurar una determinada situación. Es evidente que en la gravísima coyuntura que atraviesa el país hay una necesidad de pensar y analizar en lo que nos ha traído hasta aquí y en discutir posibles soluciones. La gente quiere respuestas, pero también parece entenderse que para llegar a ellas necesitamos hacer preguntas diferentes y situarlas en marcos interpretativos también diferentes. Este libro quiere plantear algunas de esas preguntas, y no es casual que una parte de su armazón teórico sea el psicoanálisis, que consiste precisamente en analizar la realidad a partir del cuestionamiento, no de la afirmación. Las constantes alusiones a la «normalidad democrática» y al «Estado de derecho» del discurso político; la asociación de dicha normalidad con bajos niveles de tensión o con la resolución de los conflictos siempre apelando a un consenso que excluya «la ideología»; las llamadas de atención sobre fracturas que ponen en peligro la existencia misma de la nación y que hay que soldar precisamente para que la democracia no peligre; la defensa tautológica de la unidad de España; la visión de la cultura como lugar de encuentro y unidad de destino: todo ello forma parte del discurso y la lógica del consenso, que ha instituido el sentido común de la democracia española. Todo ello forma parte de un tipo de discurso y una lógica que se integran a su vez con la evolución de las democracias occidentales desde finales del siglo pasado (en esto y por una vez, España va en sintonía con el resto del mundo occidental). A qué responde ese tipo de discurso, qué función ejerce, quién se beneficia de su repetición y cuáles son algunas de las alternativas posibles a esa forma de pensar lo político, la ciudadanía y la cultura, será precisamente lo que se desarrolle en las siguientes páginas.

Luisa Elena Delgado,
Champaign (Illinois)-Madrid-Barcelona (2014).

I. EL ESTADO DE CONSENSO Y LA FANTASÍA DE LA NORMALIDAD NACIONAL

> «We had fed the heart on fantasies
> The heart's grown brutal from the fare,
> More substance in our enmities
> Than in our love»
> W. B. Yeats, «Meditations in Time of Civil War».

> «Un estado nacional homogéneo aparece entonces como algo normal; un estado al que le falta dicha homogeneidad tiene una anormalidad, algo que hace peligrar la paz.»
> Carl Schmitt, *Teoría de la Constitución.*

> «Y la noción de *"status"*, que evocaba una combinación de inmovilizaciones satisfechas de sí mismas: los tres estados, el estado español, estar en buen estado, mujeres en estado. *"estado"* era un término del régimen: la nave del estado, el hombre de estado, el perfecto estado de salud de Su Excelencia… Toda una semántica de estado que se colaba como un aire frío por cualquier rendija.»
> Álvaro Pombo, *El metro de platino iridiado*[1].

En 1997, apenas empezada la andadura en el gobierno del Partido Popular y su dirigente José María Aznar, Pedro Almodóvar estrena con éxito la película *Carne trémula,* con guion basado en una novela de Ruth Rendell al que se le añade un contexto político español. La trama de la película arranca en enero de 1970 con la imagen de un texto en blanco y negro de uno de los boletines oficiales del estado en que se declara el estado de excepción en el territorio nacional, y se especifica lo que ello supone. Un estado de excepción limitado primero a Guipúzcoa y luego extendido al resto del país. El motivo fueron las movilizaciones, huelgas y manifestaciones ciudadanas con motivo del proceso de Burgos, el juicio militar a 16 militantes de ETA que tuvo una enorme repercusión nacional e internacional. Manuel Fraga Iribarne, entonces todavía ministro de Información y Tu-

---

[1] Álvaro Pombo, *El metro de platino iridiado,* Barcelona, Anagrama, 1990.

rismo, fue el encargado de anunciarlo, y su voz se escucha en la película a través de la radio, al mismo tiempo que los gritos de una mujer a punto de dar a luz. La mujer, una prostituta interpretada por Penélope Cruz, pide ayuda a su patrona, interpretada por Pilar Bardem. Las dos mujeres salen a la calle, en una noche fría y en un Madrid desolado, de aspecto fantasmal. Las únicas personas visibles son los empleados municipales encargados de quitar la decoración navideña y los conductores de autobuses, uno de los cuales ayudará a las mujeres, obligado por las circunstancias. El nacimiento del niño tiene lugar bajo las luces de Navidad, y con el fondo de unas pintadas que reclaman «Libertad» y «Abajo el estado de excepción». La improvisada comadrona celebra jubilosa la prisa que el niño tenía «por llegar a Madrid» a la vez que la cámara enfoca la emblemática Puerta de Alcalá. La siguiente escena muestra el uso que el régimen hace del acontecimiento, con el alcalde de la capital felicitando a la joven madre y declarando al niño «hijo adoptivo de la ciudad» con derecho a transporte público gratis de por vida.

La película da un salto 20 años y nos presenta otro plano de la Puerta de Alcalá con fondo musical de copla, a la vez que también se ve un Madrid lleno de gente, aparentemente jóvenes buscando o repartiendo droga. La copla en cuestión es «Ay mi perro», interpretada por la Niña de Antequera y que se hizo popular en 1958, esto es, en pleno franquismo. Su letra habla de un perro, excelente centinela, que sabe guardar los rebaños. En el contexto de la película, por tanto, esa alusión parece referida a la premisa del policía que por su edad y actitud se relaciona con el pasado franquista, y que asegura a su compañero que ellos son «los centinelas del rebaño» social. Sin embargo, en la canción original, el perro en cuestión parece pertenecer más bien a un cazador furtivo que se mete en el coto de Doñana, un lugar exclusivo al que no todo el mundo tenía (ni tiene) acceso. En ese sentido, la voz que lamenta la muerte del perro en la copla convoca más bien la resistencia y la subalternidad, algo que queda borrado por completo en el uso que de ese lamento hace Almodóvar.

Es en este segmento de la película donde tienen lugar los acontecimientos que marcan el desenlace. El niño nacido en el autobús (Víctor) es un hombre interesado en una mujer extranjera (Elena) que a su vez es drogadicta. Debido a una serie de coincidencias y malos entendidos, Víctor acaba en un tiroteo con los dos policías, el más joven de los cuales (Bardem) queda parapléjico. La siguiente escena lo muestra compitiendo con éxito en los juegos paralímpicos de Barcelona 1992, casado con Elena. Víctor, por su parte, acaba de salir de la cárcel después de haber sufrido condena por el tiroteo. Las peripecias siguientes no caben en este resumen, pero se puede apuntar que los personajes acaban relacionándose de las formas más inverosímiles. El violento policía franquista acaba muerto, así como su mujer que había sido amante tanto de su compañero (en el pasado) como de Víctor, en el presente. La pareja formada por el ex-policía parapléjico y Elena se rompe. Él se va a Miami y ella forma nueva pareja con Víctor, el representante de una generación que casi no ha conocido el franquismo, símbolo también de una masculinidad popular, simple, pero sexualmente potente. Juntos tendrán un hijo, que anuncia su llegada al mundo igual que su padre, en plenas fiestas navideñas. A diferencia del momento del nacimiento del padre, el Madrid de 1996 aparece lleno de gente y de ruido; la pareja sale al hospital no en un autobús municipal, sino en un monovolumen privado, y el futuro padre comenta orgulloso a su hijo cómo ha cambiado todo y que «por suerte para ti, hijo mío, en España hace mucho tiempo que hemos perdido el miedo». Es interesante subrayar el énfasis en la pérdida del miedo como marca de la democracia, algo que no parece ser del todo cierto: ya bien instalada esta, una de las características del ciclo de manifestaciones que se inicia a partir de 2007, es que la ciudadanía empieza a manifestarse precisamente con lemas como «Perder el miedo para ganar el futuro» o «No os tenemos miedo». No es esa, sin embargo, la perspectiva del director manchego, en cuyos comentarios sobre la película reconoce que la motivación para hacerla fue que para 1996 la democracia española no pasaba por su mejor momento y que era importante, por tanto, recordar que en el pueblo español «había una enorme energía» y que, en efecto, se había perdido el miedo[2]. Cómo se traslada ese punto de partida al desarrollo de la película es discutible.

Supuestamente, en *Carne trémula* la fuerza del pueblo español estaría representada por Víctor –Elena es italiana– y los otros personajes terminan o bien muertos por su propia mano o en una especie de autoexilio. Pero lo cierto es que el desarrollo de la trama no depende tanto de Víctor como de las maquinaciones y las reacciones de los dos policías, ambos implicados con el franquismo. Incluso la dilatada y explícita secuencia de la relación sexual entre Elena y

---

[2] José María Caparrós Lera, *El cine de nuestros días (1994-1998),* Madrid, Rialp, 1999, p. 41.

Víctor, que supuestamente cambia la vida de ambos, se inicia a instancias de ella, aunque él ciertamente se había preparado (entrenado, sería el término más apropiado) de antemano para dicha eventualidad. Es evidente que *Carne trémula* quiere ser una reflexión sobre la normalidad, la excepción, la diferencia individual y social, la violencia y la necesidad de asumir responsabilidades individuales para poder avanzar hacia el futuro. Pero es quizás ante todo la narrativa de la celebración de la Transición española hacia la «normalidad» y la modernidad; una transición por lo demás literalmente centrada en los aspectos más estéticos y visibles de la evolución urbanística de Madrid. En efecto, la película marca un claro contraste entre el Madrid gris y vacío del alcalde Arias Navarro en 1970 y las luces rutilantes y las multitudes consumistas, ya con el alcalde Álvarez del Manzano, en 1996. Se opone el ruinoso barrio de La Ventilla, condenado para 1970 y tan destruido que, según uno de los personajes, «parece Sarajevo», a las flamantes torres Kío, cuyo nombre oficial es, significativamente, «Puerta de Europa», símbolo del nuevo Madrid de los negocios. La normalidad se extiende también a las relaciones personales: el expolicía parapléjico acaba desplazado fuera del territorio nacional, sustituido por un rival más joven, y por lo visto más capaz de satisfacer sexualmente a una mujer.

La pareja representante de la nueva España no puede ser más transparente en su simbolismo. Víctor, un varón joven, físicamente hermoso, víctima del sistema represor franquista aunque no por motivos políticos, capaz, pero poco cultivado intelectualmente, de buenos sentimientos, aprende a ser «hombre» gracias a las lecciones de una mujer española madura, interpretada por la conocida Ángela Molina. Las lecciones que aprende luego las aprovecha con su también hermosa, joven y rica mujer europea, gracias al dinero de la cual puede abandonar definitivamente las ruinas de La Ventilla para integrarse en el Madrid de la modernidad y del consumismo. Más aún, la celebración de la fuerza (positiva y negativa) del pueblo que quiere hacer la película se centra en lo corporal y exclusivamente masculino: desde la que ejerce el policía franquista que la utiliza contra su mujer y contra los delincuentes que se cruzan en su camino, hasta la masa muscular desarrollada por el expolicía parapléjico que le permite destacarse como deportista y llevar una vida de notable movilidad; pasando por el hombre español que, surgido de los estertores de la dictadura, es capaz de adaptarse a las nuevas circunstancias europeas gracias a su resistencia física y mental. Si la ausencia de gente en el Madrid de la madrugada de 1970 se atribuye a las imposiciones del estado de excepción y la violencia suscitada por la situación política, su presencia masiva en el centro en 1996 responde meramente a un impulso celebratorio y consumista (las compras navideñas) y el consiguiente atasco que ello ocasiona. No cabe duda de que a finales de los años noventa la gente tenía mucho menos miedo que dos décadas antes, pero también que las contundentes manifestaciones de distinto matiz político que tuvieron lugar al final del franquismo –muestras de disensión y resistencia contra un régimen que no las toleraba– constituían la prueba de la existencia de una ciudadanía que quería hacerse presente, de una energía que después se diluyó en la placidez del estado de consenso.

La diferencia en *Carne trémula*, pues –aunque aparentemente reivindicada a nivel individual–, queda asimilada a un paradigma normalizador: el país normal (consumista, celebratorio), el cuerpo normal (no marcado por la minusvalía), la pareja normal (heterosexual, reproductora) y el espacio urbano normal (caracterizado por la actividad económica de alto nivel, indiferenciado de cualquier otra gran urbe). La siguiente película de Almodóvar, su famosísima *Todo sobre mi madre* (1999), incidirá en esta misma trayectoria, si bien con una trama situada en una Barcelona de grandes contrastes, receptora de todo tipo de inmigrantes que, en general, se comportan como modelos de tolerancia. Pero también es una Barcelona carente de señas de identidad cultural propia, excepto por su bella arquitectura modernista; una ciudad donde todo el mundo se comunica en castellano, con excepción de dos fugaces «adéu»; donde uno de los personajes más relevantes (Agrado) puede hablar con un distintivo acento canario, pero no se escucha a nadie hablando en catalán, ni siquiera, casi, con acento catalán, que solo se percibe en la persona más intolerante, la mujer catalana burguesa (aunque incluso ella también acaba cambiando de forma positiva). No es por cierto el único caso en que Almodóvar «borra» las lenguas periféricas peninsulares y neutraliza ciertos acentos. En *La mala educación,* el mexicano Gael García Bernal pasa a tener acento español; la trama también incluye referencias a una aldea profunda de Galicia donde, curiosamente, todo el mundo habla castellano. En estas películas, las diferencias son personales, se resuelven en el ámbito de la propia subjetividad, de la intimidad familiar o de la amistad, y son los sentimientos y los afectos los que consiguen neutralizar las tensiones ideológicas y normalizar los antagonismos. Hasta el punto en que el hijo de un drogadicto transexual y una monja diabética, nacido portador del virus del sida, acaba «negativizándolo» en tiempo récord y convirtiéndose en un caso científico que atrae las miradas de todo el mundo.

Un artículo en *The New York Times* califica a Almodóvar de «redentor» por su capacidad de actuar sobre sus personajes como un sacerdote benevolente que acepta y perdona todo lo que estos hacen, por muy terrible que sea[3]. La capacidad del cineasta de entender los recovecos de la subjetividad y las contradicciones del deseo, es, en efecto, clave de su éxito y de su universo fílmico. Podría argüirse, en buena lógica, que esa mirada tolerante, en la que caben todas las variaciones y contradicciones de los comportamientos humanos, es, en sí misma, una postura política, en un país tan marcado por todo lo contrario. Quizá por eso precisamente, el éxito nacional le costó a Almodóvar más que el éxito en el extranjero y solo llegó de forma masiva cuando su prestigio exterior ya no podía ser ignorado y, al contrario, podía utilizarse como abanderado de la marca España en democracia[4]. En cualquier caso, en el universo de Almodóvar, sobre todo en su segunda etapa, y a pesar de la amplia gama de personajes y situaciones en principio incompatibles, todas las tensiones se difuminan, los conflictos se solucionan y los grupos más diversos se presentan como potencialmente armonizables si se pone el suficiente empeño y buena voluntad. De hecho, los episodios más abiertamente políticos del cineasta, y más relacionados con procesos concretos, no se encuentran en ninguna de sus películas, sino que son los que protagoniza él mismo, como su colaboración con los movimientos de recuperación de la memoria, o su participación en las protestas posteriores al 11-M.

Como es sabido, como consecuencia de los atentados terroristas del 11 de marzo de 2004 en Madrid y en particular de la reacción del gobierno en el poder por atribuir los atentados a ETA, el Partido Socialista ganó, contra todo pronóstico, las elecciones. Una victoria que el Partido Popular nunca consideró legítima y que hasta el día de hoy se discute en medios conservadores, entendiéndose no como una prueba de lo imprevisible del voto democrático, sino de una conspiración izquierdista para desacreditar al gobierno. De hecho,

---

[3] Lynn Hirschberg, «The Redeemer», *The New York Times,* 5 de septiembre de 2004.

[4] Véase a este respecto el análisis de N. Triana-Toribio, *Spanish National Cinema,* Londres, Routledge, 2003.

tras años de acusaciones e insinuaciones, y ya de nuevo bajo el gobierno del Partido Popular, el fiscal general del estado accedió en marzo de 2012 a investigar uno de los vagones de tren que, según el periódico *Libertad Digital* (un medio particularmente vociferante en su posición de que la investigación oficial fue fraudulenta), fue uno de los focos de la explosión. En cualquier caso, en 2004, Almodóvar, abiertamente partidario del Partido Socialista, criticó la reacción de los políticos del Partido Popular y se felicitó de que el pueblo español hubiera salido por fin de la «modorra». Esto es, la reacción de fuerza popular que se intentaba reflejar en *Carne trémula* se produjo, según el director, seis años después de estrenada la película. Pero en realidad, el pueblo español se había sacudido la modorra muchas veces antes: de forma multitudinaria en contra de la Guerra de Iraq y en protesta contra el manejo de la catástrofe ecológica que supuso el hundimiento del *Prestige*, por poner dos conocidos ejemplos. Otra cosa es que esas protestas no estuvieran ligadas a un partido político concreto, y, por tanto, no tuvieran tampoco el mismo eco. Lo que no deja de ser interesante, y es algo frecuente en la política española, es que en medio de los gravísimos acontecimientos que tuvieron lugar en ese mes de marzo de 2004, desde un lado y otro del espectro político se aludiera a un intento de golpe de estado (real o mediático) como táctica para romper la normalidad democrática, como si el espectro de la violencia antidemocrática todavía presidiera sobre un sistema que por otro lado se insistía, paradójicamente, en considerar consolidado. Así, el periódico ultraconservador *Libertad Digital* denominaba «golpe de estado mediático» a la actuación del PSOE, mientras que la izquierda hacía circular rumores de un intento de golpe de estado por parte del Partido Popular con anterioridad a las elecciones. La estrategia de acusar de golpismo a la izquierda se acentúa a partir de 2004, y personajes como Pío Moa, por ejemplo, trataron de conectar el 14-M *a posteriori* con la tradición golpista del Frente Popular que supuestamente habría desencadenado la Guerra Civil.

Si destaco los comentarios de Almodóvar y estas características de sus películas no es para quitarles méritos artísticos, que han sido ampliamente reconocidos, sino porque son representativos de una narrativa cultural prevalente durante la democracia: la del paso de un país en estado de excepción a otro de normalidad y modernidad, cohesionado y tolerante, pero manteniendo a la vez su singularidad cultural. Y el cine de Almodóvar encarna ese paradigma cultural con notable éxito, hasta el punto de convertirse en referente privilegiado a nivel internacional de la «marca España» y de la España posfranquista[5]. La narrativa de un país cuya diferencia ha sido normalizada y consensuada es, como veremos, una fantasía que arranca desde la Transición y que subyace tanto a las iniciativas de gobiernos conservadores (el Partido Popular) como teóricamente de izquierdas (el Partido Socialista), así como por varios partidos autonómicos de distintos signos. Las constantes alusiones a la «normalidad democrática» y al «estado de derecho» del discurso político; la asociación de dicha normalidad con bajos niveles de tensión o con la resolución de los conflictos siempre apelando a un consenso que excluya «la ideología»; las llamadas de atención sobre fracturas que ponen en peligro la existencia misma de la nación y que hay que soldar precisamente para que la democracia no peligre; la visión de la cultura como lugar de encuentro: todo ello forma parte del discurso español democrático predominante, que engarza a su vez con la evolución de las democracias occidentales en las últimas décadas. A qué responde ese tipo de discurso, qué función ejerce, quién se beneficia de su repetición y cuáles son las alternativas posibles a esa forma de pensar lo político, la ciudadanía y la cultura, serán precisamente lo que plantee a continuación.

La verdad está a la vista: las cosas como son y el grado cero de la ideología

El filósofo esloveno Slavoj Žižek abría su estudio sobre la fantasía y la ideología con una cita de la serie televisiva *Expediente X,* famosa durante los años 1993-2002. La frase en cuestión era «The truth is out there», literalmente, «La verdad está ahí fuera», pero que quizá se podría traducir mejor como «La verdad está a la vista»[6]. A partir de esa frase, Žižek llevaba a cabo un brillante ejercicio de crítica de la ideología cuyo punto de partida consistía en la afirmación de que

---

[5] Paul J. Smith plantea los modelos de Iván Zulueta y Eloy de la Iglesia como alternativas al universo Almodóvar en «Spanish Spring. Cinema After Franco», *Sight And Sound* (2001). Citado en Jordi Costa, «CT y cine: la inclemencia intangible. Una primera aproximación a la obra crítica y cinematográfica de j.l.i», en *CT o la Cultura de la Transición. Crítica a 35 años de cultura española*, Barcelona, Debolsillo-Random House Mondadori, 2012.

[6] Slavoj Žižek, *The Plague of Fantasies,* Londres, Verso, 1997, p. 3.

las verdades del subconsciente, tanto personal como colectivo, no están escondidas en algún lugar inaccesible del que solo puede rescatarlas un experto, sino que por el contrario están a la vista, encarnadas en la materialidad de lo que nos rodea, en la cotidianeidad y funcionalidad aparentemente extraideológica de las cosas. Y es lo material y lo cotidiano lo que a menudo revela los antagonismos que las formulaciones ideológicas más explícitas no reconocen. Hay otra frase de la misma serie que Žižek no comenta, pero que es igualmente útil para el análisis de la ideología: «I want to believe» («Quiero creer»). El entendimiento tradicional de la ideología enfatizaría esa necesidad de creer como una de sus motivaciones. La conocida frase del *Capital* de Marx «No lo saben, pero lo hacen», se ha usado para resaltar la falsa conciencia que caracteriza al discurso ideológico, así como el distanciamiento de este frente a sus propias presuposiciones. Sin embargo, ese enfoque de lo ideológico ha sido suficientemente cuestionado. Siguiendo la teoría de Peter Sloterdijk en «Crítica de la razón cínica», Žižek subraya que la actualización de la frase sería «saben muy bien lo que hacen, pero aun así, lo hacen»[7]. Enfatiza así que la razón cínica ya no es inocente, conoce la falsedad, así como los intereses particulares detrás de las pretensiones de universalidad, pero de todas formas no renuncia a esa verdad, sino que por el contrario se aferra a ella («quiero creer»). Enfrentada a la razón cínica, la crítica de la ideología tradicional no es operativa. Hoy en día no es productivo, por tanto, quedarse en la mera lectura sintomática de un texto, y me refiero a «texto», utilizando el término como se usa en la práctica de la crítica cultural, referido no solo al lenguaje escrito, sino a todas las prácticas culturales codificadas. No se trata solo de encontrar puntos ciegos, rupturas, todo lo que debe ser reprimido o censurado para que un discurso mantenga su consistencia. Enfrentada a la distancia entre la máscara y la realidad, la razón cínica reconoce esa distancia, pero encuentra motivos para mantener la máscara de todas formas. En ese estado de cosas, como subraya Žižek, lo que sí es productivo es pasar del nivel del síntoma al nivel de la fantasía, esto es, al nivel en que la ideología estructura la realidad misma[8]. Pero esto requiere un entendimiento claro de lo que se entiende tanto por ideología como por fantasía.

---

[7] Slavoj Žižek, *El sublime objeto de la ideología,* Madrid, Siglo XXI de España, 2010, pp. 56-57.
[8] Slavoj Žižek, *Plague of Fantasies*, cit., pp. 28-30.

Žižek sintetiza la posición de lo que se ha llamado en sentido amplio «crítica ideológica», que incluye nombres tan diversos como Althusser, Bourdieu, Eagleton, Gramsci, Laclau, Mouffe y Jameson, al sostener que la ideología no es doctrina explícita (convicciones sobre temas concretos), ni existencia material (las instituciones y prácticas que articulan esas convicciones), sino «la elusiva red de actitudes y presupuestos implícitos, cuasi "espontáneos" que constituyen un momento irreductible de la reproducción de las prácticas "no ideológicas" (económicas, legales, políticas, sexuales)»[9]. No se puede apelar a la realidad de «las cosas como son» o las cosas en sí mismas, puesto que la realidad siempre está simbolizada. Los hechos tampoco «hablan por sí mismos» porque es evidente que el mismo hecho habla de forma diferente a distintos intérpretes. Otra forma de decir esto es la planteada por Göran Therborn, cuyo entendimiento del término ideología excluye una valoración de contenidos particulares (falsedad, desconocimiento, carácter imaginario) así como de grados de coherencia: «más bien se referirá a aquel aspecto de la condición humana bajo el cual los seres humanos viven sus vidas como actores conscientes en un mundo que tiene sentido para ellos en grados diversos. La ideología es el medio a través del cual operan esta conciencia y este otorgamiento de sentido»[10]; esto es, lo que hace que las prácticas significativas dominantes se presenten como inevitables y coherentes. La ideología triunfa precisamente cuando el sujeto no encuentra ninguna distinción entre ella y la realidad. Naturalmente, el reconocer que no hay mensajes que pertenezcan al grado cero de la ideología no debe oscurecer el hecho de que en toda ideología hay también un núcleo transideológico, una visión capaz de, efectiva y afectivamente, «captar» individuos a través de su identificación con nociones y sentimientos abstractos y positivos, como la solidaridad, la justicia, la comunidad, el esfuerzo, etc.[11]. En verdad, y como veremos, es precisamente ese núcleo transideológico el que hace que una determinada ideología sea funcional y que tenga mayor o menor efectividad.

---

[9] Slavoj Žižek (ed.), *Ideología: Un mapa de la cuestión,* introducción, México, Fondo de Cultura Económica, 2003, p. 24.

[10] Göran Therborn, *La ideología del poder y el poder de la ideología,* Madrid, Siglo XXI de España, 1987, p. 2.

[11] Slavoj Žižek, *The Plague of Fantasies,* cit., p. 21.

Volvamos entonces a la idea de que la verdad está a la vista. Si echamos una mirada a los periódicos, o escuchamos los debates políticos actuales, vemos que no solo hay una serie de temas que se repiten, sino que se repiten en casi los mismos términos y estructurados por la misma lógica. Es frecuente oír apelaciones a la unidad nacional en diferentes contextos geopolíticos, y lamentar las divisiones políticas que impiden trabajar en favor del beneficio común, a continuación de lo cual se da una solución política de consenso a esos problemas comunes y se descalifica la posibilidad de disensión. Se establecen por tanto diferencias de legitimidad entre la comunidad normal, unida y jerarquizada de acuerdo a un principio de unidad, y la disfuncional, marcada por la división y el desorden[12]. Es también frecuente justificar decisiones relacionadas con una visión política determinada apelando a un sentido común que se sitúa más allá de lo ideológico, neutralizando por tanto el antagonismo y el litigio político, que se consideran indeseables y hasta antidemocráticos. Dos terrenos en los que esto resulta particularmente evidente son en el del terrorismo y en el de la crisis económica, ejemplos de coyunturas en teoría excepcionales en relación a las cuales todo es permisible y razonable, y la lucha contra las cuales debe hacerse desde un frente común, sin fisuras ideológicas. La defensa contra el terror, o contra la repentina escasez de recursos, se presenta, como indica J. Rancière, como «la gestión de lo necesario y único posible que, días tras día, debe ser incesantemente previsto, acompañado, dispuesto, diferido»[13].

Lo que estos planteamientos no dejan articular es que la propia premisa de que una democracia deba minimizar la división de opiniones sobre temas que afectan a la ciudadanía, o que el estado sea el encargado de definir lo que constituye lo común, supone un posicionamiento ideológico específico. Asimismo, la idea misma de un «grado cero» de la ideología, de un acceso a la realidad no mediado ni sesgado por relaciones de poder es, en sí misma, ideológica. La distinción entre terrorismo, lucha de liberación o resistencia legítima a una inferencia o abuso de poder, por ejemplo, ha sido debatida en muchos contextos y, desde luego, cambia con la perspectiva his-

---

[12] Jacques Rancière, *Dissensus: On Politics and Aesthetics,* trad. y ed. de Steven Corcoran, Nueva York, Continuum, 2010, p. 40.

[13] Jacques Rancière, *El desacuerdo. Política y filosofía,* Buenos Aires, Nueva Visión, 1996, p. 143.

tórica: muchos líderes del mundo democrático, incluyendo al presidente norteamericano Ronald Reagan, consideraron a Nelson Mandela un terrorista, perteneciente a una organización terrorista (el Congreso Nacional Africano) hasta las últimas décadas del siglo xx. El hecho de que esta realidad no se pueda articular actualmente en el fragor de ciertos debates por miedo de verse acusada de defensa de la violencia, de ser una radical antisistema o incluso cómplice del terror es en sí mismo significativo. Incluso cuando se está de acuerdo en lo que constituye o no terrorismo, siempre habrá una posición antagonista que plantea el mismo problema desde una perspectiva diferente. Reconocer la existencia de ese antagonismo, incluso de su lógica, no implica en absoluto compartirla, y sin embargo ese posicionamiento acarrea a menudo la etiqueta de relativismo, de «cobarde equidistancia», expresión de uso frecuente en relación al conflicto vasco, por ejemplo. De forma similar, la idea de la «crisis» económica actual se basa en la noción de que lo que ocurre no es parte lógica (no solo previsible, sino inevitable) de un cierto sistema y un cierto modo de vida, sino una lamentable aberración que hay que solucionar por medio de la misma lógica que llevó a la crisis.

La negación de la realidad del antagonismo político lleva a algunos críticos a calificar el momento actual de «pospolítico» o «posdemocrático» de la sociedad[14], en el sentido de que, como advierte Yannis Stavrakakis, aunque se mantienen las elecciones, los debates o la prensa, y aunque los gobiernos puedan cambiar, la democracia se ha convertido más bien en un espectáculo manejado por expertos profesionales y restringido a ciertos temas. La disensión política, cuando se articula, lo hace a través de espirales de violencia, que se presentan como incontroladas, y facilita la construcción de narrativas en las que los oponentes no son adversarios con posiciones distintas, sino enemigos en batallas donde no cabe la negociación. La resistencia al *statu quo* «se reabsorbe en una Disneylandia de *jouissance* consumista entre conformista y cínica, o bien se canaliza hacia reocupaciones obsoletas de índole nostálgica con implicaciones antidemocráticas»; en otras ocasiones, estalla en violentos *acting out,* o pasajes al acto, que en su aparente incongruencia son fáciles de desacreditar[15]. Ejemplos de

---

[14] Además de Yannis Stavrakakis, esta misma calificación la usan, entre otros, Rancière y Mouffe.

[15] Yannis Stavrakakis, *La izquierda lacaniana: Psicoanálisis, teoría, política,* México, Fondo de Cultura Económica, 2010, p. 299.

esto último lo constituyen la quema de coches en barrios de París en 2005, o las revueltas violentas que se produjeron en el Reino Unido en 2011. Ninguna de esas acciones tenía un mensaje político específico, más bien parecían expresiones incontroladas de una rabia impotente (que no es lo mismo que afirmar, como hicieron muchos medios de comunicación, que se trataba de una violencia sin ningún tipo de motivación excepto el impulso destructivo). Todo ello coincide con lo que Josep Ramoneda[16], en una línea ya explorada en profundidad por pensadores como G. Agamben y S. Žižek, denomina la «cultura de la excepción»: la premisa de que, puesto que vivimos en tiempos extraordinarios, se pueden (y deben) forzar los mecanismos democráticos para evitar un mal mayor.

En el contexto español, el entendimiento de la ideología como mera propaganda, y la presunción de que hay mensajes vacíos de carga ideológica, portadores de un incuestionable y ancestral «sentido común», no es exclusivo de la derecha o el centro, aunque sean estos los que lo invoquen más a menudo (como por otra parte ocurre también en otros países). Los ejemplos de negación de la ideología a través de acciones irremediablemente ideológicas son constantes. Por escoger un área particularmente susceptible a las polémicas como es la enseñanza de las humanidades, podemos fijarnos en la manera en que se presentaron las modificaciones que se harían en los planes de enseñanza, a pocos meses de la incuestionable victoria del Partido Popular en las elecciones de 2011. En particular, es significativa la forma en que se discutió la defenestración de la muy polémica «Educación para la Ciudadanía» (una iniciativa del gobierno socialista) por el nuevo ministro de Educación del Partido Popular, José Ignacio Wert. El ministro Wert presentó la nueva asignatura, denominada «Educación Cívica y Constitucional», como una nueva materia de la que se eliminarían las «cuestiones controvertidas y susceptibles de adoctrinamiento ideológico»[17]. Desde posiciones más conservadoras, la medida se celebró como un paso necesario para eliminar la ideología de los colegios españoles y volver al «sentido común». Desde posiciones más afines al Partido Socia-

---

[16] Ramoneda alude al término en numerosos artículos de opinión en el periódico *El País* y sus ideas están desarrolladas en su último libro *La izquierda necesaria,* Barcelona, RBA, 2012.

[17] «Wert da un giro ideológico a Educación para la Ciudadanía», *El País,* 18 de mayo de 2012.

lista, se lamentaba el hostigamiento que desde el principio sufrió dicha ley, que nunca llegó a ser bien implementada.

Independientemente de cómo se valore una u otra posibilidad educativa, lo que no parece cuestionable es que *ambas* son ideológicas en el sentido de que plantean una serie de valores y de premisas que un gobierno de determinado signo político considera fundamentales para la formación de ciudadanos y de una identidad nacional. En realidad, la lógica de este tipo de asignatura no es diferente de la que la llevó al régimen franquista a establecer una asignatura obligatoria de «Formación del espíritu Nacional», pero tampoco del esfuerzo adoctrinador de la ciudadanía que hicieron los estados europeos fuertes en el siglo XIX a través de la educación en las escuelas públicas. La escuela, pública o privada, siempre adoctrina en el sentido literal de la palabra, esto es, siempre inculca ciertas ideas o creencias. Lo que varía, naturalmente, son los contenidos específicos, la posibilidad de discusión de otras ideas o creencias y el tipo de cultura política en que se inserta: una ciudadanía nacional-organicista o cívico-republicana[18]. Como nos recuerda Žižek, el espacio ideológico está hecho «de elementos sin ligar, si amarrar, "significantes flotantes" cuya identidad está "abierta", sobredeterminada por la articulación de los mismos en una cadena con otros elementos –es decir, su significación "literal" depende de su plus de conexión metafórica–»[19]. Pensar que haya valores «no controvertidos» para todos los ciudadanos de un estado es utópico, porque incluso las generalidades aparentemente más abstractas (la prosperidad, el bienestar, la paz) pueden ser interpretadas en campos ideológicos opuestos. En cualquier caso, lo que está en juego en la lucha ideológica es cuál de esos significados funcionará como punto nodal *(point de capiton)*, ejerciendo un efecto de acolchamiento que fija la libre circulación de elementos, deteniéndola y convirtiéndola en una red estructurada de significado. Así, el énfasis en «prosperar» o en la iniciativa personal a algunos les puede indicar una presunción de objetivos capitalistas, mientras que, por el contrario, el «bienestar» les puede parecer a otros una alusión velada al proteccionismo estatal. Igualmente, el énfasis en la Constitución española podría no augurar la misma unanimidad entre los que la consideran un docu-

---

[18] Véanse a este respecto los estudios de R. López Facal.

[19] Slavoj Žižek, *El sublime objeto de la ideología,* Madrid, Siglo XXI de España, 2010, pp. 125-126.

mento intocable y los que abogan por su revisión. En este sentido, no hace falta recordar los numerosos conflictos pendientes en España relacionados con la interpretación de partes concretas de la Constitución, considerando que, en ciertas zonas del país, la abstención en el momento en que se votó el documento rozó el 50 por 100 (País Vasco, Galicia), siendo la abstención general del 33 por 100. Esto por no mencionar que numerosos grupos políticos quedaron excluidos de las discusiones y la redacción final del documento.

Más allá de los contenidos específicos, si de lo que se trata, como sostiene el ministro Wert, es de que los alumnos y las alumnas aprendan a pensar por sí mismos y no sean adoctrinados, dos objetivos francamente loables, ¿no sería la verdadera educación cívica la que reconociera en primer lugar que hay diferentes formas de entender y practicar la ciudadanía? Incluso si se deja clara la posición oficial del gobierno, la constatación de desacuerdo, de antagonismo, en lo referente a los valores que deben guiar lo que se considera una ciudadanía responsable, no implica adoctrinamiento, sino precisamente todo lo contrario. Otra cosa es que cada partido en el poder entienda la ciudadanía y la educación cívica de distinta manera, y que también otorgue grados de validez diferente a ciertos principios: esa diferencia demuestra que no hay valores neutros, aunque sí haya valores que sean más fáciles de negociar, y generalmente aceptables para un determinado grupo, que otros. Pero esto no implica que todo lo que queda fuera del sentido común de un determinado momento histórico sea aberrante, y de hecho todos los grandes logros en materia de derechos civiles se han logrado después de que los que abogaban por ellos fueran acusados de antipatriotas, de rebeldes contra el sistema, de traidores al país e incluso de ser contrarios a la ley natural. Pensar que al intentar educar en valores cívicos o en derechos humanos se incurre en un «exceso de ideología» o en una «falta de valores», implica ya asumir que en el espacio simbólico desde el que se plantea ese exceso o ese defecto, los valores cívicos y los debates morales y éticos quedan relegados al terreno de lo particular. Esto, en sí mismo, constituye también una postura ideológica consistente con lo que John Rawls llamaba «pluralismo razonable»[20], según el cual las ideas controverti-

---

[20] John Rawls, *Political Liberalism: Expanded edition,* Nueva York, Columbia University Press, 2004 [ed. cast.: *El liberalismo político,* Barcelona, Crítica, 2004]. Para una discusión de las teorías de Rawls, véase Chantal Mouffe, *The Democratic Paradox,* Londres, Verso, 2005 [ed. cast.: *La paradoja democrática,* Barcelona, Gedisa, 2012].

das deben quedar relegadas a la esfera de lo privado. La esfera pública se organiza en torno a lo que Rawls llama un «consenso superpuesto», un acuerdo social y no meramente constitucional, apoyado en principios basados en la razón pública, esto es, a la vez racionales y razonables. Una vez constituido ese consenso racional, es ilegítimo ponerlo en cuestión: los antagonismos políticos se reducen a conflictos de intereses que pueden resolverse mediante la discusión sensata. En el caso de que individuos o grupos sociales estuvieran fundamentalmente en desacuerdo con algunas de las normas que rigen la convivencia, se les debe forzar a someterse al sentido común, algo que no se interpreta como opresivo puesto que está previamente legitimado por el ejercicio de la razón. Como ha analizado Chantal Mouffe, Rawls plantea una sociedad en la que no existen los antagonismos, la violencia o la represión y en la que las fronteras entre lo legítimo y lo ilegítimo se construyen de forma independiente del poder. Gracias a la apelación a la racionalidad y a la sensatez, los adversarios políticos quedan eliminados en un proceso que se presenta como esencialmente neutral, y mediante el cual la pluralidad queda debidamente controlada y la diferencia es absorbida en una unidad armónica. Se admiten las opiniones divergentes siempre que entren dentro del marco previamente definido de lo razonable: así, distintas doctrinas políticas pueden coexistir de forma solapada o superpuesta, pero solo si funcionan dentro de los valores establecidos para el estado liberal. Esta es, desde luego, una posición ampliamente sostenida en diferentes contextos geopolíticos, y que en el caso español ya defendió el Partido Popular en su legislatura de 1996 a 2004. Lo que no puede decirse es que sea una posición neutral, por mucho que se escude en objetivos tan abstractos que parezcan consensuados de antemano. No hay que olvidar que la lucha por la hegemonía ideológico-política es siempre la lucha por la apropiación de términos que se experimentan «espontáneamente» como apolíticos, como capaces de trascender las divisiones políticas. Del mismo modo, no hay nada más característico de la política antidemocrática que la despolitización de la vida pública y los debates sociales, la exigencia de que todo vuelva a la normalidad del sentido común, con cada persona, y cada discurso, en su sitio. Aunque en España los dos partidos mayoritarios apelan con frecuencia al sentido común, dicha táctica es mucho más frecuente por parte de la derecha, y muy especialmente en el caso de Mariano Rajoy, cuya falta de carácter político y personalidad (reconocida incluso por sus partidarios) fue explicada como consecuencia de su identificación con la gente «normal». Tanto se hizo hincapié en la normalidad del líder que, en septiembre de 2011, un colaborador de *ABC* tuvo que romper una lanza en favor de su escondida excelencia, que era necesario subrayar porque lo apartaba de la medianía, poco atractiva como valor político. No hay que olvidar tampoco, además, que la idea de la política como algo contaminante y siempre potencialmente peligroso es una de las peores herencias del franquismo. «Haga como yo y no se meta en política», es lo que se supone que decía Franco cuando quería zanjar algún tema que le resultaba incómodo. Pero la negación de la polémica abierta es lo opuesto a la democracia, que más que un sistema es también una forma de ejercer la toma de decisiones, un ejercicio público de disensión, y no la mera adjudicación entre intereses enfrentados.

Hay que hacer hincapié en lo que la expresión «sentido común» implica, más allá de su uso coloquial como un modo de pensamiento o actuación en que podrían estar de acuerdo la mayoría de las personas. Dicha tarea, que por lo demás ha ocupado a numerosos filósofos y sociólogos, la llevó a cabo Pierre Bourdieu hace ya tres décadas, en su exploración de los conceptos afines de sentido común, *habitus* y *doxa*. La conclusión del sociólogo francés es que el «sentido común» siempre está ligado a comunidades históricas y culturales específicas, se construye como respuesta a condiciones concretas y funciona como predeterminante de objetivos socialmente deseables, así como de los métodos posibles para obtenerlo[21]. La utopía de un «sentido común» ahistórico y universal se desploma en cuanto se consideran diferentes condiciones históricas o en situaciones de contacto intercultural, donde lo obvio deja de serlo y, al contrario, pasa a ser cuestionable u objetable. Esto, que es fácilmente comprobable con un poco de cultura histórica y de desplazamiento más allá de nuestra comunidad de origen, es, sin embargo, persistentemente deslegitimado como prueba de un indeseable relativismo moral que impide alcanzar una «verdadera» visión de estado. Pero la forma de estado basada en el consenso y el sentido común es la del estado unitario, que entiende la unidad como algo concreto y estable, como un reconocimiento de límites ya establecidos e incuestionables.

---

[21] Pierre Bourdieu, *Distinction: A Social Critique of the Judgment of Taste*, trad. de Richard Nice, Cambridge, Harvard University Press, 1984. Véase también *Outline of a Theory of Practice,* Cambridge, Cambridge University Press, 1977.

La insistencia actual en la apelación al sentido común como mecanismo fundamental de la democracia no es, desde luego, exclusivamente española. Antes al contrario, y como ha demostrado el filósofo Jacques Rancière, desde la quiebra de los estados totalitarios la actividad política de las democracias occidentales está marcada por lo que él denomina el «estado de consenso». Ese marco político implica la implementación de un *ethos* compartido, y la consiguiente interpretación del orden social como no contencioso, debido a la armonía entre una determinada forma de ser y unos valores. Esta visión es típica de lo que Rancière denomina el estado moderno gerencial que, desde la última década del siglo XX hasta el presente, ha convertido la política en el oficio de unos pocos expertos y políticos profesionales cuya función no es otra que el arbitraje de las posibilidades marginales y residuales que la situación de crisis permite[22]. Pero la visión consensual de lo político «siempre implica la intención de definir las condiciones previas que determinan la opción política como objetiva y unívoca»[23]. Esto, naturalmente, constituye lo opuesto de lo que la política representa en verdad, desde Atenas a Tahir, desde Praga a la Plaza de Mayo: el momento en que los excluidos del orden político, o aquellos (aquellas) a los que se asigna un orden subordinado, renuncian a su lugar preestablecido en el *statu quo* y demandan ser escuchados. Esos momentos son, como no puede ser de otra forma, contenciosos, pero no en el sentido que proponía Carl Schmitt de tomar una decisión sobre el enemigo, sino en cuanto que producen una tensión inevitable entre el cuerpo social en el que todas las partes tienen un lugar determinado y la «parte sin parte», que cuestiona ese orden y exige ser tomada en cuenta como participante legítima en la redistribución del espacio social[24]. Todo movimiento revolucionario, toda acción colectiva, se sostiene sobre una exigencia de visibilidad y expresión por parte de aquellos que, en principio, «no cuentan». Uno de los ejemplos que Rancière ofrece de esto es una revuelta de plebeyos en la Roma antigua, cuyo

---

[22] Jacques Rancière, *Dissensus: On Politics and Aesthetics,* Londres, Continuum, 2010, p. 5.

[23] Steven Corcoran, «Editor's Introduction», Jacques Rancière, *Dissensus. On Politics and Aesthetics*, Londres, Continuum, 2010, p. 5.

[24] *Ibid.*, 7.

objetivo era exigir un acuerdo con los patricios. Para lograr su propósito, rodearon el senado mientras gritaban sus exigencias. La respuesta de los senadores fue que ellos solo oían ruido, y por tanto que el acuerdo que se les pedía era imposible, puesto que los plebeyos de hecho no tenían palabra en el sentido político y, por tanto, carecían de legitimidad para negociar nada. Esto es, para los plebeyos la única forma de hacerse entender implicaba forzar la situación tal como estaba establecida; ante su amenaza de fundar una nueva ciudad en el monte Aventino, los patricios tuvieron que acceder a escuchar: el ruido se convirtió en mensaje. Naturalmente, dicha conversación fue «forzada», ya que no se hubiera producido de otra forma, puesto que no se puede consensuar lo que de entrada está fuera del marco de la negociación[25].

Lo que hicieron los plebeyos en el monte Aventino, como lo que se hace cada vez que se plantea una demanda «fuera de lo común», es precisamente plantear una redistribución de lo visible y lo invisible, de lo que se puede oír y lo inaudible, de lo que se considera ruido de fondo o bien un mensaje digno de ser escuchado. Por el contrario, el estado de consenso asume que la cohesión de la comunidad viene dada de forma natural por la continuidad entre una forma de ser y unos valores éticos; que existe una identidad entre la particularidad de un modo de ser político y la universalidad del bien[26]. En la democracia consensual, todo litigio se convierte en problema: cada uno debe estar en su lugar, ocupándose de sus asuntos y manifestando opiniones que correspondan precisamente a ese lugar y a esa actividad. Mientras las cosas funcionan así, el sistema es tolerante. Pero lo que el sistema no puede tolerar es la parte supernumeraria, el excedente, lo que pone en cuestión el axioma de que el «todo es todo»[27] y, por tanto, la estructura de relación entre lo común y lo no común.

El consenso funciona en base a la reducción de la política a su dimensión policial, mediante la anulación de los elementos excesivos y la limitación del entendimiento de la comunidad política a las relaciones entre los intereses y las aspiraciones de esas partes diferentes. Cuando Rancière se refiere a la policía, entiende que el uso del térmi-

---

[25] Jacques Rancière, *Dis-Agreement: Politics and Philosophy*, Minneapolis, University of Minnesota Press, 1999, pp. 24-25.

[26] Jacques Rancière, *Dissensus*, cit., pp. 100-101.

[27] Jacques Rancière, *El desacuerdo. Política y filosofía*, cit., p. 155.

no en la forma en que él lo utiliza puede ser chocante, pero, aun así, lo mantiene. El filósofo especifica que cuando nos referimos a la policía, generalmente se designa a la «baja policía», los golpes de las fuerzas del orden y las inquisiciones de la policía secreta. Pero, en su opinión, esas instancias no son más que ejemplos particulares de un orden más amplio que determina el lugar de cada parte de la comunidad. Así, la policía «es primeramente un orden de los cuerpos que define las divisiones entre los modos del hacer, los modos del ser y los modos del decir, que hace que tales cuerpos sean asignados por su nombre a tal lugar y a tal tarea; es un orden de lo visible y lo decible que hace que tal actividad sea visible y que otra no lo sea, que tal palabra sea entendida como discurso y otra como ruido»[28]. Desde este punto de vista, «la policía» o el orden policial no se refiere tanto literalmente a su manifestación como cuerpo de la ley, sino más bien al sentido amplio del término ya explorado por Michel Foucault, esto es, a la disciplina, a un modo específico de ordenación y distribución de la comunidad y la realidad tangible. En español, ese sentido de la palabra «policía» era habitual hasta por lo menos el siglo XVI, siendo de uso muy frecuente en documentos oficiales y disposiciones legales en relación a las normas que debían regir las comunidades americanas colonizadas, en particular las indígenas. El cambio de significado y la utilización de la palabra en su acepción contemporánea se hace en el siglo XIX, precisamente el siglo en que nace la policía en su sentido actual, y con ella sus sistemas clasificatorios y regulatorios, incluyendo la distinción entre las actividades posibles en los espacios públicos y privados. Rancière no asigna un significado peyorativo a la función de la policía y reconoce también que hay muchas formas de ejercerla, algunas infinitamente preferibles a otras. Asimismo, la lógica de la policía y la de la política muchas veces son interdependientes[29]. Pero en su opinión, por sensata o amable que sea la policía, no por ello deja de ser lo contrario de la política. El énfasis en el consenso como único procedimiento válido en la democracia se rige, de hecho, por una lógica policial al interpretar el litigio siempre como problema que hay que eliminar, apelando al retorno deseado a una normalidad que implica, en efecto, la no existencia de la política[30].

---

[28] *Ibíd.,* p. 44.

[29] Jacques Rancière, *Dis-Agreement: Politics and Philosophy,* Minneapolis, University of Minnesota Press, 1999, pp. 33-34.

[30] Jacques Rancière, *Dissensus,* cit., p. 42.

En el contexto español, no hay que olvidar que la lógica del franquismo también se basaba en una idea de unidad y concordia «apolítica», así como de encontrar «el afán común» que debía unir de forma orgánica a la comunidad. Dicha lógica queda muy clara en el discurso pronunciado por Franco durante la inauguración del Valle de los Caídos en 1959, que a pesar de reivindicar la victoria bélica como triunfo de la unidad del pueblo español, se articula en torno a la distinción entre España (vencedores) y anti-España (vencidos); contra esta última todavía se pide vigilancia constante. No deja de ser significativo, por cierto, que en 2012 el llamado «Arco de la Victoria» pasara a llamarse «Arco de la Concordia», gracias a la Ley de Memoria Histórica[31]. En cualquier caso, esa misma lógica de la concordia capaz de sublimar los antagonismos sociales quedará articulada además en la fórmula del consenso político durante el momento simbólico de la Transición, el marcador incuestionable del final de la excepcionalidad española y el principio de su legitimidad democrática. La historia de esa transición pactada entre fuerzas políticas que menos de medio siglo antes se habían enfrentado por las armas, se convirtió, como subraya B. André-Bazzana, en un verdadero mito fundacional. Un mito al que se ha apelado continuamente, desde la derecha y desde la izquierda, quizá por ser uno de los pocos momentos, con todas sus limitaciones, en que las cuestiones de estado no fueron resueltas únicamente por los poderes fácticos. Era también un mito exportable como modelo negociado de transición a la democracia, pero sobre todo como ejemplo de que la normalidad democrática es accesible y adaptable a distintos contextos. La fuerza de esta interpretación dominante, su carácter de «historia oficial», ha hecho que la expresión «el espíritu de consenso de la Transición» se convierta en una frase de validez inapelable e incuestionable, no apta para matizaciones; casi un dogma de fe. Hay voces disidentes, por supuesto: desde la derecha que cree que esos pactos de la Transición fueron el principio del fin de una España una, grande y libre; desde la izquierda, las de los que lamentan todo lo que, después de tantos años de lucha, se quedó en el camino, y sobre todo, la impunidad de los que ejercieron la violencia con protección oficial. Pero más allá de posiciones específicas en contra de lo que se hizo o no se pudo hacer, se intentó minimizar el verdadero significado y la forma en que se llegó al famoso

---

[31] Agradezco a Germán Labrador Méndez esta puntualización.

consenso, que ha sentado no solo las bases, sino también los límites de lo que debe ser el diálogo democrático.

Los que se han ocupado de estudiar ese contexto sin mitificaciones, que no son pocos, han llegado a conclusiones claras. La necesidad de consenso se debió «a la incapacidad de cualquiera de los partidos de imponer sus criterios, en razón de la debilidad de su apoyo electoral. Se trataba de una respuesta política y estratégica a una situación de crisis»[32]. No hubo, por tanto, una línea de acción basada en el convencimiento de las partes de la necesidad de reconciliación nacional y apertura democrática: el consenso fue un producto de las dinámicas que el propio proceso generó, no su precondición. La negociación entre el gobierno franquista y la oposición estuvo forzada por las circunstancias, unas circunstancias en las que todavía se podía oír un ruido de sables que establecía, en efecto y de forma inequívoca, los límites de lo negociable. Y dentro de esos límites hubo dos elementos que no pudieron debatirse, y que incluso hoy siguen bien marcados: la monarquía y la integridad territorial, garantizada por el ejército. De hecho, el artículo 2 de la Constitución sigue casi al pie de la letra el texto de una nota enviada desde el palacio de la Moncloa que especificaba sin lugar a dudas la mención a «la indisoluble unidad de la nación española»[33]. Ese punto, impuesto y aceptado por los ponentes, será la base de lo que Carlos Taibo denomina la «trama unitaria subyacente»[34] a la narrativa nacional patriótica española. En cualquier caso y como subraya André-Bazzana, no es en absoluto sorprendente que las circunstancias particulares de la Transición dejaran su impronta en el proceso y los resultados de esta. Lo que es sorprendente es la reiteración con que, décadas después, se siguió celebrando el consenso, la ausencia de polarización y de confrontación, como «puesta en escena de la reconciliación de los españoles» y la forma en que cualquier cuestionamiento de esa narrativa se interpreta como «amenaza que podría llevar a la desestabilización de la democracia»[35]. Lo que es induda-

[32] Bénédicte André-Bazzana, *Mitos y Mentiras de la Transición*, Barcelona, El Viejo Topo, 2006, p. 57.

[33] La existencia de dicha nota, disputada, fue hecha pública en las *Memorias* de Jordi Solé Tura, quien en ese momento presidía la ponencia que discutía el punto. Este episodio ha sido analizado en detalle por Bastida Freixedo.

[34] Carlos Taibo Arias (ed.), *Nacionalismo español: Esencias, memoria e instituciones*, Madrid, Catarata, 2007, p. 29.

[35] Bénédicte André-Bazzana, *Mitos y Mentiras*, cit., p. 190.

ble es que esa puesta en escena sirvió, como señala X. Bastida Freixedo, para construir un discurso nacional armónico, amable y, sobre todo, «consensuado»; esto es, capaz de satisfacer a la derecha en su convencimiento de que la unidad de la patria no se cuestione, y a la izquierda en cuanto que permite argüir su condición de españolismo plural sin un cuestionamiento a fondo de las jerarquías funcionales de ese pluralismo: «la retórica armonicista de la nación de naciones dio su fruto y puede decirse que, a día de hoy, el nacionalismo españolista se nutre de su discurso»[36].

A medida que la democracia fue avanzando y con ella se iban asentando las inevitables diferencias políticas, la apelación al «espíritu de la Transición» se hacía cada vez que en el ambiente se notaba la llamada «crispación» que debería entenderse como parte habitual del proceso político, pero que en España, igual que en otros países de pasado dictatorial (Chile o Argentina, por ejemplo), siempre parece ser el anuncio del retorno de algo amenazador. Posibilidad que, por cierto, en España se materializó en el intento de golpe de estado de 1981, el cual ha sido mitificado casi tanto como la Transición y cuyo verdadero alcance se desconoce a día de hoy. Al espíritu de la Transición se apeló en la década de los noventa, cuando se resucitó la figura política de Adolfo Suárez (que había desaparecido de la vida pública desde su dimisión en 1980) con numerosos premios, homenajes y reconocimientos. El mismo José M. Aznar quiso presentarse como heredero natural de Unión de Centro Democrático (el partido de Suárez), presentando a su propio Partido Popular como opción de centro y de paso atribuyéndose la legitimidad del cambio democrático. Todavía en 2007, Adolfo Suárez era elegido como el mejor presidente democrático por un 35 por 100 de los españoles, seguido por Felipe González y José M. Aznar[37]. La estrategia funcionó entonces y volvió a funcionar en las elecciones de 2011, en que el lema del Partido Popular «Centrados en ti» presidió una victoria electoral aplastante. En la misma línea de recuperación del consenso de la Transición, pocos meses después de las elecciones, el Partido Popular, pero también la oposi-

---

[36] Xacobe Bastida Freixedo, *La nación española y el nacionalismo constitucional,* Barcelona, Ariel, 1998, p. 131.

[37] José Antonio Castellanos López, «De consensos, rupturas y nuevas historias: una visión de la Transición desde la España actual», Damián Alberto González (ed.), *El Franquismo y la Transición en España: Desmitificación y reconstrucción de la memoria de una época,* Madrid, Los Libros de la Catarata, 2008, p. 159.

ción y prácticamente todos los medios de comunicación, publicaron extensos elogios de la figura de Manuel Fraga Iribarne con motivo de su fallecimiento. Se volvió a aludir sin descanso y, en ocasiones, con poco rigor (sin duda con pocos matices) a lo que el político gallego significó como fundador del «centro derecha» español y su papel «fundacional» en la democracia española, dejando de lado su papel, mucho más polémico, durante la dictadura o sus actuaciones caciquiles como presidente de la Xunta de Galicia. La muerte de Adolfo Suárez en el 2014, precisamente en un momento de grave crisis social y económica y con la propuesta de autodeterminación catalana a punto de ser discutida en el congreso español, generó un auténtico aluvión de comentarios políticos sobre la necesidad e importancia del consenso. La figura de Suárez fue revindicada por los mismos que le habían apartado de la vida pública, por la derecha y por la izquierda, por los obispos y hasta por el presidente de la Generalitat Artur Mas. En cualquier caso, lo que es indudable es que la apelación a un espíritu de reconciliación y consenso nacional se hace desde muy diferentes posturas políticas: lo hizo el PSOE en la campaña electoral de 1996, intentando «salvar» la Transición de los antiguos franquistas[38]. En 2007, Rodríguez Zapatero también recriminó a Mariano Rajoy que le pidiera las actas de las reuniones entre representantes gubernamentales y ETA porque eso violaba el espíritu de la Transición. De hecho, el argumento de la ruptura del consenso de la Transición se ha utilizado en todo tipo de ocasiones, incluyendo la crítica inicial del PP a la (muy moderada y nostálgica) serie de Televisión Española *Cuéntame* o las lamentaciones de importantes representantes de la Iglesia católica del abandono del espíritu de una época, a su juicio modélica[39].

Es curioso que varios de los libros recientes más críticos con la visión dominante de la Transición y el consenso político que inauguró (André-Bazzana, Gallego, González Madrid, Monedero) aluden en el título o en el contenido al término «mito» o «mitificación». La calificación de «mito fundacional» a la Transición no implica el entendimiento del término «mito» como falsa creencia, sino simplemente como creencia fosilizada, despojada de contradicciones y

---

[38] Bénédicte André-Bazzana, *Mitos y Mentiras*, cit., p. 285.
[39] La utilización constante del periodo de la Transición como modelo a seguir ha sido minuciosamente reconstruida en el excelente trabajo de José A. Castellanos López, ya citado, donde detalla los ejemplos mencionados.

matices[40]. Así lo veía Barthes en su ya clásico *Mitologías,* donde explicaba la pérdida de la memoria histórica de las cosas que implica la mitificación[41]. Desde su punto de vista, el mito no niega ninguna realidad, por contenciosa que sea; simplemente, la purifica, la hace inocente, le ofrece una justificación natural y eterna, resguardada tras el bastión de las esencias en un espacio sin contradicciones, pero también sin profundidad. La persistente invocación al «espíritu de consenso de la Transición» cada vez que en España se disparan los marcadores de los antagonismos políticos, funciona en base a esa justificación natural, eterna y falta de concreción histórica, que caracteriza al mito barthesiano. Es digno de reflexión que 30 años después de los pactos y la negociación a la baja que tuvo que hacerse en una determinada coyuntura histórica, la democracia española siga aferrada a la necesidad del consenso, y se sienta tan claramente incómoda negociando el disenso, que sigue interpretándose como un riesgo o fractura de la política democrática. Y, sin embargo, como especifica Bastida Freixedo, el consenso es un método muy poco democrático, puesto que no se basa en la discusión de ideas, sino en un cálculo de oportunidades con vistas a una ganancia, para el cual la transparencia del proceso en sí es irrelevante[42]. No es casualidad, en este sentido, que España sea uno de los países más opacos de Europa y no tenga legislación protectora del acceso a la información bajo control del gobierno que tienen prácticamente todos los países democráticos occidentales[43]. Incluso cuando se empieza a tramitar una Ley de Transparencia, se habla de que afectaría a todas las administraciones pero no a la Casa del Rey, que es el jefe del estado y cuya persona se sigue considerando inviolable.

Como elabora Rancière, es precisamente la capacidad de disentir la que diferencia la función de la política (democrática) de la función de la policía, al crear una diferente distribución de lo sensible.

---

[40] Historiadores de muy distintas tendencias han utilizado el término «mito» en el mismo sentido para cuestionar episodios concretos o interpretaciones dominantes de la historia de España. Dos ejemplos particularmente interesantes, muy diferentes entre sí, son *Los mitos de la Historia de España,* de Fernando García de Cortázar, e *Imagining Spain. Historical Myth and National Identity,* de Henry Kamen.

[41] Roland Barthes, *Mythologies,* París, Seuil, 1957 [ed. cast.: *Mitologías,* Madrid, Siglo XXI de España, ²2009].

[42] Xacobe Bastida Freixedo, *La nación española y el nacionalismo constitucional,* cit., p. 123.

[43] Soledad Gallego-Díaz, «La opacidad corrompe», *Elpaís.com,* 18 de marzo de 2012.

Para el filósofo francés, la «distribución de lo sensible» se refiere a la forma que la relación entre lo común compartido y las partes exclusivas se determina en la experiencia sensorial: en lo que es visible o invisible, lo que se puede oír y lo inaudible. Ya he mencionado el ejemplo de la revuelta de los plebeyos manifestándose frente al senado romano y la respuesta de los senadores de que lo único que oían era ruido. Otro ejemplo, muy apto para el momento político actual, es el de las manifestaciones y las ocupaciones del espacio público. Desmarcándose de la lógica de Althusser, Rancière considera que la policía no es la ley que interpela a la persona en medio de una manifestación. Al contrario, es la ley la que da por sentado lo que puede o no puede estar en ese espacio concreto y responde con un incuestionable: «Venga, circulen, que aquí no hay nada que hacer/ver»[44]. La política, por su parte, transforma ese espacio, meramente circulatorio, en un espacio donde aparecen sujetos: el pueblo, los ciudadanos. Un caso claro serían las ocupaciones de espacios públicos que han tenido lugar en diversas plazas del mundo como expresión del movimiento de descontento o indignación con las circunstancias económicas y sociales actuales.

En 2011, la Puerta del Sol de Madrid, centro comercial y de tránsito de la ciudad, también, simbólicamente, su centro político (el «kilómetro cero») y un lugar cargado de significado e historia, dejó de ser un sitio de paso para convertirse en un espacio de manifestación y debate del movimiento de los «Indignados», también conocido como movimiento 15-M, por las fechas en que se inició, el 15 de mayo. La asociación «Democracia ya», impulsora de las concentraciones, se definía y todavía se define como formada por «los desempleados, los mal remunerados, los subcontratados, los precarios, los jóvenes»: esto es, la «parte sin parte» de la sociedad. Ese segmento que normalmente se limita a transitar por el centro turístico de la capital, o como mucho consume algo en sus tiendas o en sus bares, se hizo políticamente visible durante unos meses. Sus historias, sus frustraciones, su descontento con el funcionamiento de la democracia española, pasaron a ser escuchados, con más o menos interés o disgusto. Si es verdad que desde la estética del goce consumista, la visión de la plaza abigarrada, con una multitud acampando en ella de forma precaria, no era la más atractiva o funcional, no es menos cierto que, visto desde otro punto de vis-

---

[44] Jacques Rancière, *Dissensus*, cit., p. 37.

ta, la multitud de distintas edades y condiciones allí reunida representaba un ejercicio público de ciudadanía. Esto no quiere decir que esa intervención no pudiera ser en sí misma también discutible, incluyendo sus posibles consecuencias para los que tampoco estaban de paso en ese mismo espacio, pero no deja de llamar la atención la sustancia del argumento de los que deseaban terminar con el «espectáculo»: la necesidad de que se volviera a circular, que el espacio de la plaza volviera a ser un lugar meramente de paso o de intercambio comercial. La lógica de los que participaban en el 15-M era en cierto modo similar a la que se pedía de los ciudadanos para asumir y aguantar los numerosos inconvenientes ocasionados por las obras públicas que habían caracterizado el Madrid del alcalde Gallardón. Si la reacción ante las calles levantadas, la imposibilidad de circulación, el ruido y el polvo debía ser la aceptación comprensiva por parte de la ciudadanía de un mal que venía por un bien futuro, los indignados del 15-M pedían, en cierto modo, lo mismo, y en efecto, así lo articularon: «Perdonen las molestias, estamos construyendo el futuro» era el lema de varias pancartas.

No deja de ser interesante que en una crítica a las movilizaciones populares en contra de la reforma laboral de 2012, la colaboradora de *ABC* y politóloga conservadora Edurne Uriarte reflexionara precisamente sobre la famosa frase de Fraga Iribarne, «La calle es mía», para puntualizar que, en democracia, la calle es de la izquierda porque en ella se encuentra con su identidad más profunda, que es la agitación. Esa idea que la autora plantea como crítica de la «izquierda exótica» no deja de tener su verdad: la calle, aparte de para circular, sirve también para reivindicar opciones distintas al *statu quo*, a la política de «las cosas como son». Así ha sido con todos los grandes cambios sociales: los movimientos de derechos civiles o la jornada de ocho horas, por ejemplo. Pero además hoy, en un mundo marcado por la privatización de los espacios y la atomización de la vida social, ¿dónde si no en la calle, en los parques, en las plazas, se podrían presentar reivindicaciones pacíficas, pero contundentes contra el estado de las cosas «tal como son»? Por otro lado, no hay que olvidar que el final del franquismo no vino solo por la muerte del dictador y la labor de unos cuantos políticos, sino que estuvo auspiciado por una serie de cambios sociales, incluyendo importantes movilizaciones en la calle de estudiantes, obreros e incluso por revueltas vecinales, que ejercieron una innegable presión sobre el régimen a nivel interno y externo. Esos movimientos estudiantiles, obreros y vecinales crearon además las bases para una nueva conciencia ciudadana sin la cual la Transición no hubiera sido posible[45]. Es comprensible, por tanto, que el pensamiento conservador sea hostil a las manifestaciones públicas de protesta y disenso, e intenten contrarrestar la lógica política con la policial.

La diferencia entre lógica policial y lógica política se puso asimismo de manifiesto en febrero de 2012 durante las manifestaciones estudiantiles contra los recortes en Educación que tuvieron lugar primero en Valencia y luego en otras ciudades españolas. El jefe de policía de Valencia, Antonio Moreno, al explicar a la prensa la violenta actuación policial contra estudiantes que se manifestaban en las calles de la ciudad, aludió a ellos como «el enemigo» y a las manifestaciones del 15-M como «el anterior conflicto»[46]. Lenguaje que, por cierto, demuestra la persistencia de la visión franquista de la política, a su vez deudora de las teorías de Carl Schmitt, uno de los más conocidos juristas del nacionalsocialismo alemán, y su distinción entre amigo y enemigo como esencia de lo político[47]. La justificación oficial para la necesidad de la actuación policial fue precisamente que los manifestantes impedían la circulación por una céntrica calle de Valencia. Algunos representantes políticos lamentaron la ola de «vandalismo» que había sacudido a la ciudad, a pesar de que ese tipo de incidente fue aislado, mucho menos frecuente que los que se dan habitualmente en época de Fallas, por ejemplo. El comentario identificando a los manifestantes como «el enemigo», como era de esperar, azuzó el fuego del descontento popular, y las manifestaciones continuaron creciendo en número y extendiéndose a distintas localidades. El presidente del gobierno, Mariano Rajoy, a la sazón de visita

---

[45] Véase el libro de Pamela B. Radcliff, *Making Democratic Citizens in Spain: Civil Society and the Popular Origins of the Transition,* Londres, Palgrave MacMillan, 2011. Es particularmente interesante el papel de las mujeres en los movimientos vecinales y en todo tipo de asociaciones, así como la premisa de que, sin todas estas movilizaciones populares, el cambio político y legislativo no hubiera sido posible.

[46] Joaquín Ferrandis, «El jefe de policía se refiere a los estudiantes como "el enemigo"», *elpais.com,* 21 de febrero de 2012.

[47] La persistencia de las doctrinas de Schmitt en la democracia española ha sido analizada por Lena Tahmassian, «Carl Schmitt and the Basque Conflict: from the Design of Francoism to Spanish Democracy», *Journal of Spanish Cultural Studies* 33/1 (2012), pp. 59-81. Para un análisis de las teorías de Schmitt en un contexto más amplio, véase Chantal Mouffe, *The Challenge of Carl Schmitt,* Londres, Verso, 1999. Hay una edición en español que reúne ensayos de Mouffe y otros sobre la relevancia actual de Schmitt: Chantal Mouffe (coord.), *El desafío de Carl Schmitt*, Buenos Aires, Prometeo, 2012.

en Inglaterra, pidió a sus conciudadanos «sentido común» y dio órdenes para que la policía moderara su actuación, no porque los estudiantes no estuvieran en su derecho de expresarse públicamente en las calles, sino debido a que la repercusión internacional de los enfrentamientos resultaba negativa para la imagen exterior de España, y por tanto, para el mercado. De hecho, una de las mayores preocupaciones políticas de esos días, y objeto de discusión en el senado, no fue canalizar de forma productiva lo que sin duda era una ola de indignación y frustración juvenil en un momento de crisis drástica, sino el hecho de que los incidentes hubieran sido portada del *New York Times,* lastrando la imagen de efectividad del nuevo gobierno y la confianza de los futuros inversores en «la marca España».

La lectura que identificaba a los jóvenes manifestantes como el enemigo implica, como ya he dicho, una visión de lo político deudora de Carl Schmitt, basada en el «nosotros contra ellos», un entendimiento del antagonismo que excluye la posibilidad de un espacio simbólico común. En ese marco, es el estado absolutista precisamente el que define quién es el enemigo, el que lo distingue como tal, y el que debe ejercer el monopolio de lo político para garantizar la paz y la cohesión de la nación. Desde ese punto de vista, el «ellos» no es lo opuesto a un nosotros concreto, sino lo que hace imposible la concretización de la idea de ese «nosotros»[48]. El franquismo aprovechó muy bien las teorías de Schmitt, que se convirtió en figura de referencia incuestionable, tanto por la validez de sus planteamientos para el régimen como por los vínculos del pensador alemán con el pensamiento jurídico conservador español y en particular con la figura de Donoso Cortés. De hecho, el propio Fraga Iribarne fue un gran admirador de Schmitt, a quien le organizó un gran homenaje en 1962, siendo todavía director del Instituto de Estudios Políticos, con asistencia de grandes figuras del régimen y de la Iglesia. La influencia de Schmitt no terminó con el régimen franquista, antes al contrario, sus opiniones sobre el papel del estado en la definición del enemigo, sobre la potestad de decidir sobre la excepción y, sobre todo, sobre la importancia de la homogeneidad nacional y el peligro que implica la división interna, han seguido bien presentes en los debates políticos y legales de la España democrática[49].

---

[48] Chantal Mouffe, *The Democratic Paradox*, cit., p. 12.

[49] Véase el trabajo de J. A. López García, «La presencia de Carl Schmitt en España», *Revista de Estudios Políticos (Nueva época)* 91 (1990), pp. 139-168.

Cuando el Partido Popular ganó de forma clara las elecciones autonómicas del 22 de mayo de 2011, sus partidarios, exultantes, corearon una y otra vez durante las celebraciones «Esto es democracia, y no la de Sol». El cántico quería subrayar que lo que cuenta en una democracia son los votos, particularmente los de la mayoría, y por tanto los acampados de Sol eran no solo irrelevantes, sino ajenos al proceso democrático. Pero en verdad, como ya he venido desarrollando, lo que distingue la democracia del autoritarismo es precisamente su forma de manejar el desacuerdo y la disensión. Dejando de lado el hecho de que muchos de los acampados probablemente también votaron (a pesar de sus quejas contra la poca representatividad del sistema electoral y de ahí también la altísima cantidad de abstenciones), lo fundamental es que la esencia de la política democrática reside en la forma en que sabe reconocer sus propias diferencias internas. La política democrática hace visible lo que de otra forma no tendría razón de ser visto, la presencia de aquellos (los indignados de Sol, los que protestaron en la Plaza Tahrir, las Madres de la Plaza de Mayo) que pertenecen a un mundo que otros (los que sí tienen trabajo, futuro, lugar) no ven, que no entra en su marco de referencia. Como apunta Rancière, la argumentación política es la prueba de un mundo en el que un argumento cuenta como tal y está presentado por un sujeto capaz de articularlo a un receptor que debe escuchar lo que de otra forma no escucharía. Es, en suma, la construcción de un mundo paradójico que pone en contacto dos mundos diferentes[50]. En ese sentido, lo verdaderamente democrático que tuvo lugar en la primavera de 2011 fue la coexistencia momentánea de esas dos visiones de comunidad, del país y de la realidad política que de otra forma nunca se habrían encontrado. Porque para la política democrática, el hecho de que el pueblo esté dividido en sus opiniones no es un hecho deplorable, sino la condición fundamental de su ejercicio. Ese momento fue fugaz: los acampados de la Puerta del Sol acordaron desalojar la zona en junio, y para agosto la plaza ya había vuelto a su aspecto habitual.

Las lógicas del consenso y del disenso corresponden a dos formas diferentes de entender y simbolizar la comunidad. La primera entiende la comunidad como el resultado de una forma común de ser, la suma de las partes; la segunda, como la polémica sobre lo que constituye lo común, la división del todo. Esa diferencia tiene con-

---

[50] Jacques Rancière, *El desacuerdo. Política y filosofía,* cit., p. 39.

secuencias muy importantes, ya que establece las premisas a partir de las cuales se articula el diálogo político: o bien se parte de la base de lo que debe ser sentido como común, y se castiga o reprime la expresión de la divergencia; o bien se acepta la discusión sobre lo que el todo común (social, nacional) puede abarcar. Asimismo, la sociedad del consenso está organizada en torno a grupos ligados a modos específicos de hacer las cosas, a lugares donde se llevan a cabo esas acciones y a modos de ser que corresponden con ambos. En esa correspondencia inequívoca entre funciones, lugares y modos de ser, no hay lugar para el vacío, para lo que no encaja, para el excedente. La realidad que vivimos con posterioridad al 11 de septiembre de 2001 (aunque ya se anunciara con anterioridad) es precisamente el eclipse de lo político, de la identidad constituida a través de la polémica sobre lo común y por el contrario, la apoteosis de la fantasía del estado democrático *normal* como capaz de, incluso con la obligación de, neutralizar los antagonismos y determinar *a priori* los parámetros del sentido común.

La democracia del consenso se representa como un acuerdo razonable entre individuos y grupos sociales que parten de la base de que la negociación de lo que es posible es el método adecuado para satisfacer a las distintas partes y, por tanto, para evitar el conflicto. Pero para que las distintas partes puedan realmente escoger la discusión (en vez de la lucha), tienen que existir primero como partes igualmente capaces de tomar esa decisión, de hacerse oír; se tiene que eliminar el espacio que pueda existir entre las partes en disputa y una determinada parte de la sociedad[51]. Esto es, el consenso presupone que todas las partes están de hecho incluidas en el diálogo, que no hay ninguna parte de la sociedad que no sea cuantificable y representable en ese todo que constituye «la opinión pública»[52]. Por el contrario, el consenso no permite la consideración política de los que no están ya sentados a la mesa de debate, no permite contar a los que, de entrada, no cuentan, que pueden ser los plebeyos para el senado romano, los trabajadores y las mujeres en el siglo XIX, los inmigrantes, las comunidades indígenas, las minorías o los «perroflautas», en el presente. Aunque parece que, de hecho, en los estados occidentales todo el mundo tiene derecho a expresar su opinión, lo cierto es que muchas opiniones literalmente no entran en el

---

[51] Jacques Rancière, *Dis-Agreement: Politics and Philosophy,* cit., p. 102.
[52] *Ibid.*, p. 103.

cómputo de votos necesario para la representación política legítima. La mayoría de los países occidentales, y desde luego España, tienen leyes que favorecen una determinada contabilidad de los votos, ya sea favoreciendo el bipartidismo o complicando y desestimando la creación de nuevas opciones políticas. Un ejemplo en el caso español serían los debates y las medidas políticas suscitadas en torno a la participación o la exclusión explícita de Amaiur, la coalición de grupos de la izquierda *abertzale* vasca, del proceso político español. En diciembre de 2011 (por tanto, después del anuncio del cese de la violencia por parte de ETA) la Mesa del Congreso de los Diputados, con los votos de los representantes del Partido Popular, determinó que Amaiur no pudiera tener grupo propio. Así, la fuerza política más votada del País Vasco solo tenía la posibilidad de integrarse en el llamado Grupo Mixto, formado por otros partidos minoritarios y, en la mayoría pero no en todos los casos, nacionalistas (no estatales): Bloque Nacionalista Gallego, Esquerra Republicana de Catalunya, Coalición Canaria, Unión del Pueblo Navarro, GeroaBai, Compromís, Foro Asturias. La carencia de grupo propio limita severamente las posibilidades de hacerse oír en el foro público, de poder presentar un mensaje a la ciudadanía española, no únicamente a la de los ya votantes de esos grupos. De ahí el interés en diluir su presencia y su derecho a la palabra, algo que han resaltado también varios expertos en derecho constitucional, no precisamente votantes ni simpatizantes de ninguno de esos partidos, que por lo demás defienden posiciones ideológicas radicalmente diferentes entre sí. La posición contraria está representada por Unión del Pueblo y Democracia, liderado por Rosa Díez, otro partido que solo pudo formar grupo parlamentario propio gracias a una alianza temporal con Foro Asturias, y que usó su nueva posición para empezar una campaña tenaz a favor de la ilegalización de Bildu y Amaiur. Durante todo este proceso, pocas fueron las voces que, desmarcándose del contenido específico de los programas de Amaiur o Foro Asturias, reclamaron la necesidad de no suprimir la representación de sus votantes[53].

Las leyes que rigen las posibilidades de formación de grupo propio parlamentario en España son consistentes con la lógica política del consenso, según la cual el todo lo es todo, y representa a todas y cada una de las partes, que se benefician de ese todo. Ese todo ar-

---

[53] Como ejemplo, véase el artículo del profesor de derecho constitucional Agustín Ruiz Robledo, «Amaiur tiene derecho», *El País,* 22 de diciembre de 2011.

monioso y cohesivo se obtiene por medio de la eliminación del proceso de las entidades consideradas parasitarias, que son precisamente las que no encajan en el acuerdo sobre lo común, las que plantean la particularización polémica de su propia universalidad[54]. Esta política sin adversarios que asume que todos los intereses pueden ser reconciliados, siempre y cuando todos se identifiquen con el mismo proyecto, es consistente con la llamada «tercera vía» situada supuestamente más allá de las polarizaciones ideológicas. Esa fue la propuesta política de Blair, Schröder, Clinton e incluso de Obama, que se consagró como figura política a nivel nacional en la convención demócrata de 2004 con un discurso en que se hablaba de trascender las divisiones ideológicas, de clase y raciales en favor de la unidad nacional: el famoso «E pluribus unum», el lema que originalmente indicaba cómo de trece colonias surgió un solo país y que hoy en día se usa como ejemplo de la integración de la pluralidad en un objetivo común. Esta idea de un consenso del centro se basa también, como es lógico, en el desprestigio atribuido a las nociones de izquierda y derecha que se presentan no solo como anticuadas, sino incluso como antidemocráticas. Pero la idea del espacio de lo político como una especie de *locus amoenus* no es, ni puede ser, otra cosa que una fantasía en el sentido psicoanalítico del término: la pantalla que nos protege del encuentro con lo real.

EL ESTADO DE FANTASÍA Y LA FANTASÍA DEL ESTADO NORMALIZADO

La idea de un estado democrático sin antagonismos internos, con desacuerdos siempre consensuables va ligada en España a la de una identidad nacional sana, esto es, coherente y cohesiva, unida en sus objetivos y en su capacidad de defenderse de los elementos extraños que amenazan su estabilidad. Ese es el horizonte de expectativas al servicio del cual se ponen distintos programas políticos. Por mucho que la tendencia crítica dominante desde hace varias décadas sea la de enfatizar el carácter construido de las identidades nacionales, la persistencia y poder persuasivo de esas identificaciones es difícilmente cuestionable. Para explicarlas, a menudo se recurre a lo que G. Jusdanis considera una fábula moral tendenciosa que distingue entre formas de diferenciación benigna y maligna, que corresponden a

---

[54] Jacques Rancière, *Dis-Agreement*, cit., pp. 124, 126.

dos tipos de nacionalismos: el cívico y razonable (representado por ejemplo por Francia, Inglaterra y Estados Unidos) y el cultural y excesivo (existente en el este de Europa, Asia o África)[55]. Que existen diferencias entre distintos proyectos nacionalistas, no cabe duda: cada uno debe ser evaluado como producto de condiciones históricas y relaciones de clase específicas, así como del desarrollo de formas de gobierno y de sociedad civil que enmarcan los poderes del estado[56]. Al mismo tiempo, no es menos cierto que todos los nacionalismos, incluidos ciertamente los estatales, usan (y necesitan) los mismos recursos culturales, institucionales e ideológicos para promover la creación y el mantenimiento de la idea nacional. Asimismo, ninguna afiliación nacional puede sostenerse únicamente por medio de identificaciones simbólicas e imaginarias; se requiere también un excedente afectivo, una conciencia del goce específico que se materialice en prácticas sociales y en los mitos nacionales que se estructuran alrededor de dichas prácticas. Lo que da consistencia a la construcción discursiva de la nación es precisamente la fantasía del encuentro con un goce completo localizado (proyectado) en la narrativa nacional[57]. Hay que aclarar, en este sentido, que, en el marco lacaniano, el goce (*jouissance*) no es sinónimo de placer, como lo es en el uso común. Para Lacan, el goce implica un exceso, el punto donde se experimenta algo que de otra forma estaría oculto. Si el placer se vincula con la reducción de tensión, con la calma, el goce por el contrario siempre se encuentra en relación a la tensión, el desconcierto y el exceso. El goce implica además la posesión y el control sobre algo. En una sociedad consumista y hedonista, el placer se tolera, incluso, de hecho, se fomenta la idea de que todos tenemos derecho a disfrutar, a la vez que se crean mecanismos para domesticar, controlar, para hacer razonable ese placer. El goce, en cambio, siempre es problemático por su dimensión excesiva e incontrolable.

En el contexto nacional, la promesa fantasmática se cumple en parte gracias al goce limitado que se deriva de ciertas prácticas y rituales (tradiciones familiares, culinarias o musicales, por ejemplo). Sin embargo, precisamente porque ese goce es parcial, siempre

---

[55] Gregory Jusdanis, *The Necessary Nation,* Princeton, Princeton University Press, 2001, p. 10.

[56] *Ibid.,* p. 11.

[57] Yannis Stavrakakis, *La izquierda lacaniana: Psicoanálisis, teoría, política,* cit., p. 204.

amenaza con poner de manifiesto el carácter ilusorio de la idea de plenitud. Y ahí se introduce la idea del robo del goce, tan fundamental en los procesos de construcción de identidad nacional y, por tanto, de su reverso, la construcción del enemigo: la nación no puede ser lo que fue en algún momento, lo que podría volver a ser, porque un elemento (externo o interno) le impide desarrollar su identidad en plenitud y, por tanto, disfrutar de la satisfacción completa de su ser específico. El hecho de que imputemos a los otros el robo de algo que en realidad nunca fue nuestro, o el hecho de que el goce se constituya precisamente en relación al robo y a la pérdida, es irrelevante. Los otros que amenazan nuestro ideal nacional sostienen también la fantasía de un goce en plenitud. Los ejemplos son innumerables: los eslovenos consideran que los serbios y bosnios, debido a su pereza y corrupción, les privan de su goce nacional; los serbios sienten que los eslovenos les roban debido a su espíritu calculador y su avaricia; los canadienses angloparlantes se quejan del exceso de demandas de Quebec, mientras que Quebec se resiente de los beneficios que el gobierno federal otorga al resto de Canadá; la Liga Norte italiana promueve el cese de ayudas al sur del país y se opone a la inmigración extracomunitaria que expolia los recursos que deberían destinarse a los italianos, mientras que los sicilianos se lamentan de que su singularidad cultural es despreciada por sus compatriotas del norte. En Estados Unidos se multiplican las leyes y/o propuestas de leyes destinadas a soldar las supuestas fracturas culturales que en el cuerpo de la «identidad americana» están provocando la presencia excesiva de nuevas comunidades de inmigrantes (en particular asiáticos y latinos) que se aprovechan de la supuesta generosidad del estado sin estar dispuestos a dejar que su especificidad quede diluida en el famoso «melting pot»[58]. Por no hablar de las divisiones en el seno de la Unión Europea debido a la crisis económica actual: los alemanes lamentan el gasto y la falta de responsabilidad de los griegos, y ellos acusan a los alemanes de robarles no solo

---

[58] Un título representativo de la alarma que las nuevas circunstancias crean incluso en autores considerados liberales es Arthur Schlesinger, *The Disuniting of America*, Nueva York, Norton, 1992. La posición más alarmista y conservadora está representada, entre otros muchos, por Patrick Buchanan en *The Death of the West: How Dying Populations and Immigrant Invasions Imperil our Country and Civilization*, Nueva York, Thomas Dunne, 2002. Desde otro punto de vista, y de otra calidad, es el trabajo indispensable de Tom Nairn *The Break-up of Britain: Crisis and Neo-Nationalism*, Londres, New Left Books, 1977, actualizado en 2002.

el bienestar, sino su propia supervivencia. Más adelante volveré a este punto para discutirlo en el contexto concreto de España. Por ahora, sin embargo, me gustaría ahondar un poco más en el concepto de fantasía nacional.

Aunque normalmente se asocia la fantasía con proyecciones personales, como bien observa Jacqueline Rose, en fecha tan temprana como 1897 ya Freud supo ver que la fantasía no era una cuestión meramente privada, una ilusión personal, o un deseo degradado, sino lo que hace posible e imposible a la vez la identificación colectiva. De hecho, de la misma forma que la premisa de un grado cero de la ideología es la premisa ideológica por excelencia, la fantasía como asunto meramente privado es quizá la fantasía suprema por excelencia. Por lo mismo, la fantasía no es la antagonista de la realidad social, sino, por el contrario, su condición preexistente, su pegamento psíquico[59]. La brillante exploración de Rose del papel constitutivo de la fantasía en las identificaciones y rechazos que caracterizan las identidades nacionales, arranca con la consideración del doble significado de la palabra «estado», que funciona en el terreno de lo público (estamento, conjunto de órganos de gobierno, etc.) y privado (situación en que se encuentra algo, modo de ser y estado de ánimo). En inglés, el idioma en que escribe Rose, «to be in a state» («estar en un estado») alude a un estado emocional negativo en general, uno en que las explicaciones racionales no sirven (por ejemplo, un estado de confusión, de pánico, de disociación). En ese sentido, el «estado» funciona como la fantasía en el psicoanálisis, y como las patologías para Freud, como «un estado dentro del estado, una parte inaccesible con la cual la cooperación es imposible, pero que puede llegar a superar lo que se entiende como la parte normal, poniéndola a su servicio»[60]. Esto es, el estado moderno puede ser leído psicoanalíticamente, en términos de pérdida, resistencia, deseo y ficciones protectoras. Las premisas del psicoanálisis permiten entender la fundamental falta de armonía que caracteriza la política democrática, derivada del hecho de que no se puede controlar la imposibilidad fundamental, la falta constitutiva en torno a la cual se organiza la experiencia humana[61]. La aspiración a la plena reconciliación nacional es imposible, porque no solo igno-

---

[59] Jacqueline Rose, *States of Fantasy,* Oxford, Oxford University Press, 1996, p. 3.
[60] *Ibid.,* p. 7.
[61] Chantal Mouffe, *The Democratic Paradox,* cit., pp. 137-138.

ra la multiplicidad de formas de entender el bien común, sino también el hecho de que el antagonismo y la violencia son inevitables: qué hacer con ellos, cómo negociarlos, es la tarea que se plantea a la democracia, cuya pregunta fundamental puede ser, precisamente, ¿qué clase de comunidad podemos construir en tanto que sujetos descentrados, marcados por la falta, pero inmersos en la búsqueda de una plenitud imaginada y deseada?

La consideración conjunta del estado y la fantasía permite ahondar precisamente en los puntos ciegos de los imaginarios nacionales, en su carga afectiva, en lo que emerge como su excepción constitutiva: aquello que constituye el apoyo necesario para el sistema y a la vez su mayor amenaza. La fantasía maneja estas excepciones generando una narrativa que crea y esconde simultáneamente esa amenaza (el núcleo fantasmático), porque si dicha amenaza de hecho se materializara, colapsaría el sistema del que forma parte. Aunque en el uso común del lenguaje, la fantasía se opone a la realidad, en la teoría psicoanalítica lacaniana la realidad siempre es una construcción discursiva que presenta un continuo con el deseo. Puesto que la condición humana está marcada por la búsqueda de un goce perdido e inalcanzable, la fantasía ofrece la promesa de un encuentro con ese goce, un encuentro que se presenta como capaz de llenar la falta del otro y del sujeto mismo. Como indica Y. Stavrakakis, a nivel político, la promesa fantasmática es la que articula todos los grandes movimientos políticos, ya sea el *Manifiesto comunista* como la Revolución Verde, o el Tea Party; todos aluden a un estado de armonía y unidad, un estado de plenitud donde es posible alcanzar el goce nacional[62]. Dicho estado es, por tanto, una proyección retroactiva condicionada por la intervención de la pérdida simbólica, siendo su cristalización ejemplar la política de la utopía. Stavrakakis, entre otros, alude en este sentido al mito de la edad dorada que tienen todas las narraciones nacionalistas románticas. En el caso de España, en efecto, la idea de una «Edad de Oro» se sigue utilizando como nomenclatura habitual en el mundo de la cultura y los estudios de humanidades, algo que sorprende a estudiosos de otros países donde no ya se interpretan los distintos momentos históricos y la complejidad cultural que los refleja como parte de una jerarquía de valor directamente relacionada con la especificidad cultural nacional. Como veremos en los capítulos siguientes, en Es-

---

[62] Yannis Stavrakakis, *Lacan and the Political,* Nueva York, Routledge, 1999, p. 52.

paña no solo es notable la persistencia de ese modo clasificatorio, sino que, en efecto, la «Edad de Oro», y en concreto el Barroco, es el pilar fundamental sobre el que se sustenta la proyección internacional del arte nacional y, por tanto, es también elemento crucial de la llamada «marca España».

Toda representación de identidad está articulada en torno a un marco fantasmático, en torno a la promesa de un goce perdido. La lucha por volver a capturar ese estado, por aprehender su «esencia», se articula en la fantasía, que puede adquirir proyecciones diversas. Sin embargo, la fantasía misma no puede cumplir el deseo, sino solamente sostener su coherencia. En determinados momentos, ese goce del deseo nacional se alcanza momentáneamente: son los episodios de euforia que acompañan a las victorias militares, o los triunfos en el deporte, o cualquier reconocimiento público del colectivo. Pero la satisfacción es siempre parcial, recuerda todo lo que queda por hacer o por conseguir y, por tanto, acaba reinscribiendo la insatisfacción. Si la fantasía es el apoyo que da consistencia a lo que llamamos realidad, la realidad siempre es un síntoma *(synthome)*. En un marco psicoanalítico, el síntoma significa algo diferente al síntoma médico. Este último es un signo de que algo más fundamental sucede a otro nivel: la fiebre, por ejemplo, es la manifestación de un mal que hay que atacar y eliminar. El síntoma psicoanalítico no solo es signo de algo, sino también lo que sostiene ese algo: es lo que interrumpe la consistencia de nuestra construcción de la realidad, al encarnar el goce reprimido, el componente desestabilizador excluido de la simbolización armónica. El síntoma es el encuentro con lo real, el punto traumático que resiste la simbolización, pero a la vez lo que da congruencia al sujeto. La negación de lo real dentro de la fantasía solo puede producirse mediante la estigmatización del síntoma que se presenta «como una intrusión ajena, perturbadora, no como el punto de erupción de las, por lo demás escondidas, verdades del orden social existente»[63].

Para el psicoanálisis hay siempre una distancia necesaria entre nuestra realidad cotidiana y un núcleo más profundo, fantasmático, desconocido, que constituye el telón de fondo de esa realidad. Ese núcleo es la excepción constitutiva, el elemento extraño, fuera de

---

[63] Slavoj Žižek, *Looking Awry: An Introduction to Jacques Lacan through Popular Culture,* Cambridge, Mass, MIT Press, 1991, p. 40 [ed. cast.: *Mirando al sesgo. Una introducción a Jacques Lacan a través de la cultura popular,* Buenos Aires, Paidós, 2000].

lugar, excedente, que mantiene operativo el sistema total: es la excepción lo que constituye el texto, el orden político o social, la ideología. Desde este punto de vista, la fantasía es la forma en que nos enfrentamos de forma narrativa con aquello que no puede ser parte del sistema y, sin embargo, es absolutamente esencial para que el sistema opere[64]. Por ejemplo, en el contexto de la política norteamericana la excepción ha sido, y sigue siendo, el comunismo. Siendo un elemento excluido y negado en el discurso político mayoritario, sin embargo, en torno a él, se arma todo un aparato legislativo, judicial y de prácticas sociales para distinguir (y preservar) la singularidad del modo de vida americano, amenazado por cualquier atisbo de políticas consideradas socialistas pero definido y apuntalado por oposición por estas. En Estados Unidos, toda reflexión pública sobre «lo común», sea en el terreno de lo político o de lo educativo, o de lo medio ambiental, tiene que ser atemperada por una cuidadosa defensa de la libertad y la agencia individual, o corre el peligro de ser clasificada como «radical» y comunista (o socialista, ya que no se suele hacer la distinción). En el caso de España y en el contexto del franquismo, no es tanto el comunismo como el «separatismo» lo que se identifica como la excepción constitutiva no solo del régimen mismo, sino del marco político y moral en que se insertan: la anti-España es precisamente lo que permite definir y defender, incluso por medio de la violencia, la esencia de la verdadera España. Ya en época democrática, la excepción constitutiva la han seguido representando, muy por encima de otros asuntos, los nacionalismos no estatales, que impiden la consecución de la normalidad, siempre identificada con un estado armonioso y cohesionado, vertebrado, y que suscitan, por el contrario, estados de excepción, ahora no oficialmente declarados como en el pasado, pero siempre presentes en términos simbólicos. Hay que recordar en este sentido que la excepción no es simplemente lo prohibido, aquello que deseamos pero no podemos tener. Es un núcleo traumático, aquello que tiene la posibilidad de destruirnos si lo enfrentamos. La fantasía, por tanto, es la forma de lidiar con la excepción constitutiva, de protegernos de ese trauma, de hacer posibles nuestras vidas sociales, políticas y personales[65]. La fantasía

---

[64] Roland Boer, *Political Myth: On the Use and Abuse of Biblical Themes,* Durham y Londres, Duke University Press, 2009, p. 32.

[65] *Ibid.,* p. 33.

del estado de normalidad es a la vez la forma de enfrentarse al núcleo fantasmático, traumático (los que atentan contra ese estado) y al mismo tiempo lo que construye y perpetúa dicho núcleo: la excepción, precisamente porque es bloqueada, negada, adquiere un papel fundacional.

EL OSCURO OBJETO DE DESEO NACIONAL

La fantasía no ofrece el objeto de deseo, sino que nos enseña cómo desear. Žižek usa un famoso ejemplo de Freud para explicarlo. La fantasía no significa que yo desee comerme una tarta de fresa y como en realidad no puedo comérmela, fantaseo con la posibilidad de comérmela. El problema estriba más bien, en primer lugar, en cómo sé que lo que deseo es comerme una tarta de fresa y no, digamos, un helado de piña o unas almendras, o simplemente no comer: ese deseo específico es lo que la fantasía me dicta[66]. La fantasía misma nos enseña cómo desear y, por tanto, produce el objeto que deseamos. La pregunta fundamental del deseo no es «¿Qué es lo que yo quiero?», sino «¿qué es lo que otros quieren de mí?», «¿qué ven en mí?», «¿qué soy para ellos?». La paradoja de la fantasía consiste en que establece el marco de nuestro deseo, pero a la vez es la pantalla que encubre el abismo que implica el deseo del otro. La dificultad, por tanto, consiste en cómo interpretar el propio deseo, en establecer para quién se articula la fantasía que nos da consistencia. En un contexto político, el incuestionable objeto de deseo es la nación normal, cohesiva y, por lo tanto, lo suficientemente fuerte como para garantizar su paz y su prosperidad. Ahora bien, la pregunta es, en primer lugar, ¿cómo sabemos que lo que de verdad deseamos es «ese» tipo de nación, precisamente? El ideal de paz al que apelan las narrativas nacionales siempre oculta el núcleo fantasmático de violencia estructural que todas comparten, ya sea en términos de raza, clase, género, sexualidad o degradación ambiental[67]. Yendo más allá, podría plantearse que la paz que constituye el marco de referencia de toda narrativa nacional, quizá forma parte también del núcleo fantasmático, de esa verdad intolerable que no se puede enfrentar sin riesgo de desintegración, ya

---

[66] Slavoj Žižek, *The Plague of Fantasies,* cit., p. 7.
[67] Roland Boer, *Political Myth: On the Use and Abuse of Biblical Themes*, cit., p. 124.

que la paz es, de hecho, irrepresentable. La idea de un estado exento de contradicciones, sin tensiones ni conflictos se localiza más allá de lo imaginable porque es, en efecto, antinarrativa, esto es, implica el detenimiento del orden de lo narrable[68]. En este sentido, la transgresión y la amenaza son absolutamente necesarias para el buen funcionamiento de una narrativa nacional, como de cualquier otro tipo de narrativa. El ejemplo obvio es el de las grandes novelas del siglo XIX, que si bien se basan en un ideal de normalidad individual, familiar y social, se desarrollan y sostienen en base a un elemento perturbador, una transgresión, que lo cuestiona, demuestra su imposibilidad, pero se quiere afirmar. Y no es casualidad, por supuesto, que esas interminables novelas cuyas tramas descansan sobre la tensión entre el deseo y la norma, se escriban precisamente en el momento de consolidación de los estados-nación y sus señas de identidad oficiales.

Para ilustrar el funcionamiento de la transgresión y la amenaza en relación al núcleo fantasmático, los críticos R. Boer y J. Rose utilizan (por separado) como ejemplo la complicada situación de Israel, que ambos conocen muy bien. Los dos plantean la posibilidad, o la utopía, de que el conflicto palestino-israelí llegue a su fin; de que la oposición a Israel por parte de países como Irán o Siria termine, así como las incursiones militares en el Líbano, Siria o los territorios ocupados palestinos. Boer se pregunta si entonces lo que ahora se presenta como un único conflicto no se disolvería en otro tipo de tensión interna entre judíos y árabes, askenazis y sefarditas, ultraortodoxos y liberales, etc. Esto es: la posibilidad de la paz pondría al estado de Israel, y a sus ciudadanos, frente a frente con la «verdad insoportable de sus tensiones y violencia internas»[69]. En la misma línea, Rose, que además de ser judía es una gran experta en la política y la tradición cultural de Israel, subraya que en el marco de la retórica israelí dominante, la concesión de legitimidad legal a los palestinos es impensable no tanto por el peligro concreto que estos representan (que ella no niega en absoluto), sino también porque la carga de fantasía contra esa posibilidad es tal que si se llegara a dar, la nación, *tal como ha sido establecida,* perdería su razón de ser[70]. Esto es, cuando la fantasía se concretiza, se produce un colapso, ya

---

[68] *Ibid.,* p. 124.
[69] *Ibid.,* p. 124.
[70] Jacqueline Rose, *States of Fantasy,* cit., p. 4.

que deja de haber algo que sostiene y justifica toda nuestra armazón psíquica. En el contexto español, la famosa frase comentada por M. Vázquez Montalbán «Contra Franco vivíamos mejor», capta perfectamente la misma dinámica de concentración de toda la energía y la argumentación en un único enemigo identificable, en un constante movimiento oposicional que evita el autocuestionamiento, la consideración de las fracturas externas e internas, de las complejas relaciones de complicidad, necesidad, identificación y rechazo que sostienen las fantasías nacionales[71].

Creo que es evidente la forma en que la fantasía de pertenencia nacional funciona también en el caso de España, una nación particularmente obsesionada con su unidad, con su coherencia, o dicho más específicamente, su «vertebración», y por tanto también con la diferencia entendida como antagonismo. La identidad española dominante se construye a partir del siglo XVIII en base a una idea de unidad basada en la centralización, con una lengua «por antonomasia» que es el español[72] y cuyas otras culturas son, en el mejor de los casos, expresiones de una particularidad dentro del marco de lo privado o de funciones muy bien delimitadas por el poder central. Incluso en el marco de la España democrática, un punto que ninguna cantidad de consenso pudo rebatir fue la idea de «la indisoluble unidad de la Nación española, patria común e indivisible de todos los españoles»[73], indisoluble unidad apuntalada por las fuerzas armadas, cuya misión, entre otras, es garantizar la integridad territorial del país. La posibilidad de una España realmente plural, en la que distintas culturas coexistan, no de una forma jerarquizada (que es, en el mejor de los casos, el modelo actual) sino relacional, es anatema para los que se declaran patriotas, constitucionales o no, pero a la vez «no nacionalistas». El énfasis en la necesidad de unidad en la pluralidad está también en el discurso de la izquierda, que subscribe la idea de una nación incuestionable en

---

[71] También en clave cómica no exenta de autocrítica, el programa de humor de la televisión vasca *Vaya semanita* aseguraba en el episodio «Padres de la patria» que el nacionalismo vasco le tenía que rendir homenaje a Franco y al Real Madrid, por haber potenciado un sentimiento de unidad basado en la oposición al franquismo.

[72] La expresión es de Menéndez Pidal, pero la idea es absolutamente fundamental para el nacionalismo español y todo su aparato institucional cultural. Ver, a este respecto, el trabajo de J. C. Moreno Cabrera, *El nacionalismo lingüístico. Una ideología destructiva*, Barcelona, Península, 2008.

[73] Constitución española, art. 2.

sus fronteras y unida armoniosamente por el encuentro en lo común. Así, en la llamada «Declaración de Santillana», en 2003, los socialistas afirmaban su amor por España, nación que «ni necesita ser inventada ni se encuentra en discusión» y su visión del país: «un país plural, dinámico, cimentado en identidades compatibles y no conflictivas entre sí, donde la idea de lo común que funda nuestra convivencia no pueda ser arrogada patrimonio privativo de nadie en particular»[74]. El problema, entonces, no es España, ni la idea que se pueda tener de ella (puesto que no es discutible); ni la relación entre las diversas partes y el todo (que tampoco es discutible), sino los que impiden el goce perdido de esa idea de nación singular: plena, unida, hablando con una sola voz y en un solo idioma universal. Pero las exigencias de «los nacionalistas», o su mera existencia, también son precisamente lo que da cohesión e impulso a esa fantasía de una España antes plena y ahora en proceso de desintegración, que por lo mismo que se considera acosada necesita defenderse agresivamente de la anomalía de la diferencia, sea esta religiosa, étnica o cultural. El fantasma de la nación normal, felizmente unida en torno a objetivos comunes incuestionables, promueve una resolución armoniosa del antagonismo social, un completo recubrimiento de la falta, constituyendo así un objeto deseable de identificación. Incluso en los casos (de hecho, no muy frecuentes) de aquellos que públicamente abogan por una tolerancia multicultural de la pluralidad del estado español, siempre se incide en la necesidad de separar el nacionalismo «excesivo» y patológico (que naturalmente nunca es el propio, ni mucho menos el estatal) del razonable y sano, para llegar a la visión nacional equilibrada. Lo cierto es que el deseo de querer deshacerse de un exceso nacionalista para reivindicar su justa medida no deja de reproducir la misma lógica del nacionalismo (de cualquiera, aunque desde luego haya diferencias entre distintos modelos) basado siempre en la premisa de una identidad nacional sana, donde las partes se integran de manera armónica en el todo: una lógica basada en el apoyo fantasmático que estructura el goce nacional[75].

La articulación política de una España plena, cohesiva cultural y políticamente, siempre se hace en relación de oposición a un nacio-

---

[74] PSOE, «La España Plural: La España Constitucional, La España Unida, La España en Positivo», Santillana del Mar, 30 de agosto de 2003.

[75] Slavoj Žižek, *The Plague of Fantasies*, cit., p. 63.

nalismo periférico intransigente, insaciable en sus peticiones y empeñado en destruir el goce de la españolidad, por lo cual es naturalmente incompatible con esta. Como señala Carlos Taibo Arias, esta premisa se defiende por supuesto desde la derecha –la frase atribuida a Calvo Sotelo de que mejor una España roja que rota capta a la perfección las prioridades– pero también desde la izquierda –como ejemplifica la postura de Juan Negrín de preferir ceder el paso a Franco antes que consentir campañas nacionalistas que llevaran a más desmembraciones del territorio nacional–[76]. Más aún, el hecho de que el goce de «lo español» no pueda ser compartido por algunos vascos, catalanes o gallegos se considera no solo incomprensible, sino una afrenta para muchos dentro de un variado espectro político. No vale con decir «disfruta tú de tu goce, que yo disfruto del mío», esto es, reconocer que la satisfacción de ser español no sea tal para todo el mundo. No vale tampoco con decir «de acuerdo a la Constitución solo hay una nación y por tanto solo una selección nacional de fútbol, solo un himno y una bandera en las representaciones oficiales, solo una lengua que todo el mundo tiene el deber de aprender». Lo que se espera, además, es que la reacción a todo ello denote no solo obligación legal, sino satisfacción: «no solo quiero que hagas lo que yo quiero, sino que quiero que lo hagas como si de verdad quisieras hacerlo»[77]. Esto es consistente con las exigencias de pertenencia al grupo que en un determinado momento requiere que elijamos algo que de todas formas se nos impone porque se considera necesario: «la paradoja de escoger libremente lo que ya está determinado como necesario, de pretender (o mantener la apariencia) de que existe la libertad de elección, cuando en efecto no la hay, es el correlato estricto de la noción del gesto simbólico vacío, el gesto que se debe rechazar»[78]. En el caso del nacionalismo español, la petición, o más bien la exigencia, explícita e implícita, por parte del estado pero también de los que se sienten plena y exclusivamente ciudadanos (súbditos) españoles, es que todos los ahora incluidos en ese estado sientan, y de hecho gocen, la nación de la misma forma. Incluso cuando se hace el gesto de aludir a una España plural,

[76] Carlos Taibo Arias, «Sobre el nacionalismo español», en Carlos Taibo Arias (dir.), *Nacionalismo español: Esencias, memorias e Instituciones,* Madrid, Los Libros de la Catarata, 2007, pp. 11-48.

[77] Slavoj Žižek, *The Universal Exception,* Londres, Continuum, 2006, p. xi.

[78] *Ibid.*, p. xv.

se espera que el gesto sea rechazado, que en la jerarquía de lealtades se escoja siempre, primero, ser español y además se manifieste entusiasmo por esa elección. Un ejemplo de tal dinámica se produjo en un programa televisivo entre J. L. Rodríguez Zapatero, entonces presidente del gobierno, y J. Ll. Carod-Rovira, líder de Esquerra Republicana de Catalunya y representante oficial de la Generalitat, con motivo del debate sobre el Estatuto de Cataluña. Zapatero, queriendo limar asperezas en público, insistía en decirle a Carod-Rovira que, en el fondo, él también se sentía «patriota español» y su interlocutor, visiblemente molesto, le contestaba que no podían decidir por él cuáles eran sus lealtades.

La tensión política entre lo que se entiende y se defiende como «el todo» y lo que se asocia tan solo con una parte, que en el mejor de los casos se tolera pero no se considera esencialmente representativa, ha sido muy bien analizada por el crítico Brad Epps en el contexto específico de los debates sobre el patriotismo constitucional. Epps acierta al enfatizar la importancia de la dimensión emotiva de dichos debates, una dimensión que sin embargo se percibe solo en el argumento del contrario, nunca en el propio. De ahí que la España democrática oficial contraponga la idea de un patriotismo constitucional «meramente racional» a la de unas lealtades «nacionalistas» ancladas en irracionales, y excesivos, vínculos afectivos[79]. Esto se contradice con una lectura razonablemente serena de las manifestaciones públicas y cotidianas de los habitantes de las llamadas comunidades autonómicas históricas, que demuestran que entienden bien la diferencia entre la nación y el estado, y la complejidad de los vínculos entre los sentimientos y la práctica política. Es curioso, también, que por ejemplo cuando el lehendakari J. A. Ardanza intentaba explicar su posición en relación a las exigencias del estado central, lo primero que resalta es la incapacidad de «amar» un símbolo (la Constitución española) que consideraba ajeno:

> *El gobierno español no nos puede pedir a los vascos que amemos la Constitución.* Pero si no la hemos votado. Podremos ser respetuosos, y lo vamos a ser, naturalmente, pero no es nuestra Constitución.

---

[79] Brad Epps, «To be (a Part) of a Whole: Constitutional Patriotism and the Paradox of Democracy in the Wake of the Spanish Constitution of 1978», *Revista de Estudios Hispánicos* 44 (2010), pp. 545-569.

(…) Los partidos españoles hicieron una Constitución y la aproba-
ron. Los nacionalistas vascos entendíamos que era una Constitución
buena, razonable para consolidar la democracia en España. Bien,
pues no vamos a votar en contra, pero tampoco vamos a votar a favor. A partir de ahí, eso sigue estando pendiente[80].

Dejando de lado la distinción que hace el comentario entre lo
español y lo vasco, que ya de entrada resulta intolerable desde la
premisa del estado unitario, probablemente el factor más irritante,
desde esa misma premisa, sea precisamente la imposibilidad de
querer aquello que, por otro lado, se impone como incuestionable:
la bondad del texto constitucional español, base del goce nacionalista democrático. Esto no quiere decir que a veces Ardanza no caiga
en el mismo problema que critica, ya que muchas de sus manifestaciones remiten también a un concepto esencialista de la identidad
vasca, que establece con claridad lo que «los vascos» son o no, otra
generalización que tiene, por supuesto, sus propios peligros. En
ambos casos, existe una posición que implica asumir como común
al todo lo que se establece *a priori* como tal. Así, cuando el intelectual Fernando Savater, gran crítico del nacionalismo vasco, participa en una manifestación en San Sebastián cuyo lema es «Defenda-
mos lo que nos une: Estatuto y Constitución», niega la evidencia de
que el marco institucional constitucional español no es necesariamente lo que une a todos los vascos, incluso a los que tampoco son
partidarios de la violencia. Entre otras cosas porque, como el mismo Savater reconoce, el Partido Popular ha tenido la tendencia a
«nacionalizar» el texto constitucional con un casticismo declama-
torio[81]. A pesar de ello, los escritos de Savater sobre el tema inciden
en la incongruencia de los que no saben apreciar las bondades del
texto de 1978, más allá del cual no parece haber posibilidad de ciudadanía democrática. Curiosamente, Savater, como muchos otros,
critica al nacionalismo vasco precisamente que quiera imponer una
única forma de ser vasco y que se niegue a aceptar que haya vascos
que se sientan, también, españoles. Esa crítica, enteramente válida,
y por cierto sumamente repetida en los argumentos contra todos

---

[80] José Antonio Ardanza, énfasis mío. Citado en Julio Medem, *La pelota vasca. La
piel contra la piedra,* ed. de Gorka Bilbao, Madrid, Aguilar, 2003.
[81] Fernando Savater, *Perdonen las molestias: Crónica de una batalla sin armas contra
las armas,* Madrid, Ediciones El País, 2001, p. 198.

los nacionalismos periféricos, no suele hacerse con la misma contundencia a los que, negando que exista un nacionalismo español, asumen que hay una manera cierta y única de sentido común y de patriotismo, siendo otras posibilidades criticables, por exceso o por defecto.

La importancia de compartir el «goce [contemporáneo] del síntoma histórico español», convenientemente articulado como sentido común, y contrapuesto a las exigencias irracionales y continuas de los nacionalistas, ya fue analizada por Joseba Gabilondo, que resaltaba unas palabras de Fernando Savater, señalando que eran los nacionalistas (vascos) los que debían ceder «puesto que hoy por hoy son los que más tienen»[82]. El comentario de Savater se refería concretamente a los nacionalistas democráticos y no violentos, esto es, al Partido Nacionalista Vasco que estaba entonces al control de Hacienda, Educación, la televisión pública y la policía autonómica vasca. La posición de Savater es interesante porque incluso cuando reconoce que la dictadura franquista vacunó a la izquierda contra todo «españolismo», a continuación aclara lo que quiere decir el término: «oponer *objeciones de sentido común a los excesos o caprichos regionalistas*»[83]. No cabe alineación más clara de lo español con el sentido común y lo «regionalista» con el exceso o un capricho irracional. Esto es consistente con la visión de los «nacionalismos» (periféricos) como seres infantiles, «egoístas y pedigüeños», siempre empeñados en una especie de chantaje continuo «ricos separatistas enfrentados al pobre y llano pueblo español». Inversamente, a menudo los reproches de políticos catalanes hacia la forma de hacer las cosas en España incluyen denuncias no solo a la falta de laboriosidad y productividad, sino precisamente al exceso de goce. Duran i Lleida, por ejemplo, sostenía en 2012, ya en plena crisis económica, que algunos pueblos de España estaban siempre de fiesta mayor. Las críticas a Andalucía por la falta de laboriosidad y al exceso de ocio que la caracterizan, por ejemplo, no son infrecuentes en un sector del nacionalismo conservador catalán, aunque tampoco lo son entre la aristocracia madrileña. Como indica Carlos Taibo, sin embargo, los reproches de egoísmo y falta de solidaridad son particularmente

---

[82] Fernando Savater, *Perdonen las molestias*, cit., 207. Citado en Joseba Gabilondo, «Savater and State Melancolia: On Spanish History and its Postnational State in Globalization», *Revista de Estudios Hispánicos* 37/2 (2003), pp. 357-381.

[83] Fernando Savater, *Perdonen las molestias*, cit., p. 242, énfasis mío.

frecuentes hacia los catalanes, que los reciben mucho más que gallegos, extremeños y, por supuesto, que los vascos y los navarros[84] que, de hecho, en términos fiscales concretos son los que reciben un trato más favorable por parte del estado. Por otro lado, la acusación de falta de solidaridad no se hace a los españoles cuando defienden en Bruselas los intereses del estado, algo que se considera enteramente legítimo, y los españoles tampoco se plantean compartir sus rentas de manera sistemática, por solidaridad, con países mucho más pobres con los que incluso nos unen siglos de historia[85].

Ya Manuel Azaña consideraba un grave perjuicio el atribuir a las periferias «las agresiones, las codicias, los apetitos, los intereses egoístas» que van en contra del estado[86]. Pero más allá del hecho de que la codicia y la generosidad suelen estar repartidas sin distinción de nacionalidades, la cuestión es que los límites de lo que es políticamente suficiente o excesivo no pueden estar marcados de antemano para siempre. Alguien tan poco simpatizante con los «particularismos» como Ortega y Gasset reconocía que la esencia de estos es precisamente no compartir los sentimientos de los demás, dejar de sentirse como parte de un todo[87] y tener una sensibilidad diferente a lo que se supone es un problema común. Reconociendo que «el primero en mostrarse particularista fue precisamente el poder central»[88], Ortega considera que inicialmente Castilla supo «superar» su particularismo gracias a un «gigantesco proyecto de vida en común» al que se sumaron los demás pueblos peninsulares. A partir de Felipe III, sin embargo, Castilla «ya no se ocupa en potenciar la vida de las otras regiones: celosa de ellas, las abandona a sí mismas y empieza a no enterarse de lo que en ellas pasa»[89]. En efecto, en una nota de *España invertebrada,* plantea la cuestión en términos que bien merecen la pena ser reproducidos, a pesar de la longitud del párrafo:

---

[84] Carlos Taibo Arias (ed.), *Nacionalismo español: Esencias, memoria e instituciones,* cit., p. 37.

[85] *Ibid.,* p. 37.

[86] Citado en José Ignacio Lacasta-Zabalza, «Tiempos difíciles para el patriotismo constitucional español», *Cuadernos Electrónicos de Filosofía del Derecho,* marzo de 1999.

[87] José Ortega y Gasset, *España Invertebrada: Bosquejo de algunos pensamientos históricos,* Madrid, Espasa Calpe, 1964, p. 59.

[88] *Ibid.,* p. 61.

[89] *Ibid.,* p. 62.

Pocas cosas hay tan significativas del estado actual como oír a vascos y catalanes sostener que son ellos pueblos «oprimidos» por el resto de España. La situación privilegiada de que gozan es tan evidente que, a primera vista, esa queja habrá de parecer grotesca. Pero a quien le interese no tanto juzgar a las gentes como entenderlas, le importa más notar que ese sentimiento es sincero, por muy injustificado que se repute. Y es que se trata de algo puramente relativo. El hombre condenado a vivir con una mujer a la que no ama, siente las caricias de esta como un irritante roce de cadenas. Así, aquel sentimiento de opresión, injustificado, en cuanto pretende reflejar una situación objetiva, es síntoma verídico del estado subjetivo en que Cataluña y Vasconia se hallan[90].

El énfasis que pone Ortega en el sentimiento, en lo afectivo, y en la forma en que una unión no deseada, en la que la parte sufriente es la masculina y la impositiva es la femenina, es ilustrativo, y sin duda la imagen es digna de análisis más profundo que el que puedo ofrecer aquí. En cualquier caso, lo que me interesa más ahora es el énfasis en el sentimiento de opresión como «síntoma verídico de un estado subjetivo». Sin mencionar por supuesto ni un solo término del marco psicoanalítico, el análisis de Ortega incide en un tipo de valoración que este subrayaría también. En un determinado momento, el filósofo admitió que la solución al problema nacional solo podría salir precisamente del «localismo», esto es que había que partir de lo local para poder llegar a un entendimiento de ámbito nacional[91]. De todas formas, el entendimiento propuesto acaba ahí. La premisa orteguiana es bien conocida: esa incapacidad para sentirse como parte de un todo común forma parte de la patología del particularismo, que afecta a todos los niveles de la vida española y que se relaciona con el odio a los mejores y con la falta de elites preparadas para liderar. Dentro de España, los catalanes estaban más afectados de ese «nacionalismo particularista» que no podía resolverse de una vez, sino solamente «conllevarse». Para Ortega, la búsqueda de un nuevo proyecto de vida en común, que debía ser descentralizado

---

[90] *Ibid.,* p. 60 n. 1, énfasis mío.

[91] J. Ortega y Gasset, «La redención de las provincias y la decencia nacional», citado por J. P. Fusi en «Ortega y España», en A. Morales Moya, J. P. Fusi Azpurúa, Andrés de Blas Guerrero (dirs.), *Historia de la nación y del nacionalismo español,* Madrid, Galaxia Guttenberg, 2013.

pero en ningún caso federal, debe estar liderado por una minoría selecta que condujera los sentimientos en una dirección afirmativa y trascendente. Evidentemente, no entraba dentro de los parámetros del filósofo admitir que en España no era muy razonable pensar que esas futuras elites sabrían encauzar las energías de la ciudadanía en torno a intereses comunes, aunque él mismo reconocía que ni la monarquía ni la Iglesia habían sabido impulsar empresas nacionales. Menos aún estaba en sus parámetros pensar que los proyectos comunes que puedieran movilizar política y afectivamente a la ciudadanía fueran definidos y llevados a cabo por esta, y no impuestos a ella desde arriba. En cualquier caso, la metáfora matrimonial, por así decirlo, ha sido usada frecuentemente por los que abogan por un entendimiento diferente, o al menos revisable, de «las partes y el todo» en el contexto del estado español. Así, el historiador J. Álvarez Junco recordaba en 1997 que «los lazos de las uniones políticas, como los de las amorosas, no pueden darse por supuesto» y que, al contrario, tienen que ser renovados con efusión de vez en cuando[92]. Lacasta-Zabalza, entre otros muchos, continúa en la misma línea cuando subraya que «la unidad consentida y querida, como en el amor, es una gran cosa, pero cuando la convivencia no es agradable, el divorcio puede ser hasta necesario». Y añade: «el símil viene al caso porque gran parte del nacionalismo español (…) se asienta sobre una especie de negación del derecho al divorcio de las nacionalidades»[93].

El problema no es solo no compartir una misma tendencia afectiva, un mismo goce nacional, es también no aceptar la parcialidad del goce propio y, por tanto, la posibilidad del ajeno. La fantasía de plenitud del goce, como ya hemos visto, es inseparable de otras proyecciones de la fantasía nacional articulada como acumulación, dominio y negación de la carencia y la particularidad propia. Y, en efecto, de entre todas las quejas formuladas contra los nacionalismos periféricos, quizá la más repetida sea que debido a la fragmentación que estos introducen en la representación nacional, los españoles se ven imposibilitados de realizar su identidad universal. Y, por tanto, la promesa de la plenitud del goce nacional español tiene que ir unida a la del alcance y mantenimiento de esa localización universal.

---

[92] José Álvarez Junco, «Emoción compartida», *elpais.com, edición impresa,* 20 de julio de 1997.

[93] José Ignacio Lacasta-Zabalza, «Tiempos difíciles para el patriotismo constitucional español».

LA UTOPÍA UNIVERSALISTA Y LA LOCALIZACIÓN
DE LA EXCEPCIÓN CONSTITUTIVA

La fantasía de un mundo social armonioso, de realización de lo universal y de negación del antagonismo solo puede ser mantenida mediante la construcción y localización de una particularidad que no puede ser asimilada, sino que, por el contrario, debe ser reprimida o suprimida. Existe entonces una dialéctica entre la fantasía universal de la utopía y la particularidad del enemigo, siempre local, que se presenta como el que la niega[94]. Desde la utopía universalista, la posibilidad de fragmentación de lo que se ve como una unidad productiva y necesaria causa resentimiento contra aquellos a los que se considera responsables de dicha pérdida de unidad. Aunque en teoría cualquier grupo puede convertirse en la cabeza de turco culpable por la falta de cohesión, coherencia y goce de la nación, en realidad, dentro de los parámetros de las narrativas existentes, los que están disponibles para ejercer ese papel están bien delimitados. Por tanto, son siempre «ciertos» grupos los que funcionan como el intruso extraño (los inmigrantes, las mujeres, los marcados por una diferencia detectable, los disidentes, los extranjeros) que impide el disfrute de lo propio. La existencia de esos obstáculos para la realización de la identidad plena y con proyección universal se articula como un antagonismo intolerable que hay que erradicar. Estamos, por tanto, ante un movimiento pendular. La única forma en que la universalidad (española, en este caso) puede existir, manifestarse como tal, es bajo la apariencia de su opuesto, lo que parece un exceso («nacionalista») irracional e inmotivado. Pero esos mismos excesos apuntan a lo que queda excluido, lo que podría ser concretizado en nuevas formas de subjetivización política pero en su lugar se intenta cancelar. Esto es, cada universalidad está anclada en su excepción constitutiva. La universalidad no es nada más que lo que convierte a cada particular en particular[95]. Pero si hay algo que el nacionalismo español no tiene, aparte de conciencia de sí mismo, es conciencia de particularidad. Antes al contrario, una de sus características es el vínculo que se establece entre la identidad nacional, la expansión imperial y la aspiración de universalidad. En ese sentido, la definición falangista de España como «unidad de destino en lo

---

[94] Yannis Stavrakakis, *Lacan and the Political*, cit., p. 108.
[95] Slavoj Žižek, *The Universal Exception*, cit., p. 5.

universal» resulta particularmente apropiada. La retórica falangista de la universalidad en relación a las empresas imperiales españolas se modifica solo ligeramente durante la democracia, que mantiene la misma aspiración de alcance universal, pero centrada ahora no en las gestas militares, sino en la difusión cultural, como veremos en los siguientes capítulos. Es lógico, desde el mismo punto de vista, que las portadas de los libros de «Formación del espíritu nacional» durante el franquismo incidieran tanto en la dimensión imperial y guerrera de la historia española al escoger a soldados y misioneros como los representantes de ese espíritu nacional en el que se quería instruir a la juventud. En contraste, las portadas de la tan denigrada y ya eliminada «Educación para la ciudadanía y los derechos humanos» enfatizaban visualmente la perspectiva global (como, por ejemplo, unas manos enlazadas) evitando símbolos políticos concretos. El vínculo entre la unidad nacional, lo imperial y lo universal se encuentra desarrollado por supuesto en un pensador tan importante para el nacionalismo español como Ortega y Gasset, cuando hablaba del objetivo de la unidad española supuestamente conseguida con los Reyes Católicos:

> Entonces se logra la unidad española; mas ¿para qué, con qué fin, bajo qué ideas ondeadas como banderas incitantes? ¿Para vivir juntos, para sentarse en torno al fuego central, a la vera unos de otros, como viejas sibilantes en invierno? Todo lo contrario. La unión se hace para lanzar la energía española a los cuatro vientos, para inundar el planeta, para crear un imperio aún más amplio. La unidad de España se hace para esto y por esto. La vaga imagen de tales empresas es una palpitación de horizontes que atrae, sugestiona e incita a la unión, que funde los temperamentos antagónicos en un bloque compacto[96].

El fragmento citado, y en realidad el capítulo entero donde se inserta («Tanto monta»), es sumamente revelador por muchos motivos. Se presenta la unidad nacional como resultado de la capacidad de Castilla para mandar y su visión para las grandes empresas internacionales «síntoma de genio nacionalizador»[97]. Ortega recono-

---

[96] José Ortega y Gasset, *España Invertebrada: Bosquejo de algunos pensamientos históricos,* cit., p. 51.

[97] *Ibid.,* p. 49.

ce que en la Corona de Aragón también podía detectarse sensibilidad internacional, «pero contrarrestada por el defecto más opuesto a esa virtud: una feroz suspicacia rural... un irreductible apego a sus peculiaridades étnicas y tradicionales»[98]. Una vez entendido que los pensamientos de alto vuelo solo podían ser ejecutados desde Castilla[99], se da la unidad española. Una unidad que, como deja claro el fragmento citado, no existe simplemente para convivir de forma pacífica, ya que eso se identifica con feminización, pasividad y, por tanto, irrelevancia (unas viejas sentadas en torno al fuego). La unidad se logra para canalizar la energía bélica (por tanto, en ese contexto, masculina) y la voluntad imperial por todo el planeta. Y es esa voluntad imperial y de conquista el ideal que logrará fundir lo antagónico en un bloque compacto. Es lógico que, dentro de este esquema, Ortega considere que lo verdaderamente importante en la historia de la unidad peninsular no sea tanto la conquista de América como su colonización, puesto que es dicho proceso lo que pone en marcha el frente más importante en la batalla de la universalidad y la superación del particularismo: lo que el historiador Henry Kamen denomina «el mito de la lengua universal» y la consiguiente presuposición de que a través del español la cultura transmitida en esa lengua tiene una proyección mundial[100].

Las alusiones al bien común que supone el español en la política y la prensa española son tan frecuentes y ubicuas que es casi innecesario dar ejemplos. Igualmente frecuente es la insistencia con que se defiende la unidad y la presencia pública de un idioma con 400 millones de hablantes que no parece estar en una posición de gran vulnerabilidad por mucho que se insista en lo contrario. De hecho, en los debates públicos sobre el español, hay una curiosa alternancia entre el tono victimista y defensivo (hay que defender al idioma de los ataques de los que no quieren aceptarlo como el único común del estado y el único con proyección universal) y un exagerado triunfalismo. Esta última postura celebra hablantes que no siempre lo son, como los hispanos de Estados Unidos, sin tener en cuenta el escasísimo prestigio cultural del español, ni el hecho de que los emigrantes de segunda generación ya lo hablan con dificultad, si es que

---

[98] *Ibid.,* p. 50.
[99] *Ibid.,* p. 50.
[100] Henry Kamen, *Imagining Spain: Historical Myth and National Identity,* New Haven, Yale University Press, 2008, pp. 150-171.

lo hablan. La llamada «US Latino/a Literature» se escribe en inglés: en un inglés ciertamente influido en su sintaxis y en el léxico por el español, pero en inglés; y se enseña mayoritariamente en los departamentos de inglés, puesto que los departamentos de español, en general, no han sido muy receptivos hacia la peculiaridad identitaria y cultural de los latinos de Estados Unidos. En cualquier caso, no hay peligro real de supervivencia lingüística del castellano, precisamente por la enorme cantidad de hablantes que lo avalan y los medios de comunicación y difusión que lo garantizan. En cuanto a la consideración incuestionable del español como bien común, es una posición que encuentra resistencia en aquellos que consideran al español su segunda lengua y, sin negar su utilidad práctica, consideran la jerarquía que la impone sobre todas las otras lenguas peninsulares una imposición. Inversamente, la hostilidad a la utilización de las lenguas minoritarias del estado en la vida pública, por no decir en organismos oficiales (como el Senado o el Congreso de los Diputados), es difícilmente compatible tanto con la legislación vigente, que sostiene que esas lenguas deben ser objeto de especial protección, como con la posibilidad de que los hablantes de esas comunidades puedan en efecto sentirse incluidos, con toda su especificidad cultural, en el espacio de lo común. La misma tensión entre lo similar y lo diverso se percibe en la manera en que la Real Academia Española de la Lengua enfoca su papel en relación a los países hispanohablantes. El actual lema «Unidad en la diversidad» es un ejemplo de un entendimiento del funcionamiento de la lengua como movimiento centrípeto, sancionado por la autoridad competente que son los académicos españoles presididos simbólicamente por el monarca español. Un grupo de escritores e intelectuales argentinos denunciaron en un escrito público tal posición y la propia existencia de un supuesto «castellano neutro» –en realidad una norma homogeneizada que suele corresponder a la norma culta de las ciudades, aligerada de ciertas variantes percibidas como excesivamente «específicas»– y la visión de la lengua como un negocio del que España tiene el monopolio. No deja de ser interesante, en ese sentido, que aunque el 90 por 100 de los hablantes de español se encuentren en América, el 70 por 100 de los errores que se denuncian en el *Diccionario Panhispánico de Dudas* corresponda a usos latinoamericanos[101].

---

[101] Estos puntos aparecen desarrollados en el manifiesto «Por una soberanía idiomática» aparecido en *Página 12* (Argentina) [http://www.pagina12.com.ar/diario/elpais/

La idea del español como bien común intocable tiene también repercusiones más allá del contexto nacionalista. En marzo de 2012, Ignacio Bosque publicó en *El País* un artículo titulado «Sexismo lingüístico y visibilidad de la mujer», que creó cierto ruido mediático al intentar poner límites a los percibidos excesos de las guías de lenguaje no sexista. En el debate suscitado hubo, como es natural, todo tipo de intervenciones, unas más inteligentes que otras y, por supuesto, escritas desde muy diferentes puntos de vista, aunque en realidad el núcleo del debate se centraba en el tipo de agentes que tenían derecho a intervenir prescriptivamente sobre el tema. Una de esas respuestas, publicada en *Libertad Digital,* es reveladora por la asociación que establece entre «sentido común» y «sentido democrático» y su contrario, que sería la revolución. Para el autor, Agapito Maestre, la política democrática consiste en la renovación permanente de los «bienes en común», mientras que la revolución sería la ruptura y muerte de esos bienes. Los críticos del informe académico serían entonces revolucionarios de la «ideología del género» que atacan un «preciadísimo bien común», el español, cuya ruptura «es la ruina de una política civilizada. Porque la base de nuestra cultura, incluida nuestra cultura democrática, es la lengua, resulta importante, más de lo que creemos, esta discusión»[102]. Las conclusiones del informe serían entonces, de nuevo, «de sentido común (democrático)», apreciación en la que coincide con el ministro de Educación, Cultura y Deporte, y con numerosos comentarios de los lectores a la noticia, alegrándose de que se pusiera fin a los *excesos* feministas. Entre los múltiples comentarios que podrían hacerse a la tesis de Maestre[103], me limitaré a dos. Independientemente de la posición que se mantenga en relación a los intentos de hacer el lenguaje más consistente con el presupuesto de igualdad entre hombres y mujeres, lo que es evidente es que las críticas a los usos sexistas surgen de aquellas (y aquellos) que precisamente no se encuentran representados en un lenguaje que no los incluye en pie de igualdad, y por tanto luchan,

1-229172-2013-09-17.html]. La petición no tuvo ningún eco en la prensa española nacional, pero sí en la catalana.

[102] Agapito Maestre, «Sentido común es sentido democrático», *libertaddigital.com,* 6 de marzo de 2012.

[103] Maestre es filósofo y autor de varios libros, incluyendo *El vértigo de la democracia*. En 2002 fue desposeído de su cátedra de Filosofía por una cuestión de procedimiento que, según él, en realidad escondía un enfrentamiento político por sus críticas a la universidad española en general y a la andaluza en particular.

con mayor o menor acierto, por supuesto, para poder sentir la lengua como común. En segundo lugar, es más que cuestionable afirmar que la base de la cultura democrática española sea la lengua, y que los intentos de adaptarla a la sociedad actual (de nuevo, con mayor o menor acierto) sean equivalentes a una ruptura de la política civilizada. No hace falta recordar, en este sentido, el importantísimo papel simbólico que el franquismo otorgaba a la lengua como base de la unidad de destino en lo universal que suponía la españolidad. Lo cual solo significa que una lengua, cualquier lengua, puede utilizarse para promover ideas democráticas, dictatoriales y varias posibilidades intermedias. La base de una cultura democrática no es, por tanto, el uso de una lengua u otra, ni siquiera únicamente el uso de la palabra en el espacio público, sino las prácticas políticas de una determinada ciudadanía que incluyen, como ya hemos visto, precisamente la apertura a la discusión sobre lo que constituye «lo común» y la posibilidad de que lo que para unos pueda ser un exceso ruidoso sea susceptible de debate abierto. Como argüía el escritor Juan José Millás[104], refiriéndose a la polémica, sería más productivo que en lugar de reivindicar la «normalidad» de la lengua y sus usos, los expertos, enfrentados a la incomodidad que ciertos grupos o personas sienten al hablar o ser hablados, se preguntaran por las razones de ese desasosiego. Pero enfrentar el desasosiego implica también empezar a desmantelar el edificio de coherencia normalizada y proyección universal que tan meticulosamente construye la fantasía. Y estar dispuestos a enfrentarse a lo que queda entre los cascotes.

EL SUEÑO DE LA UNIDAD PRODUCE MONSTRUOS

La fuerza de la fantasía consiste en lo que permite hacer en su nombre, y lo que parecen obstáculos en el camino a su consecución son en realidad parte de ella: la erosión de derechos civiles en nombre de la amenaza terrorista; el continuo asedio verbal y político a los que cuestionan la idea de nación que se impone desde el poder; el hostigamiento a los emigrantes no deseados por su color de piel, su lengua o sus costumbres; la necesidad de proteger legalmente lo que es o no es un matrimonio, o la familia nuclear; la importancia de la capacidad reproductiva o incluso el hablar con propiedad. Todo

---

[104] Juan José Millás, «¡Era tan normal!», *elpais.com,* 9 de marzo de 2012.

ello son medidas tomadas en nombre de las amenazas a la normalidad y el buen funcionamiento de una nación particular, entendida de una forma particular que sin embargo se constituye en razón universal. Pero si de repente todos esos obstáculos desaparecieran, todas esas medidas, así como la propia fantasía que las constituye, no tendrían razón de ser. Esto es algo que en el contexto español se mencionaba explícitamente con mucha frecuencia por parte de estudiosos o participantes del conflicto vasco, que muchos coinciden en interpretar como mecanismo para desviar la atención de toda una serie de problemas diferentes, englobándolos bajo una único problema cuya solución requiere una actuación sin fisuras. La identificación de los nacionalismos en general, y los vascos y catalanes en particular, como fracturas peligrosas para la democracia española, es indudablemente rentable a la hora de ganar votos en el resto del país. Es un enemigo identificable y contra el que se produce una reacción casi automática. Hablando de la época del gobierno Aznar, decía el filósofo Javier Sádaba:

> De la misma manera que Bush magnifica a los enemigos, los magnifica Aznar. Y al partido en el gobierno, y a la oposición, les viene bien que haya una zona dura, una zona inexpugnable; porque eso da votos. Por otra parte, a la maquinaria estatal le viene muy bien, para estar mostrando constantemente los bienes del estado, los peligros del estado y la necesidad de seguridad. En ese sentido, sí hay un juego. Y creo que es un juego bastante perverso que, en vez de abrirse a dialogar o a negociar, lo que hace es que el mal esté ahí como sombra, como la parte marginal que hace que unos sean muy malos y otros muy buenos[105].

Esta misma idea de la «construcción del enemigo» como fantasma ubicuo y como barrera a la construcción de otros vínculos ciudadanos aparece con frecuencia en reflexiones sobre el terrorismo, en términos parecidos a cómo se analiza también en otros contextos internacionales, algo que se desarrolla en el documento visual de Nuria Vila «Enemigos, no hay enemigo»[106]. La diferencia con el ejemplo

---

[105] Citado en Julio Medem, *La pelota vasca. La piel contra la piedra,* cit., p. 151.
[106] Presentado en Arteleku y en el Festival LOOP Barcelona (2001) dentro del programa: «El arte como mecanismo de denuncia y como mecanismo ético» [http://archive.org/details/enemigos].

que se usa en la cita es que el enemigo para Bush era ante todo externo (por mucho que estuviera infiltrado en el interior del país). En cambio, el mayor enemigo del estado español está casi siempre dentro del territorio nacional. Incluso cuando no es así, se hace que así parezca. No hay más que considerar la negativa de una parte de la derecha española a aceptar que los criminales ataques del 11 de marzo del 2004 fueran obra del islamismo radical, y su sostenida teoría de que fueron al menos llevados a cabo en colaboración con ETA. En realidad, cada vez que hay una circunstancia grave en la vida política española, de una forma u otra, se inscribe en la lógica del conflicto entre el centro y las periferias. Y como apunta Javier Elzo (él mismo, por cierto, amenazado por ETA), refiriéndose en concreto a las elecciones de 2001, la utilización política de la confrontación entre España y el País Vasco se recrudece siempre que hay un afianzamiento de una cierta idea de España como nación que exige el final del nacionalismo[107]. Del mismo modo, cada vez que se han tenido señales de que el conflicto violento en el País Vasco podría terminar, la derecha española reacciona con escepticismo, cuando no con abierta hostilidad. Ese fue el caso en 1998, cuando desde el anuncio de la tregua de ETA el entonces ministro Mayor Oreja habló de «tregua trampa», hasta 2011, en que el anuncio del cese total de la violencia fue recibido como incompleto por no venir acompañado de la petición pública de perdón o el abandono de las armas, además de como consecuencia de las humillantes «súplicas» por parte del gobierno de Rodríguez Zapatero. De hecho, cada vez que hay una declaración del entorno de la izquierda *abertzale* dando algún paso hacia el reconocimiento del daño causado, inmediatamente se oyen las voces que dictaminan que no es suficiente, que el gesto es incompleto y, sobre todo, que en realidad no hay nada que negociar. Parecería que antes que solucionar de verdad y de una vez por todas un conflicto que también es político, por mucho que se quiera negar, de lo que se trata es de algo que el expresidente del gobierno José M. Aznar supo expresar muy bien, y repitió en varios discursos públicos posteriores al cese de la violencia: «Impedir que ETA escape a su derrota»[108]. Una postura que por supuesto encaja perfectamente con la visión de la política del estado como identificación inequívoca y

---

[107] Julio Medem, *La pelota vasca. La piel contra la piedra,* cit., p. 175.

[108] Palabras pronunciadas durante su investidura como doctor *honoris causa* de la Universidad Católica de Murcia.

constante del enemigo. Asimismo, durante la celebración del 17.º Congreso del Partido Popular en 2012, después de una victoria electoral contundente, Aznar tomó la palabra con un discurso realmente interesante desde el punto de su temática y composición. Con brevísimas alusiones congratulatorias al nuevo presidente Mariano Rajoy, el discurso fue ante todo una reivindicación del Partido Popular como único capaz de vertebrar España y devolverle su lugar en el mundo. Las numerosas alusiones a la crisis se enmarcan en el contexto de la herencia envenenada del anterior gobierno socialista, pero también de reivindicación de la necesidad de cohesión territorial y unidad nacional. Se defienden las soluciones del PP como las que están inspiradas por el patriotismo y naturalmente se incluyen comentarios sobre la posible e intolerable negociación política en relación con ETA, con respecto a lo cual la única conclusión es «Nosotros ganamos, ellos pierden. Sin un ápice de confusión»[109].

Este tipo de discurso es muy bien recibido por el ala más dura de la derecha española, que interviene en foros de opinión con inusitada contundencia para denunciar lo que ven como debilidad del nuevo gobierno del PP ante el terrorismo, sobre todo ante las declaraciones del ministro del Interior, Jorge Fernández Díaz, de que ETA ya no era un problema fundamentalmente policial, sino que tenía una dimensión política que no se podía obviar. La reacción a esta declaración, por cierto inusitada por parte de un ministro del gobierno español, no se hizo esperar. En un duro enfrentamiento con el ministro, Rosa Díez, en nombre del partido Unión, Progreso y Democracia, calificaba de «cobardía» la negativa a instar a la ilegalización del partido Amaiur, a pesar de que siendo la segunda fuerza más votada en el País Vasco y primera en número de escaños, su representatividad era innegable. Asimismo, los acuerdos entre partidos mayoritarios para gestionar el final de ETA han sido sumamente criticados, no solo desde posturas afines a UPyD (que quedó fuera del acuerdo), sino de determinados representantes del PP, incluyendo el exministro Mayor Oreja. En la misma línea, el periódico *Libertad Digital* publicaba un editorial en el que predecía, entre otras cosas, que el siguiente eslabón en el proyecto de ETA era «colocar a uno de los suyos como lehendakari en las elecciones autonómicas

---

[109] José María Aznar, «Intervención de Aznar en el 17.º Congreso Nacional del Partido Popular», 17.º Congreso Nacional del Partido Popular, Sevilla, *Fundaciónfaes.org,* 18 de febrero de 2012.

del próximo año y emprender, desde ahí, la irreversible ruptura de la nación, en un proceso de autodeterminación a la escocesa»[110]. Esto es lo que se deduce leyendo estas y parecidas declaraciones, es lo que numerosos vascos (algunos con escasa simpatía por ETA o incluso por el nacionalismo *abertzale*) han subrayado hasta la saciedad: que hay un conflicto vasco que no se quiere entender desde las posturas nacionalistas españolas más cerradas; que atizar el fuego de ese conflicto beneficia solo a la intransigencia de cualquier signo, pero particularmente a los que entienden la política como el enfrentamiento con el enemigo y la disensión como síntoma de fractura que debe ser soldada por medios excepcionales si es necesario. Ya he señalado que la visión de la política como la prevención del conflicto interno y del papel del estado como el que designa el enemigo en el combate contra el cual toda excepción es válida, es un legado importante del régimen franquista, a su vez deudor de las teorías de Carl Schmitt.

La cohesión requiere adhesión, advierte J. Rose[111]. Y la política entendida como control del enemigo siempre necesita de ese enemigo identificable para mantener la cohesión de su discurso. Eso no significa eximir de responsabilidad a nadie, puesto que no hay duda de que, como afirma Núñez Seixas, «con sus crímenes y su extorsión generalizada a representantes políticos autonómicos y municipales del Partido Popular (PP) y del Partido Socialista Obrero Español (PSOE) se puede afirmar que ETA se ha convertido paradójicamente en el agente legitimador por oposición que el patriotismo conservador necesitaba»[112].

El mejor análisis de los beneficios políticos de un discurso basado en la construcción del enemigo no lo hace ningún texto académico, sino el maravilloso y conocido poema de C. Kavafis, «Esperando a los bárbaros», un poema por cierto utilizado por el crítico Joseba Gabilondo en el contexto de una discusión sobre literatura y cultura vasca[113]. En el poema, la ciudad aparece conmocionada, y toda ac-

---

[110] «Jaime Mayor y las cosas que helarán la sangre», Editorial en *LibertadDigital. com,* 24 de febrero de 2012.

[111] Es una posición que desarrolla en todos sus estudios, pero particularmente en sus trabajos sobre Israel y en *States of Fantasy.*

[112] Xosé Manoel Núñez Seixas, *Patriotas y demócratas. El discurso nacionalista español después de Franco,* Madrid, Los Libros de la Catarata, 2010, p. 163.

[113] Existen numerosas y accesibles traducciones del poema de Kavafis (*Poesía completa,* trad. del griego de Anna Pothitou y Rafael Herrera Montero, Visor, Madrid, 2003)

ción o inacción de los representantes políticos se justifica por la posible llegada de los bárbaros. Pero los bárbaros no llegan, es más, en última instancia llegan noticias de que ya no hay bárbaros. Y entonces la gente se pregunta qué hacer sin ellos que, al fin y al cabo, eran un tipo de solución. En el poema, los bárbaros vienen a resolver una situación de crisis, pero también se puede interpretar el texto como una llamada de atención hacia la fijación obsesiva con una otredad en reacción a la cual (a favor o en contra) se organizan nuestras propias acciones. Un cambio de perspectiva implicaría la posibilidad de posicionamiento no solo como reacción a esa otredad, sino en relación a las propias dicotomías que se nos presentan como únicas alternativas posibles. Ya he aludido a lo que en numerosas ocasiones resultan ser «falsas opciones» políticas, la oportunidad de escoger entre posibilidades cuando en realidad la opción ya se nos ofrece de antemano y/o cuando ninguna de las posibilidades nos convence particularmente. La única resistencia, entonces, no es tirar por el camino del medio, sino precisamente mantener la posibilidad de elección, esto es, pensar en las dos opciones a la vez, pero sobre todo, pensar en lo que ambas representan y en lo que excluyen[114]. Para poder conseguirlo, hay que adquirir una distancia mínima en relación al marco fantasmático que organiza nuestro goce por un lado, abandonando la premisa de que de lo se goza es un derecho que además va unido a un objeto determinado. Por el otro, hay que reconocer que no puede haber pluralismo democrático sin alguna instancia de antagonismo. Eso sería aspirar al consenso universal racional, lo cual no solo no es necesario para la estabilidad democrática, sino que en última instancia constituye su amenaza. Chantal Mouffe enfatiza que el consenso en una sociedad democrática liberal es siempre la expresión de una hegemonía y la cristalización de relaciones de poder. Puesto que la frontera que se establece entre lo que es o no es legítimo es política, siempre debe ser susceptible de cuestionamiento. Lo contrario significaría naturalizar y esencializar lo que es contingente y temporal[115]. El consenso es necesario pero debe ir acompañado siempre del disenso. Cuando la confrontación democrática desaparece, la dimen-

---

cuyo tema y enfoque fue retomado luego por Coetzee en su novela *Waiting for the Barbarians*. El comentario de Gabilondo puede encontrarse en su libro, inédito *The New Barbarians: Intellectuals, Terrorists, and Migrants in Neoliberal Spain*.

[114] Rex Butler y Scott Stephens, «Introduction. Slavoj Žižek's Third Way», en Slavoj Žižek, *The Universal Exception,* Londres, Continuum, 2006, p. 4.

[115] Chantal Mouffe, *The Democratic Paradox,* cit., p. 49.

sión antagonista de la política irrumpe en escena de otra forma, generalmente violenta.

Mouffe distingue, sin embargo, entre lo antagónico y lo agonístico. Lo primero asume una relación nosotros/ellos en la cual las dos partes son enemigos que no comparten un espacio simbólico común. El agonismo implica una relación entre adversarios, entre partes en conflicto que sin embargo se reconocen como legítimas. El pluralismo agonista que reconoce la posibilidad de un espacio simbólico común, aunque esté organizado de forma diferente y marcado por el litigio, es por tanto una categoría crucial para la democracia pluralista moderna. El proyecto de una democracia radical implica el reconocimiento de su naturaleza paradójica: que su condición de posibilidad es también la condición de imposibilidad de su implementación perfecta[116]. La pluralidad democrática es, en principio, irreducible, y por lo mismo el consenso no coercitivo resulta una imposibilidad conceptual. Es necesario por tanto abandonar la idea de absorción de la alteridad en un todo completo y armonioso y de funcionar con un modelo unívoco de discusión[117]. Una sociedad es más democrática en la medida en que los agentes sociales aceptan la particularidad y la limitación de sus propias aspiraciones, y menos democrática cuando una de las partes se considera fundacional, o cuando se establece un concepto de unidad como mero reconocimiento de límites preestablecidos[118]. El cuestionamiento de la suposición de universalismo no implica la equiparación de todos los sistemas políticos, pero sí plantearse como regla del juego la premisa de que existe una pluralidad de respuestas posibles a las preguntas que se pueden hacer. Asimismo, es lógico que siempre haya algún límite que se establezca al tipo de confrontación que se considera legítima en la esfera pública. Pero esos límites son políticos, y deben reconocerse como tales, y no presentarse naturalizados como requisitos morales o racionales[119] o como frontera entre la racionalidad y la barbarie. Como bien apunta Mouffe, a menudo cuando se dice que una postura es irracional lo que se está diciendo en realidad es que la discusión es inútil porque no hay suficientes puntos en

---

[116] «For an Agonistic Model of Democracy», en *The Democratic Paradox,* cit., pp. 80-107.

[117] *Ibid.,* p. 35.

[118] *Ibid.,* p. 54.

[119] *Ibid.,* p. 93.

común para continuarla. Asimismo, cuando se acusa a ciertos grupos de ser poco prácticos, de demandas excesivas o de no saber articular sus peticiones de manera organizada, en el fondo lo que se espera es que lo que se dice encaje en la forma y en el fondo en el marco político tal como ya está establecido. Pero el hecho es que todos los grandes cambios sociales, muchos de los cuales hoy se asumen con toda naturalidad incluso por los sectores más conservadores, fueron en algún momento aspiraciones insensatas o imposibles. La política no consiste en distribuir, ordenar y gestionar las cosas como ya están planteadas, sino en reconocer el desacuerdo y el litigio, lo cual implica inevitablemente el posible cuestionamiento del orden social existente.

La identidad democrática solo existe a través de múltiples formas de identificación, que pueden ser contradictorias entre sí. Y es esa pluralidad de fuerzas en tensión la que define el bien común. Lo necesario para mantener el *demos,* sin eliminar la pluralidad, es sustituir la exigencia de homogeneidad y unidad consensual cohesiva por la de «comonalidad», es decir, por un vínculo político y ético que permite la existencia y negociación de una serie de puntos en común sin tener que depender de la idea de una comunidad en sentido tradicional[120]. El ideal de coexistencia nacional armoniosa, cohesiva y sin tensiones no solo puede ocultar la profundidad de los conflictos, sino que puede también llegar a promoverlos[121]. Asimismo, toda forma de identificación puede tener momentos de incomodidad, o incluso resentimiento, por lo que tal identificación exige de nosotros. En ese sentido, como apunta J. Rose, se puede establecer una similitud entre el estado moderno y el superego, en el sentido de que ambos ejercen una autoridad más allá de la razón que se alimenta de las mismas energías que supuestamente quieren controlar. Es por esto que el psicoanálisis resulta fructífero, en tanto que ayuda a entender los síntomas del estado, el porqué de que la realidad que lo sostiene sea también la que lo amenaza y lo excede[122]. Desde una perspectiva psicoanalítica, el sujeto siempre está situado en relación con una fantasía fundamental y, por lo tanto, el objetivo fundamental es «atravesar la fantasía», esto es, asumir una nueva posición en

---

[120] Chantal Mouffe, «Democratic Citizenship and the Political Community», *The Return of the Political* [1993], Londres, Verso, 2005.

[121] Jacqueline Rose, *States of Fantasy,* cit., p. 149.

[122] *Ibid.,* p. 132.

relación al otro, su lenguaje y su deseo. Atravesar la fantasía no significa sin embargo acomodarse a una realidad pragmática desprovista de ilusiones, normalizada. En su estudio sobre el malestar en la cultura catalana, Josep-Anton Fernàndez advertía precisamente de los riesgos de esa posibilidad: «Però creure en nosaltres mateixos no es pot fonamentar en una fantasia de normalitat que amaga el trauma i oculta el conflicte, sinó en el reconeixement d'aquest conflicte i en el projecte i la possibilitat d'una emancipació joiosa»[123].

No parece ser posible, como quería K. Marx, ni disipar las ilusiones respecto a nuestro estado, ni tampoco abandonar el estado que requiere dichas ilusiones[124]. Pero sí se pueden aceptar los límites de la realidad cotidiana y de la falta simbólica, la relación inevitable con el núcleo fantasmático. Se puede también indagar en la forma en que el imaginario nacional liga la regulación con el deseo, anudando los afectos a la vida política mediante la producción de una fantasía nacional, para así entender las formas en que los ciudadanos se posicionan en el espacio colectivo[125]. En última instancia, como nos recuerda J. Rose, una característica de la fantasía es que siempre va más allá de sí misma: hay en ella algo coercitivo, pero a la vez también impredecible[126]. Por lo tanto, si la fantasía nos ofrece la medida de las constricciones de un estado –entendido en político, pero también situacional o afectivo–, también nos deja vislumbrar el espacio donde esas constricciones se anudan y, por tanto, también donde pueden empezar a soltarse. El reconocimiento del andamiaje de la fantasía, y de su doble función de apoyo y obstáculo para la construcción de identidades individuales o colectivas, constituye un paso fundamental para poder cuestionar la adhesión incondicional que exige el patriotismo ligado a la idea de la comunidad normal, organizada en base a la cohesión, la convergencia y el consenso. Quizás a partir de ese reconocimiento se pueda plantear otro tipo

---

[123] Josep-Anton Fernàndez, *El malestar en la cultura catalana*, Barcelona, Editorial Empúries, 2008, p. 370.

[124] Introducción a la *Crítica de la Filosofía del Derecho de Hegel*, accesible en la red en www.omegaalfa.es. También en *Crítica de la Filosofía del Derecho de Hegel*, trad. de Analía Melgar, Buenos Aires, Del Signo, 2004.

[125] Estos aspectos los ha desarrollado Lauren Berlant en varios de sus libros. Me centro en particular en su exploración de la construcción de la fantasía nacional en Hawthorne incluida en *The Anatomy of National Fantasy: Hawthorne, Utopia, and Everyday Life*, Chicago, University of Chicago Press, 1991.

[126] Jacqueline Rose, *States of Fantasy*, cit., p. 137.

de identificación colectiva donde la manifestación pública de la disidencia, la impugnación del sentido común y el reconocimiento de la existencia de litigios y antagonismos se interpreten, no como lo que lastra la construcción del estado de lo común, sino al contrario, como lo que lo sostiene e impulsa.

II. RAZÓN DE ESTADO: LA CULTURA NACIONAL Y EL IMPERATIVO DE COHESIÓN

> La tendencia de todos los individuos al centro, esto es, la propensión a promover la felicidad pública, no solo mantiene el orden, no de otro modo que la atracción de cada planeta en su órbita, sino que forma aquel lazo indestructible, aquella indisoluble unidad que requiere toda máquina para que obre los efectos a los que está destinada.
>
> Juan Pablo Forner, *Amor de la Patria* (1795)[1].

> España no tiene esencia. Ninguna nación la tiene, y España menos. Y el error filosófico se complica en el error político cuando, al buscarle una esencia, que por serlo había de resultar *totalmente representativa*, se eligen los caracteres *de una parte sola*.
>
> Eduardo Nicol, *La vocación humana* (1953)[2].

En la España moderna, los fines de siglo parecen atraer un cierto tipo de reflexión sobre el carácter y el futuro de la nación. Ocurrió, por supuesto, alrededor de 1898, cuando cristalizó el debate sobre lo que todavía se sigue llamando «el tema de España», y volvió a ocurrir en la última década del siglo XX. En efecto, durante el primer mandato del gobierno de José María Aznar, el mercado del libro español se saturó de ensayos que demostraban la existencia incuestionable de España y su estado de normalidad, a la vez que procedían a alertar de los riesgos que podían «balcanizarlo» y ponerlo en cuestión. Es en 1997 cuando el poeta y ensayista Jon Juaristi publica *El bucle melancólico: Historias de nacionalistas vascos*, un libro de enorme repercusión mediática que denuncia los mitos del nacionalismo vasco. El libro hizo pública y notoria también la evolución ideológica del autor que, de la lucha contra el franquismo y la mili-

---

[1] Juan Pablo Forner, *Amor de la patria: discurso que, en la Junta General Pública que celebró la Real Sociedad Económica de Sevilla el día 23 de noviembre de 1794, leyó D. Juan Pablo Forner, fiscal del crimen de la Real Audiencia y director de la Sociedad,* Sevilla, Por los Sres. Hijos de Hidalgo, y G. de Bonilla, impresores de dicha Real Sociedad, 1794.

[2] Eduardo Nicol, «Conciencia de España», en *La vocación humana*, México, Colegio de México, 1953, pp. 203-220, subrayado en el original.

tancia en ETA, pasó a ser militante, primero de partidos nacionales de izquierda (incluyendo el PSOE) y finalmente representante de la cultura nacional española (como director de la Biblioteca Nacional y del Instituto Cervantes) con gobiernos del Partido Popular. Quizá no es tampoco casualidad que, justamente en la fecha simbólica de 1998, Juaristi recibiera el Premio Nacional de Ensayo concedido por el estado. Entre 1996 y 2001 se publicaron también obras fundamentales en lo que Pedrós-Gascón ha caracterizado como la renacionalización de la narrativa española, caracterizada por la defensa de una normalidad democrática incuestionable que trae aparejado un notable giro conservador en lo ideológico: *Las aventuras del capitán Alatriste* (1996) de Arturo y Carlota Pérez-Reverte; *Las máscaras del héroe* (1996) de Juan Manuel de Prada; *Plenilunio* (1997) y *Sefarad* (2001) de Antonio Muñoz Molina. En la misma época se publica *Soldados de Salamina* (2001) de Javier Cercas, obra que obtuvo un enorme éxito de crítica y público en el contexto español, recibida como ejemplo de la superación de las polarizaciones ideológicas a la hora de escribir sobre la Guerra Civil y sus protagonistas. *Soldados de Salamina,* con un protagonista falangista frágil y no enteramente consciente de su papel en el conflicto; con su héroe republicano solitario y desencantado, que renuncia voluntariamente al reconocimiento público y termina su vida fuera del espacio nacional español; con su proposición de las posiciones ideológicas de los protagonistas de la guerra como quiasmo de la historia, representa el texto de sutura que necesitaba la democracia del consenso. La novela de Cercas no es solo un texto ameno, sino también un texto amable en el mejor sentido del término; un texto capaz de complacer afectivamente a los simpatizantes de uno u otro bando, quizá porque su énfasis en la ambigüedad de la historia y de las historias lima las asperezas que podrían suponer argumentos más obviamente posicionados. La novela llegó además en un momento en el que, de forma paralela al intento de rescate de la memoria de la izquierda, se iniciaba un revisionismo que reivindicaba el conocimiento del legado cultural del franquismo o falangismo desde posiciones estéticas y (presuntamente) no ideológicas[3]. Irónicamente, lo que se presentaba como una normalización de la crítica y la convivencia en democra-

---

[3] Antonio Francisco Pedrós-Gascón, «Héroes para un nuevo 98 (acerca de la invisibilidad ideológica en la novela española reciente)», *España contemporánea. Revista de Literatura y Cultura* 22/1 (2009), p. 13.

cia, representaba en realidad la continuidad de la lógica del franquismo en relación a la creación artística; una lógica basada en la despolitización del arte, siempre interpretado como por encima de la realidad política y social del momento, y en la necesidad de disociar la persona artística de la persona ciudadana[4].

El «nuevo 98», por tanto, marcaba simbólicamente el triunfo de una cultura cuya principal función no era exponer y debatir lo problemático, sino todo lo contrario: la denuncia de todo lo que no encajaba dentro del consenso como factor de crispación y, por tanto, como elemento disruptivo. En efecto, en la España democrática, el estado de la cultura ha sido, en gran medida, equivalente al de la cultura del estado, que la ha subvencionado generosamente y cuyo objetivo principal, declarado de forma explícita y oficial, es, por un lado, la cohesión social y nacional y, por otro, la proyección universal. No hay que olvidar, en este sentido, que España es un país cuya Constitución especifica que el servicio de la cultura es un deber y atribución *esencial* del estado (artículo 149.2), un estado que se percibe además como en constante necesidad de vertebración y proyección exterior. Para fomentar ambas cosas, la vertebración y la proyección, el gobierno español tiene numerosos mecanismos e instituciones: los ministerios de Cultura, Educación y Deportes; el Ministerio de Asuntos Exteriores, incluyendo todas las agencias culturales ligadas a él, como la actual Acción Cultural Española, resultado de la fusión de la Sociedad Estatal de Conmemoraciones Culturales (SECC), la Sociedad Estatal para la Acción Cultural Exterior (SEACEX) y la Sociedad Estatal para Exposiciones Internacionales (SEEI). Importantísimos también son el Instituto Cervantes y la Universidad Internacional Menéndez Pelayo, así como todos los premios oficiales y subvenciones a través de los cuales se distinguen ciertas obras y autores, otorgándoles el sello de la representatividad nacional. Como ha estudiado J. L. Marzo, la política democrática española ha tratado a la producción artística y cultural como «objeto estratégico de visualización»[5] dentro de la estrategia promocional de una determinada imagen del país. Asimismo, se ha continuado una línea en la que han coincidido tanto la república como la dictadura o la monarquía parlamentaria: la de

---

[4] Jorge Luis Marzo, *¿Puedo hablarle con libertad, excelencia?, Arte y poder en España desde 1950,* Murcia, Ad Hoc-Cendeac, 2010, p. 13.

[5] *Ibid.,* p. 17.

entender la cultura como «pegamento» necesario, tanto de uso interno como externo, ante una realidad sociopolítica, marcadamente plural y siempre centrífuga[6]. En España, la cultura se entiende como el pasaje de acceso a la ciudadanía y para ello se apela de forma insistente a un pasado vertebrado gracias a ella, «siempre capaz de distanciarse de las cosas y describirlas, elevándose por encima de los desastres para no contaminarse»[7]. Los interminables conflictos internos que han desangrado al país, la falta de relevancia en innovación científica o técnica, la propia incapacidad política de aglutinar a la ciudadanía en torno a un ideal compartido y participativo de vida en común, se compensan y quedan difuminadas por la brillantez de una creatividad que así pasa a servir «como activo principal del honor nacional»[8]. Dado el valor de la producción cultural para la promoción en el exterior y para la cohesión en el interior, no es de extrañar que durante la democracia haya habido un trasvase considerable de atribuciones y presupuesto desde el Ministerio de Cultura, Educación y Deporte al de Asuntos Exteriores. Como subraya J. L. Marzo, el cambio de localización enfatiza que la cultura española oficial se entiende no como expresión de realidades sociales diversas, complejas y contradictorias, sino ante todo como objeto de contemplación y consumo (sobre todo de cara al exterior), homologable bajo una denominación de origen: la marca España. Una misma visión de cultura como marca y espectáculo, como algo que «da lustre», se ha usado con gran éxito también en Cataluña, en particular en relación con Barcelona, que se ha convertido, sin duda, en una de las «marcas» culturales más prestigiosas del mundo. El lado oscuro de ese tipo de énfasis en la cultura como estrategia de visualización hacia el exterior se ve en algunos de los faraónicos proyectos fracasados que se acometieron en distintas partes del estado: la «Cidade da Cultura de Galicia», que es como apunta Miguélez-Carballeira, el ejemplo perfecto del concepto de cultura vacía, una ciudad de la cultura donde no habita la cultura, sin actividad; o el Palau de les Arts de Valencia, que desde su inauguración no pudo ser usado para los propósitos que había sido construido debido a que el énfasis en lo estético no pudo esconder graves de-

[6] *Ibid.*, p. 21.
[7] Jorge Luis Marzo, *La Memoria Administrada: El barroco y lo hispano,* Madrid, Katz Conocimiento, 2010, p. 139.
[8] *Ibid.*, p. 139.

fects de planificación y construcción, como un auditorio de música clásica donde se puede oír el ruido de la calle.

En sus incisivos estudios sobre lo que él denomina la CT, o Cultura de la Transición, Guillem Martínez ha analizado cómo lo que caracteriza la cultura española de la democracia es precisamente su verticalismo, el hecho de que está siempre relacionada con el estado que la ha subvencionado, más que generosamente como ya denunció el escritor Rafael Sánchez Ferlosio en un artículo de 1984, «La cultura, ese invento del gobierno». Como dice el filósofo Antoni Domènech, se trata no tanto de una cultura dominada por la lógica del mercado (aunque por supuesto eso es una parte fundamental del problema), como de una cultura de diseño institucional «de todo punto político –"político" no en el sentido estrecho y conspiratorio, sino en el sentido amplio y general de la palabra– para potenciar unas voces y acallar otras: [...] a eso han ayudado, claro, la rápida –y políticamente avalada– concentración de la propiedad de medios de comunicación de masas, y aun de los grandes grupos editoriales y también los sistemas de premios y prebendas públicamente otorgados»[9]. Esto implica también que la cultura deja de ser el territorio donde analizar lo problemático para tener como principal función precisamente impedir o difuminar lo problemático[10]. Las consecuencias de la relación establecida por la clase intelectual entre poder y arte son, en palabras de J. L. Marzo, «... un secuestro de la absoluta necesidad de unas prácticas creativas que propongan conflictos y disensiones, y que no se plieguen a los relatos identitarios y al papel otorgado al arte como mera correa de transmisión de los intereses del estado»[11]. Desde ese punto de vista, mi interés es comprender cómo se entiende y se promueve la cultura del estado de consenso desde la última década del siglo XX en adelante, con particular énfasis en su literatura, y cuál es la lógica que subyace a las elecciones de lo que entra o está de más en el espacio cultural democrático español. No se trata tanto de hacer una lista de los excedentes que sobrepasan la tan a menudo invocada «normalidad demo-

---

[9] Domènech, citado en Senghor y Sambá, «Cultura de la Transición. Entre la servidumbre política y las cifras de ventas», *Ladinamo, Revista LDNM,* octubre-diciembre de 2007.

[10] Guillem Martínez, «La cultura de la Transición», *CT o la Cultura de la Transición. Crítica a 35 años de cultura española,* Barcelona, Debolsillo-Random House Mondadori, 2012.

[11] Jorge Luis Marzo, *La Memoria Administrada,* cit., p. 312.

crática», sino de entender los mecanismos en base a los cuales se establece la (in)congruencia de determinados elementos con el relato nacional hegemónico. Más que una inmersión en el archivo de la cultura española para rescatar determinados autores (y desde luego, autoras) representativos pero olvidados, mi interés se centra en explorar precisamente la idea de representatividad nacional en el contexto específico de la España actual. En la misma línea, quiero considerar también lo contrario: la especificidad que, aun estando presente, se diluye en un pluralismo sin aristas y/o en un supuesto universalismo englobador. Puesto que la cultura se concibe como «objeto estratégico de visualización»[12], es importante considerar entonces lo que queda ocluido, lo que no se ve, el excedente, entendido en sus diferentes significados posibles: algo que sobrepasa la regla y las predicciones, pero también algo que sobra, que está de más. Por otro lado, en un sistema de producción y consumo, el excedente es también absolutamente necesario: es, de hecho, lo que constituye la base de ese sistema. A partir de esa premisa, quiero plantear una reflexión sobre las consecuencias teóricas y prácticas de una política institucional que considera la cultura como asunto de estado[13], como mecanismo de cohesión y vertebración en el estado de consenso, y en base a ello también como elemento fundamental en la difusión de la «marca España». Analizaré la manera en que se establece como imperativo categórico el hecho de que la cultura española, entendida en ciertas manifestaciones concretas, representa un sentido común profundo, una «coincidencia en lo sustancial» que debe unir a todos los ciudadanos de manera natural debido a su incuestionable proyección universal. Como ya había desarrollado en la primera parte de este libro en relación a los debates políticos en torno a la nación, en el terreno de la cultura el todo también se presenta como sustitución de la parte, pero lo que constituye el todo no se debate, sino que se asume *a priori,* siendo esa presunción de unidad «en lo profundo» la que marca y polariza los debates culturales y educativos nacionales. En las páginas que siguen, analizaré también algunos de esos debates, así como ejemplos de instancias en que se percibe claramente esa concepción de la cultura como elemento cohesionador y generador de ciudadanía. Para ello, me centraré en el uso con-

---

[12] Jorge Luis Marzo, *¿Puedo hablarle con libertad, excelencia?,* cit., p. 17.
[13] «Informe sobre la marca España», Real Instituto Elcano, citado en Jorge Luis Marzo, *¿Puedo hablarle con libertad, excelencia?,* cit., p. 303.

temporáneo de algunas metáforas y conceptos particularmente representativos, como la (inevitable) vertebración, o la heterodoxia. Analizaré también la persistencia cultural de la imagen, tan característica del fin del siglo XIX y con tanta andadura en España, de la nación deseada como cuerpo «normal», carente de discapacidades o patologías. Entre dichas patologías, comentaré con cierto detalle la llamada «anorexia patriótica», según la cual el orgullo legítimo de la españolidad no se alimenta lo suficiente, o el «cáncer» que representan los nacionalismos no estatales.

Historias de sentido común

En la misma década final del siglo XX que marcaba la consolidación de la idea de una cultura española representativa de una sociedad democrática y plural, pero siempre cohesionada en torno al pasado, al consenso y al sentido común, el novelista y crítico Juan José Millás escribía un breve artículo titulado «Pactar», que más tarde se editó agrupado con otros bajo el título «Realidades múltiples». En ese texto, Millás señala la contradicción inherente sobre la que se sustentan las historias literarias, como también otro tipo de narrativas históricas: pretender unificar, sintetizar y otorgar un sentido trascendente a lo que es, de por sí, heterogéneo, deslavazado y contingente:

> No hay una historia de España: hay varias, del mismo modo que en cada uno de nosotros no hay una biografía, sino siete u ocho. Otra cosa es que solo mostremos una, para no asustar a los seres queridos. Tampoco hay una historia de la literatura, hay mil. De hecho, es un disparate estudiar juntos a Campoamor y a Kafka, a Borges y a Canetti, aunque todos escriban. Y al lado de esas mil historias manifiestas, hay una historia de la literatura invisible, por la que vagan autores que no permanecieron. Por eso es tan difícil sacar adelante un plan de humanidades y ponerse de acuerdo sobre lo que somos o dejamos de ser[14].

---

[14] Juan José Millás, «Realidades múltiples», en *Articuentos,* Barcelona, Alba, 2000, p. 39. En la edición que manejo, no se dan las fechas específicas de publicación de cada artículo, pero sí se especifica que fueron publicados entre 1993 y 2000. En cualquier caso, la mención al Plan de Humanidades contextualiza el comentario de Millás entre 1997 y 2000.

El párrafo implica que la visibilidad literaria, como la histórica, viene determinada en gran parte por el establecimiento, más o menos consensuado, de unas señas de identidad nacionales que delimiten «lo que somos o dejamos de ser». El reconocimiento en el terreno de lo literario de estos marcadores identitarios colectivos es, en efecto, el pilar sobre el que se sustenta el esfuerzo sintético e historiable que implica toda historia literaria, cuyo objetivo primordial no es solo señalar el conjunto de obras que merecen ser destacadas en virtud de su excelencia estética, sino además como representantes del genio *nacional*. Como dice Roberto Retamoso, «las literaturas nacionales se constituyen como tales cuando aparece una "conciencia nacional" que, consignados los signos que revelan la existencia de una nación, puede reconocer en su literatura los rasgos distintivos mediante los cuales esa nación se expresa»[15]. Ya sea como expresión de una tradición nacional esencial (nacionalismo cultural elitista) o de resistencia popular a la dominación de las elites (populismo cultural nacionalista), la historia literaria se configura como un espacio delimitado dentro del cual la exterioridad de «lo nacional» se manifiesta: «Así, lo nacional es prácticamente un "plus" que se le adiciona a la literatura, *un excedente o suplemento que, apriorísticamente, determina las formas y las condiciones de su emergencia*»[16]. Ese excedente nacional que grava lo literario crea asimismo una relación de estricta causalidad entre el pasado y el presente, puesto que el proceso de definición de lo que constituye, o no, parte de una literatura nacional es siempre tautológico: solo los autores que despliegan ciertas características se consideran como auténticamente nacionales, categoría cuya definición se sostiene a la vez en base a ejemplos tomados de la literatura de dichos autores[17].

En efecto, como sostienen Carlos Alvar, José-Carlos Mainer y Rosa Navarro en la introducción a su *Breve historia de la literatura española,* el proceso de selección que implican las historias literarias se justifica en base a encontrar las claves «para comprender mejor una parte del pasado y del presente… Y para conocer más de cerca a quienes han utilizado *nuestra* lengua con mayor acierto, con más

---

[15] Roberto Retamoso, «Los avatares de lo nacional», *Estudios Sociales* 4/6 (1994), p. 33, Biblioteca Virtual, Universidad Nacional del Litoral.

[16] *Ibid.,* p. 38, énfasis mío.

[17] Stefan Collini, *Public Moralists: Political Thought and Intellectual Life in Britain, 1850-1930,* Oxford, Clarendon Press, 1991, p. 357. Collini citado en P. Casanova, *The World Republic of Letters,* Cambridge, Harvard University Press, 2004, p. 106.

sensibilidad, los que han servido como modelo o han marcado un camino; en definitiva, a quienes han configurado en gran medida *nuestra* forma de ser y de pensar»[18]. Incluso cuando se plantean cánones alternativos –en el contexto español a menudo localizados en el terreno de la heterodoxia–, el proyecto, en última instancia, es el mismo: indagar en el «sentido profundo» de ciertas obras que constituyen una supuesta continuidad en una forma de ser, ver el mundo y apreciar la vida, de la mano de libros «que nos contienen» y cuyo contenido llevamos incorporado «hasta genéticamente»[19]. Esto, por supuesto, es consistente con el papel que tiene la literatura en las sociedades europeas, donde se constituye como objeto de estudio independiente justamente en el siglo XIX; esto es, en el momento de nacimiento y consolidación del estado-nación. La literatura como disciplina y como objeto de estudio es, por lo tanto, siempre una «memoria cultural ideológicamente orientada»[20] con una dimensión que Rancière califica de metapolítica, en el sentido de que refleja una serie de valores, de formas de ver y actuar[21]. Así, la historia literaria nacional es siempre equivalente a la memoria ideológica de una determinada sociedad, organizada en jerarquías cuyo objetivo es el de dar una imagen de la integración y cohesión de un todo[22].

Curiosamente, y como ha demostrado uno de los autores de la mencionada *Breve historia,* y sin duda uno de los mejores conocedores de la literatura española en general, José-Carlos Mainer, el canon literario español se caracteriza «por el escaso acuerdo de la literatura española consigo misma. Vale decir, por la activa presencia de la idea de que parte sustancial de la propia tradición es un camino erróneo»[23]. Esta intrigante frase, que por cierto Mainer no desarrolla, implica una discrepancia significativa entre la narrativa de la identidad nacional y

---

[18] Carlos Alvar, José-Carlos Mainer y Rosa Navarro, *Breve historia de la literatura española*, Madrid, Alianza, 1997, p. 13, énfasis mío.

[19] Antonio Enrique, *Canon heterodoxo. Una reflexión crítica de la literatura española,* Barcelona, DVD Ediciones, 2003, p. 361.

[20] Sylvie André, «New Pathways for Rethinking Literary Studies in the 21st century», *Diogenes* 58/1-58/2 (2011), p. 79.

[21] Jacques Rancière, *The Politics of Aesthetics,* trad. de Gabriel Rockhill, Londres, Continuum, 2004, p. 11.

[22] Sylvie André, «New Pathways for Rethinking Literary Studies in the 21st century», cit., p. 77.

[23] José-Carlos Mainer, «La invención de la literatura española», José M. Enguita y José-Carlos Mainer (ed.), *Literaturas regionales en España. Historia y crítica,* Zaragoza, Institución Fernando el Católico, 1994, p. 24.

sus manifestaciones concretas. Por otro lado, si el canon español se caracteriza por un cuestionamiento de la propia tradición que lo sustenta, habría que explorar en más detalle los desencuentros del canon consigo mismo: cuáles son, qué revelan, qué hechos los potencian o los ocultan. Pero sobre todo habría que volver la mirada a ese «nosotros» que se invoca en las historias nacionales, las literarias, por supuesto, también. Un nosotros que delimita el espacio del sentido común que las sostiene. Si las obras seleccionadas en el canon contienen a una colectividad que supuestamente está representada (¡hasta «genéticamente»!) en ellos, es en efecto significativo que el canon mismo aparezca en permanente desacuerdo consigo mismo, algo que lo separaría del canon francés, por poner un ejemplo, de identidad particularmente relevante como modelo en el contexto español. Es asimismo destacable que los grandes hitos de la literatura española se usen a menudo, dentro y fuera del país, para identificar características específicas de la nación (don Quijote o don Juan son dos ejemplos obvios) y que, en numerosas ocasiones, los propios intelectuales vuelvan sobre los mitos culturales del país para reflexionar sobre la identidad nacional. Como ya señaló E. M. Cioran, esto es algo que afecta de modo particular a ciertas culturas, como la rusa y la española: es difícil, sin embargo, imaginarse a Valéry o a Proust meditando en tono trágico sobre Francia o sus personajes clave para descubrirse a sí mismos[24]. La importancia de los mitos culturales ligados a personajes ficticios, en particular el tejido en torno a Don Quijote, es también objeto de perplejidad para el historiador Henry Kamen, que considera impensable que Hamlet fuera citado consistentemente por el político Disraeli, el novelista Dickens y el poeta Kipling como la base cultural sobre la que avanzar la civilización británica a nivel mundial[25]. Y, en efecto, en muy pocos países se puede encontrar un esfuerzo similar por moldear la sociedad a imagen y semejanza de sus productos y mitos fundacionales «en vez de interpretar una cultura por los sustratos sociales que la conforman»[26]. Por otro lado, si la cultura –como reconocen los políticos de todo signo– constituye el gran activo exportable de España, es lógico que los debates «sobre lo que somos y

---

[24] Emil Cioran, *The Temptation to Exist With an Introduction by Susan Sontag,* trad. de Richard Howard, Chicago, The University of Chicago Press, 1968, p. 67.

[25] Henry Kamen, *Imagining Spain: Historical Myth and National Identity,* New Haven, Yale University Press, 2008, p. 162.

[26] Jorge Luis Marzo, *¿Puedo hablarle con libertad, excelencia?,* cit., p. 219.

lo que queremos que los demás sepan de nosotros»[27] sean tan enconados, tan persistentes y estén tan ligados a la política institucional.

La constatación de Juan José Millás de que es imposible ponerse de acuerdo respecto a las señas de identidad nacional que delimitan «lo que somos o dejamos de ser», no es un comentario de índole general, como lo demuestra la primera mitad de la frase, que remite a la imposibilidad de ponerse de acuerdo «sobre un Plan de Humanidades». El Plan de Humanidades en cuestión fue el propuesto en 1997 por la entonces ministra de Cultura del Partido Popular, Esperanza Aguirre, y que dada la reacción negativa que suscitó en todos los grupos políticos menos el propio, tuvo que ser modificado en 2000 por su sucesora Pilar del Castillo. Pero, de hecho, el debate había empezado años antes, con el discurso que dio Aguirre en la apertura del curso escolar 1996-1997, en un acto que tuvo lugar en la Real Academia de la Historia y al que asistieron los Reyes y el presidente de gobierno José María Aznar. Sintetizando mucho el argumento principal, la ministra sostenía que el núcleo de la enseñanza histórica lo debía constituir el orden cronológico de los acontecimientos y las «grandes personalidades» que los protagonizan, todos ellos insertos en una narración objetiva, esto es, no marcada por lo ideológico. Como señalaron en su momento varios historiadores, ese tipo de enfoque caracteriza un tipo de acercamiento a la disciplina que la historiografía moderna ha cuestionado repetidamente. P. Ruiz Torres, por ejemplo, señaló que tanto el planteamiento historiográfico como la dimensión política del debate, pasando por la retórica catastrofista del discurso, no parecían corresponder al momento histórico en que se daban (finales del siglo XX), sino que remitían a otro fin de siglo, 1898, cuyo espectro atravesaba las páginas del informe[28]. En efecto, los modelos de historiador citados por Aguirre eran Cánovas del Castillo y M. Menéndez Pelayo, ambos intelectuales que desarrollaron sus respectivas carreras en la segunda mitad del siglo XIX, ignorando, por tanto, «el debate epistemológico y metodológico desarrollado en nuestra centuria en una comunidad científica cada vez más amplia y diferente de la formada en España por los académicos de la época de Cánovas»[29].

---

[27] *Ibid.*, p. 219.

[28] Pedro Ruiz Torres, «La historia en el debate político sobre la enseñanza de las Humanidades», *Ayer* 30 (1998), p. 66.

[29] *Ibid.*, p. 65.

El discurso de Aguirre generó una gran polémica, que continuó durante las negociaciones del proyecto de un Plan de Humanidades anunciado por el ministerio, los detalles de los cuales han sido analizados por Ruiz Torres. Es notable resaltar la contradicción que enmarca todo el episodio: la intención gubernamental de presentar una historia de España centrada en «el sentido común» de una historia compartida y la ironía de que el proyecto no pudiera prosperar precisamente porque la coincidencia en lo sustancial a la que el proyecto apela simplemente no existe en el panorama político español, y tampoco en el sentimiento colectivo de la ciudadanía. En efecto, el quid de la cuestión y el motor del proyecto gubernamental no tenían tanto que ver con la necesidad de los alumnos de familiarizarse con cronologías ni con grandes figuras, sino con otorgar a la historia de España «un carácter unitario» dentro de las «diversidades lingüístico-culturales». Esto es, se trataba de fijar «saberes comunes» que todos los alumnos pudieran aprender, independientemente de la comunidad autónoma donde residieran. Pero la propia alusión a dicho proceso de fijación y unificación levantó la caja de los truenos, dejando bien clara la precariedad de las alianzas políticas entre el partido del gobierno y sus entonces socios en los gobiernos autonómicos. En efecto, la reacción negativa al proyecto y la manera en que este hablaba de lengua e historia siempre en singular, negando por tanto la pluralidad cultural del país, fue unánime por parte de los partidos representantes de nacionalismos periféricos y de los de izquierda. Dado que el apoyo político del partido catalán Convergència i Unió era fundamental para el primer gobierno de Aznar, el proyecto no pudo prosperar. Se llega así a la propuesta del año 2000, que se presenta oficialmente como respuesta a los retos fundamentales para la enseñanza de las Humanidades en España. El documento que le da arranque, denominado «Declaración de San Millán de la Cogolla a favor de las Humanidades», aseguraba querer subrayar la importancia de las Humanidades para la formación de los ciudadanos «a fin de asegurar el conocimiento de los valores universales y las ideas que cimentan la sociedad occidental, y la comprensión de la compleja realidad en que vivimos»[30].

Los valores que dicho documento presentaba como básicos para la educación ciudadana eran el universalismo, el sentido crítico, la

---

[30] Partido Popular, «Declaración de San Millán de la Cogolla a favor de las Humanidades», *elpais.com, edición impresa,* 11 de julio de 2000.

libertad, así como la búsqueda del acervo común y los vínculos con los demás pueblos de Europa. Cuando se pasa de lo abstracto a lo concreto, esto es, cuando se mencionan cuáles son las herramientas que se utilizarán para llegar a esa educación libre, crítica, universalista y solidaria, el mensaje se particulariza y cambia de signo:

> Así, creemos necesario asegurar a los alumnos el dominio oral y escrito de la lengua castellana y, en su caso, de la lengua oficial propia de la comunidad autónoma, así como un suficiente conocimiento de la Literatura de las lenguas españolas y de la Literatura universal; familiarizar a nuestros estudiantes en el uso de las bibliotecas y otras fuentes de información, con la utilización de las nuevas tecnologías; reforzar el estudio de la historia, *con respeto a los hechos históricos mismos y con la necesaria dimensión cronológica, que ha de incluir el estudio del pasado común de España y abrirse a una visión universal;* dar a conocer la realidad plural de España y de Europa y facilitar el estudio de sus lenguas; potenciar la enseñanza de la filosofía, sin prescindir del enfoque histórico; asegurar la presencia efectiva de la cultura clásica, así como del latín y del griego en el Bachillerato[31].

La lectura atenta de este párrafo, como del documento en general, plantea cuestiones e interrogantes importantes. Por un lado, se alude varias veces a un «universalismo» o a valores universales que sin embargo parecen estar representados únicamente por la sociedad occidental y por los estudios clásicos. Por otro, al mencionarse la enseñanza de la historia se incide en la inclusión del «pasado común de España», suponemos que refiriéndose a lo común entre las distintas autonomías, no con otros territorios con los que también hay una historia común como, por poner un ejemplo, Sicilia. Pues bien: suponiendo que en verdad pudiera consensuarse una narrativa de lo que es el «pasado común» entre las diversas comunidades autónomas como manera de cohesionar a la ciudadanía, el problema es que se elude por completo aludir a qué hacer precisamente con lo que no se siente como común, con lo diferencial, con el excedente de la españolidad tal como esta se ha entendido tradicionalmente. Y es precisamente esa ausencia la que constituye el telón de fondo de la disputada reforma, y de hecho, sigue lastrando el diálogo político

---

[31] *Ibid.,* énfasis mío.

y social en España. Por otro lado, es interesante constatar que la mención a la «realidad plural de España» vaya siempre ligada a la obligación de «abrirse» a una universalidad que se da por sentada, siendo como es un concepto de mucho lastre y ampliamente debatido. Entendida de forma literal, esa necesidad de apertura tendría que significar que los hechos cruciales de la historia de España se tendrían que poner en relación con lo que estuviera ocurriendo en cualquier parte del mundo, incluyendo Oriente o África. Sin embargo, no es ese el sentido de universalidad que se desprende del documento, ni tampoco el que guía el uso del término en la política cultural española, donde el «particularismo» se interpreta siempre como un cáncer de la nación cohesionada y funcional. Documento tras documento, en gobiernos de izquierda o de derecha, se alude a la importancia de promocionar una cultura cuyo carácter y proyección universal se basa ante todo en la dimensión transnacional de una lengua con cuatrocientos millones de hablantes. Siguiendo la lógica establecida por la Constitución, y ratificada consistentemente por las más altas instituciones jurídicas del estado, la Declaración de San Millán pone como objetivo fundamental de la educación pública el conocimiento de la lengua castellana y solo «donde fuera pertinente» de las otras lenguas de España. Pero, desde luego, no se considera necesario para alcanzar el objetivo de dar a conocer la realidad plural de España que los alumnos de habla castellana estén expuestos a ninguna de las otras lenguas y culturas del estado, que se ven así excluidas «de facto» del espacio de la universalidad y reducidas al de lo particular y local.

Los límites a la enseñanza de la «pluralidad de España» que la educación pública debe fomentar se encuentran especificados de forma clara en otro párrafo: «Todo ello ha de realizarse con la firme voluntad de *mantener la vertebración de nuestro sistema educativo,* a través del desarrollo de la normativa básica y de la cooperación de la Administración General del estado y las Administraciones Educativas de las Comunidades Autónomas»[32]. La aparición del término «vertebración» en relación a lo que debe ser la relación entre el estado y las autonomías es iluminadora, por cuanto especifica que el tipo de cooperación que se espera de estas últimas es la que respete el papel sostenedor del estado (la columna vertebral del cuerpo de la nación) y la jerarquía de subordinación de las partes al todo. En

---

[32] *Ibid.,* énfasis mío.

ese sentido, la disolución de la especificidad cultural en lo universal es precisamente una de las estrategias de vertebración que se utilizan, consciente o inconscientemente, para negar o minimizar la heterogeneidad de las culturas en España. En efecto, la acción cultural en el exterior se lleva a cabo desde el gobierno central, sin coordinación destacable con las comunidades autónomas aunque en algunos casos sí hay representación de determinadas empresas, como Telefónica o Endesa[33]. De hecho, la misma Pilar del Castillo, al hacer balance de las reformas llevadas a cabo en la educación entre los años 2000 y 2004, dejaba claro que los cambios introducidos iban destinados a reforzar «el sujeto de la modernidad» y la utilización racional de la inteligencia que viene con el conocimiento de «los fundamentos del canon de la cultura y las artes de Occidente». Lo opuesto a esa racionalidad serían «los antivalores del relativismo, el multiculturalismo y el dogmatismo identitario»[34]. La actitud del Ministerio de Educación respecto a la realidad del multiculturalismo y el mestizaje en España ha sido analizada por J. L. Marzo, quien observa cómo, fuera de España, los comentarios negativos sobre el multiculturalismo se suavizan e incluso se presenta al país como modelo de pluralismo cultural[35].

Aunque es evidente que la persistencia con que el estado español persigue fomentar historias «de sentido común» es particularmente reiterativa bajo gobiernos conservadores, dada su concepción restringida y excluyente de lo que debe ser «España», no puede limitarse a ellos. Hay que recordar, como hacen J. L. Marzo y T. Badia, que, con la llegada al gobierno del PSOE la inversión en cultura aumentó un 68 por 100 en tan solo tres años (1983-1986), lo cual demuestra la importancia de este patrimonio simbólico para la izquierda[36]. Ya desde entonces, la gestión cultural adquiere el carácter promocional y estatalista que la seguirá caracterizando hasta ahora. Asimismo y ya en fecha más reciente, es interesante constatar, por ejemplo, que las líneas de actuación del Ministerio de Cultura en el gobierno socialista de J. L. Zapatero giraban en torno a tres ejes: el reconocimiento de la diversidad cultural, el fortalecimiento de la cooperación y la consi-

---

[33] Jorge Luis Marzo, *¿Puedo hablarle con libertad, excelencia?,* cit., p. 214.

[34] Pilar del Castillo, «La cultura en el espejo de la política», *Balance de política cultural 2000-2004,* Madrid, Ministerio de Educación, Cultura y Deporte, 2004, p. 13.

[35] Jorge Luis Marzo, *¿Puedo hablarle con libertad, excelencia?,* cit., p. 236.

[36] Jorge Luis Marzo y Tere Badia, «Las políticas culturales en el estado español (1985-2005)», *soymenos.net,* Espais (2006), p. 9.

deración de la cultura como instrumento de desarrollo económico y de cohesión social. En el discurso del PSOE, «cohesión social» se refiere a políticas que ayuden a fomentar o mantener el estado de bienestar social y, de hecho, en este caso la expresión se usa para explicar lo que la cultura debe ser, además de un factor de crecimiento económico[37]. Pero parece imposible desligar la expresión del significado inmediato de la palabra «cohesión», que nos remite a la acción y efecto de reunir las partes de algo. Y, en efecto, no puede negarse que la política oficial del ministerio socialista fue promocionar una diversidad cultural que sin embargo fuera también en última instancia susceptible de ser integrada en un proyecto político de cohesión identitaria española: una España nominalmente plural, pero de hecho unida y vertebrada. Que una institución del estado español quiera fomentar aquellos aspectos de la cultura que difuminan las tensiones sociales y las distintas versiones de lo que es la nación, resulta completamente lógico, porque la Constitución señala el servicio de la cultura como deber y atribución *esencial* del estado (artículo 149.2). En ese sentido, desde la Transición, y siendo la cultura cuestión de estado, el objetivo estaba muy claro. Se trataba de dar visibilidad a la cultura nacional española como representante del estado de consenso que la Transición había inaugurado y, por tanto, «la consigna fue entender la cultura como coto en el que se suspendían las beligerancias, como escaparate de un nuevo modelo de convivencia empeñado en negar todo asomo de conflicto o crispación»[38].

La cultura entendida como factor de cohesión de la pluralidad, una pluralidad teóricamente apreciada pero en la práctica siempre bajo sospecha, se dirige primero desde el Ministerio de Cultura y progresivamente desde el de Asuntos Exteriores. Como muestra evidente del pluralismo del «aquí cabemos todos», Marzo apunta a lo que ocurre en las últimas décadas de los ochenta y la primera legislatura socialista: si por un lado el Ministerio de Cultura absorbe a muchos miembros del movimiento, incluyendo a la Sección Femenina de Falange, por otro también tendrán cabida en él miembros del Partido Comunista, convirtiéndose así en «terapia institucional

---

[37] La referencia a la cohesión social como eje vertebrador de la política del Ministerio de Cultura se la debo a Sally Perret, que ha trabajado en su propio proyecto sobre los premios nacionales de Literatura y el tipo de comunidad nacional representada en ellos.

[38] Ignacio Echevarría, citado en Senghor y Sambá, «Cultura de la Transición. Entre la servidumbre política y las cifras de ventas», cit.

para endulzar agravios y desactivar residuos franquistas, y, de paso, en un ejercicio metafórico de encuentro "nacional" y de formación de "nueva ciudadanía"»[39]. Esto es posible solo desde un entendimiento de la cultura como desligada de procesos sociales concretos y, sobre todo, como carente de ideología y carga crítica, una lógica heredada precisamente de las políticas culturales del franquismo que continúa durante el periodo democrático donde converge con la lógica similar de la democracia gerencial y consensual[40]. El énfasis político en los procesos de reconciliación y de sutura de heridas pasadas también implica una desvalorización de las prácticas y productos culturales que plantean precisamente lo contrario: la necesidad de mantener abiertos ciertos debates, de asumir errores y de cuestionar versiones oficiales. Dichas prácticas se interpretan como manifestaciones de una falta esencial contra la normal convivencia democrática, cuando no de una subjetividad deficiente: el ruido molesto de unos cuantos «perros que ladran su rencor por las esquinas», como calificó J. M. Aznar siendo presidente del gobierno a los manifestantes que protestaban por la catástrofe ecológica y económica que supuso la gestión del accidente del *Prestige.*

LA CULTURA COMO PEGAMENTO Y LOS EXCEDENTES DEL TODO[41]

La institucionalización de los premios literarios fue clave en el ejercicio metafórico de encuentro nacional que puso en marcha el proceso de normalización democrática. Así, por ejemplo, Luis Negró señala cómo el Premio Planeta, sin duda motivado y sostenido por intereses comerciales, se concede en 1977, 1978 y 1979 a Jorge Semprún, Juan Marsé y Manuel Vázquez Montalbán, esto es, a un exiliado exdirigente del Partido Comunista y dos intelectuales de izquierdas, dándose así el mensaje de que la reconciliación de las letras nacionales está ya en marcha. La visión de la cultura como espacio ajeno a la confrontación se ve también articulada en la evolución del

---

[39] Jorge Luis Marzo, *La Memoria Administrada,* cit., p. 151.

[40] *Ibid.* Véase también Helena Miguélez-Carballeira, «"La literatura es eso, literatura": The Rhetoric of Empty Culture in Francoist and Neo-Francoist Discourses», *Journal of Spanish Cultural Studies* 13/2 (2012), pp. 189-203.

[41] La frase «la cultura como pegamento histórico y social» es de Jorge Luis Marzo, que la usa en numerosas ocasiones en sus incisivos análisis sobre la política cultural del periodo democrático.

diario *El País,* convertido en lo que J. L. Aranguren llamaba «el intelectual colectivo de la Transición» y vehículo privilegiado de la ideología del consenso[42]. Para servir en esa función creadora de intereses comunes, la cultura deja de ser el terreno propicio para cuestionar y explorar tensiones, conflictividad, resistencias y complicidades, para dedicarse a la búsqueda de la cohesión y sentido común, que es también un sentido de estado. «Ese "sentido común" tan alabado por la CT [Cultura de la Transición] no es sino esta mirada desproblematizadora sobre la realidad que considera "irresponsable" y "desestabilizadora" cualquier pregunta abierta sobre la vida en común por fuera del marco de lo posible autorizado»[43]. En relación a la literatura, tal enfoque de lo cultural requiere, por ejemplo, una (re)construcción de su historia a base de incluir sin cuestionamiento alguno lo que de hecho constituyen sus excedentes, lo que históricamente había quedado desgajado de la ortodoxia nacional. Eso puede abarcar lo más amplio y fundamental, como la literatura de los perseguidos, disidentes y exiliados, recuperados *a posteriori* borrando o minimizando las circunstancias en que se desarrolla su obra; las mujeres, que siguen ocupando un papel minoritario y marginal en las historias literarias y las academias oficiales; y también, claro está, la producción literaria en catalán, gallego o euskera, incorporada en muchos casos al canon nacional español, como veremos, mediante la borradura de su lengua y contexto originales.

Uno de los terrenos donde había que ganar la batalla por una cultura cohesionada pero a la vez representante de la España pluricultural era, por supuesto, la literatura y el arte. Un frente abierto clave era el del exilio: «había que recuperar la parte amputada por la guerra, el exilio español en América, y los sutiles exilios interiores hasta generar una conciencia cultural más plural y cosmopolita, tras los años del franquismo»[44]. El otro frente, el de las literaturas en las lenguas minoritarias del estado. Ya he comentado cómo en 1977 se otorga el Premio Planeta a Jorge Semprún, exiliado, represaliado y finalmente reintegrado a la cultura española como ministro entre los años 1988-1991. Pero más importante aún es el papel de los premios

---

[42] Luis Negró Acedo, *El diario El País y la cultura de las elites durante la Transición,* Madrid, Foca, 2006, p. 171.

[43] Amador Fernández-Savater, «El arte de esfumarse; crisis de la cultura consensual en España», *Fuera de lugar, publico.es,* 14 de abril de 2011.

[44] Jesús García Calero «Caleroje», «Los problemas también buscan mecenas», *ABC.es,* 18 de mayo de 2012.

oficiales del estado que reconocen con la etiqueta de lo nacional a ciertos productos que pasan a circular con dicha etiqueta pegada a ellos. En su estudio sobre los premios nacionales de Narrativa otorgados desde la muerte de Franco, Sally Perret ha establecido los criterios que el Ministerio de Cultura (en sus distintas denominaciones y bajo diferentes signos políticos) ha seguido en su objetivo de promocionar una cultura que representara al estado democrático y que, a la vez, ayudara a cohesionarlo. Es por eso que en 1984 el ministro Javier Solana anunció el replanteamiento en la configuración de los premios nacionales, precisamente para hacerlos consistentes con el artículo 149.2 de la Constitución española que señala el servicio de la cultura como «deber y atribución esencial del estado». A partir de ese momento, se consideran elegibles obras escritas en todas las lenguas oficiales españolas. Asimismo, se incluyeron en el jurado representantes de las distintas comunidades lingüísticas. Ahora bien, la teoría es una cosa, pero la práctica, otra. Cuando en 1986 Alfredo Conde ganó el premio por su novela en gallego *Xa vai o Grifón no vento,* la crítica de *El País* hacía más hincapié en la integridad del voto que en la calidad de la novela. Uno de los jurados, gallego, tuvo que defender la decisión y alejar el fantasma del nacionalismo periférico con una frase contundente: «Somos ciudadanos de la patria de la cultura española»[45]; frase que naturalmente zanja la cuestión al aludir a la debida distinción jerárquica entre la patria grande (la cultura española) y la patria chica (la cultura gallega). Esto es, las identidades múltiples pueden existir, pero siempre debidamente posicionadas, con unas en relación de subordinación a la otra, o dicho de otro modo, vertebradas.

Cuando en 1983 el escritor Francisco Ayala, exiliado en Argentina, México y Estados Unidos hasta su regreso definitivo a España tras la muerte de Franco, ganó el premio por su obra autobiográfica *Recuerdos y olvidos: 2. El exilio,* Javier Solana, ministro de Cultura, reconoció que era algo obligado: «se lo debemos, se lo debíamos en justicia y soy consciente de que con él [el premio] no colmamos nuestras obligaciones para con él»[46]. S. Perret, muy acertadamente,

---

[45] Jesús Alonso Montero, citado en Perret, *The National Award in Narrative Literature and the Role of Art in Democratic Spain (1977-2011),* Diss. University of Illinois at Urbana-Champaign (2012), p. 63.

[46] «Entregados los premios literarios nacionales de 1983», *elpais.com, edición impresa,* 27 de junio de 1984). Citado en Perret, *The National Award in Narrative Literature and the Role of Art in Democratic Spain (1977-2011),* cit., p. 55.

se pregunta quién es el «nosotros» que tiene esa deuda con Ayala: ¿los españoles de cierto signo político?, ¿todos los españoles?, ¿el gobierno de España? Por otro lado, suponiendo que en verdad hubiera un consenso sobre la deuda pendiente con Ayala, ¿era esta mayor que la que se tenía con otros cientos de intelectuales exiliados como Ramón J. Sender, Carlos Blanco Aguinaga, María Teresa León, por poner otros ejemplos de autores que también volvieron a España con la democracia, pero que no fueron celebrados tan públicamente como Ayala?, ¿o con Rosa Chacel, también candidata al premio el mismo año? ¿Y qué decir de otros como Joan Sales, Pere Calders, Roger Bartra, Luis Seoane, Martin Ugalde, autores todos que perdieron la guerra pero que también desaparecieron de la historia de la literatura española? En su excelente estudio sobre la modernidad española vista desde el pensamiento republicano en el exilio, Mari Paz Balibrea señala que dicho pensamiento era recuperable solo en la figura de ciertos autores individuales: María Zambrano, Rafael Alberti, Salvador de Madariaga, Francisco Ayala, Claudio Sánchez Albornoz o incluso Dolores Ibárruri. Todos ellos «ancianos venerables, figuras de un pasado con el que se pretendía había conectado el nuevo estado, pero insalvable y tranquilizadoramente remotos, limadas todas las aristas de su previa radicalidad o posición crítica, cuando la había habido»[47]. En su conjunto, sin embargo, el corpus del exilio se manifiesta como literalmente incongruente con la necesaria continuidad política impuesta por la Transición, de ahí las frecuentes denuncias a su falta de sincronía con la literatura producida en el país, su nostalgia o su desconocimiento de la realidad nacional[48]. Como ejemplos que, por motivos diferentes, desestabilizan la coherencia de la narrativa nacional teleológica, Balibrea escoge a María Zambrano, Eduardo Nicol y Max Aub. Si la primera recibió también reconocimientos oficiales, como el Premio Príncipe de Asturias 1981, o el Premio Cervantes 1988, su posicionamiento en favor de una memoria rigurosa y su reivindicación de figuras políticas e intelectuales de la República y el exilio es consistente hasta el final. Mucho más incómodas son las figuras de Nicol y Aub. El primero, un filósofo catalán que pierde el uso de su lengua durante su exilio en México y que denuncia repetidamente el «esencialismo nacional sinecdóquico que toma la parte

---

[47] Mari Paz Balibrea, *Tiempo de exilio: Una mirada crítica a la modernidad española desde el pensamiento republicano en el exilio,* Barcelona, Montesinos, 2007, p. 15.

[48] *Ibid.,* p. 61.

por el todo»[49], así como su decepción con el materialismo y la vulgaridad de la España democrática, en la cual no llega a quedarse. Aub es un judío francés, hijo de padre español nacido en Alemania, de madre francesa pero de familia alemana; español por elección (nacionalizado a los veinte años), pero siempre fuera de lugar dondequiera que estuvo. Su utilización de la parodia, de la ironía, su crítica feroz a los ocultamientos y manipulaciones de la política, la historiografía y la literatura, su posición de disidente permanente, hacen de él un escritor difícilmente integrable en la cultura del consenso, la cohesión y el consumismo. Por todo ello, «su humanismo no encontrará sitio político, ni su literatura sitio cultural»[50]. En época contemporánea, la obra de Aub ha sido recuperada ante todo desde Valencia, donde desde 1993 se organizaron numerosos congresos que exploran diversas facetas de su obra, y esta se editó a cargo de la Biblioteca Valenciana y la Institució Alfons el Magnànim. En cambio, no hubo un reconocimiento nacional por parte del gobierno español hacia Aub del tipo que recibieron los otros escritores mencionados; sí fue condecorado, sin embargo, por el gobierno francés. La falta de encaje de Aub en la cultura que escogió como suya, y con la cual siempre dialogó, por mucho que el diálogo fuera difícil y amargo, queda simbolizada en el cuento «El remate» (1961), justamente alabado por su durísima presentación, sin concesiones a la nostalgia ni a la esperanza, de las consecuencias devastadoras e irremediables del exilio[51]. Por contraste, un autor como Ayala, que rechaza la etiqueta de exiliado, que aboga por el estudio de la literatura en base a categorías de clasificación estética y que afirma explícitamente la continuidad de las letras españolas dentro y fuera de España, sí es reinsertable en el canon nacional. Esto no desmerece en absoluto la calidad literaria de la obra de Ayala, pero tampoco puede ser descartado como elemento fundamental en la recepción que la España oficial democrática le otorgó y, por tanto, de su visibilidad cultural. En ese sentido, el escritor mismo ofreció un juicio certero de lo que el premio a su obra representaba: la normalización de una anormalidad[52].

---

[49] *Ibid.,* p. 132.

[50] *Ibid.,* p. 205.

[51] Así lo hace, en una inteligente lectura, Luis Negró Acedo.

[52] La frase exacta es: «Este premio es, para mí, el resultado normal de una anormalidad», Ayala citado en Cañas, «Francisco Ayala, premio nacional de Literatura: "El galardón es el resultado normal de una anormalidad"», *elpais.com, edición impresa,* 29 de noviembre de 1983.

La idea de M. P. Balibrea, J. Gracia y otros de que la producción cultural del exilio es recuperable como patrimonio nacional democrático, convenientemente despolitizado y enfocado en la figura de individuos específicos, pero no en su conjunto como *corpus*, explica también la invisibilidad de autores republicanos exiliados cuya lengua materna no era el castellano. Sebastiaan Faber señala cómo en la monumental *Historia de la literatura española* publicada por Crítica en 2010, en las más de dos mil páginas que cubren el siglo XX, prácticamente no tiene cabida el exilio catalán en México, por ejemplo. Y no precisamente porque se establezca que su lugar está exclusivamente en las historias de la literatura catalana, sino más bien porque se entiende que aun siendo obras que hay que mencionar, su importancia en el canon de la literatura española es secundaria precisamente por no estar escritas en la «lengua común» por antonomasia de ese *nosotros* al que apelan las historias literarias. Una lógica que apoyaría la tesis de J. R. Resina de que el monolingüismo del hispanismo debe ser reconocido no como efecto de su ideología, sino como su principal vehículo[53]. Y sin embargo, como bien resalta Faber, en la mencionada *Historia* sí aparece bien analizada la obra de Jorge Semprún, escrita en su mayor parte en francés, pero incluido sin lugar a dudas en el mapa de «nuestras» letras[54]. Esto, quizá por el capital cultural que supone que un escritor español sea reconocido como parte del canon francés. Todo lo cual confirma el principio de que el capital literario es inherentemente cuestión de interés nacional[55]. Es interesante constatar, por lo demás, que a la muerte de Semprún el estado español y el francés se disputaron la pertenencia nacional del autor, quien a su vez se había negado a definir su identidad más allá que como superviviente de Buchenwald. En cualquier caso, Faber no niega la inmensa labor que ha llevado a cabo Mainer en esta obra, impresionante en su erudición. Pero sí señala que el proyecto, si bien abierto en teoría a los exilios o las literaturas en catalán, en vasco o en gallego lo está solo en la medida en que todos ellos sean *reintegrables* en el marco general de un hispanismo cuyas señas de identidad son inseparables de gestos de exclusión no limi-

[53] Juan Ramón Resina, *Del hispanismo a los estudios ibéricos: Una propuesta federativa para el ámbito cultural,* Madrid, Biblioteca Nueva, 2009, p. 117.

[54] Sebastiaan Faber, «Economies of Prestige: The Place of Iberian Studies in the American University», *Hispanic Research Journal* 9/1 (2008), pp. 7-32, p. 11.

[55] Pascale Casanova, *The World Republic of Letters,* cit., p. 34.

tados, desde luego, al desplazamiento territorial[56]. Jordi Gracia resume bien la situación al señalar que el exilio valía como referente simbólico, pero era políticamente infecundo. Las imágenes de Dolores Ibárruri (la Pasionaria) y Rafael Alberti en la nueva democracia así lo atestiguan: dos ancianos, vestidos de luto, que si por un lado representaban el final feliz de un cuento triste, por otro «transmitían también la melancolía del desfase histórico, o de la anacronía. No podían leerse como valores de futuro para una democracia sin ganas de resucitar tambores de guerra»[57].

La estrategia de integración de artistas exiliados y/o disidentes, convenientemente despojados de su ideología concreta (y por tanto, de su dimensión política), se percibe en las conmemoraciones oficiales, que en la última década del siglo XX tuvieron escritores tan polémicos en su momento, y durante todo el franquismo, como Federico García Lorca o Luis Cernuda. En 1998, después de una reunión del patronato de la Residencia de Estudiantes, el presidente J. M. Aznar decía lo siguiente:

> Espero que a Federico García Lorca, que ha sido un símbolo para tantas cosas y es una luz universal de la cultura española, primero, pedir que nadie le encierre en ningún sitio a Federico García Lorca, porque es demasiado universal para que nadie le encierre [...]

> Hablaba yo en un almuerzo que hemos tenido aquí, gratísimamente, sobre esas consideraciones y sobre lo absurdo que es fijarse, cuando se habla de escritores, de literatos, tan universales, en lo que significan viejas historias o adscripciones ideológicas. La poesía, al final, no tiene ideología; la poesía es espíritu, es belleza, es humanidad, y eso no tiene ideología. Otra cosa distinta es la ideología que tenga cada poeta; pero eso es cuestión del poeta, no de los demás[58].

---

[56] Sebastiaan Faber, *Exile and Cultural Hegemony: Spanish Intellectuals in Mexico, 1939-1975,* Vanderbilt, Vanderbilt University Press, 2002, p. 5.

[57] Jordi Gracia, *A la intemperie. Exilio y cultura en España,* Barcelona, Anagrama, 2009, p. 198.

[58] José María Aznar, «Declaraciones del presidente del gobierno, José María Aznar, después de la reunión anual ordinaria del patronato de la Residencia de Estudiantes», Madrid, 5 de junio de 1998, Conferencias de Prensa, www.jmaznar.es.

Esto es, Lorca puede y debe ser conmemorado como representante extraordinario de la cultura española, pero desde un universalismo que niega su particularidad, su contexto local y toda dimensión de su poesía que no sea *meramente* estética. En esa línea, la aseveración de que la poesía no tiene ideología demuestra escaso conocimiento del género, su interpretación y uso en distintos contextos históricos, pero también de la literatura en general, por no decir de la realidad de la cultura española. Al mismo tiempo, la oposición entre belleza e ideología parece sugerir que la apreciación estética puede ser neutral y universal, algo que la consideración más superficial de los cambios en el gusto y la apreciación artística en diferentes momentos históricos contradice. Incluso dejando de lado tan cuestionables premisas, para todos aquellos que han leído a Lorca, la propuesta de que su obra sea solo «espíritu» y «belleza» es francamente difícil de reconciliar con la totalidad de esta, de la cual habría que extirpar las menciones y las críticas –nada veladas, por cierto– al autoritarismo, al racismo, a la pobreza y a la intolerancia, a la injusticia, a la represión sexual y a la alienación del capitalismo. Asimismo, habría que eludir también hablar de los motivos, ciertamente no estéticos, por los que su obra fue totalmente censurada en España hasta los años cincuenta del siglo pasado, y parcialmente censurada después. Por último, la construcción «neutra» de Lorca contribuye a la borradura crítica del verdadero objeto de su deseo, tan lúcidamente expresado en los *Sonetos del amor oscuro,* y tan presente en su obra en general, pero interpretado de forma reiterada en términos universalistas y esteticistas que lo distorsionan o eliminan como irrelevante[59]. En última instancia, presentar como rasgos eternos y propios de la condición humana situaciones cuya interpretación es inseparable de su contexto histórico-social, constituye el procedimiento ideológico por excelencia.

El mismo tipo de apelación a una cultura sin ideología se encuentra en las celebraciones oficiales de la llegada a la Residencia de Estudiantes del legado de Luis Cernuda, un acto institucional que incluyó, entre otros, al director de la Residencia, director del Centro Superior de Investigaciones Científicas, al presidente del gobierno, José M. Aznar, y a la entonces ministra de Cultura, Esperanza Aguirre. El director de la Residencia reclamó para autores como Cernu-

[59] Enrique Álvarez, *Dentro/fuera. El espacio homosexual masculino en la poesía española del siglo xx,* Madrid, Biblioteca Nueva, 2010, p. 11.

da, Lorca o Manuel Azaña su lugar en el acervo público de la cultura española desde el respeto a lo que cada uno representaba «íntegramente tomados». A esas palabras, respondió Aznar con las siguientes:

> Sabido es que la vida y la obra de Cernuda fueron separadas de su tierra española por los desgraciados avatares de nuestra penúltima historia. Sus palabras concentran el amargo sabor del destierro: «Volver a mi tierra, ni pensaba en ello. Poco a poco se consumaba la separación espiritual, después de la material, entre España y yo».
>
> Creo que la convocatoria de hoy es un buen ejemplo de que estamos cerrando un proceso de signo inverso, un proceso de recuperación en el que, entre todos, hemos superado esa separación física y mental de la que él hablaba[60].

Más específicamente, señalaba el presidente del gobierno, se podía hablar de esos autores porque las «viejas querellas» que ellos representaban habían quedado «donde habite el olvido» (citando así, de forma bastante descontextualizada, el famoso poema cernudiano). Dejando de lado la muy cuestionable premisa de que las querellas y tensiones ideológicas que se reflejan en la poesía de Cernuda estaban olvidadas y superadas en 1998, de lo que no cabe duda es de que en su caso la única manera de ser celebrado de forma oficial es precisamente obviando la especificidad de sus posiciones personales, y los motivos de su conflictiva relación con la españolidad. Recordemos que Cernuda es el poeta que escribió el amarguísimo «Díptico español», donde confiesa vivir lejos de su tierra sin pesar ni nostalgia y preferir mantenerse lejos de ella debido al extrañamiento que producen el tiempo, la ausencia y la «distinta fe». Es en ese mismo poema donde el poeta declara que la españolidad es la carga más dura que le ha impuesto el destino, y reconoce que escribe no para aquellos a los que la casualidad y una burla del destino habían hecho sus compatriotas, sino para todos los que respetaran el libre albedrío y tuvieran «bien dispuesto entendimiento»[61]. Incluso toman-

---

[60] José María Aznar, «Incorporación del legado del poeta Luis Cernuda a la Residencia de Estudiantes. Discurso del presidente del gobierno, José María Aznar», Madrid, 12 de mayo de 1997, intervenciones institucionales [www.jmaznar.es].

[61] Luis Cernuda, «Díptico español», en *Desolación de la Quimera. Antología Poética*, ed. de Ángel Rupérez, Madrid, Austral, 2002.

do en cuenta la considerable amargura de las circunstancias de la vida de Cernuda, que le llevan a expresarse así, no cabe duda de que, en este como en muchos otros poemas, la literatura cernudiana plantea una serie de tensiones sobre la identidad española que nunca quedan resueltas y una problemática que su celebración democrática elude por completo. De hecho, su desarraigo no se explica solo por su exilio político, sino también por su homosexualidad, marcador de heterodoxia y anormalidad para el régimen franquista[62]. Irónicamente, el propio Cernuda se rebeló de forma pública contra ciertas formas de descontextualización de la obra poética cuando, en su famoso poema «Otra vez con sentimiento», recriminó a Dámaso Alonso y a «su tribu» su apropiación de Lorca, un poeta de quien «nada suyo [de Dámaso Alonso] fuiste o quisiste ser mientras vivías»[63]. En este sentido, cabe recordar que en su *Antología de la poesía española contemporánea* (1941), Juan José Domenchina calificaba al numen poético de Cernuda como de «anómalo», y sostenía que no tenía lugar en el «área normal de la poesía»[64]. Por muy sesgado que sea el juicio de Domenchina, publicado durante la posguerra, irónicamente capta mejor algunas de las características fundamentales de la poesía cernudiana (su «contrariado sentir», su difícil sintaxis) que la lectura domesticada que de ella se hace en la democracia: en efecto, no es faltar a la verdad decir que Cernuda estaba *fuera de lugar* en lo que el franquismo consideraba el espacio de la normalidad poética y social española.

Este tipo de apropiación indebida, por así decirlo, del sentido de pertenencia a lo español, no es exclusiva de gobiernos de derecha, aunque se acentúa bajo ellos. La izquierda tiene otras muy similares y no menos criticables, y ha participado en la misma medida de esa visión culturalista de la nación, así como de la necesidad de mantener el nexo entre el estado y la tradición «de la que se erige como garante»[65]. De hecho, como ha demostrado Negró Acedo, la cele-

---

[62] La reticencia de los estudios críticos cernudianos a considerar el impacto de la homosexualidad del poeta en el desarraigo que explora su discurso poético ha sido estudiada por Enrique Álvarez en *Dentro/fuera*.

[63] Agradezco a Jonathan Mayhew que me recordara esta oportuna referencia.

[64] Tomo la referencia al comentario de Domenchina del artículo de García Montero, «Los rencores de Luis Cernuda», *Revista de Occidente* 254-255 (2002), pp. 19-38.

[65] Jorge Luis Marzo y Tere Badia, *El D_Efecte Barroc. Polítiques de la Imatge Hispana,* Barcelona, Centre de Cultura Contemporània de Barcelona y Direcció de Comunicació de la Diputació de Barcelona, 2010, p. 62.

bración «despolitizada» de los poetas de la generación del 27 empezó ya a finales de los setenta en el diario *El País,* en cuyas páginas de cultura se celebraban como hito estético comparable al de «nuestro Siglo de Oro», y también como símbolo de lazos de amistad situados por encima de los avatares de la política[66]. Por ejemplo, la inclusión de un artículo de Rafael Alberti en 1976 (antes, por tanto, de la legalización del Partido Comunista) se justifica por parte del equipo editorial porque sin esa voz «bien puede decirse que todavía un trozo de España rota permanece perdido»; *El País,* en su deseo de practicar sin prejuicios ni fobias el «liberalismo de la cultura», decide incluir a un autor estandarte del marxismo entre sus colaboradores[67]. Como demuestran los numerosos artículos publicados en este y otros medios en torno a los muy diversos integrantes de este grupo de poetas, lo que se preconizaba no era el entendimiento profundo de las razones por las que partes vitales de la cultura española habían quedado rotas y perdidas fuera del espacio nacional, sino la necesaria superación de tal circunstancia. La insistencia en el reconocimiento público, no ya de responsabilidades por parte de los que habían tenido las riendas del país, sino simplemente del hecho de que las memorias de distintas partes de la ciudadanía eran difícilmente equiparables, puesto que unas habían tenido cuatro décadas de legitimidad y asentamiento mientras que otras apenas empezaban a ser exploradas, se consideraba un gesto antidemocrático que fomentaba el rencor político. La misma acusación de fomentar el rencor y dividir a los españoles se seguirá haciendo cada vez que, bien asentada la democracia, distintos grupos defiendan su derecho a discrepar públicamente de las memorias o interpretaciones oficiales, o critiquen las desigualdades económicas y sociales que cada vez se hacen más visibles en áreas como educación o sanidad.

El entendimiento de la cultura como forma de gestionar una memoria única y cohesionada es, en sí mismo, la manifestación de una política oficial de consenso, que caracteriza al estado español democrático pero que coincide plenamente con el llamado momento «pospolítico» o «posdemocrático» en que están inmersas las sociedades occidentales. En el caso español, además, la lectura «apolítica» o «no ideológica» que de ciertos artistas y obras se fomenta

---

[66] Luis Negró Acedo, *El diario El País y la cultura de las elites durante la Transición,* cit., p. 93.

[67] *Ibid.,* p. 88.

125

durante la democracia, no solo no representa un cambio sustancial, sino que en efecto perpetúa una lógica franquista, que también se sirvió del arte «para enmascarar la realidad política y social de la dictadura, que obligaba a los aristas a disociar su obra y su persona de la realidad circundante»[68]. Esa política, articulada desde el final de la dictadura, estaba en pleno funcionamiento para los años ochenta del siglo XX cuando la directora del Centro Nacional de Exposiciones Carmen Giménez sostenía con rotundidad que «hoy afortunadamente, el arte político ya no está de moda, es urgente repensar una política del arte»[69]. Es significativo que una hija de exiliados políticos, nacida en Marruecos y sobre todo gran experta en Picasso, plantee un punto de vista tan rotundo sobre la insignificancia del arte político. La despolitización del arte, entendido como superación de las circunstancias concretas en que se produce; la visión del artista como individuo excepcional y, desde luego, la disociación entre la ideología del artista y su genio «nacional», es precisamente la misma lógica bajo la que el franquismo pudo permitirse reconocer el valor universal de Goya o Picasso o neutralizar la carga crítica de las vanguardias. Todo vale, siempre que se quede en el terreno de la estética, la libertad de expresión, los valores universales y el genio nacional. Esto implica la consagración de lo que Helena Miguélez-Carballeira denomina una «cultura vacía», desprovista de su capacidad para cuestionar, desestabilizar y cambiar el sentido común[70]. También habría que preguntarse cómo es posible que una «política del arte», diseñada desde el estado, no sea, en efecto, política, y más en un país como España donde cada cambio de gobierno trae consigo una renovación forzada de los dirigentes de las instituciones culturales oficiales.

Repasando la amplia lista de todos aquellos que no pudieron sobrevivir al dictador y «volver a casa», Negró Acedo se pregunta: «¿En qué medida, por encima y más allá de una operación simbólica encaminada a recomponer la imagen hecha añicos en 1939, era posible recuperar realmente una cultura desterrada y perseguida durante casi cuarenta años?»[71]. La pregunta es fundamental. La

---

[68] Jorge Luis Marzo y Tere Badia, *El D_Efecte Barroc,* cit., p. 62.

[69] Carmen Giménez, citado en Marzo y Badia, *El D_Efecte Barroc,* cit., p. 64.

[70] Miguélez-Carballeira, *op. cit.*

[71] Luis Negró Acedo, *El diario El País y la cultura de las elites durante la Transición,* cit., p. 96.

operación de recuperación de los excedentes de la cultura nacional española, incluyendo la del destierro, depende de lo que Mari Paz Balibrea denomina el pluralismo del «aquí cabemos todos» que se hace sitio en exilio y reduce su problemática a una cuestión de representación, implicando que una vez lo poco o nada representado se haga presente en un contexto político benigno, la persona o comunidad exiliada habrá vuelto a casa»[72]. La postura de Balibrea, como la de Faber y otros críticos de la cultura del exilio, parte de la base de que no solo a veces el regreso no es posible, sino que incluso cuando lo es, no se puede pretender normalizar la ruptura temporal, geográfica y espiritual que el exilio supuso. Ambos plantean formas de recuperación que mantengan a la cultura del exilio precisamente como un «exterior irredimible». Esto es, la propuesta sería dejar que el gesto de exclusión hable por sí mismo de una historia que fue como fue, y no como querríamos que hubiera sido; una historia que no puede ser borrada con un nuevo gesto de inclusión tardía y limitada, políticamente rentable. Esta premisa no se circunscribe, por supuesto, a la historia literaria, sino que abarca toda la conceptualización normalizada de la cultura española durante la democracia.

Algunos de los ejemplos más claros de las tensiones entre la visión de la cultura como mecanismo de sutura y la resistencia que presenta el cuerpo nacional a la absorción de los puntos que harían desaparecer la huella de la herida, se encuentran en la historia del arte. Uno de tales ejemplos sería, como han demostrado J. L. Marzo y T. Badia, la utilización oficial de la cultura del barroco como marca del mito supranacional de la hispanidad, y por tanto, representante por excelencia de la «marca España» en la democracia (como también lo había sido durante el franquismo). En efecto, con motivo de la exposición *Sepharad* inaugurada en 2003 en Washington, el director general de Relaciones Culturales y Científicas del Ministerio de Asuntos Exteriores establecía una línea de continuidad explícita entre el Barroco, Velázquez y Picasso, por un lado, y los jóvenes artistas españoles a los que consideraba como los protagonistas de un «cuarto viaje» oficial de descubrimiento hacia las Américas, por otro[73]. Marzo también resalta el hecho, cuanto menos curioso, de que la exposición sobre la cultura judía se hiciera en

---

[72] Mari Paz Balibrea, *Tiempo de exilio,* cit., p. 36.
[73] Citado en Marzo y Badia, *El D_Efecte Barroc,* cit., p. 67.

la catedral de Washington y tuviera lugar justo en un momento en que el presidente Aznar buscaba el apoyo de la opinión pública norteamericana y de su gobierno a su gestión. En cualquier caso, la comparación entre Velázquez, que fue pintor de corte de Felipe IV, de quien recibió todo tipo de honores e importantes cargos administrativos, y Picasso, un pintor republicano, comunista y pacifista que murió en el exilio, solo se sostiene en base a una interpretación completamente descontextualizada de las obras de ambos, convertidos en representantes de una especificidad artística hispánica exportable, narrada como una secuencia ininterrumpida de genios individuales. En este mismo contexto, no deja de ser irónico también que sea Picasso el artista que ofreció a la España democrática la imagen más icónica de la recuperación de su normalidad democrática: el regreso del cuadro *Guernica* y su relocalización en el Madrid democrático con gran pompa oficial. Ya en 1982, el artista Antonio Saura publicaba su autodenominado libelo *Contra el Guernica*[74], donde exponía, con gran carga afectiva y provocadora, su posición opuesta a la memorialización en clave amable de una obra que, como ha analizado A. Gómez López-Quiñones, se hizo con el propósito de suscitar un debate sobre el pasado, y no de suturar las posibles disensiones en torno a este[75]. La carga semántica específica del cuadro (el enfrentamiento fratricida, la denuncia del bombardeo de la población civil de un pequeño pueblo vasco y la connivencia del régimen franquista con el Tercer Reich) se diluye por tanto en un simbolismo generalizado de concordia y reconciliación, al cual hay que sumarse para no ser considerado «recalcitrante»[76]. Asimismo, hay que tener bien presente que la dimensión revolucionaria y renovadora del *Guernica* no reside solo en su mensaje, sino en su propia estética vanguardista, que no fue bien comprendida tampoco en su momento por la izquierda, que consideró el cuadro poco inteligible para la mayoría y, por tanto, para el propósito propagandístico que se le quería dar.

Aunque los discursos oficiales de la Transición quisieran suavizar el explícito mensaje del *Guernica,* es evidente que no podían neutra-

---

[74] «Contra el Guernica/Libelo» fue publicado inicialmente en 1981. Ha sido reeditado en 2009.

[75] Antonio Gómez López-Quiñones, «Ese arte superior: el *Guernica* según Antonio Saura y el recuerdo de la Guerra Civil», *Confluencia* 20/2 (2005), p. 175.

[76] *Ibid.,* p. 178.

lizarlo del todo. La propia retórica de la prensa de la época, refiriéndose al regreso del «último exiliado» según el *ABC*, es engañosa: el *Guernica llegaba* a España, no *volvía*, puesto que se pintó durante la Guerra Civil en Francia. Y volvió siendo Calvo Sotelo presidente del gobierno, rodeado por un enorme despliegue de las fuerzas de seguridad del estado, que incluían a varios expertos en terrorismo (tanto de derechas como de izquierdas) y a la Guardia Civil. Quizá una de las imágenes más significativas de la fragilidad de la reconciliación que la llegada del cuadro simbolizaba es la imagen que muestra al *Guernica* custodiado y protegido por un cristal antibalas, que se mantuvo durante más de una década, y por la Guardia Civil, el mismo cuerpo que por cierto había originado un intento de golpe de estado unos meses antes (figuras 2.1., 2.2., 2.3. y 2.4.) Como apunta Juan Carlos Monedero, ese cristal protector que se erige entre el símbolo de la España antifranquista y el público al que supuestamente se dirige la pintura se constituye en metáfora de la cultura del consenso, siempre tutelada por el estado, expresión de una democracia a la que se mira desde un escaparate[77].

El libelo de Saura contra el *Guernica* plantea, como sostiene Gómez López-Quiñones, la importancia de no convertir el arte en un mecanismo de catarsis liberadora o de refugio contra la incertidumbre[78]. Esta postura coincide con la de numerosos artistas y críticos, los cuales consideran que en lugar de normalizar retrospectivamente lo que en un determinado momento constituyó un excedente de lo español, y hacerlo encajar *a posteriori* en el cuerpo nacional, se debe estudiar ese excedente en un marco conceptual que permita admitir «lo español como el concepto escindido, lastrado e ideológico que es»[79]. Esto es, el estudio de la producción cultural nacional debería poder reconocer las tensiones que han marcado las distintas ideas hegemónicas sobre esa idea nacional y su representatividad. Se trataría entonces no de intentar suturar con hilo absorbible para pretender que el cuerpo nacional aparezca entero y sin cicatrices, sino de respetar la existencia de las marcas del desgarro, como ya propusieron críticas como T. Vilarós y

---

[77] Juan Carlos Monedero, *La Transición contada a nuestros padres. Nocturno de la democracia española,* Madrid, Los Libros de la Catarata, 2011, p. 204.

[78] Antonio Gómez López-Quiñones, «Ese arte superior: el *Guernica* según Antonio Saura y el recuerdo de la Guerra Civil», cit., p. 184.

[79] Sebastiaan Faber, *Exile and Cultural Hegemony,* cit., p. 14.

FIGURA 2.1.   FIGURA 2.2.

FIGURA 2.3.   FIGURA 2.4.

El *Guernica* protegido por un cristal antibalas y custodiado por la Guardia Civil, de vuelta en España.

C. Moreiras[80]. No se trata tanto, como sugiere Alberto Medina en el contexto español, de suscribir una «ética masoquista de la memoria» que otorga a la herida un carácter fundacional de cualquier identidad comunitaria, una postura cuyos peligros ha denunciado Wendy Brown[81]. Reconocer la herida no es lo mismo que darle una importancia fundamental ni tampoco se constituye necesariamente en ética masoquista. Pero en cualquier caso ese reconocimiento es

---

[80] Esta premisa la han sostenido explícitamente también otras críticas, como Teresa Vilarós («Los monos del desencanto español», *MLN* 109/2 [1994], pp. 217-235) y Cristina Moreiras Menor (*Cultura herida: literatura y cine en la España democrática,* Madrid, Ediciones Libertarias, 2002).

[81] Wendy Brown, *States of Injury,* Princeton, Princeton University Press, 1995.

de imposible aceptación por aquellos para quienes la única narrativa identitaria española válida es la triunfalista y homogénea, con sus distintos componentes debidamente jerarquizados en torno a sus representaciones «por antonomasia»; aquellos empeñados en borrar los conflictos, tensiones y excedentes que han marcado la españolidad, para reivindicar «un patriotismo sin complejos», una expresión muy del gusto de la derecha española.

ANOREXIA PATRIÓTICA

En época anterior a su actual cargo como Ministro de Educación, Cultura y Deporte, José Ignacio Wert escribió un artículo, que tuvo bastante eco en los medios, en el que criticaba la *cojera* de la cultura cívica democrática española. Abundando en la metáfora de la Nación como cuerpo, Wert también señalaba que el déficit del orgullo identitario de España constituía una especie de «anorexia patriótica». Tal condición deficiente del cuerpo nacional se debía, en su opinión, a dos factores: por un lado, al temor de ver confundido el patriotismo democrático con el «patrioterismo» excluyente que alentaba el franquismo; por otro lado, a la competencia que planteaban las lealtades identitarias «de ámbito más reducido»[82]. La solución implicaba la normalización de la expresión de unos valores que según él la gente reprime «en la superficie» a pesar de compartir «en el fondo». Esto supondría un proyecto patriótico «en el que nos podemos reconocer confortablemente gentes de ideología y visiones de la existencia muy dispares. Un proyecto articulable con otros más limitados y con otros más anchos, es decir, a la vez incluyente y cosmopolita»[83]. El planteamiento, teóricamente interesante, presenta, sin embargo, claros problemas. Si se echa una mirada somera al tipo de construcción hegemónica de *lo español* que se ha hecho históricamente (y se sigue haciendo) desde ámbitos políticos afines al de Wert, lo que se encuentra es todo menos cosmopolitismo, amplitud de miras y tolerancia

---

[82] Curiosamente, ese tipo de metáfora se encuentra también en la cultura de la normalización catalana, que oscila entre su consideración como cuerpo monstruoso, mutilado, canceroso o de apetitos descontrolados, o la de un cuerpo armónico, proporcionado, disciplinado y ágil. Véase Josep-Anton Fernàndez, *El malestar en la cultura catalana,* Barcelona, Editorial Empúries, 2008.

[83] José Ignacio Wert, «Anorexia patriótica», *elpais.com, edición impresa,* 21 de marzo de 2001.

FUNDACIÓN
————DENAES————
PARA LA DEFENSA
DE LA NACIÓN
ESPAÑOLA

FIGURA 2.5. Imagen de la fundación DENAES.

ideológica. Antes al contrario, incluso hoy en día el patriotismo hegemónico se construye en relación a la amenaza constante por parte de todo lo que no encaja en esa idea cierta de *lo español,* lo que pone en cuestión los símbolos y las prácticas que se consideran comunes e incuestionables. Se encuentra también una retórica agresiva, contundente, e incluso con un toque que podríamos denominar paranoico, como se aprecia en el argumento que presenta la Fundación DE-NAES para la defensa de la nación española: «La nación española está sometida a diversos tipos de amenazas que acechan su existencia y su esencia como comunidad histórica. Amenazas que se manifiestan constantemente, como el nacionalismo fraccionario y el secesionismo y que no podemos ignorar como ciudadanos españoles, si es que no queremos que la nación española se encuentre en peligro»[84]. Algunas de las múltiples amenazas que acechan no ya la existencia, sino incluso la propia esencia de la nación española se encuentran materializadas en la sección temática y también en la bibliográfica del sitio en la red de la fundación: la mayor parte de los libros recomendados son denuncias de la perversidad del nacionalismo vasco o catalán, o defensas acendradas de la nación española en peligro, con consecuentes

---

[84] «Actualidad», Fundación DENAES para la defensa de la Nación Española, Fundación DENAES, 20 de julio de 2012 [www.nacionespañola.org].

llamadas a favor de un patriotismo de perfiles excluyentes. No menos aclaratoria es la imagen que simboliza la asociación: un árbol cuyo sólido tronco (lo fundamental) tiene los colores de la bandera española, mientras que las ramas (que en caso de necesidad, son susceptibles de poda) llevan los colores de las distintas autonomías (figura 2.5.).

En una línea muy similar se sitúa la ya famosa FAES (Fundación para el Análisis y los Estudios Sociales), presidida por José M. Aznar y vinculada al Partido Popular desde su creación en 1989. Uno de los objetivos de la fundación era, precisamente, generar ideas sobre «temas importantes», muchos de los cuales están relacionados con la unidad de España y la defensa de su integridad territorial y cultural. Pero, en realidad, no se quieren generar solo ideas en general, sino «buenas» ideas que coinciden por supuesto con las premisas ideológicas de la fundación: hay buenas ideas sobre los temas que se consideran «nuestros» que incluyen, por supuesto, el terrorismo. Y la lista de buenas ideas sobre el terrorismo lleva a una serie de artículos, el primero de los cuales está firmado precisamente por José I. Wert.

Por si acaso lo que se entiende desde la derecha española por tolerancia ideológica no quedara claro, se podría considerar el temario de la polémica asignatura de Educación Cívica y Constitucional (antes Educación para la Ciudadanía) propuesto por el gobierno del Partido Popular. Después de tanta crítica a la «ideología» de la versión anterior, la nueva niega la conflictividad social, y las desigualdades que tienen que ver con la distribución desigual de la riqueza. También se eliminan del temario la discriminación laboral de la mujer y la homofobia. Pero se introducen, en cambio, reflexiones sobre las grandes amenazas que representan el terrorismo, el fanatismo religioso (que nunca es el católico), los estados fallidos y los nacionalismos excluyentes (que nunca son los estatales). Descartados quedan también, sin embargo, el diálogo como fórmula de resolución de conflictos, la cultura de la paz o la empatía, todas ellas cualidades que presumiblemente contribuirían a ayudar a construir ese proyecto patriótico amplio y tolerante que Wert anhelaba antes de formar parte del gobierno.

Volviendo a la propuesta de Wert de un patriotismo bien alimentado y no anoréxico, se plantea otro problema, de orden lógico, al argüir que ese nuevo patriotismo no haría más que «normalizar la expresión de unos valores y unas actitudes que la gente comparte en el fondo y reprime en la superficie». Este convencimiento de que la gente «en el fondo» tiene valores similares recuerda la anécdota mencionada en el primer capítulo, en que Rodríguez Zapatero le insistía a Carod Rovira que él, *en el fondo,* era un patriota español, algo que el político catalán rechazaba de plano. Pero entonces, si la gente «en el fondo» comparte los mismos valores, ¿por qué existe esa anorexia patriótica que da título al artículo de Wert? ¿Solo por presión social externa o por una reacción meramente superficial? A lo mejor el problema debe enfocarse desde otro lado, ahondando en la metáfora de la anorexia. Los estudios más recientes enfatizan el importante factor psicológico de dicha enfermedad, que se da con mucha más frecuencia en individuos (generalmente mujeres) que sienten que carecen de control sobre áreas importantes de su vida. Rehusar la comida es una manera de establecer una zona de no injerencia donde las decisiones las toma la persona y no fuerzas exteriores a ella. Si el cuerpo nacional español es anoréxico, cabe pensar que es porque la gente se niega en efecto a digerir la alta dosis de calorías patrióticas que se presumen necesarias para su buen funcionamiento y la fortaleza de su columna vertebral. Y eso precisamente por lo mismo que Wert niega: porque hay ciudadanos que no quieren engordar el cuerpo nacional tal como se les presenta; porque existen, en el fondo, valores y sensibilidades sociales diferentes que determinan cuál es la dosis mínima o excesiva de patriotismo español (o de cualquier tipo) que se puede tolerar. Lo que para unos funciona por defecto, constituyendo una prueba de anorexia nacional, para otros funciona por exceso, y, forzados a tragar, desarrollan una poco saludable bulimia. Es interesante en este sentido que una de las frases más frecuentemente utilizadas en foros que denuncian los peligros nacionalistas, atribuida a Fernando Savater, incida en esa visión del exceso inherente al nacionalismo con otra metáfora relacionada con la zona abdominal:

> El nacionalismo en general es imbecilizador, aunque los hay leves y graves, los del forofo del alirón y el que se pone el cuchillo en la boca para matar. Hay gente sin conocimientos históricos, el nacionalismo atonta y algunos son virulentos. Afortunadamente, en Cataluña la situación es diferente a la del País Vasco, aunque esa minoría es una alarma que nos dice que algo hay que hacer. El nacionalismo es una inflamación de la nación igual que la apendicitis es una inflamación del apéndice[85].

---

[85] «Fernando Savater, Claudio Magris y Javier Arcenillas, premios Cavia, Luca de Tena y Mingote», *ABC.es,* 11 de junio de 2012.

El comentario se hizo, por supuesto, antes de 2012 y, por tanto, antes del giro que ha hecho Cataluña, y la voluntad soberanista de una parte mayoritaria de su electorado, que se ha convertido en el gran problema del estado español, en apariencia, mayor que el paro, la economía, los malos resultados en educación y la corrupción. Aunque la frase de Savater aludía al nacionalismo en general (esto es, teóricamente incluiría al de los estados también), es bien sabido por sus escritos que sus críticas más duras se reservan para el vasco en particular. En cualquier caso, lo que habría que determinar es quién o qué determina el grado de nacionalismo que es tolerable y el que es intolerable, cómo se define lo leve y lo grave, porque los estados también matan, aunque sea por métodos más indirectos que el cuchillo en la boca. Y si el nacionalismo es equivalente a una apendicitis, entonces la única solución sería, igual que lo es en medicina, la extirpación del órgano que causa el problema, esto es, la nación. Pero no parece que esa sea la solución que tiene presente Savater, que participó en la creación de un nuevo partido definido por su «transversalidad» (Unión, Progreso y Democracia), que sin embargo apela a la unidad nacional e incuestionable del patriotismo constitucional español. Se ve que para el filósofo vasco, como para muchos intelectuales afines, el nacionalismo español no ha sufrido nunca de molestas inflamaciones, si no que, por el contrario, se ha caracterizado por un encomiable equilibrio y un talante moderado y conciliador.

El problema fundamental para asumir el patriotismo sin complejos y bien alimentado al que apelan muchos políticos es que la identidad española hegemónica, tanto cultural como política, se ha definido históricamente en base a criterios que es muy difícil poder calificar como de incluyentes o cosmopolitas, antes al contrario, se anclaban firmemente en lo opuesto. Puestos a hablar del patriotismo en relación al buen funcionamiento del aparato digestivo, no hay que olvidar que la Falange copió del fascismo italiano la práctica de purgar a la fuerza a sus enemigos. Esa costumbre fue continuada durante la posguerra por parte del bando vencedor, cuyas purgas con aceite de ricino y guindillas estaban destinadas a eliminar de los cuerpos patrios los innumerables elementos tóxicos que amenazaban su salud, incluyendo el comunismo, el socialismo, el separatismo, el laicismo y en general, cualquier disidencia que atentara contra la definición de salud patriótica del estado. Los intentos de (re) definición de lo que es, debe ser o puede ser «lo español» desde una perspectiva que no impusiera una dieta obligatoria saturada de patriotismo excluyente han sido consistentemente reprimidos, en general con los mecanismos del estado. No se puede negar tampoco que la lista de grandes artistas del pasado que hoy representan dentro y fuera del país «la marca España» estén llenas de exiliados, de perseguidos y represaliados políticos, de procesados por la Inquisición, de censurados, de acusados de traición a la patria: en suma, de españoles con el corazón helado por una idea fija de España en la que no cabían otras. No se trata, entonces, de que los españoles sientan complejo de serlo, sino de un rechazo consciente o inconsciente a una dieta patriótica tan alta en calorías, que hincha el cuerpo nacional de una forma que le quita su capacidad funcional y su flexibilidad, su posibilidad de adaptación y movilidad.

Para los que arguyen que todo eso fue un periodo puntual ya superado, hay que recordar que el autoritarismo político no es la excepción en la historia de España, sino la norma, una norma a la que por cierto parecemos estar volviendo a pasos agigantados. En cualquier caso, la Transición transformó la estructura del estado, pero no necesariamente las estructuras más profundas del imaginario cultural nacional. El artista J. L. Marzo, entre muchos otros, denunciaba precisamente que después de la dictadura y más allá de la superficie, la narrativa nacional española seguía siendo la misma, porque «el relato estaba demasiado asentado, demasiado interiorizado, profundamente empotrado en mentes y dinámicas»[86]. Como ya he dicho, esa narrativa nacional no es en absoluto privativa de la derecha española, si bien son sus representantes los que defienden su versión más esencialista y excluyente. El mismo Marzo reconoce en ese sentido que en el terreno cultural:

La política emprendida por el Partido Socialista durante los años ochenta reprodujo la honda percepción de las capas más influyentes de la sociedad española de que la cultura debe venir inspirada por el estado, por un lado, garante de la inequívoca tradición del arte español y, por el otro, paladín de la modernidad de las propuestas artísticas nacionales en la palestra internacional[87].

---

[86] Jorge Luis Marzo, *La Memoria Administrada,* cit., 364. Agradezco a Fernando Herrero Matoses sus comentarios sobre las posiciones de Marzo, en particular la tesis del artista de cómo el Barroco ha sido «apropiado» por la cultura del poder español, que lo ha convertido en su «brazo incorruptible» e incuestionable.

[87] Jorge Luis Marzo y Tere Badia, «Las políticas culturales en el estado español (1985-2005)», pp. 4-5.

De ahí el dilema presente en el discurso político del PSOE en relación a su concepción de la España plural. En su programa electoral de 2008 y en particular en el apartado titulado «La España plural: cohesionar desde la diversidad», se percibe con nitidez la contradicción básica de un proyecto que quería contentar a tirios y troyanos. Aunque un análisis detallado del documento excede los propósitos del presente estudio, hay que destacar la constante apelación a una ciudadanía diversa que se sienta representada por el estado, con la no menos constante reiteración de que es el estado el que garantiza la gestión del interés común:

> Nuestro gobierno autonómico y constitucional reserva al gobierno de España la gestión del interés general, de la solidaridad interterritorial y el mantenimiento de la igualdad de derechos de todos los ciudadanos. Una España fuerte es la que permite reconocer las diversas identidades de sus ciudadanos y de sus pueblos, las hace compatibles y no conflictivas entre sí, y asegura que la idea de lo común que funda nuestra convivencia no sea atribuida como patrimonio privativo de nadie[88].

Como es evidente, hay una contradicción lógica entre un proyecto de ciudadanía, voluntario, y que por tanto debería surgir de la ciudadanía misma, y la idea de que sea únicamente el estado el encargado de gestionar esa solidaridad interterritorial en sus aspectos prácticos y legales. Asimismo, la idea de que una España fuerte puede hacer que las identidades diversas de los ciudadanos del estado español no sean «conflictivas entre sí», ignora no solo la historia de las relaciones entre el gobierno central y las periferias (desde al menos el siglo XVIII), sino simplemente la realidad cotidiana de España, evidente con la lectura de cualquier periódico, del signo político que sea. Ya en plena campaña electoral en el año 2011, era evidente que el propio PSOE quiso desmarcarse de su proyecto de reconocimiento de la singularidad, para reconocer la importancia de plantear un proyecto político «vertebrador». De hecho, la culpa de su enorme batacazo electoral se echó precisamente a la incapacidad de haber creado dicho proyecto, en lugar de sopesarse cómo sus políticas económicas y sociales lo habían alienado de su propio electorado.

---

[88] PSOE, «Programa electoral 2008», *PSOE,* 11 de febrero de 2008, p. 265.

Como ya analicé en el primer capítulo, la idea de lo que constituye «lo común» en una democracia inevitablemente incluye intereses potencialmente incompatibles, lo cual no significa que ese antagonismo no pueda ser negociado. La idea de asumir un sentido común de lo español admisible en una medida justa y cabal, que no deje a nadie con hambre ni se le atragante a nadie, y que además tenga dimensión universal, se logra únicamente en el terreno de la fantasía de la nación normal. Como apunta Pedrós-Gascón, ese patriotismo liberal es utópico en el sentido lacaniano, pues plantea lo que Žižek califica como de universalidad sin su síntoma, sin el punto de excepción que funciona como su negación interna[89]. Y su negación interna son esas 17 «metástasis» que según un destacado político se han enroscado en el cuerpo de la nación, degradando sus órganos vitales y destruyendo su funcionalidad a base de fragmentación. Una vez más, por tanto, la metáfora finisecular de la nación como cuerpo enfermo se relaciona con el cáncer de la desunión: solo la quimioterapia de la homogeneidad podría conseguir la superación de «diferencias culturales» y la promoción de «valores universales», y así devolver la salud al organismo, libre de patologías[90].

HETERODOXIAS NORMALIZADAS

La constante necesidad de repetición de la existencia incuestionable de un sentido común, *en el fondo;* la negativa a aceptar que «nuestras buenas ideas» sobre un cierto tema no sean tan incuestionables para otros, otorga a la defensa de ese patriotismo español un tono fuertemente dogmático, en su doble sentido tanto de perteneciente a principios doctrinales de la religión como de «inflexible». Y es interesante constatar la frecuencia con que las versiones alternativas a las narrativas oficiales (historiográficas o literarias) se califican, todavía hoy, de «heterodoxas», término que en su uso frecuente trasciende desde luego su contexto de origen. Me parece, además,

---

[89] Antonio Francisco Pedrós-Gascón, «Héroes para un nuevo 98 (acerca de la invisibilidad ideológica en la novela española reciente)», cit., p. 15.

[90] La metáfora corresponde a Alejo Vidal-Quadras, en unos comentarios recogidos por *Libertad Digital* en «Vidal Quadras: España está formada por diecisiete "metástasis"», *libertaddigital.com,* 22 de septiembre de 2012. No es, desde luego, el único en emplearla.

representativo el uso contemporáneo del término «heterodoxo» porque en otros entornos culturales y lingüísticos (en francés o en inglés, por ejemplo) las desviaciones del canon oficial literario se suelen calificar con otros adjetivos: «alternativo» (quizá el más frecuente), «marginal» o incluso «periférico», por ejemplo. En ese sentido, y antes de seguir adelante, me parece pertinente comentar el sentido literal y simbólico que tiene el uso de los términos ortodoxia/heterodoxia en el contexto específico de la cultura española.

Como es sabido, el vocablo *heterodoxia,* derivado del griego *heterodoxos,* significa literalmente «de otra opinión». En el contexto español, aparece (así como su antónimo *ortodoxia*) en el *Diccionario de la lengua castellana* de la Real Academia Española de 1884 con una primera acepción de «Disconformidad con el dogma católico» y por extensión «disconformidad con la doctrina fundamentalista de cualquier secta o sistema». Curiosamente, cuando se menciona el contexto posible para el uso del término, el primer ejemplo está precisamente relacionado con el campo semántico de la cultura: «La heterodoxia de un escritor, de una opinión o doctrina»[91]. Esto es, ya para el siglo XIX la diferencia de opinión «en general» queda circunscrita a la doctrina católica «en particular»: es sinónimo de herejía, y pasa así a ser el factor determinante de la pertenencia de un escritor a la norma cultural del país. El significado de la palabra no varía en posteriores ediciones del diccionario. Tiene que pasar más de un siglo para que en 1984, ya en el periodo democrático, se amplíe la referencia a la disconformidad y el primer significado pase a ser «Disconformidad con el dogma de una religión. Entre católicos, disconformidad con el dogma católico». Asimismo, por primera vez se deslinda el uso del término de su contexto religioso para interpretarse como «disconformidad con doctrinas o prácticas generalmente admitidas»[92]. En la vigésima segunda edición del *Diccionario* (2001) se elimina la referencia específica al catolicismo para enfatizarse la desviación del dogma religioso, en abstracto, como primer significado. Los ejemplos que se dan del uso del término inciden, de nuevo, en contextos relacionados con lo literario («escritores heterodoxos»). Y al notarse el posible uso de la

---

[91] «Heterodoxia», en *Diccionario de la lengua castellana. Real Academia Española,* 12.ª ed., Madrid, D. Gregorio Hernando, 1884 [archive.org.].

[92] «Heterodoxia», en *Diccionario de la lengua española. Real Academia Española,* 20.ª ed., Madrid, Espasa-Calpe, 1984.

palabra como sustantivo, la referencia es, precisamente, a los «heterodoxos españoles». Como contraste, cabe señalar que en francés el uso habitual del término *heterodoxo* se suele limitar al terreno de lo religioso, como es el caso en inglés, si bien en ambas lenguas admiten el uso por extensión del término como sinónimo de «disidente».

La alusión a los heterodoxos españoles del *Diccionario*, y la importancia del término en relación al imaginario cultural español, no puede desligarse, naturalmente, de la figura imponente de Marcelino Menéndez Pelayo y de su monumental *Historia de los heterodoxos españoles* publicada entre 1880 y 1882, esto es, poco antes de las fechas en que el término fuera sancionado oficialmente por la Real Academia Española. El trabajo de Menéndez Pelayo se plantea como «una historia peculiar y contradictoria dentro de la historia de España; es, por decirlo así, la historia de España *vuelta del revés*»[93]. El énfasis en «el revés» de la historia española es significativo, porque marca precisamente el hilo invisible que da unidad de contenido de los volúmenes, lo que sería la historia española «del derecho»: la identificación de lo español con la ortodoxia católica y la localización del cenit de su especificidad histórica en los Siglos de Oro. No hace falta recordar que el ilustre polígrafo es asimismo una de las figuras señeras de la filología hispánica y que fue director tanto de la Biblioteca Nacional como de la Real Academia de la Historia, así como miembro de la Real Academia de la Lengua. Es bien conocida la interpretación de Menéndez Pelayo de la decadencia española como consecuencia de la pérdida de especificidad cultural que el país sufrió cuando a partir del siglo XVIII se abrió a corrientes de pensamiento que contradecían su ser esencial como «evangelizadora de la mitad del orbe» y «martillo de herejes». La perviencia tanto de la tesis en sí de Menéndez Pelayo como de la retórica en que se expresa no sería tanta de no relacionarse con el uso que de ambas hizo el régimen franquista. En efecto, desde el inicio de la Guerra Civil, las palabras de Menéndez Pelayo fueron utilizadas por el aparato de propaganda del lado golpista y sus *Obras completas* fueron editadas por el primer gobierno de los vencedores, que previamente había expropiado los derechos de autor a las editoriales que los conservaban. El propio Franco demostró su

---

[93] Marcelino Menéndez Pelayo, *Historia de los heterodoxos españoles,* Madrid, CSIC, 1992, p. 45, énfasis mío.

apreciación por don Marcelino (y quizá también por las reliquias) asistiendo a la ceremonia de traslado de sus restos a su Santander nativo, ocasión que fue ampulosamente glosada por el escritor afín al régimen José M. Pemán.

En cualquier caso, no es mi intención sostener que la posición de Menéndez Pelayo sobre la ortodoxia cultural española no haya sido suficientemente cuestionada. Tampoco deja de ser cierto que la burda politización de su obra durante el franquismo, o el enfoque exclusivo en su acendrado catolicismo, no refleja la evolución del autor, ni la matización o corrección que él mismo haría de algunas de sus posiciones; ni su lúcida insistencia en que la literatura no es patrimonio de un estado, ni su convicción de que la realidad literaria peninsular no se circunscribía a lo escrito en castellano. Como reconoce Domínguez Michael en un excelente artículo, escrito con motivo de una serie de recientes publicaciones sobre el erudito, Juan Valera tenía razón al apreciar que, al fin y al cabo, el guardián de la ortodoxia no dejó de ser, él mismo, un heterodoxo en el panorama cultural nacional[94]. Lo que sí quiero subrayar, como es por otro lado ampliamente reconocido, es que, si el nacionalismo español más reaccionario pudo utilizar con tanto provecho la obra del crítico, es precisamente porque la articulación de este último de la realidad esencial española en términos de ortodoxia/heterodoxia, así como su énfasis en identificar la anti-España como patología *interna* (bien contagiada por perniciosas influencias extranjeras), da exactamente con la fórmula doctrinal que requería dicho nacionalismo, durante y después del siglo XIX[95].

Si entendemos la *doxa* como lo hace Bourdieu, en el sentido de aquello que marca el universo del discurso posible, los valores subconscientes que no necesitan demostrarse porque se aceptan como referentes evidentes[96], la *doxa* del nacionalismo español hegemónico se encuentra en la definición de la cultura nacional en relación a un tipo de pensamiento dogmático que desnacionaliza la diferencia y la disidencia. Así lo entendía el filósofo Eduardo Nicol al explicar que España carecía de sentido de comunidad porque no toleraba la dis-

---

[94] Christopher Domínguez Michael, «¿Maldito sea el martillo de herejes?», *Letras Libres,* julio de 2012, pp. 50-55.

[95] Un argumento similar respecto a la influencia de Pelayo en el hispanismo, así como a lo que constituye la *doxa* de la disciplina, se encuentra bien desarrollado en el libro de J. R. Resina, *Del Hispanismo a los estudios Ibéricos.*

[96] Desarrollado en Pierre Bourdieu, *Outline of a Theory of Practice.*

crepancia: «todos queremos ser diferentes, nos repugna lo común, pero a la vez nos repugna la diferencia ajena»[97]. El hecho de que incluso en época contemporánea las desviaciones de la norma se califiquen de «heterodoxias»[98], dándole al término una valencia positiva, es en sí mismo indicativo de que no se ha renovado el paradigma epistémico del campo de análisis[99], puesto que el concepto de heterodoxia solo tiene sentido en relación a una historia oficial todavía hegemónica. No es casualidad, por tanto, que un escritor localizado siempre en espacio de la disidencia como Juan Goytisolo desarrollara en sus ensayos una visión que hace hincapié, precisamente, en los heterodoxos y excéntricos que la historia oficial confinó fuera de los límites de la concepción patrimonial de la cultura o que «asimiló» a ella, ocultando o desvirtuando convenientemente sus disidencias. Y no es casualidad tampoco que en los numerosos homenajes que se le hacen, Goytisolo mismo siempre sea loado como representante de una España heterodoxa[100]. En última instancia, como bien observó Blanco White, uno de los heterodoxos más fustigado por Menéndez Pelayo y admirado por Goytisolo, «desde que es [la ortodoxia] el vínculo que une bajo su guía vastas corporaciones humanas y la heterodoxia o herejía suscita agrupaciones contrapuestas bajo gobernantes que se convierten así en rivales peligrosos de los ortodoxos, dichos principios de unión y oposición actúan necesariamente como patriotismos rivales y opuestos»[101].

A lo que Blanco White se refiere es a lo que podríamos denominar la lógica de la doxología, que alimenta esos «patriotismos rivales y opuestos» que, entendidos en sentido amplio, marcan de forma tan evidente, y sin duda trágica, la historia española, donde, a diferencia de otros países, el enemigo que el nacionalismo del estado tenía que desplazar ha sido, a menudo, interno. El hecho de que

---

[97] Eduardo Nicol, «Conciencia de España», cit., p. 217. Citado en Mari Paz Balibrea, *Tiempo de exilio,* p. 134.

[98] En 2010, había solo dos sesiones de Modern Language Association Convention (que incluye una amplia selección de lenguas modernas) en Estados Unidos que incluyeran el término «heterodoxia» en su título, y las dos eran de literatura española.

[99] Joan Ramon Resina, *Del hispanismo a los estudios ibéricos,* cit., p. 27.

[100] De los muchos ejemplos que se podrían citar, véanse los comentarios del jurado cuando se le concedió el Premio Juan Rulfo 2004 en Cabezas, «Juan Goytisolo. Premio Juan Rulfo 2004», *La Prensa Literaria,* 7 de agosto de 2004.

[101] José María Blanco White, *Obra inglesa de Blanco White,* trad. de Juan Goytisolo, Madrid, Alfaguara, 1999, p. 267.

esos patriotismos no pudieran articularse en modelos rivales, pero posibles, de entendimiento de la realidad nacional, pone sobre el tapete la relación de continuidad entre las certezas de la ortodoxia religiosa y su transformación en el sentido común cultural que implica la idea de cultura nacional, algo de lo que España es un ejemplo claro, pero no exclusivo. No deja de ser interesante que el crítico John Guillory, en su fundamental estudio sobre la formación del canon literario y el capital cultural, se apoyara en la dicotomía ortodoxia/heterodoxia para desarrollar parte de su argumento a favor de un acercamiento a la literatura que fomentara discursivamente las tensiones y las luchas por el derecho a la diferencia[102]. Porque si algo apuntala la fantasía de ortodoxia que sostiene la normalidad nacional española es, precisamente, esa tensión entre la norma y la desviación, entre la supresión de la diferencia y el hecho de que esa diferencia sea precisamente lo que sostiene, por oposición, el edificio de la identidad colectiva («lo que no somos» marcando las fronteras de lo que somos). Sin embargo, algo que el hispanismo no ha hecho de forma sistemática es precisamente lo que Guillory propone: fomentar un discurso crítico que estudie seriamente las tensiones y fisuras que las apelaciones a la universalidad ortodoxa, o incluso a resistencias heterodoxas, desplazan o anulan. No me refiero a que no haya excelentes estudios de autores específicos o sobre temas concretos, que sin duda los hay. A lo que me refiero es a que, en términos generales, la disciplina misma, en su conjunto, sigue manteniendo unos paradigmas interpretativos fundamentados en la idea de una «normalidad cultural», nunca exactamente definida, que la anomalía del franquismo habría truncado. Una muestra reciente de esa posición, por lo demás generalizada, la constituye el libro del conocido crítico S. Sanz Villanueva, significativamente titulado *La novela española bajo el franquismo. Itinerarios de la anormalidad*. La tesis del autor es que con la Guerra Civil de 1936 «se truncó la normal evolución de la vida española y se instauró un largo periodo de anormalidades varias, sociales, políticas y culturales»[103]. En su opinión, las cuatro décadas siguientes fueron, en esencia, un largo y zigzagueante camino hacia la «conquista de la normalidad, también

---

[102] John Guillory, *Cultural Capital: The Problem of Literary Canon Formation,* Chicago, The University of Chicago Press, 1995, p. 172.

[103] Santos Sanz Villanueva, *La novela española durante el franquismo. Itinerarios de la anormalidad,* Madrid, Gredos, 2010, p. 11.

del brazo de la búsqueda de la modernidad»[104]. Aunque nunca se define exactamente en qué consiste la normalidad que España buscó tan denodadamente, se desprende del estudio que sería una literatura cuya temática y estilo estuvieran en paralelo con las corrientes literarias europeas y no fueran consecuencia explícita o implícita del «estado de excepción» que supuso el franquismo. El erudito trabajo de Sanz Villanueva excluye de su objeto de estudio la narrativa del exilio y la que se desarrolla a partir de la Transición, precisamente porque no encajan ni en su marco temporal ni en su premisa. También es cierto que, dada la cantidad de autores incluidos en el volumen, ampliar el marco hubiera resultado no en un libro, sino en una colección completa. Por otro lado, si la proposición de las consecuencias de la anomalía del franquismo para la literatura funciona, es precisamente porque se lleva a cabo esa táctica de presentar una producción cultural aislada, temporal y espacialmente. Es interesante constatar que el propio Sanz Villanueva concede que la excepción del franquismo no es suficiente para explicar ciertos rasgos característicos de la literatura española moderna y contemporánea: el realismo, por ejemplo, el poco calado de la escritura experimental o la escasa presencia del humor. Lo cual lleva al crítico a preguntarse si «la amargura existencial, el fatalismo desesperanzado y el pesimismo antropológico no figurarán también en el ADN de nuestra literatura. Acaso por eso las letras españolas tienen una apariencia tan severa y triste»[105].

NI POR EXCESO NI POR DEFECTO: LOS LÍMITES DE LA SINGULARIDAD NACIONAL

Si el hispanismo más tradicional siempre ha defendido la universalidad de la cultura española desde su singularidad, la crítica contemporánea más liberal ha buscado insertarla en un marco internacional, global o cosmopolita, y por tanto normalizarla, hacerla indistinguible de otras culturas europeas (entendiendo Europa en sentido restringido, naturalmente). En un análisis de las letras españolas en democracia, el conocido crítico Jordi Gracia mantiene que es en ese periodo cuando las letras españolas modifican la imagen

---

[104] *Ibid.*, p. 16.
[105] *Ibid.*, p. 16.

que de sí mismas emiten, dejando el «pintoresquismo» o la «peculiaridad de un país de maltraer» para anclarse en un instinto «vagamente internacionalista» que el mismo Gracia equipara, de manera significativa, con un «terco empeño de desespañolización»:

> Hoy ya puede [el escritor] hablar del pasado sin sentirse víctima de la enfermedad endémica que era ser español (como escribió Cernuda), pero tampoco es paciente enfermo de nacionalismo folclorista o de la patosa charlatanería del casticismo como particularidad mesetaria. La novela o el ensayo de autor español no es leído en Europa porque sea español, sino porque es recomendable leerlo, y solo accidentalmente, administrativamente, obra de un español[106].

La premisa de Gracia es, en sí misma, significativa, independientemente de que se esté o no de acuerdo con ella. Su argumento es que para que la novela española pueda abrirse a lo internacional, tiene que curarse en salud y sufrir, de hecho, una especie de «expatriación simulada»[107] que resulta de un empeño voluntario del escritor, siempre en masculino, por cierto, ya que en efecto, de todos los escritores que analiza Gracia en su libro, densísimo en referencias, solo dos son mujeres: Carmen Martín Gaite y Belén Gopegui. En cualquier caso, parece ser que ni siquiera en democracia se puede hacer una novela española que no sea «casticista» ni «folclorista» y, por tanto, la solución es ese «vago internacionalismo» al que se refiere Gracia. Otro punto interesante es que el interlocutor deseado no es propiamente internacional, sino más en concreto, europeo, coincidiendo en eso el crítico con el universalismo mencionado en la ya comentada Declaración de San Millán de la Cogolla. Aunque no se aclara, suponemos que el reconocimiento que tanto se desea viene de ciertos países de Europa: Alemania, Francia, Inglaterra, quizá los países nórdicos. Dejando de lado por el momento la cuestionable idea de que si en Europa leen literatura española es independientemente de que sea española –algo sobre lo que volveré más adelante–, quiero incidir por ahora en la localización que Gracia considera deseable para el artista español y que quizá ningún escritor contemporáneo representa mejor que Javier Marías. Javier Ma-

---

[106] Jordi Gracia, *Hijos de la razón. Contraluces de la libertad en las letras españolas de la democracia,* Barcelona, Edhasa, 2001, p. 196.

[107] *Ibid.,* p. 196.

rías, escritor culto y de culto, ganador de prestigiosos premios literarios dentro y, sobre todo, fuera de España (Herralde, Ciudad de Barcelona, Premio de la Crítica, Premio Rómulo Gallegos, IMPAC International Dublin Literary Award, entre otros); excelente traductor (fue Premio Nacional de Traducción) y miembro de la Real Academia Española desde 2006. Pues bien, este precoz escritor de formación cosmopolita, hijo del filósofo exiliado Julián Marías, se planteó en términos prácticos exactamente el mismo dilema que Jordi Gracia se plantea en términos más teóricos: la posibilidad de una novela española pero no necesariamente castiza. Cuenta Marías en su artículo «Desde una novela no necesariamente castiza» que en los inicios de su andadura como escritor no solo no quería hablar de España, ni mucho menos «del tema de España», sino que no podía identificarse con una tradición novelística que suele ser o realista o costumbrista[108]. Todavía en 1984, el dilema se le hace claro a Marías: «Yo deseaba que en España fuera posible –y no una extravagancia– escribir una novela no necesariamente castiza, pero tampoco tenía particular empeño en cultivar una novela obligadamente extraterritorial»[109]. El que Marías haya llegado o no a equilibrar esas opciones no es objeto de este análisis, pero sí lo es el que la tensión entre «lo castizo» y «lo extraterritorial» se plantee como una dicotomía ante la que el escritor español se ve obligado a elegir, como si no hubiera otras formas de anclaje territorial que el casticismo. Por otro lado, y como nos recuerda J. L. Marzo, la «desnacionalización» es una práctica que viene asimismo del franquismo y que fue utilizada por los artistas precisamente para proteger su obra de manipulaciones oficiales. El propio Marías se curará en salud de tal posibilidad al decidir rechazar, a partir de 1995, los premios oficiales que se dan a su obra.

En su celo universalista y empeño de situarse más allá del localismo que se asocia con el arte español tradicional, ciertos escritores contemporáneos españoles defienden, con no menos insistencia, un arte genérico, sin marcadores de identidad, ni de localización, un arte que apele al sentido común del lector ordinario. En ese marco se integra la denominada «poesía de la experiencia», cuyos más conocidos autores (L. García Montero, Juaristi, Benítez Reyes) recibieron

---

[108] Javier Marías, «Desde una novela no necesariamente castiza», en *Literatura y fantasma,* Madrid, Alfaguara, 2001, p. 55.

[109] *Ibid.,* p. 62.

todo tipo de reconocimientos oficiales por su labor en las últimas décadas del siglo XX. J. Mayhew ha analizado las implicaciones de la apología de la normalidad ideológica y estilística que se encuentra, por ejemplo, en la reconocida obra de García Montero, y comenta la denuncia de Antonio Gamoneda del innegable carácter institucional que caracteriza a ese paradigma poético[110]. El crítico acierta al aventurar que la poesía de la experiencia pudo disfrutar del enorme éxito que tuvo precisamente porque se produjo en un contexto en que el escritor-intelectual se sitúa al servicio del estado[111]; si no directamente, lo cual ocurría a menudo, indirectamente, en el sentido de servir la lógica del consenso y de una inteligibilidad basada en la normalidad. Uno de los poetas más conocidos del grupo de la poesía de la experiencia, Félix de Azúa, reivindicaba también una literatura española comprensible para los «colegas continentales»: «sobre todo, comprensibles para un francés, un belga, un suizo, en fin, un hombre radicalmente normal»[112]. Eso lo conseguiría cultivando una novela «… a semejanza de nuestros ahora ya inevitables compañeros europeos, sin pretensiones nacionales, sin pretensiones provinciales, sin pretensiones locales, con la neutral, monótona, rutinaria, modesta, pero excelente capacidad labora de un buen conductor de autobuses holandés o de un ginecólogo suizo»[113]. Pero como se pregunta Mayhew, ¿qué tendría de interesante para un danés o un austriaco una literatura que parece no provenir de ningún sitio específico y que es «neutra, monótona, rutinaria y modesta?»[114]. Dejando de lado la ironía que desde luego subyace al comentario de Azúa, la aspiración a una normalidad europea sin marcas de identidad plantea el dilema de cuál sería el interés de una literatura española absolutamente indistinguible de cualquier otra, Como ha señalado S. Faber, la pretensión de normalización y la renuncia a todo tipo, no ya de excepcionalidad, sino incluso de especificidad española, tanto en la historiografía como en la literatura, se traduce en la pérdida de lo que tradicionalmente ha asegurado el interés académico por los estudios hispánicos, que es precisamente, y por mucho que no quiera aceptarse, la singu-

---

[110] Jonathan Mayhew, *The Twilight of the Avant-Garde: Spanish Poetry, 1980-2000*, Liverpool, University of Liverpool Press, 2009, p. 51.

[111] *Ibid.,* p. 53.

[112] Félix de Azúa citado en Mayhew, *The Twilight of the Avant-Garde,* cit., p. 54.

[113] Félix de Azúa, *El aprendizaje de la decepción,* Barcelona, Anagrama, 1996, p. 218. Citado en Mayhew, *The Twilight of the Avant-Garde,* cit., p. 55.

[114] *Ibid.,* p. 56.

laridad del país: el «Spain is different». Si la cultura española es similar y culturalmente equiparable a cualquier otra, los que saldrán ganando son los estudiosos de la literatura anglosajona, dominante en el mercado editorial y académico, o de literaturas irónicamente más «marcadas» por una diferencia seductora, como la latinoamericana o la india, o de mayor prestigio cultural, como la francesa. En efecto, la idea de que la literatura española se ha consumido como cualquier otra literatura europea (e, insisto, aquí con «europea» se quiere decir inglesa o francesa, como mucho suiza o alemana, no húngara o serbia, ni turca o rusa) es inconsistente con lo que siguen siendo los productos culturales más exportados y exportables de la «marca España», cuyo éxito, como el de cualquier marca, se basa precisamente en asociar un producto con una especificidad, con una distinción. Hay que recordar que tras las alusiones a la «marca España» y su representatividad no se encuentra solo un imaginario sino también unas prácticas políticas y comerciales muy concretas, una alianza estratégica pública-privada cuyo fin es potenciar y defender la internacionalización de las marcas españolas. Entre sus embajadores honorarios están Pedro Almodóvar, Rafael Nadal, la selección española de fútbol, Santiago Calatrava, Emilio Botín o Plácido Domingo. Irónicamente, el escritor actual más internacional y que mejor encarna el espíritu de la España cosmopolita, Javier Marías, ha declarado consistentemente que no le interesa en absoluto estar asociado con la susodicha «marca España». En esa línea, en el año 2012, Marías rechazó el Premio Nacional de Narrativa, otorgado por su novela *Los enamoramientos* (2011). Su postura, establecida como he dicho desde el año 1995, es que no quería aceptar invitaciones de instituciones oficiales del estado ni tampoco remuneración alguna que proviniera del erario público, puesto que no necesitaba que el estado ratificara su labor de escritor.

Volviendo al tema de la visibilidad internacional de las letras españolas, y dejando de lado los *best-sellers* (como es el caso de C. Ruiz Zafón o A. Pérez Reverte, por ejemplo), F. García Lorca sigue siendo el escritor español contemporáneo más leído. Es también el único escritor español contemporáneo en ser incluido en la famosa colección Penguin Modern Classics hasta 2012, fecha en que se anunció que se publicaría la traducción de *Los enamoramientos,* de Javier Marías, en 2013. Por contraste, la literatura hispanoamericana está representada por Jorge Luis Borges, Gabriel García Márquez, Octavio Paz y Ernesto Sábato. Lorca también es el único escritor español en la lista de los 100 mejores libros del siglo XX según *Le Monde,* lista que también incluye a Borges y García Márquez. Cervantes, Borges y Neruda son los únicos escritores en lengua española en ser incluidos en el canon occidental de Harold Bloom. Así que parece que la normalización de las letras españolas no ha tenido el alcance universal y cosmopolita que se asumía correría paralelo a la normalización política del país. Hay que pensar también que el cineasta contemporáneo más premiado y reconocido fuera de nuestras fronteras es, precisamente, Pedro Almodóvar, cuyas películas han pasado del juego con, y el cuestionamiento de, el imaginario cultural de la diferencia casticista española, a su absorción y normalización. El propio Ministerio de Cultura, así como el de Asuntos Exteriores, si bien ha funcionado bajo la premisa de la normalización cultural del país, por otro lado se ha centrado en fomentar el reconocimiento internacional (a través de exposiciones, conmemoraciones y actos oficiales) de momentos y personajes históricos ligados a la memoria de excepcionalidad del país: Goya, Carlos V, Felipe II, Isabel la Católica, por mencionar algunos ejemplos.

Todo lo anterior podría analizarse desde diferentes ángulos. Por un lado, desde la constatación de algo que denunciaba el escritor suizo C. F. Ramuz: que para ciertos países, su «diferencia» es su verdadero capital, el que deben utilizar en el banco del intercambio universal si quieren ser reconocidos[115], un tema muy discutido actualmente en el marco de la literatura comparada[116]. Por otro, que esa circunstancia es la marca de una literatura que por mucho que se mantenga lo contrario, precisamente no proviene de los centros incuestionables de prestigio (París, Londres, Nueva York) y no tiene, de entrada, el sello de la universalidad, concepto que por otra parte es, como ya he señalado, falaz. Parecería, más bien, que los artistas y escritores españoles tienen que situarse a una distancia adecuada de dichos centros y sus modelos: lo suficientemente lejos como para poder demostrar su singular creatividad, pero no tanto como para parecer obsoletos o incongruentes en relación a las preocupaciones del momento[117]. Esto es, sus marcadores de identidad tienen que ade-

---

[115] Pascale Casanova, *The World Republic of Letters,* cit., p. 223.

[116] Una opinión similar desarrolla Jokin Muñoz en el contexto de la literatura vasca, citado en Zaldúa, *Ese idioma raro y poderoso. Once decisiones cruciales que un escritor vasco está obligado a tomar,* Madrid, Lengua de Trapo, 2012, p. 73.

[117] Pascale Casanova, *The World Republic of Letters,* cit., p. 156.

cuarse a una medida específica, que no puede ser ni escasa ni excesiva: un equilibrio en verdad difícil y siempre determinado por la mirada foránea.

En efecto, la preocupación por la mirada del otro trasciende con mucho la actividad creativa y artística en España. Puesto que como hemos visto la cultura es el mayor activo exportable de España y se entiende además como el principal elemento de cohesión nacional, es lógico que la orientación de esa cultura y su percepción en el exterior sea de interés crucial para el estado. Ya en plena crisis económica y sometido el gobierno del Partido Popular a los arbitrios de los mercados y a la política de esa Europa hegemónica que ahora marcaba claramente la distinción con los siempre inadecuados países del sur, el tema de la anomalía de España volvió a discutirse en periódicos y tertulias con motivo de los centenarios de Jovellanos y Costa. En efecto, el periódico *ABC* inició en 2010 una serie de artículos de reflexión sobre la necesidad o el modo de una nueva regeneración, término que en pleno siglo XXI volvió a circular con inusitada fuerza en distintos contextos. Uno de los colaboradores en esa serie, el sociólogo E. Lamo de Espinosa, participó también en un volumen colectivo titulado, significativamente, *Pulso de España*. Su artículo «¿La segunda Transición?» analizaba la pérdida de la normalidad que el país había sufrido con una modélica Transición y los pasos que había que dar para cambiar la situación. El autor reconocía que durante la Transición «fue el miedo a la confrontación y el disenso lo que alimentó el consenso», pero también que «desaparecido ese miedo regresó el disenso y con él la polarización e incluso el riesgo de confrontación». Su diagnóstico sobre los motivos del débil pulso del cuerpo nacional se centraba ante todo en el agotamiento de un proceso nacional que ha dejado al país sin elementos de sutura[118]. Su receta es inequívoca: «No podemos perder el tiempo otra vez mirando al pasado para rememorar injusticias que no tienen ya arreglo, o mirar adentro, ensimismados, para preguntar cuántos somos o si somos galgos o podencos. Una vez más España debe mirar adelante y afuera para hacer nación, hacer país, construir España y buscar su lugar en el mundo»[119]. No hace falta seña-

---

[118] *Ibid.*, p. 68.
[119] Emilio Lamo de Espinosa, «¿La segunda Transición?, en VV.AA., *Pulso de España. Un informe sociológico,* Madrid, Biblioteca Nueva-Fundación Ortega y Gasset-Gregorio Marañón, 2010.

lar, creo, la contradicción de intentar hacer nación y buscar un proyecto común consensuado mirando solo «hacia fuera», negando la utilidad de la reflexión sobre injusticias del pasado y equiparando la mirada «hacia dentro» con un inútil ensimismamiento. Sin embargo, parece que esa contradicción no se ve como tal desde el gobierno de la nación. En 2012, Lamo de Espinosa pasó a ser presidente del Real Instituto Elcano, institución cuyo objetivo es «promover el conocimiento de la realidad española, en aquellos escenarios estratégicos en los que se desarrolla el interés de España». Como consecuencia de esa función, empezó a coordinar también la gestión de la «marca España» desde el Ministerio de Asuntos Exteriores. Mientras tanto, desde la calle, llegaban las voces de los que pedían una regeneración democrática radical y un entendimiento de la cultura común como algo que se construye y se debate «hacia dentro», y no solo algo que se impone para promocionarlo, que se quiere vender en el exterior. En el momento de escribir estas líneas, lamentablemente, para la España oficial esas voces no son más que el ruido de unos cuantos galgos –o podencos– carentes de relevancia y de legitimidad para expresarse en el espacio público.

III. UNIDAD DE DESTINO EN LO CULTURAL

«La proyección universal de la cultura española es un hecho histórico innegable. Y por eso estamos íntimamente convencidos de que la cultura es nuestro principal activo como país: por ella se nos conoce y se nos reconoce por todo el mundo y, además, por ella encontramos todos los días razones para vivir juntos, para tomar conciencia de lo que somos y para construir lo que queremos ser.»

José M. Aznar, *Balance de política cultural 2000-2004*[1].

«España es Cultura/Spain is Culture.»

Ministerio de Educación, Cultura y Deporte.

«España, el destino que llevas dentro.»

Ministerio de Industria, Energía y Turismo,
eslogan publicitario (2013).

Como ya he desarrollado en la primera parte de este libro en relación a los debates políticos en torno a la nación y a la función del estado, la política cultural de la democracia de consenso refleja la premisa de que todas las partes que forman lo común están contadas de antemano y, por tanto, la comunidad constituida de forma estable. No hay otra forma posible de ser en común que la que asume esa relación especular en que cada una de las partes se encuentra con el todo[2]. La negación del litigio político, esto es, de la manera en que se toman en cuenta las partes y la situación misma de interlocución, se ve reflejada en una cultura oficial que ignora no solo sus excedentes, sino la propia legitimidad de la tensión entre distintas sensibilidades. Al contrario, como ya hemos visto, la cultura se entiende como el hilo que tiene que servir para suturar la herida de la

---

[1] José María Aznar, *Balance de política cultural 2000-2004*, Madrid, Ministerio de Educación, Cultura y Deporte, 2004, cita comentada por Jorge Luis Marzo en *¿Puedo hablarle con libertad, excelencia?*, cit.

[2] Jacques Rancière, *El desacuerdo. Política y filosofía*, Buenos Aires, Nueva Visión, 1996, p. 145.

desunión y curar la patología de la desafección nacional. En las páginas que siguen, analizaré la manera en la cual se establece como imperativo categórico el hecho de que la cultura española, entendida en ciertas manifestaciones concretas, representa un sentido común profundo, una «coincidencia en lo sustancial» que une a todos los ciudadanos de manera natural y que, además, se caracteriza por una proyección universal incuestionable. Pasaré entonces a comentar ejemplos concretos en el campo de la creación literaria, de las estrategias por medio de las cuales hasta el material más espinoso puede acabar normalizado y consensuado, de manera que todo potencial (auto)crítico quede difuminado. En oposición a esa lógica, plantearé la necesidad de recuperar y potenciar lo que Rancière califica como la naturaleza esencialmente política y escéptica de la literatura y el arte, en el sentido de reconocer la existencia de los litigios que se derivan de las lógicas heterogéneas con que se interpreta lo común[3]. El arte «disensual» favorece precisamente la creación no solo de identificaciones diferentes a las que nos vienen dadas, sino también de identificaciones que en un determinado momento se califican de imposibles. Siguiendo esa línea, y enlazando también con la persistencia de la metáfora de la nación como cuerpo ya discutida en el capítulo anterior, finalizaré con una reflexión sobre la posibilidad de reivindicar una visión cultural astigmática, utilizando el concepto del astigmatismo en el sentido opuesto al que normalmente se utiliza. El astigmatismo es un defecto ocular que impide una visión correcta. El uso metafórico del término (o el de otras expresiones similares) apunta al cuerpo nacional normalizado, cuyos defectos deben ser corregidos bien con lentes especiales, bien con cirugía. En lugar de proponer la necesidad de una corrección «científica» del sentido de la vista, plantearé que la aceptación de una visión astigmática se puede entender simbólicamente como la renuncia a la ilusión de un «punto cero» de la crítica; como cuestionamiento de la presunción de que una lente adecuada permite entender la realidad en todas sus dimensiones y matices. Esa perspectiva asume también que todo estudio cultural debe ser, en cierto modo, un estudio comparatista. Esto no implica buscar similitudes y diferencias a través de una organización jerárquica vertical y vertebradora que privilegia un punto de origen fijo, sino poner en relación distintas sensibilida-

---

[3] Jacques Rancière, *The Politics of Aesthetics,* Londres, Continuum, 2004, y *The Politics of Literature,* Cambridge, Polity, 2011.

des, distintas formas de ver, de hacer y de pensar, desarrolladas en un marco horizontal[4]. La lectura en ese marco relacional lleva a la consideración de que algunos textos, y por supuesto muchas realidades, no permiten un acercamiento basado en la familiaridad y que, por tanto, la percepción que tenemos de ellos será siempre algo borrosa, desenfocada o incluso ocluida. Esto, lejos de verse como una rémora para la construcción de lo común, puede ayudar a plantear ese concepto desde otra premisa: una que incluya el reconocimiento de la existencia de espacios de ininteligibilidad e inconmensurabilidad que no pueden ser absorbidos por un imperativo de cohesión y la presunción de referencialidad universal.

La universalidad singular

En abril de 2012, el prestigioso filósofo José Luis Abellán resumía lo que para él eran los rasgos definitorios de la cultura hispánica declaraba en un congreso internacional cuyo objetivo era redefinir España en el siglo XXI. Reproduzco el texto:

> Un entendimiento de la cultura hispánica en su más amplio sentido exige que tengamos que remitirnos a la situación estratégica de la península Ibérica desde el punto de vista geográfico. Situada en el extremo occidental de Europa, lo que hoy llamamos España fue lugar de paso de muy diferentes pueblos, algunos de los cuales llegaron a asentarse en su territorio con carácter indefinido: romanos, visigodos, árabes, judíos, cristianos, constituyendo una amalgama protagonizada por el sincretismo y el mestizaje cultural. Se crearon así productos culturales muy originales como la literatura aljamiada, el arte mozárabe, la mística sufí, el estilo mudéjar, etc.; presidido por su tendencia a la universalidad, que tomó forma en América Latina bajo el concepto de «hispanidad». Cuando esos ideales uni-

---

[4] Esta es una perspectiva planteada, entre otras, por Shu-mei Shih, «Comparisons as Relation», en Rita Felski y Susan Friedman (eds.), *Comparison: Theories, Approaches, Uses,* Baltimore, Johns Hopkins University Press, 2013. En el contexto peninsular, Joan Ramon Resina la desarrolla desde distintos ángulos en importantes estudios, los más recientes de los cuales son *Del hispanismo a los estudios ibéricos: Una propuesta federativa para el ámbito cultural,* Madrid, Biblioteca Nueva, 2009, e *Iberian modalities: A relational Approach to the Study of Culture in the Iberian Peninsula,* Liverpool, Liverpool University Press, 2013.

versalistas se vieron afectados por la consolidación del estado-nación como fórmula política de la modernidad, quedaron traicionados en su última aspiración. Al tener que canalizar nuestros impulsos culturales a través de un arquetipo político que nos resultaba extraño, la tendencia a la universalidad se quebró y tomó formas que muchas veces se acercaban a la patología.

El hecho de que el estado-nación haya entrado en un proceso de decadencia, con visitas a su superación, dentro de un impulso que hemos dado en llamar «globalización», vuelve a dar alas a la tendencia universalista que impulsó a la cultura española desde sus orígenes. Recuperando tendencias que ya estaban en el modernismo de principios del siglo XX y que han tomado cuerpo en el nuevo americanismo, la cultura en lengua española puede volver a tomar un protagonismo de primer orden dentro del proceso de globalización que estamos viviendo, convirtiéndose en una cultura de la intermediación global. Algunos fenómenos recientes así lo acreditan: el que España se haya convertido en país de inmigración frente a la emigración tradicional o que en la Puerta del Sol de Madrid haya nacido el llamado 15-M, cuyas repercusiones han llegado hasta Bruselas y Nueva York (en el mismísimo Wall Street)[5].

No hace falta enfatizar los numerosos lugares comunes, o fantasías nacionales que articulan este discurso de un, por lo demás, respetado intelectual: la tendencia a lo universal como innata en la cultura española; la convergencia total entre lo español y lo latinoamericano, a través del concepto de la hispanidad; la identificación de la defensa de lo particular como patología de la nación sana, y la equiparación entre universalidad y globalización. Incluso las protestas ciudadanas y el cuestionamiento político y social que supuso el 15-M acaba interpretado como símbolo de que lo que surge desde el centro mismo de España (la Puerta del Sol de Madrid) acaba repercutiendo en los centros de poder europeos y norteamericanos. La hispanista Jo Labanyi, que dio la conferencia inaugural en el mismo coloquio, elaboró en su intervención precisamente algunos de los problemas que la apelación a la universalidad y la oposición na-

---

[5] José Luis Abellán, «España en el siglo XXI: Hacia una cultura de la intermediación global», *Global Crossroads 2012: Redefining Spain in the 21st Century.* 11-14 April 2012, University of Auckland, New Zealand. *Global Crossroads 2012* (Spanish Department. The University of Auckland, 9 de mayo de 2012). El énfasis es mío.

cional-global, encubren[6]. En primer lugar, lo nacional y lo global son conceptos interdependientes y constitutivos de la modernidad. En segundo lugar, la fijación con la apelación a «lo universal», entendida como si fuera un concepto neutro, forma parte de un discurso obsoleto. Hoy en día, los artistas suelen abogar por la superación de la dicotomía nacional/global para plantearse modelos creativos que jueguen con una serie de modalidades y orientaciones en las que lo nacional no constituye el único anclaje, pero en las que sí se articula la importancia de la localización, tanto del artista como de la obra. Por otro lado, no se pueden minimizar los beneficios concretos que la protección de un estado-nación puede tener para los ciudadanos, o para la producción cultural y, por tanto, es muy comprensible que haya quienes aspiren a tenerlos, o no quieran renunciar a ellos. En el texto citado, no deja de resultar curiosa la falta de cuestionamiento de los términos con los que, en pleno siglo XXI, se pretende asimilar, incluso de forma oficial, una determinada cultura con una tendencia «natural» a la expansión universal, cuando numerosísimos estudios han analizado la manera en que cuanto más se enfatiza la universalidad de una determinada producción cultural, mayor es su función nacional e ideológica[7]. Más aún, es incuestionable que la herencia literaria de un determinado territorio es siempre tema de interés nacional y que el vínculo entre el estado y la literatura depende de que uno y otro se refuercen mutuamente a través de la lengua[8]. Como dice P. Bourdieu, el imperialismo cultural consiste precisamente en el poder de universalizar los particularismos ligados a una tradición histórica singular, hasta el punto de que se borra la identificación con esa especificidad[9].

En la segunda década del siglo XXI, cualquier apelación a la universalidad de una determinada cultura no puede entenderse sin relacionar ese concepto con el de hegemonía, ni sin una discusión en profundidad de lo que tal universalidad implica en un contexto literario, discusión que ha generado miles de páginas en referencia

---

[6] Jo Labanyi, «Thinking outside the national/global binary from the 21st century». Trabajo inédito.

[7] Un clásico es el estudio de Benedict Anderson, *Comunidades Imaginadas: reflexiones sobre el origen y la difusión del nacionalismo,* México, Fondo de Cultura Económica, 1993.

[8] Pascale Casanova, *The World Republic of Letters*, Cambridge, Harvard University Press, 2004, p. 34.

[9] Pierre Bourdieu y Loïc Wacquant, «On the Cunning of Imperialist Reason», *Theory, Culture and Society* 16/1 (1999), p. 41.

a la posibilidad de una literatura transnacional o «mundial». Como señala D. Damrosch, uno de los defensores de este último concepto, en el contexto de una sociedad desgarrada por dos guerras mundiales, la literatura comparada se presentó como una especie de «Naciones Unidas» de la literatura, un terreno en que las diferencias podían ser neutralizadas bajo la bandera de unos principios estéticos capaces de trascender la especificidad cultural nacional[10]. El peligro de ese enfoque, consiste en que puede convertirse en una lectura esencializadora, que asume homogeneidad donde no la hay, negando lo distintivo de una determinada obra y, en última instancia, la existencia de universalidades que compiten entre sí. Asimismo, y como ya advertía el ilustre comparatista René Wellek, a menudo la etiqueta de universalidad se usa para ensalzar una determinada cultura por su capacidad para extender su influencia más allá de sus propias fronteras[11]. En última instancia, la propia vaciedad del concepto «universalidad» en la forma en que se cita habitualmente en el contexto de la política cultural española es indicativa de todo el inacabable juego de exclusiones, inclusiones y negociaciones por las cuales un contenido o visión particular acaba convirtiéndose en hegemónico. Lo más irónico de todo esto es que la persistente búsqueda de lo universal a partir de lo español, la insistencia en valorar una cultura cuya singularidad parece no tener vínculo con ninguna particularidad, se hace precisamente en un momento en que otras tradiciones y tendencias académicas van en una dirección muy diferente. Un momento en que lectores y críticos se decantan por un arte que, por un lado, juegue con lo diferencial y culturalmente específico y, por otro, sea accesible desde diferentes localizaciones y lecturas. Un momento, en suma, en que se reconoce que incluso la perspectiva más global sigue siendo siempre una perspectiva desde algún lugar particular[12]. Un buen ejemplo, en el terreno de lo literario, es Borges, quizá el escritor moderno en español más asociado con la literatura europea y los temas universales, una figura de prestigio cultural internacional incuestionable. Borges es figura de inclusión obligatoria en antologías de la literatura mundial, y su obra es citada con frecuencia

---

[10] David Damrosch, *What is World Literature?,* Princeton, Princeton University Press, 2003, p. 136.

[11] René Wellek, citado en Damrosch, *World Literature,* cit., p. 136.

[12] *Ibid.,* p. 27.

en múltiples contextos a través de las traducciones que de ella se han hecho. Es enteramente posible leer a Borges y disfrutar de su mundo literario y filosófico sin saber español ni tener un conocimiento concreto de su contexto cultural argentino: en ese sentido, es un escritor cuyo valor no parece perderse en la traducción, antes al contrario. Ahora bien, reconocer únicamente la dimensión cosmopolita y trascendente de la obra borgiana es, como dice Beatriz Sarlo, un acto de justicia estética con el alcance y la brillantez de su obra, pero también una pérdida[13]. Una pérdida importante de algo que el mismo Borges consideraba parte fundamental de su ser y de su literatura: las tradiciones culturales rioplatenses y el siglo XIX argentino, incluyendo la literatura gauchesca. La particularidad y la originalidad creativa de Borges son inseparables de las múltiples instancias en que la dimensión rioplatense aparece inesperadamente y desplaza a la literatura occidental de lo que Sarlo denomina «una centralidad segura»[14], creando una grieta en su centro, una tensión entre distintas tradiciones y pertenencias. Entender a Borges significa precisamente no reducirlo a una sola categoría, la de escritor nacional o escritor cosmopolita, sino entender cómo su literatura habita y desestabiliza ambas. Quizá eso precisamente explique la manera en que puede ser leído desde tantos contextos y de tantas maneras.

Hoy en día, la tendencia de la crítica, pero también de muchos artistas que intentan deshacerse de las etiquetas que de antemano marcan su creatividad, es pensar desde la tensión entre lo particular y lo universal, ahondando en lo que esa formulación excluye o bloquea. En este sentido, es interesante que la lectura de ciertos escritores –Kafka y Joyce son los ejemplos más citados– como exiliados literales o metafóricos y, por tanto, desligados de sus países y culturas de origen, se mantenga con más fuerza en España que en otros países, incluyendo Irlanda, Inglaterra, Estados Unidos o Alemania, donde la tendencia actual es situarlos en su contexto concreto. En el caso de Kafka, se ha producido una transición del Kafka «universal» a un Kafka producto de su entorno cultural específico (Praga) y de múltiples conexiones lingüísticas que incluían el alemán, el checo, el hebreo, el *yiddish* y el francés. Esas múltiples in-

---

[13] Beatriz Sarlo, *Borges, un escritor en las orillas,* Buenos Aires, Ariel, 1995 [título recientemente reeditado (2007) por Siglo XXI de España].

[14] *Ibid.,* «Cosmopolita y nacional».

fluencias se pierden en la edición de sus obras por parte de su amigo Max Brod, que normalizó y sistematizó el vocabulario, la puntuación y la ortografía del escritor. El estilo «puro» resultante fue la base de las subsiguientes ediciones inglesas, y ahí se empieza a formar la imagen de un Kafka cuya literatura, universal y simbólica, puede leerse independientemente del contexto que le da origen[15].

La visión de ese Kafka universal, sin anclaje específico en una cultura, es la que predomina en la obra de Antonio Muñoz Molina, tan alabada por la crítica española, *Sefarad, una novela de novelas,* por donde circulan precisamente Joseph K. y la literatura kafkiana como representantes de expulsiones, represiones, sentencias injustas y las consecuencias de la falta de anclaje vital concreto. La novela alude en numerosas ocasiones a la ruptura que implica la pérdida de la normalidad y al deseo de todos los que viven en el desarraigo y el desamparo de poder volver a ella. Sin embargo, en el loable empeño del texto por crear una especie de «historia universal de la infamia», se plantean incómodos e incluso improcedentes paralelismos entre la angustia vital de aquellos que son expulsados del lugar de origen por la violencia y la intolerancia, la desesperación de los que tienen que cruzar fronteras escondiéndose y esperando que alguien no les pida un pasaporte y el simple aburrimiento existencial de los empleados de provincia asfixiados por sus rutinas vitales y amorosas. A pesar del título de la novela, los judíos españoles que dan el nombre a *Sefarad* no aparecen como tales, ni siquiera en el último capítulo. Son escasas las menciones a su persecución por la Inquisición, la actitud del estado español hacia ellos o incluso el profundo antisemitismo del pueblo español, alimentado de manera consistente desde las más altas esferas, pero bien presente en todos los estratos sociales. Antes al contrario, en la novela se menciona varias veces la actitud del diplomático Ángel Sanz Briz, el jefe de la legación española en Budapest en 1943, que ciertamente salvó a muchos judíos de una muerte cierta al otorgarles la nacionalidad española en base a sus orígenes sefardíes (verdaderos o falsos). Pero lo que no se especifica en el texto de Muñoz Molina es que Sanz Briz fue una auténtica anomalía en el contexto del franquismo, que actuó a solas y a espaldas de sus superiores y que sus acciones en el contexto del Holocausto nunca fueron reconocidas en su momento por el estado español, aunque sí por los gobiernos de Is-

---

[15] David Damrosch, *World Literature,* cit., p. 187.

rael y Hungría. De hecho, el reconocimiento oficial de Sanz Briz en relación a su actuación individual en favor de los judíos por parte de España llegó ya bien entrada la democracia. Su figura se intentó normalizar recientemente en 2011 con la película *El ángel de Budapest,* producida por TVE[16]. *Sefarad* es un libro que contiene párrafos muy hermosos y conmovedores, y su autor ha recibido el Premio Jerusalén, otorgado por la Feria Internacional del Libro de dicha ciudad. Leyendo *Sefarad,* sin embargo, parece que el camino a la identificación universal entre distintos sufrimientos elude hacer partícipes de la responsabilidad a los de casa. Desde este punto de vista, la universalidad que el texto plantea parece tener más que ver con la borradura de la particularidad que representa históricamente el destino de *Sefarad* en el contexto de la historia española, cuya trayectoria histórica de consistente y profundo antisemitismo se difumina para enfocarse en los males ajenos, en particular el nazismo y el estalinismo[17]. Más aún, a través de la focalización en los sefardíes que han escogido preservar su legado cultural, la obra de Muñoz Molina en cierto modo normaliza y ensalza esa herencia intangible sin profundizar, por otro lado, en el hecho de que fue el propio estado español el que durante siglos consideró a esa población como excedente de la cultura nacional[18]. Ese enfoque, lejos de ser específico a Muñoz Molina, incide en la visión consensual del pasado que ha sido predominante en la democracia española, una visión donde la cultura se entiende como motivo de orgullo nacional y elemento de cohesión, en realidad, como «el» objeto de cohesión en un país irremediablemente fragmentado. Si a eso se añade

---

[16] En 2011 y 2012 se han intentado representar las acciones como consistentes con las directivas de la diplomacia franquista, en contra de lo que opinan expertos como J. Israel Garzón y Félix Santos.

[17] Esta estrategia, dicho sea de paso, se encuentra también en algunas obras publicadas en las lenguas minoritarias del estado. Es el caso, por ejemplo, de la novela de Bernardo Atxaga, *Zazpi etxe Frantzian [Siete casas en Francia],* que explora la penosa realidad del Congo Belga de una forma que, como dice la contraportada, «huye de la crónica sombría o de la denuncia vehemente; busca, en cambio, a través del humor y de la aventura, la metáfora que habla del lado siniestro de nuestro mundo». No se trata, por supuesto, de que un escritor vasco no pueda explorar temas y problemas de cualquier parte del mundo. Se trata de la forma en que se evita, en este caso, la reflexión sobre el colonialismo propio para tratar el ajeno y esto incluso como anomalía de «nuestro» mundo (esto es, el mundo que da origen a los procesos de colonización).

[18] Estos puntos han sido elaborados con más detalle por Gero Arnscheidt, Antonio Pedrós-Gascón y Jacqueline Cruz.

la importancia de la cultura como mecanismo de visualización identitaria hacia el exterior y su peso económico, es comprensible la insistencia en la normalización del pasado, la borradura de problemáticas continuidades y la visión de lo común como la suma de partes debidamente integradas.

Universalidad sin su síntoma

Hay muchas formas de neutralizar el pasado, eludir las responsabilidades históricas y normalizar la heterodoxia, incluso con los temas en principio menos adecuados para ello. En el capítulo anterior, analicé la manera en que la creación, elección y difusión de los premios nacionales de Literatura funciona dentro de la lógica de la democracia del consenso y su énfasis en encontrar la normalización y cohesión nacional «en lo sustancial». Uno de los pocos casos en que el Premio Nacional de Narrativa recayó en una obra que abiertamente renunciaba a presentar el pasado español sin aristas y que, por el contrario, ahondaba con valentía en él, tiene lugar en 1998, cuando se otorga el premio a la obra de Miguel Delibes *El hereje*. Esta es una novela histórica situada en Valladolid en el siglo XVI que recrea el tema de la disidencia religiosa y sus consecuencias en una sociedad como la española[19]. La excelente obra de Delibes constituye un ataque contra el imperativo de ortodoxia de una sociedad concreta, así como un examen lúcido de las consecuencias de la falta de libertad en un contexto cultural también muy concreto. Es, asimismo, una reflexión dura sobre el papel de la Iglesia católica como institución clave para el control de los ciudadanos; una representación de las terribles acciones del tribunal de la Inquisición en España y, por ende, un canto a la libertad de conciencia. El mensaje de la obra, difícilmente cuestionable, fue también resaltado por el propio Delibes en varias ocasiones[20].

A pesar de lo anterior, tanto la publicidad de la obra como parte de las críticas que recibió en España parecen querer desviar la atención desde esa localización concreta –la sociedad española en

---

[19] Miguel Delibes ganó el premio dos veces, la primera en 1956 por *Diario de un cazador*. Él y Antonio Muñoz Molina son los únicos escritores doblemente reconocidos.

[20] Miguel Delibes, «Miguel Delibes disecciona *El hereje* (2000)», *Cultura con Ñ*, RTVE, 12 de marzo de 2010 [rtve.es].

la época imperial y precisamente en el momento histórico en que la ortodoxia católica pasa a definir «lo español esencial»– a otra más abstracta y generalizada que enfatiza el problema de la falta de libertad en un contexto universal:

> *El hereje* es una novela en la que Delibes ha condensado buena parte de sus ideas y de las técnicas pulidas a través de su largo itinerario narrativo. Retoma su tradicional preocupación por la observación y defensa de los humillados y ofendidos, de aquellos que en toda latitud y en todo siglo son víctimas del poder, la incomprensión o la intolerancia. Y en esta línea, tal vez *El hereje* sea una gran metáfora universal, por encima del tiempo y del espacio, que entronca directamente incluso con alguno de los aspectos más sectarios y tristes de nuestro presente[21].

Obviamente, cualquier crítica a la falta de libertad y a la represión se puede leer en clave universal: eso es precisamente lo que suelen conseguir los grandes libros, articular un problema en un determinado contexto y lograr que los lectores entiendan la especificidad de ese contexto, a la vez que establecer paralelismos con otros contextos similares. El conflicto surge cuando se pasa directamente a la lectura «universal» y metafórica, dejando de lado la especificidad del contexto original de la narración para diluirlo o negarlo. En el caso de la crítica a un tipo de abuso de poder en concreto, lo que consigue esa trasposición es diluir las responsabilidades que el texto mismo establece sin lugar a dudas, para plantear una nebulosa responsabilidad general. Lo cierto es que la novela de Delibes no habla de «cualquier» atentado contra la libertad de conciencia y de religión. Habla específicamente de lo que les ocurre a un grupo de protestantes en Valladolid –siendo todavía capital del reino– durante la Contrarreforma, recreando el alcance que el reformismo tuvo en la ciudad entre gente acomodada. Habla de un país en el que la afición a la lectura es, en sí misma, tan sospechosa que el analfabetismo se hace deseable y honroso, puesto que siendo analfabeto era fácil demostrar la condición de cristiano viejo y la falta de contaminación de influencias perniciosas. Habla de una sociedad en perpetua sospecha hacia la diferencia, de dela-

---

[21] Juan Manuel González, Crítica de *El hereje* de Miguel Delibes Setién, en *1.000 libros en lengua española que has de leer antes de morir*, 29 de octubre de 2011.

ción entre familiares, de escarmientos públicos, de sambenitos y de penitenciados. Habla de autos de fe como espectáculos de un poder religioso y civil, con asistencia de la familia real, y de la más alta nobleza. Habla, en suma, de unos hechos reales (aunque, desde luego, recreados según la visión del autor) tan trágicos que hasta alguien tan poco susceptible de defender la heterodoxia como Menéndez Pelayo los calificaba de lamentables[22]. El libro representa, por tanto, no los *posibles* excesos que cualquier estado puede cometer para preservar su unidad y su ortodoxia, sino los excesos *concretos* que cometió en efecto el estado español en alianza con la Iglesia católica para preservar su propia unidad y ortodoxia. Y hay que recordar también que el mismo Menéndez Pelayo subrayaba que el «popularísimo» tribunal de la Inquisición no habría podido existir si no se hubiese encarnado firmemente en el pensamiento y en la conciencia del pueblo español[23]. Tampoco puede dejarse de lado que Delibes es un autor al que no se puede acusar precisamente de prejuicios antiespañoles o anticastellanos, o de sectarismos anticatólicos. Al contrario, su obra y su persona han sido canonizadas como representantes de la austeridad, sencillez y profundidad que todavía se asocian con su tierra castellana, hasta el punto de que algunas de las valoraciones de su literatura parecen erigirlo en representante de una especie de castellanismo noventayochista tradicional. El estatus de Delibes como escritor que escribe desde una localización específica es tan incuestionable que a su muerte se declararon tres días de luto oficial en Castilla y León. Y, sin embargo, como bien supo ver el escritor Javier Cercas[24], esa lectura oficial contradice no solo el espíritu, sino la letra misma de Delibes, que si algo hizo fue «desnoventayochizar» Castilla, enfocarla sin esencialismos de uno u otro signo, narrar su cotidianeidad, con sus hechos admirables y sus miserias, ambas de las cuales plantea en toda su concreción histórica y material. El empeño en quitar hierro a la visión que da Delibes de su Valladolid natal (cuya imagen esencialmente católica queda fragmentada al retratarse la manera en que el luteranismo prendió en ella), así como su exposición lúcida de las

---

[22] Marcelino Menéndez Pelayo, *Historia de los heterodoxos españoles,* Madrid, CSIC, 1992.

[23] Marcelino Menéndez Pelayo, *Ibid.,* p. 57.

[24] Javier Cercas, «El mérito de Delibes», *elpais.com, edición impresa,* 4 de abril de 2010.

consecuencias nefastas para una comunidad de la actividad represiva de la Inquisición, es lamentable en tanto que reduce la complejidad, no solo de la obra en particular, sino de la visión narrativa y ética del autor. Siguiendo la lógica de visualización y *marketing* cultural que ha predominado tanto en el estado como en la mayoría de las comunidades autónomas, no es de sorprender que la profunda exploración de Delibes de la trayectoria del luteranismo en Valladolid haya acabado como mecanismo de promoción, con la creación de la ruta turística de *El hereje*.

En cualquier caso, la lectura crítica universalizante de una obra como *El hereje* es comprensible si se pone la obra en el contexto del panorama cultural español en 1998, segundo año de gobierno del Partido Popular bajo la presidencia de José María Aznar y año de conmemoraciones oficiales, como la de los monarcas Carlos V y Felipe II, recreado en exposiciones y congresos como «monarca del Renacimiento». En ese contexto, se subraya que el gran mérito de Felipe II, tal como se puede leer todavía en el sitio virtual del Instituto Cervantes, fue haber completado la labor unificadora que empezaron los Reyes Católicos y haber anexionado además a Portugal. Lo que no se menciona explícitamente en la ficha del Cervantes es que parte de esa labor unificadora incluye la expulsión de las minorías religiosas en la Península. En efecto, en su lucha a favor de la ortodoxia cristiana, Felipe II hace efectivo el edicto, hasta entonces no puesto en práctica, que prohibía el uso del árabe, de la religión musulmana y de las costumbres islámicas. Es también bajo su reinado cuando se propone el edicto de expulsión de los moriscos, que se lleva a cabo en circunstancias verdaderamente dramáticas ya en el reinado de Felipe III. Las consecuencias humanas y económicas de la expulsión fueron incalculables, particularmente en el Reino de Valencia, que perdió un tercio de su población. Sin tener que dar crédito a las versiones más críticas y hostiles hacia la figura y política de este rey (versiones que naturalmente tampoco estaban exentas de sus propios prejuicios), lo que es indudable es que Felipe II es una figura, cuanto menos, sumamente compleja y polarizadora, cuya visión y estrategia política fueron inseparables de su inquebrantable dedicación a la ortodoxia católica. A finales de la década de los años sesenta del siglo XX, por tanto, todavía en pleno franquismo, el artista Antonio Saura quiso transmitir la enorme carga simbólica de ese monarca, incluyendo la dimensión más oscura y violenta de su reinado, en su «Retrato imaginario de Felipe II»[25]. Irónicamente, nada de esa complejidad se traduce en la visión que del rey y su época se da en las conmemoraciones de 1998. En plena democracia, se escoge resaltar el «milagro político» de una monarquía católica que constituye también el primer imperio de los tiempos modernos, o centrarse exclusivamente en los aspectos menos polémicos del reinado del monarca, como su papel de mecenas de las Artes y las Letras[26].

Más allá de la figura concreta de Felipe II, no hay que olvidar el papel central que ocupan los siglos XVI y XVII en la promoción cultural de España en el exterior, como ya analicé en el anterior capítulo. Todos los gobiernos democráticos, pero particularmente los de signo conservador, hacen hincapié en una época que se sigue considerando no solo el cenit de la producción artística del país, sino también la clave de su singularidad y su proyección universal. Así, Jesús Silva, director general de Relaciones Culturales y Científicas desde 2001 a 2004, explicaba al historiador de arte y crítico cultural Jorge Luis Marzo el motivo del énfasis en el Siglo de Oro por parte de las políticas oficiales: «Cuando la cultura española deja de ser una cultura limitada a una zona geográfica y se convierte en valor universal es precisamente en el Siglo de Oro, y ese es un valor exportable». Pero ese énfasis tiene que ser cuidadoso –reconoce Silva– porque es una época también rodeada de «desconocimientos, deformaciones y leyendas negras» que naturalmente había que contrarrestar con una «investigación histórica científica»[27]. El deseo de evitar las «deformaciones y leyendas negras» es evidente, puesto que, en efecto, los aspectos más complejos y cuestionables del periodo en cuestión quedan soslayados hasta el punto de que lo que queda más bien es una «leyenda rosa». La universalidad que se preconiza desde el estado se entiende, por tanto, como una posición neutral que trasciende lo político y que elude

[25] Agradezco a Fernando Herrero-Matoses que me proporcionara esta referencia y compartiera su propio estudio sobre Saura y su interpretación de la tradición pictórica española.

[26] Véase, por ejemplo, el catálogo de la exposición «Un príncipe del renacimiento: Felipe II, un monarca y su época» de la Sociedad Estatal para la Conmemoración de los Centenarios de Felipe II y Carlos V, 1998. En la misma línea se encuentra el libro, también publicado en 1998, *Felipe II y su tiempo,* de M. Fernández Álvarez, que en 1999 publicaría *Carlos V. El césar y el hombre.*

[27] Entrevista con Jesús Silva incluida en Marzo, *¿Puedo hablarle con libertad, Excelencia?,* cit., 216.

una consideración de la violencia que implica las borraduras consistentes de lo diferencial.

La reticencia de la crítica a leer la obra de Delibes en su contexto concreto, español, se vuelve más significativa aún si pensamos que de las treinta y cuatro obras galardonadas con el Premio Nacional de Narrativa durante la democracia, solo otra trata directamente de los judíos y la Inquisición[28], una cuestión no precisamente insignificante en el contexto de la historia española. Se trata del libro de Carme Riera *Dins el darrer blau,* premiado en 1995, por cierto, hasta ahora una de las dos únicas obras premiadas escritas por mujeres y la única escrita en catalán. En ese caso, curiosamente, la estrategia de la crítica fue más bien la contraria a la que acabo de analizar: enfatizar la trama local. No era una historia de judíos *españoles,* sino de *chuetas mallorquines,* como si la represión religiosa hubiera tenido allí un carácter muy diferente al del resto del país. De todas formas, y para curarse en salud, *El País* volvía a poner el énfasis en el acostumbrado contexto generalizador, y así el paratexto de la contraportada asegura que «*En el último azul* es una novela contra los horrores de la intolerancia» (énfasis mío). Esto es, de nuevo lo que es una circunstancia específica y concreta, ligada a una política española que por supuesto tiene también dimensiones europeas, se convierte no en una reflexión sobre «nuestra intolerancia» en concreto, sino sobre «la» intolerancia en general. Algo consistente con el tono que caracteriza a mucha de la ingente producción novelística española relacionada con la memoria, así como los interminables debates sobre ella, que, por cierto, en sí mismos demuestran el carácter contencioso de algo que tantas veces se presenta como ya normalizado. Txetxu Aguado observa que lo que por un lado es o parece ser un «exceso de memoria» proveniente de la Transición, a la vez representa también un déficit, en el sentido de una memoria olvidadiza de lo «molesto propio»[29] y niega la posibilidad de que haya ninguna deuda que saldar con el pasado, o al menos la necesidad de hacerlo.

En la práctica, la política cultural del estado ha tenido una relación curiosa con la memoria de la presencia judía y musulmana en la Península. Como ha estudiado J. L. Marzo, la presencia histórica

---

[28] La Inquisición aparece en la novela de José Fernández Santos, *Extramuros,* pero la obra se centra en la problemática del deseo sexual entre mujeres.

[29] Txetxu Aguado, *Tiempos de ausencias y vacíos. Escrituras de memoria e identidad,* Bilbao, Deusto, 2010, p. 116.

judía en España fue objeto de dos exposiciones oficiales, una en 1992 y otra en 2003. Esta última coincidió con una visita de marcado signo político del presidente Aznar a Washington y Nueva York. Con comentarios dirigidos a la influyente comunidad judía norteamericana, el catálogo de la exposición subrayaba la completa hermandad de la herencia judía y española, algo que dentro de España no se da tan por sentado, incluso hoy en día[30]. No está de más decir que en ningún momento el estado democrático ha celebrado de forma similar la hermandad de las herencias hispana y árabe, «ni el mestizaje producido por nueve siglos de presencia musulmana en España, de mucho mayor peso e influencia [que la judía]»[31]. Para la narrativa democrática de la normalidad española, la herencia semítica constituye uno de sus elementos particulares, desplazado del todo, pintoresco en su singularidad pero también impedimento para la actualización de la tan deseada normalidad europea.

Si lo que se busca es un tratamiento complejo de la relación entre antisemitismo, teorías de limpieza de sangre, cristianismo y nacionalismo, así como una perspectiva que conjugue la especificidad local y lo universal, lo nacional y lo internacional, un buen ejemplo se puede encontrar en la obra de Jaume Cabré *Jo confesso [Yo confieso]*[32]. Novela escrita, como todas las del autor, en catalán, y cuya trama además incorpora su origen cultural de manera inequívoca y explícita –también en su adjudicación de responsabilidades éticas y políticas–, es una obra trascendental en el sentido literal de la palabra. Con más de mil páginas, *Jo confesso* ha logrado algo que muchos escritores españoles desearían pero que pocos consiguen: ser leídos fuera de sus fronteras y conquistar al tipo de lector/a culto europeo que parece ser tan deseado por el prestigio cultural que confiere. En efecto, Cabré, hoy en día el autor más leído en lengua catalana junto con Quim Monzó, es un fenómeno de ventas en Alemania y Francia, equiparable a Javier Marías, que tiene una trayectoria más larga. Y no lo ha sido solo por esta última obra, de perfil, digamos, más cosmopolita e internacionalista en su trama. Lo fue también con su anterior obra, una reflexión durísima, de escritura innovadora, sobre las heridas abiertas de la Guerra Civil y la posguerra. Con una trama situada en la Cataluña rural, el éxito de *Les veus del Pamano [Las voces del Pama-*

---

[30] Jorge Luis Marzo, *¿Puedo hablarle con libertad, excelencia?,* cit., p. 310.
[31] *Ibid.,* p. 311.
[32] Jaume Cabré, *Jo confesso,* Barcelona, Proa, 2011.

no], y su entusiasta recepción europea, contrasta con la frialdad con
que en Alemania se recibió, por ejemplo, *Soldados de Salamina*[33]*,* que
en España fue un enorme éxito de ventas y crítica. Y sin embargo,
solo el éxito de crítica de *Jo confesso* fuera, pero también dentro de
España, ha conseguido que se vuelva a traducir *Les veus del Pamano*[34]
al castellano, por ahora sin mayor impacto entre la crítica ni los lectores españoles. El éxito europeo de Cabré puede hacer pensar que la
narrativa de sutura tan bien representada, por ejemplo, por *Soldados
de Salamina,* no funciona tan bien más allá de las fronteras españolas,
y menos en un país como Alemania, que ha hecho un enorme esfuerzo para encararse con honestidad con los episodios más duros de su
pasado. *Les veus del Pamano* y *Jo confesso,* por el contrario, representan, entre otras cosas, precisamente eso: una reflexión profunda y sin
maniqueísmos sobre la culpa y el imperativo moral de asumirla incluso cuando cae sobre «los nuestros» o incluso sobre nosotros mismos.
El uso que *Jo confesso* hace del nazismo como metáfora del mal no es
tampoco exclusivo a Cabré ni a la literatura en lengua catalana. Antes
al contrario, hay numerosas obras de mérito que exploran ese periodo, incluyendo, por mencionar algunas, *La ofensa,* de Ricardo Menéndez Salmón (2007), *El bulevar del miedo* (2008), de Juana Salabert, *Lo que esconde tu nombre* (2010), de Clara Sánchez. Ahora bien,
en dichas obras, el vínculo entre el feroz antisemitismo nazi y la historia española se establece a partir del franquismo, por tanto, se limita
en su alcance, ya que se elude la exploración de los contextos y las
ideologías que vinculan a ambos, desde mucho antes del siglo XX. La
estrategia de Cabré es muy diferente al plantear desde la primera frase
de la obra lo que va a ser la fusión de dos personajes que la articulan:
el inquisidor Nicolás Aymerich, un personaje histórico nacido en Girona en 1399, con Rudolf Höss, comandante del campo de concentración de Auschwitz, nacido en Baden-Baden en 1900. El mal, la responsabilidad y la culpa se exploran a la vez desde la familiaridad y
desde la distancia, no quedando limitados a un régimen o periodo
histórico exclusivamente, pero sin eludir tampoco similitudes incómodas. El tema de la responsabilidad ética por el horror se plantea
también desde la dedicatoria de *Les veus del Pamano,* que se abre con
una cita de Vladímir Jankélévitch procedente de su ensayo sobre la
imposibilidad del perdón judío: «Padre, no los perdones, porque sa-

---

[33] Javier Cercas, *Soldados de Salamina,* Barcelona, Tusquets Editores, 2008.
[34] Jaume Cabré, *Les veus del Pamano,* Barcelona, Proa, 2004.

ben lo que hacen». La narrativa de Cabré representa una reflexión profunda y dura sobre el pasado, que elude el maniqueísmo y la simplificación, desarrollada además con una escritura brillante e innovadora. No deja de ser irónico, por tanto, que a la hora de valorar su obra, se haya hecho hincapié en que es un autor europeo que comunica «en ese idioma *universal* que al fin y al cabo es la literatura»[35]. Ambas cosas son obviedades: todo escritor comunica en el idioma universal que es la literatura y un escritor que escribe en una lengua romance y vive en Cataluña es, en definitiva, un escritor europeo. Pero la frase parece querer pasar de puntillas sobre lo que son «las raíces» del escritor, tan presentes en toda su obra y sobre la lengua concreta (el catalán) en la que escribe con maestría y desde la que se hacen las traducciones a otros idiomas. Lo cierto es que la obra de Cabré, que, como ya he dicho, es trascendental y abarcadora en su forma y en su fondo, solo es inteligible en su conjunto *a partir de* su especificidad cultural. No deja de ser curioso, por ejemplo, que la crítica haga hincapié en la deuda estilística del autor con Thomas Mann, deuda que él reconoce, pero no cree mayor que la que pueda tener con Puig i Ferrater o Josep Pla. Cabré no deja de sorprenderse tampoco por la cantidad de veces que lectores y críticos le preguntan por qué no se autotraduce al castellano. En ese sentido, la recepción crítica de Cabré es representativa de la complejidad de la posición de los escritores en lenguas minoritarias en España y las reticencias con que se enfrentan en su deseo de no difuminar su especificidad lingüística y cultural. Pero es también simbólica de problemas de mucho mayor alcance: la delimitación de lo «representativo nacional»; las virtudes, pero también las trampas, del cosmopolitismo literario; la adjudicación automática de ciertos temas a ciertas nacionalidades, mientras que otras tienen la libertad de explorarlos todos; la tensión, inevitablemente política, entre lo universal y lo particular.

DESDE EL KILÓMETRO CERO

Si los escritores españoles que escriben en lengua castellana se preocupan tanto de la recepción en el exterior de sus productos culturales, así como de su proyección y visibilidad internacional,

---

[35] Berta Ares, «Jaume Cabré: Nadie es amo de los temas narrativos», *Revista De Letras,* 13 de diciembre de 2012.

¿qué tendrán que decir al respecto los escritores que utilizan las lenguas minoritarias del estado? Como ya he apuntado, la insistencia con que la especificidad cultural y lingüística de ciertos territorios se ignora, se relega a un segundo plano, o se diluye en una borrosa «universalidad», ha sido desde luego objeto de discusión por parte de escritores y críticos cuyo objeto de análisis son las literaturas catalanas, gallegas o vascas. No es mi intención entrar aquí en el debate de qué es lo que se considera «literatura catalana/gallega/vasca»: si únicamente la escrita en dichas lenguas o también la escrita en castellano pero por escritores nacidos o con arraigo en esos territorios. No cabe duda, sin embargo, que si las historias de la literatura española consideran la literatura nacional por antonomasia la escrita en castellano, es lógico que el criterio lingüístico también se use como definitivo en otros contextos. Asimismo, es comprensible que los escritores en las lenguas minoritarias del estado no se resignen a ser un apéndice al final de un estudio, una mención que reconoce su existencia englobada dentro de lo español, pero sin darle la suficiente relevancia como para merecer un trato individual. Sobre este tema volveré más adelante. Mi premisa es, en cierto modo, más sencilla y parte de la realidad política de que en la España democrática hay tres lenguas que son cooficiales en sus respectivos territorios, además del castellano. Esas lenguas son el vehículo a través del cual se expresan un número significativo de ciudadanos, entre los cuales hay, naturalmente, poetas, novelistas y ensayistas que plantean reflexiones sobre temas muy diversos. Técnicamente, son lenguas cuya dimensión literaria también podría ser reconocida con el sello de lo nacional sin necesidad de perder su especificidad. En efecto, si incluso en los planes más conservadores de estudio se espera que, como ciudadanos, los españoles se abran a la pluralidad universal, ¿cómo ignorar la pluralidad que se tiene bien cerca, que nos rodea y expresa realidades que también nos conciernen? ¿Por qué los españoles parecen mucho más interesados en conocer hasta los autores más secundarios de la literatura anglosajona o nórdica, que incluso nombres consagrados de la literatura catalana, gallega y vasca de los que se espera que *trasciendan* su origen para ser relevantes? Si bien es cierto que vivimos un momento histórico en el que a nivel teórico se cuestiona a menudo, con razones de peso y diverso signo ideológico, la relevancia actual del estado-nación y se cantan las virtudes de la hibridez transnacional, en términos prácticos siguen siendo las naciones-estado y sus lenguas oficiales las que determinan nuestra posición relativa en relación a lo global. Esto lo reconocía el escritor catalán Quim Monzó en el breve discurso que hizo en la Feria de Fráncfort en 2007. Se recordará que dicha feria resolvió que fuera la cultura catalana la invitada de honor. Cuando el Institut Ramon Llull decidió que la representación fuera de escritores en lengua catalana (al principio, únicamente y después, mayoritariamente) se desató la polémica. A ella alude Monzó en su habitual estilo irónico y humorístico, que reconoce que a veces, se haga lo que se haga, se sacan conclusiones erróneas y que las literaturas sufren las consecuencias de las estrategias geopolíticas. En ese sentido, para él era sorprendente que una feria del libro reconociera una cultura «amb una literatura desestructurada, repartida entre diversos Estats en cap dels quals és llengua realment oficial (encara que n'hi hagi un i mig que ho proclamin sempre i quan aquesta proclamació no molesti els turistes, els esquiadors o els repartidors de butà)» [una «literatura desestructurada, repartida entre diversos» estados en ninguno de los cuales es lengua verdaderamente oficial (a pesar de que haya un estado y medio que así lo proclamen, siempre que esa proclamación no moleste a los turistas, a los esquiadores o a los repartidores de butano»][36]. Monzó también aludió en su discurso a las jerarquías que existen en la «República de las Letras», mencionando la única vez que una literatura sin estado recibió el premio Nobel en la persona del occitano Frederic Mistral, algo que molestó tanto que nunca más se ha repetido. Las palabras del escritor catalán enfatizan algo, por lo demás, obvio: que las prácticas culturales no existen desligadas de lo nacional, y menos en países de tradición centralista y/o cuya Constitución otorga al estado el deber esencial de defenderlas. Por lo mismo, debería ser comprensible que, como arguye Kathryn Crameri, las aguas procelosas de la hibridez transnacional no sean de gran consuelo para aquellos que desean tener la legitimidad y la protección de un estado-nación que refleje y proteja su identidad particular[37].

---

[36] El original en catalán, así como en inglés y alemán, puede verse en http://www.vilaweb.cat/media/attach/vwedts/docs/discursinaugural.pdf. La traducción al castellano «discurso de Quim Monzó en la Feria de Frankfurt» fue publicada por el Instituto Ramon Llull y luego también, corregida, en *Rebelión,* 15-10-2007 [http://www.rebelion.org/noticia.php?id=57628].

[37] Kathryn Crameri, «Reading Iberias: Teaching and Researching the "Other Cultures" of Spain», en Helena Buffery, Stuart Davis y Kirsty Hooper (eds.), *Reading Iberia: Theory/History/Identity,* Oxford, Peter Lang, 2007, p. 210.

En la consideración de lo que constituye o no una literatura con proyección universal, o una escena cultural global, hay que reconocer el vínculo existente entre el sujeto humanista y el sujeto imperial[38]; entre el conocimiento «universal» humanista y el conocimiento de determinadas lenguas imperiales. Como es bien sabido, el concepto mismo de «*humanitas*» se atribuía inicialmente a los que hablaban el latín correctamente. La palabra «bárbaro» es una onomatopeya que se relaciona inicialmente con la incapacidad de los extranjeros de hablar griego, pronunciando solo sonidos extraños para los oídos de los hablantes nativos. Más adelante, el mismo término se usa para caracterizar de forma derogatoria a los que hablaban modalidades del griego diferentes a la ateniense (tenía, por tanto, una dimensión política también). Hasta el día de hoy, hay un vínculo claro entre el lenguaje y la alfabetización, por un lado; y las ideas de conocimiento y civilización, por otro[39]. La identificación de ciertas lenguas con la cultura y la investigación no es menos fuerte ahora de lo que lo era en el periodo entre 1850 y 1945, cuando el 95 por 100 de los investigadores con perfil internacional venían de cinco países que constituían además el objeto de su investigación: Francia, Gran Bretaña, Alemania, Italia y Estados Unidos[40]. Así pues, cualquier consideración de lo literario en la escena global y cualquier acercamiento a un horizonte universal o a lo que ahora llamamos «literatura mundial» tendría que incluir una reflexión sobre la conexión que dicha categoría tiene con las literaturas nacionales dominantes, aquellas cuya producción ha continuado sin ruptura incluso a pesar de que Goethe anunciara su carácter obsoleto en 1827[41]. Parte importante de este cuestionamiento será el preguntarse no solo «qué» se estudia o se lee, sino «cómo» se hace: ¿En qué lengua se hacen las preguntas que guían nuestras pesquisas? ¿Qué teorías se usan para construir los argumentos? ¿Qué modos de transmisión son accesibles a un determinado escritor, a una determinada cultura? ¿Cómo cambian los productos culturales de una localización a otra? ¿Qué papel tienen la traducción y la edición en la

---

[38] Gayatri Chakravorty Spivak, *Death of a Discipline,* Nueva York, Columbia, 2003, p. 202.

[39] Walter Mignolo, *Local Histories/Global Designs: Coloniality, Subaltern Knowledges and Border Thinking,* Princeton University Press, 2000, p. 288.

[40] Immanuel Wallerstein, «Open the Social Sciences», *ITEMS, Social Science Research Council* 50/1, p. 1996, 3, comentado también por Mignolo.

[41] David Damrosch, *World Literature,* 1.

construcción de ciertas identidades culturales favorables a la consumición «global»?

La cuestión de la traducción y sus usos es particularmente crucial, como es lógico, para las literaturas escritas en lenguas minoritarias, puesto que la legibilidad de un texto no puede ser determinada de forma aislada del capital social y cultural de la cultura en que se inserta. Y es precisamente el capital social y cultural el que determina por qué algunas tradiciones literarias son plenamente accesibles en traducción y otras parecen exigir «un conocimiento casi etnográfico de sus códigos originales»[42]. Más aún, la mera aspiración a la accesibilidad y recepción universal se limita a los escritores de ciertas lenguas y ciertas culturas, a pesar de lo cual dicha posibilidad constituye una de las falacias sobre las que se construye la idea de un humanismo universal: «el monolingüismo en quechua no es una opción posible para el intelectual peruano, de la misma forma que el monolingüismo maya no es una posibilidad real para el guatemalteco o mexicano. Tampoco es una opción para húngaros o brasileños que querrían discutir sus propias versiones de la universalidad del conocimiento en su lengua y en foros internacionales»[43]. En el contexto peninsular, el monolingüismo catalán, vasco o gallego no es una posibilidad ni algo deseable para la mayoría de hablantes de esas lenguas (por mucho que los ataques furibundos en contra de las políticas de normalización puedan sugerir lo contrario). Mucho menos lo es para hablantes de urdu, kurdo, wolof o suajili. Para los escritores de estas lenguas, la cuestión, literalmente, es «ser traducido o no ser», parafraseando el título de un informe sobre el estado de la traducción literaria en el mundo publicado por el Institut Ramon Llull[44]. Así pues, al discutir la «escena global» literaria, o el alcance universal de una determinada obra, no se debería eludir una mirada metacrítica sobre nuestra propia localización como lectores, incluyendo cómo nuestra realidad material afecta nuestras percepciones de, y nuestro acceso a, lo universal y lo particular[45].

---

[42] Idelber Avelar, «The Ethics of Interpretation and the International Division of Intellectual Labor», *SubStance* 29/1, Issue 91, Special Section, Brain Cultures, 2000, p. 54, traducción mía.

[43] *Ibid.,* p. 90.

[44] Ester Allen (ed.), «To Be Translated or Not to Be», en *IRI Report on the International Situation of Literary Translation,* Barcelona, Institut Ramon Llull, 2007.

[45] Idelber Avelar, «The Ethics of Interpretation and the International Division of Intellectual Labor», cit., 91.

La reconsideración de las evidentes jerarquías que organizan la República de las Letras es necesaria para plantear lo que Walter Mignolo denomina la descolonización del conocimiento y del saber académico[46]. Esto implica la conexión de distintos discursos, archivos y tradiciones críticas para que no tengan que pasar necesariamente por un centro que determina las condiciones de posibilidad de intercambio entre la mayoría y la minoría. Esto es, lo que un conocimiento descolonizado requiere no es simplemente una posición pasiva de multiculturalismo benevolente, sino nuevos paradigmas interpretativos. Para ilustrar su tesis, Mignolo utiliza el ejemplo de la red ferroviaria argentina. Cuando los ingleses instalaron los ferrocarriles en Argentina en la segunda mitad del siglo xix, la obra fue por supuesto parte del floreciente Imperio británico. La estructura de la red era muy significativa: los tramos se conectaban desde el nordeste al sudeste, y desde el norte y sur de Argentina a Buenos Aires. Cada tramo conectaba con la capital del estado, que a su vez estaba conectada por barco con Londres. Pero ninguno de los tramos se conectaba entre sí. Para Mignolo, la geopolítica del conocimiento tiene una estructura similar. Los ciudadanos de América Latina, África, India y China conectan culturalmente con Europa primero. Si hay conexión entre ellos, suele ser a través de Europa o de Estados Unidos.

Aquellos que estén familiarizados con el diseño del ferrocarril español, reconocerán en el modelo argentino uno similar al que estableció a Madrid como «kilómetro cero», literal y simbólico, del país, a pesar de que los primeros ferrocarriles surgieron en las periferias (La Habana y Mataró). Es interesante constatar, por un lado, el hecho de que los primeros en solicitar las concesiones fueran comerciantes andaluces o catalanes, y por otro, la presencia de capital extranjero (británico e inglés) en todos los proyectos que tuvieron éxito. En su excelente libro, *España, capital París,* Germà Bel explica la contradicción que se produce en España desde el siglo xviii, puesto que la estructura del mercado es transversal, pero la del estado es decididamente radial. Dicha estructura radial es consistente con las jerarquías de poder entre las distintas partes que conforman dicho estado, siendo Madrid, el famoso kilómetro cero, el punto a través del cual se deben relacionar las distintas partes del todo. Di-

---

[46] Walter Mignolo, *Local Histories/Global Designs,* Princeton, Princeton University Press, 2012 [ed. cast.: *Diseños locales/Diseños globales,* Madrid, Akal, 2003].

cho de otro modo, el sistema de transportes y comunicaciones sigue también la lógica de la cohesión y la vertebración, lógica que se mantiene sorprendentemente consistente a lo largo de la historia y con gobiernos de muy distinto signo. En 1851, el ministro de Fomento Miguel de Reinoso proponía construir cuatro líneas de ferrocarril que conectaran Madrid con territorios a distancia de 200 y 300 kilómetros. A partir del final de esas líneas, arrancarían las de segunda clase, que llevarían hacia el mar y las fronteras[47]. En 1997, el ministro del Partido Popular Rafael Arias Salgado plantea una política de infraestructuras del gobierno para fortalecer el centro peninsular y que no se «desequilibre» el país hacia el Mediterráneo. ¿Su solución? Invertir en conectar el centro de Madrid con zonas que estén más o menos a 200 km de la ciudad. En el año 2000, Aznar planteaba su deseo de conseguir para el país una red de alta velocidad que pusiera a todas las capitales de provincia a menos de cuatro horas de Madrid. En 2007, el socialista Rodríguez Zapatero volvía a aludir a la importancia que para la cohesión nacional (no para la productividad o la competitividad comercial) tenía la política de infraestructuras[48]. Como señala Bel, con ironía, desde el siglo XIX hasta nuestros días la cohesión territorial de España significa tener conexión directa con Madrid[49]. De hecho, la polémica sobre la política de infraestructuras española, y los motivos por los que no se dio prioridad a un corredor mediterráneo, tan esencial desde un punto de vista económico, volvió a surgir en 2013 a raíz de la inauguración del AVE entre Barcelona y Girona, siendo condescendientemente desestimada por las autoridades competentes.

En el siglo XXI, la capitalidad total, política, económica y cultural de Madrid es finalmente un hecho que se da por sentado: «Madrid puede cumplir una auténtica función vertebradora del territorio español, en lo económico, como en lo geográfico, en lo institucional como en lo cultural»[50]. De la misma forma, a pesar del pluralismo cultural que se acepta en teoría, en la práctica, las culturas minoritarias del estado se conocen a menudo solo a partir de su visibilidad en el centro: cuando un premio nacional las reconoce, o cuando hay una traducción en castellano. Incluso entonces, en lugar de ser reco-

---

[47] Germà Bel, *España, capital París*, Barcelona, Destino, 2010, p. 47.
[48] *Ibid.,* p. 48.
[49] *Ibid.,* p. 49.
[50] José Luis García Delgado citado en Bel, *España, capital París,* cit., p. 240.

nocidas en su especificidad cultural, lo que ocurre más bien es que quedan absorbidas por el centro, incorporadas sin más al canon de las letras españolas. Mario Santana ha estudiado cómo la forma en que circulan ciertos textos de la literatura vasca, catalana o gallega (el caso específico es *Soinujolearen semea,* o *El hijo del acordeonista,* de Bernardo Atxaga) a menudo omite la mención del texto original, o se minimiza de tal modo que es en efecto difícil discernir cuál es la lengua original[51]. En el caso de Bernardo Atxaga, su prestigio cultural es tal que se incluye habitualmente en el canon de escritores españoles, a veces con escasa mención al hecho de que escribe en euskera y como si eso fuera un accidente, y no parte fundamental del mundo que su literatura recrea. En la página web «España es cultura/Spain is culture», del Ministerio de Educación, Cultura y Deporte), la entrada de Atxaga dice: «Escritor. Por su obra *Obabakoak,* traducida a más de 14 idiomas, recibió el premio nacional de narrativa». No se indica específicamente que la obra se tradujo del euskera, y las menciones más concretas que se hacen a esa lengua tienen que ver con los numerosos premios que tuvo el autor en su Euskadi natal. Igualmente, dos de los premios nacionales de Narrativa que han recaído sobre autores vascos que escriben en euskera, Unai Elorriaga (2002) y Kirmen Uribe (2009), se distribuyen en el mercado nacional con mínimas alusiones, en ocasiones ninguna, a su lengua original. La contraportada de la obra de Elorriaga, *SPrako tranbia,* se considera «la novela que revolucionó el panorama literario español»[52]. De Kirmen Uribe se cuenta que «debuta de manera deslumbrante en el panorama narrativo hispánico» y que se considera uno de los más destacados renovadores de la literatura actual. Las únicas pistas que puede tener el lector de que el autor puede escribir en euskera es la mención de los numerosos premios que ha recibido, incluyendo el Premio Nacional de la Crítica en Lengua Vasca en 2008, o el comentario del Harvard Book Review de que «la literatura de Uribe hunde sus raíces en el País Vasco, pero es totalmente universal»[53]. Es como si la lengua original del texto fuera un pequeño, pero soslayable, inconveniente. Más allá de la (in)visibilidad de

---

[51] Mario Santana, «On Visible and Invisible Languages», en Mari Jose Olaciregui (ed.), *Writers in Between Languages: Minority Literatures in the Global Scene,* Nevada, University of Nevada, Center for Basque Studies, 2009, p. 221.

[52] Unai Elorriaga, *SPrako tranbia,* Donostia, Elkarlanean, 2001.

[53] Cita incluida en el material promocional de la obra.

la lengua original del texto y la ocultación de que de hecho lo que circula más frecuentemente y a menudo lo que origina otras traducciones es la versión en castellano, es notable además que todas las obras premiadas se localizan o bien en espacios imaginarios (Ababa) o bien en espacios cerrados y/o privados. En *Obabakoak* y en *Bilbao-New York-Bilbao,* lo vasco está presente, desde luego, pero es un mundo vasco que no crea tensión para el lector español, incluso para un lector conservador, por distintos motivos. En el caso de Atxaga, por su estilo realista mágico, por su superposición de narrativas, por su localización de las historias en un tiempo pasado. En el caso de Elorriaga, su novela puede ser leída en clave tanto intimista como universalista, y de hecho puede ser comprendida sin ningún tipo de conocimiento del contexto vasco.

La literatura de Kirmen Uribe, su exploración de las posibilidades de una identidad fluida (personal y colectiva) y su tono neocostumbrista y optimista también permiten una lectura consistente con ese pluralismo del «aquí cabemos todos» y la cohesión que el premio estatal busca fomentar. Bien es cierto que el tono desligado de rencor del libro de Uribe puede entenderse como una bocanada de aire fresco en un ambiente donde las tensiones y la violencia causadas por distintas formas de entender lo nacional están a la orden del día. En efecto, el crítico Joseba Gabilondo ha identificado el énfasis en la articulación de distintas afectividades como elemento fundamental del éxito del libro[54]. El otro lado de esa cuestión es que el planteamiento de Uribe es también consistente precisamente con esa cultura de consenso que asume que en una realidad compleja todo es inteligible y compatible. Es más, su premisa parece coincidir con la opinión de uno de sus personajes que el narrador de su texto suscribe: «[Pero] una cosa son las ideas y otra el corazón»[55]. La escisión entre lo afectivo y lo racional es significativa, como también lo es la presunción de que lo ideológico carece de un componente afectivo cuando en realidad no hay ideología efectiva sin anclaje emocional. Es importante resaltar que el comentario además se inserta en el recuerdo del personaje que pronuncia la frase a raíz del cuestionamiento de la convivencia durante la guerra de personas de los dos bandos en una misma casa. Del mismo modo, el libro incide en varias ocasiones en

---

[54] Joseba Gabilondo, «El anillo postnacional de Moebius: deseo y política en la literatura vasca reciente (2000-2012)», *Ínsula. Revista de letras y ciencias humanas* (2013).

[55] Kirmen Uribe Urbieta, *Bilbao-New York-Bilbao,* San Sebastián, Elkar, 2008, p. 27.

la capacidad de la amistad de trascender las divisiones ideológicas. Todo lo cual es muy loable, y sin duda verosímil, pero la pregunta pertinente sería más bien cómo se pueden manejar las diferencias ideológicas profundas, sobre todo en tiempo de conflicto armado, cuando no existe ese vínculo afectivo positivo con el enemigo, sino al contrario: cuando la construcción del enemigo canaliza todo un potencial emotivo negativo. Tampoco la obra apunta a cómo se desarrolló, en términos concretos, la convivencia en esa casa habitada por ciertas personas que representaban la ideología de un poder autoritario e indiscutible. No me parece casual, en ese sentido, que la obra de Uribe se desarrolle durante un vuelo transatlántico, esto es, literalmente suspendida en el aire, lejos de las fronteras concretas institucionales, pero también de los vínculos que marcan la pertenencia a uno u otro lugar, ideológico y geográfico. Es quizá solo en el aire donde, hoy por hoy, su visión integradora de la identidad vasca puede tener lugar, del mismo modo que en la novela, el hijo del protagonista crea un Athletic de Bilbao virtual donde efectivamente puede haber jugadores extranjeros: españoles, ingleses, argentinos. *Bilbao-New York-Bilbao* funciona en ese sentido como ejemplo de lo que se ha llamado la literatura del «vuelo de pasajeros», que implica un movimiento aparente hacia la abstracción de lo global a la vez que depende de una capacidad de visión y movilización anclada en un privilegio muy terrenal y concreto[56]. En el mundo real, de fronteras políticas y culturales bien marcadas y defendidas, ciertas identidades dominantes siguen funcionando como lo que en terminología lacaniana se denominan puntos nodales («point de capiton»), esto es, el significante que acolcha y estructura el significado, la palabra a la que las cosas se refieren para reconocerse en su unidad. En el caso de las literaturas vasca, catalana y gallega, el punto de acolchado sería, claro está, lo español, entendido como la categoría no solo más amplia, sino superior, que abarca todas las demás, algo que sostienen los críticos Antonio Pedrós-Gascón y Joseba Gabilondo[57]. La otredad cul-

---

[56] Marit MacArthur, «One world? On the Poetics of Passenger Flight and the Perception of the Global», *PMLA: Publications of The Modern Language Association Of America* 127/2 (2012), p. 279.

[57] Antonio Pedrós-Gascón, «Héroes para un nuevo 98 (acerca de la invisibilidad ideológica en la novela española reciente)», *España contemporánea: Revista de Literatura y Cultura* 22/1 (2009), pp. 7-35. Gabilondo, «El anillo postnacional de Moebius: deseo y política en la literatura vasca reciente (2000-2012)». Este último hace una inteligente lectura del tropo de la huida en la literatura vasca.

tural sirve para mostrar al mundo la pluralidad de la España democrática, pero siempre que sea una otredad, como la conflictividad social manifestada durante la actual crisis económica, «dentro de lo razonable», despolitizada, fácilmente insertable en problemáticas establecidas como universales. El éxito internacional de dichas obras, cuando se da, se usa para crear una narrativa reconfortante y tranquilizadora, reafirmante del «sentido común en lo substancial» al servicio del cual se pone la cultura oficial española. Lo que se pierde, por tanto, es el debate público, no dirimido desde el estado, sobre lo que en verdad distintas culturas tenemos o no tenemos en común, incluyendo lo que *deberíamos* tener en común, entre otras cosas una memoria cultural entendida como proceso abierto, sujeta a cuestionamiento, y abierta a distintas capacidades afectivas, que pueden abarcar desde el orgullo hasta la indignación o la vergüenza[58].

EL PARADIGMA MONOLINGÜE

Partiendo de las consideraciones anteriores, ¿cómo se puede plantear una historia cultural que, siendo capaz de representar la especificidad de un determinado grupo, no relegue al olvido segmentos enteros del espacio creativo? ¿Cómo tener acceso a las reglas de la representación y de las narrativas permisibles que constituyen «la sustancia» de una cultura? La respuesta a esta pregunta requiere dos tipos de herramientas diferentes: prácticas analíticas (individuales) e intervenciones institucionales (colectivas).

El escritor Max Aub decía que hay tres tipos de hombres: aquellos que cuentan su historia, aquellos que no la cuentan y aquellos que no tienen historia. Una parte importante de la práctica de la crítica literaria es la consideración y evaluación de lo que se ha considerado digno de ser representante de lo nacional en momentos históricos diferentes. Si la literatura nacional se ha definido tradicionalmente como el cuerpo de textos en base a los cuales la nación presenta una visión específica de su historia a través de una narrativa que evoca ideas de continuidad y homogeneidad, es importante considerar las imágenes y el estilo en el que una comunidad (literaria)

---

[58] Tomo este punto de la discusión de lo que la teoría política debe ofrecer de Jan-Werner Müller en *Constitutional Patriotism,* Princeton, Princeton University Press, 2007, p. 8.

nacional se ha imaginado, el tipo de memoria cultural que la historia literaria construye. Para llevar esto a cabo, no solo se necesita analizar lo que está presente, sino también lo que ha quedado ausente o al margen, lo que ha sido eliminado o, incluso, lo que siendo visible sigue siendo considerado marginal, heterodoxo, o excedente. En otras palabras, el objetivo no sería simplemente analizar cómo la literatura española ha creado sus «otros», sino analizar con qué materiales se ha construido la idea misma de «literatura española». Para alcanzar tal fin, lo que se necesita entonces es una nueva lógica hermenéutica que sea simultáneamente específica e histórica: una lógica que devuelva al texto su propio tiempo y contexto característicos[59]. Es necesario un esfuerzo serio de contextualización histórica para desmontar la construcción de una narrativa que sustituye el efecto por la causa: los efectos de una centralización política impuesta y una homogenización cultural (incluyendo el monolingüismo castellano desde el siglo XVIII) que resultaron en la construcción de lo español prevalente en la actualidad. De hecho, la focalización excesiva, o exclusiva, en el periodo contemporáneo contribuye a perpetuar el mito de que la Guerra Civil y el franquismo son las únicas causas de las tensiones entre narrativas nacionales rivales que existen en el presente y de la anorexia patriótica que afecta al país. Este *presentismo,* que también domina la vida política española, es quizá la herramienta más efectiva para obstruir la trayectoria histórica de las culturas catalana, vasca y gallega, pero también la complejidad de la realidad cultural de la Península antes del siglo XVIII. Una perspectiva histórica mostraría que el hecho de ser «escritores entre dos lenguas» en la península Ibérica no era nada extraño y para ello bastan algunos ejemplos. Las primeras lenguas literarias de la península Ibérica fueron el mozárabe (como se ve en las «jarchas») y el gallego-portugués. Los escritores castellanos escribían sistemáticamente en gallego, una práctica que se remonta a Alfonso VII y que tuvo su culminación con Alfonso X el Sabio. Incluso en el siglo XV, Gómez Manrique produjo poemas en gallego. Poco después, los catalanes escribirían en provenzal. Las historias literarias españolas generalmente ignoran por completo Portugal y, con él, el bilingüismo castellano-portugués que duró hasta el principio del siglo XV[60]. Los portugueses usaron el español como

---

[59] Pascale Casanova, *The World Republic of Letters,* cit., 352.
[60] Agradezco a J. M. Martínez Torrejón que me ayudara a pensar en algunos de estos ejemplos. Su conocimiento profundo y ejemplar de la lengua y las tradiciones literarias

lengua literaria durante dos siglos, e incluso la oposición a Castilla se solía escribir en castellano. Jorge de Montemayor, canonizado como autor español, fue un ejemplo de escritor portugués que escogió el castellano para sus obras. Los hermanos Aldana, que eran italianos, también se estudian como autores castellanos, puesto que escribieron principalmente, pero no exclusivamente, en español. Las razones políticas e ideológicas de estas preferencias deberían ser parte del diálogo sobre la producción de estos autores. Muchas de las «obras maestras» de la literatura universal, como el *Decamerón*, fueron traducidas al catalán primero y al castellano después: en catalán tuvieron un amplio público lector. El mayor teórico de la estética neoclásica española, Ignacio de Luzán, se educó en Italia y comenzó a usar el español como lengua literaria solo tras haber cambiado sus posiciones políticas y aliarse con la nueva dinastía de Borbón. La lista podría continuar, puesto que incluso después de los decretos que señalan el principio del monolingüismo oficial en el siglo XVIII y los esfuerzos sustanciales para hacer cumplir la unificación política y cultural del siglo XIX, la realidad lingüística y cultural de la península Ibérica continuó siendo compleja y multilingüe.

Probablemente, uno de los dos géneros literarios más unidos a la identidad artística española/castellana fuera de las fronteras ibéricas sea el romance (el otro sería la picaresca). Se ha probado, sin embargo, que el romance no solo cambia su ubicación y se transforma en corridos, incluyendo los populares y polémicos narcocorridos mexicanos actuales, sino que el género mismo también existe en otras lenguas peninsulares. Un ejemplo poco conocido sería el «Romance de Aída», en bable, y otro todavía más desconocido sería el himno nacional catalán «Els Segadors», un romance que se origina en el siglo XVII, aunque la versión actual data del siglo XIX. De hecho, el romance más antiguo del que tenemos noticias fue escrito en catalán en el siglo XV por un estudiante catalán que vivía en Italia. Todo esto no es, ciertamente, información desconocida. Ahora bien, el uso que se pueda hacer de ella determina visiones muy diferentes de lo literario, así como de las relaciones entre cultura y sociedad. Al considerar estos datos, podemos ponerlos en el contexto de la perpetuación de la lógica de lo original (superior) y la copia (inferior); de la idea de una cul-

---

castellana, catalana y portuguesa, le permite considerar de forma conjunta fenómenos que a menudo se estudian aisladamente. En concreto, para un estudio de las relaciones culturales castellano-portuguesas, véase su edición aparecida en *Archivos* (2002).

tura nacional orgánica cuyos rasgos distintivos se transmiten de un contexto a otro y pueden distinguirse en distintos momentos y localizaciones. O podemos usarlos, en mi opinión más productivamente, para establecer una ruptura conceptual con la lógica del origen, y concentrarnos en su lugar en la incontable secuencia de transformaciones a que dan lugar determinadas tradiciones culturales[61].

Las reflexiones sobre el multilingüismo de la cultura española deben situarse asimismo en un contexto más amplio, que es el del cuestionamiento del paradigma monolingüe en un contexto europeo. Como ha estudiado recientemente Y. Yildiz, la idea de la importancia fundamental de la lengua materna y su carácter privilegiado para la creación literaria es relativamente reciente, un producto del siglo XVIII europeo, precisamente el siglo en que en España se establece el español como lengua oficial del estado. A partir de ese momento, las lenguas se ven como principios estructuradores de lo nacional, pero también de la subjetividad, y el multilingüismo pasa a considerarse fuente de disensión o amenaza para la cohesión política y psicológica. En su brillante estudio del paradigma monolingüe y su alternativa, que ella denomina la condición posmonolingüe, Yildiz aboga por un cuestionamiento de lo que se ha convertido sin duda en un *habitus* cultural que perpetúa la idea de un vínculo orgánico e irrompible entre una lengua y una cultura claramente definida en sus contornos específicos, geográficos e históricos. La existencia de ese paradigma monolingüe ha conseguido oscurecer o convertir en excepciones o patologías la existencia de otras formas de expresión y coexistencia en múltiples lenguas a la vez, algo muy frecuente con anterioridad al siglo XVIII pero también después, a pesar de todas las políticas institucionales en sentido contrario. Hoy en día, la movilidad y las relaciones interculturales resultantes de los procesos de globalización plantean la posibilidad de un nuevo paradigma, posmonolingüe, que no solo reconozca la existencia de prácticas multilingües, sino que cuestione la premisa de la uniformidad de cualquier lengua, problematizando además la relación supuestamente privilegiada que todos los hablantes tienen con su lengua materna. Centrándose en ejemplos de escritores de distintos orígenes cuya lengua literaria es el alemán, Yildiz estudia cómo la lengua materna, lejos de ser siempre un vehículo adecuado para la representación de

---

[61] Roberto Schwarz, «Brazilian Culture: Nationalism by Elimination», en John Gledson (ed.), *Misplaced Ideas: Essays on Brazilian Culture,* Londres, Verso, 1992, pp. 1-19.

la subjetividad, puede ser el origen de un sentido de alienación (Kafka), de inclusión sofocante (Tawada), de representación de la violencia estatal (Özdamar) o de abyección (Zaimoğlu). No se trata de negar la trascendencia que una lengua materna pueda tener, ni el derecho de sus hablantes a usarla libremente en todos los contextos, públicos y privados, perpetuándola así para futuras generaciones. No se trata tampoco de restar importancia a los vínculos afectivos y sociales de esos hablantes con ella, sea cual sea su número. Se trata más bien de cuestionar que eso tenga que ser así siempre y en cualquier caso, y por tanto que se deba privilegiar el acceso al mundo a través de una única forma de expresión privada o literaria. Al desnaturalizar el paradigma monolingüe, se puede dar paso a nuevas formas de expresión y, por tanto, de relación no basadas en la homogeneidad y la exclusividad ni lingüística ni comunitaria. Asimismo, dicha desnaturalización implica también el desmantelamiento de la fantasía de ubicuidad y omnisciencia que a menudo sostiene la producción cultural en ciertas lenguas de millones de hablantes. Esto es, se trata de considerar las trampas, y no solo las posibles ventajas, de un cosmopolitismo selectivo identificado con el prestigio y capital cultural de unas pocas lenguas a través de las cuales el mundo parece presentarse como completamente accesible[62].

La visión astigmática y el espacio vacío de paralaje

En su obra sobre *La república mundial de las letras,* Pascale Casanova cuestionaba el estudio de las literaturas basado en las fronteras nacionales actuales. Para esta crítica, el uso continuado del concepto de literatura nacional implica una visión astigmática, definida como una perspectiva parcial y distorsionada que pierde de vista las relaciones de poder multifacético que impactan en una obra determinada, tanto histórica como estructuralmente. Aunque estoy de acuerdo con la premisa básica de Casanova, me gustaría cuestionar la metáfora que utiliza. Me parece que, al emplear el símil del astigmatismo, Casanova implica que si se usa una lente determinada, correcta, emergerá una visión de la realidad claramente enfocada y sin distorsión alguna. Mucho antes que Casanova, Karl Marx ya había

---

[62] Yasemin Yildiz, *Beyond the Mother Tongue: The Postmonolingual Condition,* Fordham University Press, 2012, p. 209.

hecho una lectura de la incapacidad de Victor Hugo de predecir el golpe de estado de Luis Napoleón Bonaparte en 1851 alegando que había leído la realidad a través de la lente equivocada, con sus gafas de novelista y no de historiador: por ver la realidad desde la perspectiva equivocada, el escritor no pudo interpretar adecuadamente unos síntomas sociales que para Marx eran, por lo demás, obvios[63]. Esta premisa es consistente también con la visión marxista de la ideología como falsa conciencia, algo ya discutido en el primer capítulo del libro. Pero pensemos por un momento en la cuestión de la perspectiva óptica y la posibilidad de ver de una forma u otra, y empecemos por aclarar qué es el astigmatismo en realidad: un defecto de la curvatura de los medios refringentes –córnea y cristalino– del ojo, que impide la convergencia en un solo foco de los rayos luminosos. Su verdadera causa tiene que ver con dificultades, no de la refracción, sino del acoplamiento de los diferentes sectores que informan al cerebro sobre la imagen captada. Esto puede ser molesto en términos prácticos cuando necesitamos enfocar nuestra vista en un objeto específico y, de hecho, las consecuencias negativas del astigmatismo se transponen a un uso metafórico del término, y así, «visión astigmática» implica un «entendimiento distorsionado» así como incapacidad de discriminación conceptual. Ya en el capítulo anterior analicé las implicaciones del uso político de las metáforas orgánicas, que interpretan la nación como cuerpo de carne y hueso susceptible a infecciones y patologías, y cuya posibilidad de cura depende de la aplicación del remedio necesario por parte de especialistas. Las implicaciones negativas del término «visión astigmática» y el ideal funcional del cuerpo normalizado son también prueba de la persistencia de dichas metáforas también en el terreno de la cultura y la creación artística. Y sin embargo, por otro lado, ¿no es el potencial para conseguir una «visión múltiple» de la realidad una de las características fundamentales del arte? La fotografía y el cine, en efecto, juegan con esta capacidad, y en esos contextos el término «lente astigmática» se refiere a una lente que ofrece un enfoque múltiple y contradictorio. En verdad, muchos de los textos literarios más perdurables y fascinantes también poseen esta misma habili-

---

[63] La tesis se encuentra en el *18 Brumario de Luis Bonaparte*, accesible en la red y editado también por Alianza Editorial (2012), y se toma como punto de partida en *Los lentes de Victor Hugo. Transformaciones políticas y desafíos teóricos en la Argentina reciente*, Buenos Aires, Prometeo, 2007.

dad. Por el contrario, ¿no es el esfuerzo pertinaz por mantener un enfoque único y centrado, una visión jerarquizada de la realidad cultural y las relaciones entre distintos textos la gran limitación de las historias literarias en general? Y, por último, ya en pleno siglo XXI, ¿no deberíamos aceptar el hecho de que la única crítica posible es la que incluye las distorsiones de la conciencia que percibe, y no solo las de la conciencia que expresa?

Slavoj Žižek ha usado el concepto de paralaje, originalmente un término usado en astronomía y geometría, para articular su opinión de que la realidad nunca puede percibirse en su totalidad; no porque una parte nos resulte elusiva, sino más bien porque siempre contiene un punto ciego que marca nuestra inclusión en ella. El «vacío de paralaje» es un intersticio que separa dos puntos entre los cuales no es posible una síntesis o mediación[64]. Y el paralaje visual implica también un antagonismo social que no permite un espacio de entendimiento común. Esto es, dos miradas diferentes, producidas por distintas perspectivas, no generan dos visiones exclusivamente subjetivas, sino una diferencia, un desplazamiento ontológico. En mi opinión, el único camino posible para estudiar las literaturas que pertenecen a diferentes contextos lingüísticos, culturales y políticos es partir de la premisa de que tal espacio existe y por lo tanto hay que aceptarlo con todas sus consecuencias. Se podrían poner muchísimos ejemplos, pero voy a escoger uno que me parece particularmente ilustrativo, difícil y polémico: el lugar que pueda ocupar en un canon literario un escritor como Joseba Sarrionandia, filólogo, traductor de T. S. Eliot al euskera, miembro correspondiente de la Real Academia de la Lengua Vasca, críticamente reconocido en su contexto cultural. Sarrionandia es también un exmiembro de ETA, que se dio a la fuga en 1980 y que todavía está en paradero desconocido. En su variada obra, se encuentran poemas como «Literatura eta Iraultza» [«Literatura y revolución»], en el cual las acciones de un policía (de apellido castellano) que tortura de forma brutal a un prisionero vasco se mencionan junto con referencias a versos de Pessoa, las perplejidades de Molly Bloom, o las teorías de Foucault. ¿Qué hacer con este tipo de realidad literaria? ¿Cómo enseñarla?; ¿no enseñarla?, ¿pretender que no existe?, ¿pretender que podemos juzgar este texto desde una posición meramente estética, sin ningún tipo de reacción afectiva, en una dirección u otra?

---

[64] Slavoj Žižek, *The Parallax View,* Cambridge, MIT Press, 2006.

¿Ignorar la diferente percepción que de la obra del autor se pueda tener en localizaciones diferentes? Se puede también, desde luego, dejar el tema y a autores como este completamente de lado, bien por rechazo a su ideología, bien por considerarse que el asunto deben discutirlo únicamente los expertos en literatura vasca (de hecho, gran parte de la obra de Sarrionandia no es accesible sino en euskera). Sin embargo, de acuerdo a la visión de la «cultura sin ideología» propugnada desde el estado español, sería posible leer la obra de Sarrionandia desligada no ya de su actividad política personal, sino también de la dimensión abiertamente política de su obra. Miguélez-Carballeira estudia numerosos ejemplos de esa concepción vacía de la cultura y de la literatura y de la posición conservadora que plantea precisamente que la literatura solo es eso, literatura[65]. Y ya hemos visto cómo el estado español ha hecho también lecturas de la obra de Cernuda o Lorca que explícitamente evitaban la consideración de la dimensión ideológica de sus textos, arguyendo que dicha dimensión representaba en realidad la ideología del autor, porque la literatura no la tiene. Es seguro que dicha postura no se consideraría aceptable en el caso de Sarrionandia, que sin duda podría servir de ejemplo de que la literatura nunca es solo literatura. En cualquier caso, o en todos los casos, la idea de lo literario como un campo bien delimitado, aislado de lo social y sus tensiones, no solo no se sostiene, sino que además limita la lectura y la comprensión del texto. Porque, en efecto, el vacío de paralaje que representa la obra de Sarrionandia es representativo de un conflicto sumamente grave, que afecta no solo a la concepción política y simbólica de España, sino también a la (im)posibilidad de convivencia entre diferentes comunidades y localizaciones ideológicas. Un conflicto que, por cierto, está escenificado de múltiples formas en la literatura vasca, incluyendo a su autor más universal y mejor valorado por la crítica española, Bernardo Atxaga, quien aparte del mundo mágico de Obaba o de los desastres del colonialismo belga, también se ha ocupado en su poesía y su narrativa de explorar las luces y las sombras de la violencia y la represión en el País Vasco. Por todo ello, quizá sería fructífero, aunque desde luego no necesariamente fácil o placentero, leer, discutir y plantear de frente precisamente los dilemas éticos y políti-

---

[65] Helena Miguélez-Carballeira, «"La literatura es eso, literatura": The Rhetoric of Empty Culture in Francoist and Neo-Francoist Discourses», *Journal of Spanish Cultural Studies* 13/2 (2012), pp. 196-197.

cos que esos textos presentan, como parte de un litigio que atraviesa el espacio democrático.

Como es bien sabido, el campo de visión es siempre, inevitablemente, un campo ideológico, y una óptica implica un posicionamiento. La renuncia a la ilusión de un «punto cero» de la crítica, que asume que es posible pensar desde la completa objetividad siempre que se haga a través de una lente adecuada, parte de la constatación de que solo se puede entender el mundo a través de contextos culturales específicos. El desmantelamiento del andamiaje de la normalidad y el universalismo que sostiene las historias de la literatura nacional y la ficción de la República de las Letras requiere un lector que no solo «vea» cosas, sino que aprenda a «mirar», entendiendo mirar como una práctica que conlleva una elección y una voluntad para (re)interpretar lo que creemos que ya sabemos. Como muestra de la necesidad de una mirada diferente, una capaz de reconocer como parte del campo de visión la producción cultural que a menudo se descarta, cabe señalar las palabras que la representante de la editorial de Jaume Cabré en Cataluña decía al reconocer que ni ella misma lo conocía antes del éxito en el extranjero: «De tan cerca que estaba, la gente no lo veía»[66].

Según el crítico Roberto Schwarz, ciertas tradiciones literarias pueden llegar a ser *nacionales* solo por substracción de elementos considerados indeseables[67]. En realidad, todas las identidades culturales nacionales se construyen en base a esa premisa, pero en algunos casos las operaciones de sustracción tienen tal peso que el balance final siempre parece quedar en números rojos. En el caso particular de España, es difícilmente cuestionable que la idea dominante de la cultura española se basa en una razón de estado excluyente y poco amiga de las convivencias: hasta el mestizaje, que hoy en día se celebra como muestra del espíritu de la hispanidad, no se consigue gracias al impulso de la metrópolis (ni tampoco de las elites latinoamericanas, por cierto), sino, en efecto, a pesar de ellas[68]. De hecho, lo que España no debería ser, las desviaciones heterodoxas que han sido amputadas de la memoria colectiva de la nación, han sido pro-

---

[66] Silvia Sesé citado en Xavi Ayén, «Jaume Cabré hechiza a los alemanes», *lavanguardia. com*, 16 de marzo de 2012.

[67] Roberto Schwarz, «Brazilian Culture. Nationalism by Elimination», cit., pp. 1-19.

[68] Jorge Luis Marzo, *La Memoria Administrada: El barroco y lo hispano,* Madrid, Katz Conocimiento, 2010, p. 59.

bablemente lo que le ha otorgado al nacionalismo español su principal cohesión estructural. Para pertenecer a la familia española, a menudo ha habido que hacer como en el cuento de Quim Monzó «Vida familiar», cuyos personajes tienen que sacrificar uno de sus dedos para poder considerarse miembros de pleno del clan familiar. Dicha práctica continúa hasta que, por una mutación genética inexplicable, los niños empiezan a nacer con seis dedos y entonces ya no se sabe qué hacer para poder diferenciar lo familiar de lo extraño.

Está claro que no se puede hacer retroceder el tiempo y reconstruir el significado de lo español. No se puede tampoco pretender que las amputaciones gracias a las cuales se ha formado el cuerpo nacional normalizado no han tenido consecuencias, que han sido suturadas con hilo invisible y de ellas ya no queda ni la huella. El repaso más somero a la producción y los debates culturales de la democracia demuestra que esto no es así. Significativamente, hay varias obras escritas en el periodo democrático reciente que tratan de órganos amputados, de partes del cuerpo perdidas sin las cuales se tiene que aprender a funcionar pero que de todas formas están de alguna forma presentes. Esto es un tema común en Monzó, como ya he señalado, y también se encuentra, por ejemplo, en el cuento «La mano del emigrante», de Manuel Rivas. Pero quizá su mejor desarrollo se aprecia en el texto de Ramón Saizarbitoria incluido en el volumen *Gorde nazazu lurpean [Guárdame bajo tierra]*[69], *Gudari zaharraren gerra galdua [La guerra perdida del viejo gudari]*. Como ha visto Ur Apalategi[70], la historia conmovedora de un viejo gudari mutilado que tiene que ir a Burgos a declarar ante notario las circunstancias en que fue herido para poder reclamar una pensión compensatoria, es toda una reflexión sobre las heridas del pasado y sus consecuencias en el presente, sobre la incapacidad de transmitir el horror de un trauma y el desinterés oficial por esos relatos. En opinión de dicho crítico, es también una meditación sobre la (auto)traducción como mecanismo de legitimación para las literaturas escritas en lenguas minoritarias. El hermoso cuento de Saizarbitoria no tiene final feliz: el gudari, humillado durante su encuentro con el notario

[69] Ramón Saizarbitoria, *Guárdame bajo tierra,* Madrid, Alfaguara, 2002.

[70] Ur Apalategi, «Guerra civil y literaria en la novelística reciente de Ramón Saizarbitoria», en *I Congreso Internacional de literatura y cultura españolas contemporáneas, La Plata 1-3 oct. 2008,* La Plata, Facultad de Humanidades - Universidad Nacional de La Plata, 2008, p. 12.

en Burgos, decide no volver a dicha ciudad y no pasar por el trámite de tener que mostrar su herida en público. Renuncia, por tanto, a la pensión que el gobierno le pueda conceder y decide volver al lugar de la herida y al escenario de su historia. En última instancia, su muñón infectado lo llevará a la muerte, algo que para Apalategi representa la premisa de que el amor por una identidad nacional pequeña constituye en sí mismo una forma de mutilación, un hándicap[71]. Pero a veces, como ya hemos visto, la mutilación viene también en forma de incapacidad de pertenecer enteramente a una identidad única, a una sola lengua (por muchos hablantes que tenga), a una lealtad política incuestionable. Es el caso, como ya vimos, de Max Aub, todavía hoy, en gran medida, una presencia fantasmal en la historia de la literatura, como lo fuera en la política y en la vida; representante, como bien vio Muñoz Molina, «de una gran generación de fantasmas, iguales en realidad los muertos y los vivos»[72].

Al mirar de frente las historias oficiales, es inevitable encontrarse con razones y palabras dejadas de lado, suprimidas, borradas. Entonces, la pregunta será qué hacer con ellas. Se puede seguir enseñando una historia literaria enfocada en el estado-nación que ignore la realidad histórica de la existencia de cuatro lenguas literarias peninsulares, las cuales corresponden a identidades que son nacionales sin ser estatales. Y se puede seguir organizando esa realidad de forma jerárquica, manteniendo el concepto de una lengua y una literatura que son las españolas «por antonomasia». También se puede reclamar lo que fue expulsado del espacio nacional español e intentar volver a insertarlo dentro de un espacio literario descontextualizado que niega la violencia y la memoria encarnada de esa expulsión. Se puede buscar el consuelo del bálsamo que ofrecen las palabras aisladas de sus circunstancias, respirando lo que Stuart Hall llama el «aire limpio de la textualidad»[73] aislada de lo histórico, de ese vínculo con algo que si se deja salir a la superficie parece contaminar el paisaje. Todo ello perpetúa una visión de la cultura como pegamento, como escaparate de una idealizada identidad nacional, como narcótico de las heridas y las ansiedades de la convivencia, pasada y presente. Para

---

[71] Agradezco a Joseba Gabilondo que llamara mi atención sobre el artículo de Apalategi, que concuerda con su propia interpretación de la obra de Saizarbitoria.

[72] Antonio Muñoz Molina, «Max Aub. La larga espera», *Letras Libres* 53/5 (2003), pp. 42-45.

[73] Stuart Hall citado en Crameri, «Reading Iberias: Teaching and Researching the "Other Cultures" of Spain», p. 219.

justificar el carácter predominante de tal paradigma, se ha dicho hasta la saciedad que este tipo de visión es necesaria en un país en que el antagonismo ideológico siempre parece desembocar en un desgarro violento; se ha dicho que es necesario normalizar nuestra producción cultural y nuestra historia; se ha dicho que hay que dejar la visión dolorida y negativa del pasado para celebrar con orgullo y sin complejos una españolidad unida por el gozo y no por el dolor.

A todo lo anterior se puede contraponer que confrontar las aristas de la historia y asumir los errores propios no significa eliminar ni el «placer del texto» ni la posibilidad de una identificación colectiva positiva. Sí que tiene que significar un nuevo planteamiento de lo que puede interpretarse como goce y un cuestionamiento de que este sea universal y homogéneo. Quizás habría que plantearse también que para que un sentido de pertenencia nacional tenga profundidad, y no se quede solo en un eslogan incansablemente repetido, debe descansar sobre múltiples modalidades afectivas; no solo el orgullo y el júbilo celebratorio, sino también, por ejemplo, la vergüenza por los errores del pasado y la indignación por los del presente[74]. Hay que reconocer también que la creación de una identidad nacional única que además debe propagarse por imperativo legal, implica siempre la existencia de un excedente cuya presencia, material o fantasmal, romperá la superficie cohesionada de las narrativas dominantes. Por último, también habría que considerar que incluso los lectores más avezados a veces no son capaces de leer, ni mucho menos disfrutar, ciertos textos sin considerable tensión y esfuerzo. Y no me refiero únicamente al esfuerzo de descodificación lingüística, sino también al reconocimiento de que hay realidades, afectividades y percepciones que se resisten a ser traducidas: que resultan, literalmente, ininteligibles. Esto en sí mismo es un espacio de paralaje que necesita ser reconocido. Tal entendimiento requerirá, desde mi punto de vista, no solo un esfuerzo racional, sino también un desplazamiento afectivo, como recordaba Salvador Espriu en uno de su poemas más famosos (XLVI), incluido en su libro *La pell de brau [La piel de toro]*. Apelando a *Sefarad,* Espriu pedía que se comprendieran *y se quisieran* las palabras y las razones de los otros, como base para que los puentes del diálogo se mantengan

---

[74] Este sería un requisito del verdadero «patriotismo constitucional», no la versión desvirtuada que de él hizo la derecha española. Véase, a este respecto, el ya mencionado libro de Müller, cit., p. 38.

seguros: «mira de comprendre i estimar les raons i les parles diverses dels teus fills»[75]. Es importante recalcar la idea de estimación afectiva con el otro como elemento crucial del entendimiento. «Afectivo» no implica necesariamente «irracional». ni tampoco necesita ser el resultado de una biología, etnia o incluso de una historia compartida. Es más, a menudo los lazos afectivos más fuertes son el resultado de una elección y una intención; con frecuencia, también de una dislocación voluntaria, entendida como un desplazamiento de posiciones heredadas. Lo afectivo tampoco es lo opuesto de lo ideológico, dado que toda ideología tiene un componente afectivo. El reto sería, precisamente, reconocer racional y emocionalmente las razones y las palabras de otros, y para ello hay que plantearse qué es lo que en verdad nos vincula y cómo. Joan Ramon Resina ha propuesto un análisis de las culturas ibéricas en el que se sustituyan las nociones categóricas de identidad y pertenencia, por la consideración de la categoría de modalidad. En lógica, la modalidad se relaciona con la clasificación de las proposiciones, la forma en que una proposición se relaciona con su contenido. Del mismo modo, la visión de las culturas ibéricas como modalidades sugiere distintas formas de relación no jerarquizada con la historia, con la cultura, con el pasado, con la lengua[76].

Como indica Jacques Rancière, el arte y la literatura tienen siempre una dimensión política que es por definición «disensual». No porque los artistas o comisarios culturales tengan siempre como objetivo cuestionar la normalidad con un mensaje específico o intervenir en las relaciones sociales. Tampoco por lo que los artistas hagan o dejen de hacer, o por sus creencias personales. El arte es político porque tiene la capacidad de redefinir nuestro marco perceptivo y reactivar nuestras emociones y, al así hacerlo, poner en marcha nuevas formas de subjetivación política[77]. Quienes leemos, enseñamos y escribimos sobre literatura –a veces escrita en nuestra(s) lengua(s) materna(s), a veces en lenguas que dominamos, otras veces en traducción–, no deberíamos olvidar nunca que existen distintas opciones a la hora de determinar cómo usar las técnicas y el conocimiento

---

[75] Espriu, «XLVI», *La pell de brau, 1960,* Associació d'Escriptors en Llengua Catalana, 8 de julio de 2009.

[76] Joan Ramon Resina, *Iberian Modalities. A Relational Approach to the study of Culture in the Iberian Peninsula,* Liverpool, Liverpool University Press, 2013.

[77] Jacques Rancière, *The Politics of Aesthetics,* cit.

que poseemos. Podemos usar, como plantea Joan Ramon Resina, nuestras propias palabras para vigilar las fronteras y los límites del *ethos* normativo de la comunidad nacional[78], un papel del que los estudios literarios/filológicos han sido cómplices sin duda. Pero existen también formas distintas de abordar la historia literaria o las relaciones entre distintas literaturas dentro de un mismo estado[79]. Como bien dice Suso de Toro, las historias de la literatura levantan aduanas, pero las lenguas y las literaturas sobrepasan las fronteras. Las historias de la literatura insisten en crear una normalidad literaria nacional, a base de premios, reconocimientos, homenajes y suplementos culturales. Pero lo cierto es que nadie es la «norma normal», y el círculo se construye con las excepciones:

> El círculo se construye con las excepciones, la minoría de las mujeres (que son mayoritarias); la de los que no les gusta el fútbol, la de los parados; la de los tristes, la de los trabajadores con orgullo de clase […] la de los puntuales, la de los parapléjicos, la de la gente que sigue siendo considerada y educada, la de los gallegos, de los suizos, la de los bajitos, la de los quechuas, la de los asmáticos, la de los tímidos; la de los sudamericanos; […] la de los profesores que aún aman a su profesión a pesar de todo, la de los que no tiran papeles al suelo […] la de los torpes, de los que tienen miedo de las tormentas, del sida, del pecado, de las mujeres, de los hombres, de la oscuridad, del paro del trabajo […] la de los gordos, la de los que sudan mucho, la de los viejos […] todos somos parte de alguna minoría. A veces se nos nota, a veces conseguimos ocultarlo[80].

La novelista Belén Gopegui incluye en su novela *El padre de Blancanieves* –toda una inteligente reflexión sobre el final de la ilu-

---

[78] Joan Ramon Resina, *Del hispanismo a los estudios ibéricos: Una propuesta federativa para el ámbito cultural,* Madrid, Biblioteca Nueva, 2009.

[79] Un proyecto meritorio es la «Comparative History of Literatures in the Iberian Peninsula» coordinada por Fernando Cabo Aseguinolaza, Anxo Abuín González y César Domínguez (Philadelphia, John Benjamin, 2010). Está en proceso de elaboración una historia cultural de la literatura española que incluye una reflexión (elaborada por especialistas) sobre las intersecciones, convergencias y divergencias entre los procesos culturales que tienen lugar en la literatura escrita en castellano y que se considera representativa de la cultura nacional, y las culturas catalana, gallega y vasca: L. E. Delgado y Jo Labanyi, con la colaboración de Helena Buffery, Kirsty Hooper y M. J. Olaziregui: *A Cultural History of Spanish Literature* (Polity Press).

[80] Suso de Toro, *Españoles Todos*, Barcelona, Península, 2004, p. 170.

sión de normalidad en la sociedad española– un maravilloso poema de Roberto Retamar que apunta precisamente en la misma dirección del comentario de Suso de Toro. «Felices los normales» felicita a aquellos que pueden considerarse la norma, para después pedir paso «a los que hacen los mundos y los sueños, las ilusiones y las sinfonías, las palabras que nos desbaratan y nos construyen»[81].

La literatura, nos dice Rancière, es por definición anárquica, en el sentido de no regirse por una *arkhé,* un principio organizador[82]. Es un arte escéptico, cuya naturaleza es poner las cosas en cuestión, crear trayectorias alternativas entre lo visible y lo articulable, facilitar los desvíos, plantear identificaciones imposibles que cuestionan las que nos vienen ya dadas. Para poder ir más allá del marco regulatorio de la normalidad constituyente, como lectores o como sujetos políticos, no se necesita adquirir unas lentes especiales que corrijan nuestro centro de atención, organizando nuestro campo de visión en una jerarquía clara y discernible. Por el contrario, se necesita, quizá más que nada, capacidad para aceptar que algunos textos, y algunas realidades, rechazan la familiaridad inmediata y la traducción simultánea, y que por mucho que nos esforcemos, la percepción que tenemos de ellos será siempre algo borrosa, desenfocada. Irónicamente, el mejor antídoto contra la cultura del estado de cohesión podría empezar con ese simple reconocimiento de los límites de nuestra propia visión, de los espacios vacíos de paralaje que ofrece toda interpretación de la realidad y con ello de nuestro ocasional, y también inevitable, astigmatismo cultural. Así, la creación y la política cultural, en lugar de ofrecernos mapas de territorios normalizados, recorridos por fantasmas con miembros amputados en busca de su lugar en el mundo, podría señalar también los obstáculos, los refugios, los desvíos y los caminos sin salida que se encuentran en la difícil, y siempre inacabada trayectoria, hacia el terreno de lo común.

---

[81] Belén Gopegui, *El padre de Blancanieves,* Madrid, Anagrama, 2007.

[82] Jacques Rancière, *La parole muette: essai sur les contradictions de la littérature,* París, Hachette, 1990.

IV. EL RUIDO Y LA FURIA ROJA: EL GOCE NACIONAL ESPAÑOL Y SUS PUNTOS DE ADHESIÓN

> Cuanto más goce [el pueblo] tanto más amará el gobierno en que vive, tanto mejor le obedecerá, tanto más de buen grado concurrirá a sustentarlo y defenderlo. Cuanto más goce tanto más tendrá que perder, tanto más temerá el desorden y tanto más respetará la autoridad destinada a suprimirlo.
>
> G. M. de Jovellanos, *Espectáculos y diversiones públicas*[1].

> This is the West, sir. When legend becomes fact, print the legend.
>
> *The man who shot Liberty Valance.*

> Disfruta de tu nación como de ti mismo.
>
> S. Žižek.

DISTOPÍAS IDENTITARIAS

En su magnífica novela *Inglaterra, Inglaterra,* el escritor británico Julian Barnes presenta una visión a la vez distópica y satírica del proceso de formación de la identidad nacional llevado a sus últimas consecuencias. En el libro, un magnate multimillonario, Sir Jack Pitman, decide recrear la esencia de «lo inglés» a través de su producción cultural, sus lugares de memoria y sus actitudes frente a la vida. El objetivo no es simplemente construir un parque temático, o réplicas en miniatura de los monumentos nacionales, sino lograr captar y reproducir la esencia nacional misma preservándola en un espacio delimitado que sea manejable y también por supuesto capaz de generar beneficios económicos. Con esta idea, Sir Jack Pitman lleva a cabo una encuesta masiva a turistas de todo el mundo para poder identificar cuáles son los elementos más importantes que conforman

---

[1] Tomo la cita de la excelente discusión que desarrolla Alberto Medina sobre la importancia del goce del pueblo para los políticos, artistas e intelectuales del siglo XVIII en su libro *Espejo de sombras. Sujeto y multitud en la España del siglo XVIII,* Madrid, Marcial Pons, 2009.

la identidad inglesa, los cuales luego servirán como base para la organización de su proyecto. Al leer los resultados, Sir Jack Pitman se enfurece; mientras algunas respuestas encajan dentro de lo que él consideraba razonable (la familia real, el Parlamento, la BBC, Oxford y Cambridge, o la reina Victoria), otros comentarios lo dejan perplejo. El problema con los resultados de la encuesta es que demuestran que la cultura, entendida como prácticas cotidianas, desplaza a los grandes acontecimientos históricos y a las figuras públicas oficiales. Es así como Shakespeare aparece en el decimoséptimo lugar de la lista, muy por debajo de los *pubs,* el críquet y, por supuesto, del equipo de fútbol Manchester United (que ocupa el tercer lugar). Por otro lado, el concepto de patriotismo de Sir Jack Pitman se ve puesto en cuestión al saberse que algunas de las características de «lo inglés» resaltadas por los extranjeros son definitivamente negativas: el rígido sistema de clases sociales, el imperialismo, el esnobismo, la frigidez emocional, e, incluso, la falta de higiene personal. Enfrentado a estos resultados indudablemente ambiguos, Sir Jack, como buen gestor, toma la única decisión posible: reconoce el problema y busca maneras de neutralizarlo. Así, elimina de la lista todos los elementos negativos que no representan su visión personal de la identidad nacional, y comienza la construcción de una réplica del país a imagen y semejanza de su Inglaterra ideal en la Isla de Wight. El magnate, con la ayuda de un historiador profesional, sostiene que el patriotismo se alimenta de la ignorancia y no de un profundo conocimiento histórico, algo que se confirma a través de las encuestas mencionadas anteriormente. Por tanto, después de comprar los derechos del territorio, de expulsar a los residentes que se oponían por una razón u otra al proyecto y de promulgar leyes que minimizasen el malestar social, la nueva «Inglaterra» se abre al turismo mundial. En esta nueva versión del país, el Parlamento no está representado, aunque sí lo está la familia real, a través de representantes secundarios de la realeza o actores que los suplantan. Shakespeare se deja de lado, pero se recrean diversas versiones de *Robin Hood,* incluyendo una que sugiere su posible homosexualidad, una estrategia orientada a la captación del turismo gay denominada «optimización de los mitos para los tiempos modernos». Las decisiones tomadas por Sir Jack siguen entonces la lógica de la desambiguación y la redundancia, algo completamente razonable, dado que cualquier intento de representar la esencia de lo nacional debe basarse en la supresión de lo ambivalente. De allí que el nombre finalmente elegido para representar a este nuevo territorio nacional sea precisamente «Inglaterra, Inglaterra». En última instancia, la visión de Inglaterra que Sir Jack representa a través de sus «lugares de memoria» menos cuestionados y más míticos resulta un gran éxito. La cultura tan artificial y autoritariamente reproducida termina siendo experimentada como más auténtica que la original, y tiempo después incluso nadie se molesta en visitar «Inglaterra», que acaba siendo percibida como menos atractiva y más emocionalmente compleja que su contraparte ficticia. Irónicamente, la celebración ultranacionalista de la esencia de «lo inglés» construida en *Inglaterra, Inglaterra* es posible solo a través del desmantelamiento de la realidad de la nación británica, el rechazo a las instituciones políticas transnacionales, y el apoyo de una red de intereses económicos extremadamente compleja.

La estupenda novela de Barnes presenta de modo humorístico y satírico la contradicción inherente a las narrativas nacionales: la necesidad de unificar, sintetizar y otorgar un significado trascendental a lo que es, en sí mismo, heterogéneo, incierto y contingente. El libro también formula preguntas fundamentales para cualquier intento de representar identidades colectivas, como por ejemplo: ¿En qué elementos se apoyan y con qué propósitos se construyen las narrativas históricas? ¿Dónde se localiza el núcleo de una identidad nacional, en los grandes acontecimientos históricos, o en las rutinas cotidianas?; ¿qué escalas de valores se utilizan para calibrar lo sublime y lo trivial, lo significativo y lo accesorio? Más aún, en el momento de identificar los múltiples elementos que constituyen una identidad nacional, ¿dónde situar los vínculos emocionales, y cómo explicar la escisión entre razón y sentimiento que parece ser tan característica de los estados modernos?[2]. ¿Qué prácticas o eventos históricos se proponen en un determinado momento como representativos de la «normalidad nacional», y qué elementos deben sacrificarse en aras de una visión uniforme, carente de tensiones y de crispación? ¿Es posible una identificación colectiva basada únicamente en las emociones positivas y en el goce? En el texto de Barnes, la recreación de una norma nacional esencial es posible únicamente en un espacio aislado y autárquico, accesible solo a través de la sanción de una autoridad competente. Es más, lo «nacional» no se define en relación a

---

[2] Don Handelman, «The Cartesian Divide of the Nation-State: Emotion and Bureaucratic Logic», en Helena Wulff (ed.), *The Emotions. A Cultural Reader,* Oxford, Berg, 2007, p. 121.

Gran Bretaña, sino solo en relación a Inglaterra. Por lo tanto, se elimina de la reconstrucción nacional cualquier referencia a la historia o la existencia de Escocia, Gales o Irlanda, como también a las figuras nacionales famosas que son consideradas problemáticas debido a su ubicación ambivalente en relación con el sentido homogéneo de «lo inglés».

El libro de Barnes puede leerse como una reproducción irónica e inteligente de la fantasía de un financiero megalómano, lamentándose de que en esta distopía contemporánea las masas respondan con tanto entusiasmo a una recreación estereotipada y comercializada de la realidad nacional, ratificando así la pérdida definitiva de interés que nuestra época demuestra por lo auténtico u original. Esta lectura nostálgica, sin embargo, duplicaría la premisa que el texto mismo desmantela: la existencia previa y posible recuperación de una esencia nacional genuina e identificable, accesible sin mediación ideológica y libre de intereses creados. Sir Jack Pitman es, por supuesto, unególatra superficial y un hombre de negocios carente de ética. Pero lo que indudablemente sí posee es la capacidad de conectar con las fantasías de sus consumidores, sea cual sea el producto que esté vendiendo. Si el producto es la identidad nacional inglesa, Sir Jack es capaz de identificar los apegos y los rechazos psíquicos en los que se basa esa identificación nacional, habilitando entonces los considerables recursos a su disposición para mantener el estado de fantasía. Para conseguir su objetivo, necesita un espacio cerrado, literalmente una isla: al limitar el contacto con el mundo exterior, con lo impredecible, la posibilidad de que la fantasía sea cuestionada es también minimizada. Sin entrar en detalles sobre la meticulosa construcción de «lo inglés» que tiene lugar en *Inglaterra, Inglaterra,* vale la pena mencionar algunos de los elementos que la sostienen, específicamente los que se eligen como cruciales para el funcionamiento de este nuevo espacio conforme a los objetivos previstos.

Quizá la fantasía principal perpetuada en la Isla de Wight sea la del mito de la excepcionalidad británica: su diferencia con respecto al continente europeo pero también frente al resto del mundo. En este sentido, la esencia de Inglaterra se presenta como incompatible con la cultura nordirlandesa, galesa y escocesa, y se ubica en un espacio rural idealizado y edénico, no contaminado por la hibridez cultural de las grandes ciudades. El estereotipo de que los ingleses son naturalmente combativos se comprueba a través de la respuesta dada por la gente al mito actualizado de Robin Hood y su banda, tanto como el entusiasmo expresado frente a monumentos conmemorativos de victorias militares. Por el contrario, la falta de interés del visitante por el nacionalismo cívico se manifiesta a través de la impopular inclusión del lexicógrafo dieciochesco Samuel Johnson, a quien el público encuentra aburrido, difícil de entender, sucio y falto de buenas maneras. Lo irónico es que el doctor Johnson ficticio alcanza una identificación tal con su personaje histórico que perfecciona su verdadera idiosincrasia, su ideología y su comportamiento, incluyendo sus defectos personales, pero también la realidad de su tiempo y lugar (la falta de higiene personal, el desprecio a otras razas). Esto es, la complejidad *emocional* del personaje interrumpe la reproducción deseada del pasado inglés, ya que arrastra consigo los elementos menos amables de su contexto histórico: en consecuencia, los visitantes lo ven como fuera de lugar en relación a la fantasía nacional. El disgusto expresado por los visitantes al enfrentarse cara a cara con la ruptura de la *performance* ritual que habían esperado es un claro ejemplo de la manera en que la ideología funciona en los tiempos modernos, como ha notado repetidamente Žižek. Partiendo de la noción de ideología como falsa conciencia, como la falta de reconocimiento de las acciones del individuo («No lo saben, pero lo hacen»), Žižek, siguiendo a Peter Sloterdijk, recalca precisamente lo opuesto: «saben que lo que persiguen es ilusorio, pero aun así lo hacen»[3]. En otras palabras, la ideología está presente en lo que se hace y no en lo que se sabe, ya sea conscientemente o no. *Inglaterra, Inglaterra* recrea, entonces, una representación de un pasado nacional como un espacio saturado de ideología, entendida no como solución imaginaria a los antagonismos sociales, sino como una solución simbólica: la imposición de un significado abarcador que funciona como recipiente vacío para un número potencialmente restringido de significados[4]. De este modo, resulta muy interesante que los símbolos más reconocidos y valorados de «lo inglés» sean, en definitiva, lo que podríamos llamar «postales emocionales»; imágenes específicas que presuntamente capturan la esencia de Inglaterra mejor que la mayoría de sus monumentos o batallas militares: un petirrojo en la nieve, los blancos acantilados de Dover, casas de campo, una taza de té. Esas son precisamente las representaciones que Sir Jack Pitt insiste en reproducir con gran detalle: no las elecciones

---

[3] Slavoj Žižek, *The Sublime Object of Ideology,* Londres, Verso, 1989, p. 33.
[4] Slavoj Žižek, *The Plague of Fantasies,* Londres, Verso, 1997, pp. 74-75.

«racionales», sino las que apuntan a la dimensión libidinal y afectiva de las identificaciones identitarias. El espacio de *Inglaterra, Inglaterra* consigue así hacer converger en un solo lugar y en una sola narrativa lo que con Sara Ahmed podríamos llamar «puntos de adhesión»: las emociones que movilizan, pero también las que anclan a determinados espacios, concretos y simbólicos; las que conmueven, y por tanto facilitan la creación de vínculos con otros, pero también las que nos mantienen dentro de un guion identitario previsible[5].

Julian Barnes publicó esta devastadora crítica del nacionalismo británico en 1998, un año después de la victoria electoral de Tony Blair y el Partido Laborista. Sobre esa misma fecha, se estableció el Parlamento escocés (1998) y poco después la Asamblea Nacional de Gales (1999): dos decisiones atacadas por los conservadores antes y después de las elecciones como potencialmente peligrosas para la integridad política y cultural de Gran Bretaña[6]. Es decir, la novela coincide con una reconceptualización de «lo inglés» que tiene lugar dentro de un debate político concreto. Todo ello en un momento en el que los intentos de redefinir la identidad nacional eran puestos en cuestión por las repetitivas llamadas conservadoras a la recuperación del sujeto legítimo de la nación británica. El hecho de que en medio de tales tensiones políticas y sociales, un escritor de enorme prestigio decidiera escribir un texto que, lejos de querer difuminarlas, las integra en una trama que además, utiliza la ironía y el humor para poner en tela de juicio todas las premisas, prejuicios y limitaciones derivados del concepto de la identidad nacional propia, es refrescante. *Inglaterra, Inglaterra,* por cierto, fue finalista de uno de los premios literarios más prestigiosos del Reino Unido. Todo ello marca las distancias con la alta cultura oficial española, donde es imposible pensar en la existencia de una crítica semejante sobre la España actual, escrita en tono parecido y por parte de un escritor de prestigio similar, que fuera además reconocida oficialmente. Recordemos que Julian Barnes es inglés (esto es, no galés, escocés o irlandés); que estudió en Londres y Oxford y trabajó como lexicógrafo y editor literario. Con esto quiero decir que no parte en absoluto de una localización marginal en relación a la cultura inglesa tradicional, ni tampoco representa su heterodoxia, aunque en ocasiones secto-

---

[5] Sara Ahmed, *The Cultural Politics of Emotion,* Edimburgo, Edimburgh University Press, 2004.

[6] *Ibid.,* p. 97.

res ultraconservadores le hayan acusado de ser demasiado francés. Eso hace que su (auto)crítica de lo inglés sea tan certera y tan demoledora, pero a la vez, tan sutil: su visión recrea los estereotipos y las limitaciones de los patrones identitarios, pero no está exenta de comprensión teñida de nostalgia hacia los elementos afectivos que los vínculos nacionales movilizan. En la literatura española, por el contrario, la crítica al nacionalismo (el ajeno, porque el propio no suele contar) tiene un tono feroz, de descalificación; el humor, si lo hay, es humor negro. La ironía, la sátira y el humor sobre los «hechos identitarios» no se encuentran en la alta cultura oficial, sino en la cultura popular o de masas, en programas como en el humor de *El intermedio,* en la revista *Mongolia,* en la crítica acerada del dibujante Andrés Rábago «El Roto», y en programas como *Vaya semanita* (originalmente, un programa creado por la televisión vasca), en *Polònia* (un programa de la televisión catalana). Existen también espectáculos concretos que aprovechan la situación del país para hacer una crítica social y política en clave de humor, como fue el caso de *Yes we Spain.* Este último, creado e interpretado por Carlos Latre, se representó por toda España durante los años 2011 y 2012, esto es, cuando la crisis económica y política ya se había manifestado de forma clara. Las dos versiones del espectáculo se centran en momentos diferentes: justo al final del mandato de José Luis Rodríguez Zapatero y una vez ganadas las elecciones de 2011 por el Partido Popular. En ambas se desgrana con creatividad y sentido del humor la realidad, pero sobre todo las fantasías compensatorias de lo español, incluyendo la posibilidad de ser rescatados del desastre por una gran figura carismática que puede ser el presidente Obama. Para que el rescate sea efectivo, sin embargo, tiene que ser manejado y mediado por un español que sea admirado por todo el mundo: la única persona con ese perfil es Andrés Iniesta, autor del gol que dio a España la victoria en el Mundial de Fútbol de 2010. El encargado de solventar los problemas logísticos de la visita de Obama es nada menos que Torrente, el policía neofascista y ultrapatriótico, protagonista de los filmes del mismo nombre dirigidas por Santiago Segura, películas que por cierto son las de más éxito del cine español dentro de España. Aunque todos los programas mencionados son ingeniosos, divertidos, de crítica oportuna y en ocasiones verdaderamente inspirada, ninguno puede considerarse equivalente del humor culto, bien anclado en las mismas tradiciones culturales que se cuestionan, de los famosos Monty Python, por ejemplo, que son producto de dos de las universidades más prestigiosas del mundo, Oxford y Cambridge. Esta situación no es anecdótica, me parece, ni atribuible a la diferente calidad de los guionistas o cómicos, sino representativa de una diferente tradición política en ambos países, y una muy diferente concepción de la esfera pública y el papel del estado en relación a ella. Como muestra de los límites posibles de la crítica española a ciertas «cuestiones nacionales», cabe recordar que un programa del humorista El Gran Wyoming, *El peor programa de la semana,* fue cancelado por Televisión Española después de una entrevista al escritor Quim Monzó en que este criticaba a Elena de Borbón, la hija mayor del rey. Por el contrario, es sabido que en el Reino Unido, como en otros países monárquicos de Europa, las críticas a la familia real pueden ser feroces y abarcan tanto sus finanzas y gastos como los aspectos más íntimos de su vida personal. Quizá lo más parecido al tono irónico, incisivo, pero también emotivo que caracteriza la crítica de *Inglaterra, Inglaterra* (o también otros ejemplos de humor inglés) lo ofrece, en la literatura contemporánea, la obra de Manuel Vázquez Montalbán, quien ya en 1970 escribía en su bien titulada *Crónica sentimental de España,* cuyas páginas podrían reproducirse actualmente sin merma de su validez, ni por el contenido ni por la forma. Pero el libro de Vázquez Montalbán, como su obra en general, es en sí mismo un homenaje y reconocimiento a la cultura popular y a prácticas culturales (la copla, el fútbol, el cine, la comida, la novela negra) no consideradas dignas de análisis por otro tipo de intelectuales. Por otro lado, Vázquez Montalbán escribía con conocimiento profundo y afecto de la cultura española, pero desde una posición que él mismo calificaba de «periférica», como catalán. Y aunque es un escritor conocido y visible, no goza del prestigio de la «alta cultura» como Barnes en su país.

No deja de ser curioso que sean precisamente escritores abiertamente «nacionalistas» a los que desde las posturas centralistas se acusa de promover relatos únicos y de falta de matices, los que más se han distinguido por utilizar la ironía y el humor en sus comentarios sobre la identidad colectiva propia en época contemporánea. El humor y la ironía son consustanciales a la literatura gallega, no hay más que remitirse al ejemplo de Castelao. Ya en época contemporánea, Manuel Rivas lo utiliza en su obra creativa (más al inicio de ella, por ejemplo en *En salvaxe compaña*) y desde luego en sus ensayos *(Unha espía no Reino de Galicia).* Humor hay también en la obra de Suso y Xelís de Toro. En el contexto vasco, el escritor Ramón Saizarbitoria logra en *Guárdame bajo tierra (Gorde nazazu lurpean)* criticar los mitos nacionales y nacionalistas, tanto los propios como los ajenos, con ironía y demoledor sentido del humor, a la vez que recrea con notable delicadeza los apegos y vínculos que nos unen a determinadas personas, lugares e ideas, a veces en contra de lo supuestamente sensato y racional. No es tampoco el único escritor vasco que apuesta por ese tono para tratar el tema de la identidad nacional, aunque quizá sí el de perfil más conocido en el contexto español. Buen uso de la ironía y el humor para tratar incluso los temas más espinosos hace también Iban Zaldúa en su obra de ficción y en sus ensayos. Particularmente interesantes en este sentido son: *Euskaldun guztion aberria* (Alberdania, 2008), traducido al español como *La patria de todos los vascos* (Lengua de Trapo, 2010) y *Ese idioma raro y poderoso. Once decisiones cruciales que un escritor vasco está obligado a tomar* (Lengua de Trapo, 2012). Ironía, sarcasmo y humor sostienen también las ficciones de Quim Monzó, uno de los pocos escritores catalanes, en lengua catalana, cuya obra es habitualmente reseñada, y alabada, en los medios de comunicación españoles[7]. Una recepción particularmente calurosa tuvo la novela corta «Davant del rei de Suècia» («Ante el rey de Suecia») incluida en el libro *El millor dels móns (El mejor de los mundos)*. El texto retrata las obsesiones de un amargado escritor catalán, cuyo único objetivo vital es esperar que le llegue el reconocimiento del Premio Nobel, que sería el primero en lengua catalana. En esa espera y con el objetivo de aceptación (en diferentes contextos) acaba llegando a la automutilación, después de lo cual, la suerte del personaje cambia para mejor. La brillantez implacable, y a ratos hilarante, con que Monzó retrata al personaje principal, Amargós, su obsesión por el reconocimiento «universal» que implica el Nobel y su mezquindad personal, fueron señalados con frecuencia y con admiración por la crítica especializada en los grandes periódicos nacionales. Pero si es tan admirable es ese tipo de postura irónica, la pregunta sería por qué no existen textos similares, de autores de gran prestigio cultural, que escribiendo en castellano hagan una (auto)crítica similar, tam-

---

[7] Hay tres autores de los llamados «periféricos» cuyas obras se traducen inmediatamente al castellano, se promocionan fuertemente en este lengua y venden cantidades importantes: Bernardo Atxaga, Manuel Rivas y Quim Monzó. El editor Jorge Herralde sostenía que estos tres son las grandes excepciones, en el sentido de que la literatura publicada en vasco, gallego o catalán no tiene mucho interés para el lector de lengua castellana.

bién en clave humorística, de las vacas sagradas de la literatura española y su a menudo reiterada ambición de recepción universal fuera de las fronteras de su país. De hecho, como ya señalé en el segundo capítulo de este libro, la máxima ambición de muchos escritores españoles es poder escribir en español (considerado una lengua universal por los millones de hablantes que la utilizan), pero a su vez ser reconocidos como escritores europeos, sin señas de identidad ninguna. No es hacer un gran descubrimiento señalar que desde el «centro» (geográfico y simbólico) y a nivel de nombres consagrados, el humor brilla por su ausencia en las letras españolas de la democracia. Eso hace que, según el crítico Sanz Villanueva, las letras peninsulares tengan una apariencia severa y triste, donde lo que se percibe es amargura, fatalismo y pesimismo[8]; incluso cuando hay humor, es humor negro, duro, corrosivo. Sería interesante analizar el porqué de esa reticencia al autocuestionamiento en clave de ironía (no de sarcasmo, ni de humor negro, que por supuesto abunda) de lo español y sus fantasías nacionales, hecha desde lo español mismo. El escritor Iban Zaldúa, hablando de la literatura vasca pero también de la literatura en general, recuerda con acierto que la ironía es particularmente antidogmática. En ese contexto, cita el pasaje en *El nombre de la rosa,* de Umberto Eco, en que el bibliotecario Jorge de Burgos plantea lo que ocurriría si la retórica de la convicción fuera reemplazada por la retórica de la irrisión: que no habría armas para detener la blasfemia[9]. En el caso vasco, y dado lo que durante muchos años fue la situación de emergencia de su literatura, Zaldúa analiza el predominio de o bien la trama patriótico-dramática o la naif (afable o inocente) a la ironía de las cuales ambas son impermeables. Pero también ofrece numerosos ejemplos que demuestran que en ese contexto, las cosas están cambiando, que los escritores vascos también saben que a veces tomar las cosas en serio no excluye, sino más bien requiere ponerse en cuestión a uno mismo. En el caso español, a las categorías de lo patriótico-dramático y lo naif, habría que añadir la del relato triunfalista, el de una identidad nacional que se mantiene en pie, aguantando todos los embates, «desde Atapuerca hasta el euro». El reconocido y galardonado historiador

---

[8] Santos Sanz Villanueva, *La novela española durante el franquismo. Itinerarios de la anormalidad,* Madrid, Gredos, 2010, p. 16.

[9] Iban Zaldúa, *Ese idioma raro y poderoso. Once decisiones cruciales que un escritor vasco está obligado a tomar,* Madrid, Lengua de Trapo, 2012, p. 153.

García de Cortázar subtitulaba su *Historia de España* precisamente con esa expresión («desde Atapuerca hasta el euro»), que se inserta en un texto ejemplo claro del relato de una España cuya esencia se mantendría desde la Prehistoria a la época contemporánea. Quizá el peso de un estado tan ligado históricamente a la necesidad de detener todo aquello que se consideraba injurioso y heterodoxo, y a su vez las posturas reactivas que ello promueve, expliquen precisamente la carencia de ironía y humor a la hora de hablar de «lo español».

La premisa de *Inglaterra, Inglaterra* y su puesta en cuestión de los lugares comunes de la identidad inglesa, me sirve como punto de partida simbólico para un análisis de la construcción discursiva de una España normalizada, de sus identificaciones emocionales predominantes y de los rechazos implícitos y explícitos que ese estado de normalidad implica. Para ello, como ya he analizado en el primer capítulo, parto de la premisa de que la fantasía no es antagónica a la realidad social, sino que por el contrario es lo que la constituye y funciona como pegamento, como elemento de adhesión[10]. En el caso de la España democrática, la fantasía de un estado «normal» ha presidido la Cultura de la Transición (CT), mediando en los procesos de identificación nacional y creando una fijación discursiva en el entendimiento de la política como consenso. Desde este punto de vista, quiero estudiar las reacciones provocadas por el éxito de la selección española de fútbol en el Mundial de Fútbol de 2010, para analizar cómo esas reacciones fueron utilizadas, tanto por la derecha como por la izquierda, como expresiones emocionales legítimas de un largamente pospuesto goce «normal» de la españolidad. De manera inversa, la renuncia o imposibilidad de formar parte de la *jouissance* colectiva, expresada públicamente por algunos vascos y catalanes por motivos políticos, como también por otros ciudadanos y ciudadanas a quienes por distintas razones disgustó la manera en que el acontecimiento dominó la vida social, fue o ignorada por la prensa nacional, o relegada a la categoría de amargos «aguafiestas» del goce colectivo español. En este sentido, la reacción frente a la victoria del equipo nacional español puede ser interpretada como la culminación de una trayectoria iniciada en los años noventa, como la concreción de la fantasía de la normalidad española. Al mismo tiempo, la construcción retórica del episodio en la prensa

---

[10] Jacqueline Rose, *States of Fantasy,* Oxford, Oxford University Press, 1996, p. 3.

nacional, así como también la identificación de los que fueron percibidos como elementos disruptivos es, precisamente, lo que hace que este episodio sea tan relevante culturalmente. De hecho, las interpretaciones dominantes de la victoria española en el Mundial de Fútbol pueden ser construidas como el mapa simbólico del territorio cohesivo y amable de «España, España».

FANTASÍAS CRISPADAS

Desde la década de los noventa, y en particular durante el primer mandato de José María Aznar (1996-2000), la escena cultural española se saturó de ensayos que sostenían, por un lado, que por fin España se había vuelto un país «normal», mientras que, por otro, advertían, con una retórica catastrofista y emotiva, sobre las crisis y amenazas que ponían en peligro a la nación, ante todo la posibilidad de balcanización del país[11]. Libros como *Lo que queda de España. Con un prólogo sentimental y un epílogo balcánico* (Jiménez Losantos, 1995), *Amarás a tu tribu* (Vidal-Quadras, 1998), *Una apología del patriotismo* (González Quirós, 2002) o la *Defensa de la Nación española frente a la exacerbación de los nacionalismos y ante la duda europea* (Otero Novás, 1998) enfatizaban, desde un ángulo u otro, el proceso de «desespañolización» iniciado con la Constitución de 1978 y la necesidad de recuperación de un sentimiento de orgullo nacional. Tal tarea de recuperación se planteaba, por parte de los autores citados, como expresión de un patriotismo desgajado de toda ideología nacionalista pero, paradójicamente, articulado precisamente siempre *en oposición a* los «verdaderos» nacionalismos, los periféricos, cuyas propias manifestaciones «patrióticas» eran automáticamente descalificadas como artificiales, impuestas o simplemente excesivas. Es durante este mismo momento, como ya hemos visto, cuando el poeta y ensayista vasco Jon Juaristi escribía *El bucle melancólico,* un ensayo publicado en 1997, pero reconocido con un premio oficial en 1998 (casualmente, el mismo año de publicación de *Inglaterra, Inglaterra*). Como es sabido, el libro de Juaristi, que analiza la construcción retórica y política del nacionalismo vasco, fue un éxito de ventas en su género, recibió varios premios naciona-

---

[11] L. Elena Delgado, «Settled in Normal» y «La nación (in)vertebrada: razones para un debate», *Revista de Estudios Hispánicos* 37 (2003), pp. 319-340.

les oficiales y se convirtió casi instantáneamente en un clásico del ensayo español. El hecho de que *El bucle melancólico* tuviera tan amplia repercusión en España precisamente en un momento en el que el estado español redoblaba sus esfuerzos por proclamar tanto su unidad incuestionable como su identidad europea, puede explicarse, en parte como ha argumentado Joseba Gabilondo, porque Juaristi (uno de los más reconocidos intelectuales vascos) ofreció un cuestionamiento «desde dentro» del nacionalismo vasco. La posición de Juaristi, reconocido escritor, poeta y ensayista en euskera y castellano, con una trayectoria política que iba desde la militancia en ETA y partidos de izquierda, a su posterior sintonía con la derecha española y su autoproclamanda condición de «nacionalista español», daba aún más credibilidad a su crítica «desde dentro» de las fantasías constitutivas del nacionalismo vasco, justificando de este modo todos los intentos del estado por controlarlo y reducirlo[12]. Asimismo, al hablar de nacionalismo y de procesos de construcción de la nación en términos psicoanalíticos (en un país y en un momento en el que la crítica psicoanalítica aplicada al análisis cultural era, de hecho, casi inexistente), Juaristi encontró el lenguaje adecuado para poner en primer plano los conflictos no resueltos y las tensiones que la compulsión normalizadora promocionada por el discurso político oficial español bregaba por eliminar, circunscribiendo al mismo tiempo las identidades nacionales no estatales al terreno del trauma y la melancolía.

El ensayo de Juaristi es solo el ejemplo más conocido de una plétora de títulos que construyeron, desde diferentes perspectivas críticas y disciplinares, el mismo punto, tan certeramente expresado en la famosa frase de José María Aznar «España va bien»[13]. En efecto, y como sostiene Germán Labrador Méndez, sobre el fin del milenio se instaló un paradigma oficial de «racionalidad eufórica» en la narrativa nacional, según el cual España «cierra por fin sus deudas con la historia y se sitúa en una dimensión europea, posmoderna, actual, acorde con el signo de los tiempos. Es el tiempo donde se corregirían las anomalías de la historia española, la lastrante especificidad

---

[12] Joseba Gabilondo, «Jon Juaristi: Compulsive Archaeology and the Basque Nationalist Primal Scene», *Revista Internacional de Estudios Vascos* 43/2 (1998), pp. 539-554.

[13] Véase a este respecto, L. Elena Delgado, «Settled in Normal: Narratives of a *Prozaic* (Spanish) Nation», *Nationalisms,* sección especial del *Arizona Journal of Hispanic Cultural Studies* 7 (2003), pp. 117-132.

de lo hispano»[14]. El énfasis en lo que el historiador Juan Marichal llamó la «desmedida autocomplacencia», palpable en el mundo político e intelectual español, en el que, al despertar, la mayoría de los representantes alardearía «qué bien ser España, qué bien ser español»[15], puede no haber sido realista, pero tenía una función muy específica. Distanciándose de la postura que interpreta a la nación como una mera construcción discursiva, Žižek sostiene que debe haber además un núcleo de *jouissance*/goce para que la nación pueda mantener su consistencia ontológica: «una nación existe solo en tanto que su goce específico se materializa en una serie de prácticas sociales y se transmite a través de mitos nacionales que estructuran dichas prácticas»[16]. De este modo, lo que el paradigma de la euforia racional intentó alcanzar fue la obtención de un equilibrio entre el tradicional *ethos* de la españolidad basado en emociones negativas (angustia, furia, odio, sentido de inferioridad) y lo que Gabilondo llama «el goce del síntoma histórico español»[17]. Antes de la manifestación de la crisis económica, innegable ya en 2011, la plenitud del goce del ser español parecía amenazada solamente por un enemigo: los nacionalismos periféricos, obstinadamente adheridos a una idea diferente de lo nacional que acechaba al edén democrático «no-nacionalista» del estado. Metidos ya en plena crisis, las alusiones al problema esencial que suponen «los nacionalistas», y de paso la división territorial en comunidades autónomas, se volvieron continuas en la prensa nacional. Y naturalmente, las respuestas de dichas comunidades no se hicieron esperar. Un buen ejemplo de todo ello es la portada de *ABC* del 15 de marzo de 2012 (figura 4.1.), en el que aparece una enorme «ñ» (letra que como es sabido solo existe en el alfabeto español) cuya tilde está siendo desmantelada por dos figuras en negro. La frase que acompaña a la imagen es «Tenemos un problema», y bajo la tilde rota se puede leer la palabra «Cataluña». Los problemas concretos que destaca el *ABC* son la enseñanza del castellano, la resistencia a izar la bandera nacional española y el pac-

---

[14] Germán Labrador Méndez, *Letras arrebatadas: Poesía y química en la Transición española,* Madrid, Devenir, 2009.

[15] Juan Cruz, «Entrevista de Juan Marichal, historiador: "Peligra la libertad de conciencia"», *elpais.com, edición impresa,* 5 de febrero de 2002.

[16] S. Žižek, *Tarrying with the Negative, Kant, Hegel and the Critique of Ideology,* Durham, Duke University Press, 1993, p. 202.

[17] Joseba Gabilondo, «Jon Juaristi: Compulsive Archaeology and the Basque Nationalist Primal Scene», cit., p. 359.

Figura 4.1. Diario *ABC*, «Tenemos un problema», 15 de marzo de 2012.

Figura 4.2. Diario *El Punt Avui*, «Tenim un problema», 16 de marzo de 2012.

to fiscal. La portada tuvo gran éxito entre los lectores del periódico y fue objeto de debate en las redes sociales. Es realmente notable que en medio de un panorama de corrupción, fiascos económicos, mala gestión, estratosféricos índices de paro, recorte de derechos, acumulación de poder, opacidad administrativa y política, se señale como el gran problema de España a «los separatismos» que se convertían así en el enemigo a combatir: si los «nacionalistas» no fastidiaran, los problemas del país se resolverían. Como respuesta, el periódico catalán *El Punt Avui* reproducía la misma imagen pero con la cedilla de una «ç» (letra que a su vez existe en el alfabeto catalán, pero no en el español) siendo sujetada por dos figuras en negro, con el comentario «Tenim un problema: Espanya» (figura 4.2.), en alusión concreta al pacto fiscal.

En cualquier caso, la narrativa de la normalidad no fue reemplazada, ni siquiera suavizada después de que el PSOE ganara las elecciones en 2004. Antes bien, se volvió aún más omnipresente: en parte debido a que las circunstancias que llevaron a la victoria socialista fueron de hecho excepcionales (los atentados a los trenes en Madrid tres días antes de las elecciones generales) y también porque la derecha política, indignada con tan inesperada derrota electoral, se negó a aceptar los resultados, comenzando una incansable campaña de deslegitimación del gobierno. El término usado para definir las fricciones políticas constantes y los ataques personales entre los diferentes representantes políticos fue «crispación», y se usaba de manera diferente según las necesidades políticas de cada uno. Por un lado, la derecha, incluyendo al Partido Popular, recurría nuevamente a la retórica de la pérdida y la amputación para reclamar una identidad nacional gravemente amenazada (por los nacionalismos no estatales, por el secularismo, por el islamismo). Por otro, la izquierda, incluyendo al PSOE, siempre a la defensiva, invocaba una normalidad democrática amenazada por dicha «crispación», aunque al mismo tiempo era incapaz de articular una visión alternativa, capaz de movilizar a la ciudadanía española. En este sentido, es significativo notar que en abril de 2007, poco antes de las elecciones municipales y, en algunos casos, de las regionales, se presentó en el Círculo de Bellas Artes de Madrid un manifiesto llamando al establecimiento de una «Asamblea de Intervención Democrática». El texto, que llevaba por título «Por la convivencia, contra la crispación», canalizó las preocupaciones de un grupo de intelectuales que denunciaron, de esta manera, el tenso ambiente y el estado de confrontación existentes en la vida política madrileña. El documento fue firmado, entre otros muchos, por el vicepresidente de la Fundación Alternativas, Nicolás Sartorius; los decanos de las universidades Complutense y Autónoma de Madrid; los escritores Almudena Grandes y Fernando Schwartz y otras personalidades, entre ellas políticos, artistas y abogados. Sin mencionar de manera explícita a ningún partido político, la base de la postura de este manifiesto apuntaba a la estrategia del Partido Popular de deslegitimar constantemente al gobierno socialista a través de ataques a sus iniciativas y acciones; ataques que estaban primordialmente centrados en las políticas antiterroristas gubernamentales, su supuesta alianza con los nacionalismos no estatales y su política exterior.

El texto se discutió ampliamente en los medios de comunicación y, por supuesto, desató encendidas e indignadas respuestas por parte de la derecha y sus medios de comunicación afines (en los programas de radio de la COPE, en los periódicos *El Mundo* y *Libertad Digital,* y en el canal de televisión TeleMadrid, entre otros). En este sentido, el episodio confirmaba lo sostenido en el manifiesto: la idea de España como un país excesivamente crispado, donde la tensión no existe como parte intrínseca de la norma democrática, sino que, al contrario, constituye su exceso. No obstante, quizá lo más significativo de este texto no fuera necesariamente lo que decía, sino *cómo* lo decía, o cómo la denuncia misma se erigía en ejemplo de lo denunciado. Los firmantes dedicaban gran parte del artículo a señalar el hecho –por otra parte bastante obvio– de que el Partido Popular usaba una retórica alarmista y tendenciosa que proclamaba «España se rompe» para fomentar una desconfianza colectiva en un gobierno libremente elegido. El texto proseguía condenando la exageración y el extremismo de los argumentos, que hacían imposible un debate «racional». Aunque se reconocía que el debate, la confrontación y las críticas duras son característicos de una sociedad democrática «normal», el texto establecía a continuación:

> Lo que nos inquieta, por el contrario, es que el debate político argumentado está siendo suplantado por la descalificación y el insulto; que el normal funcionamiento de las instituciones sea trastocado y se niegue legitimidad a quien gobierna por voluntad de la ciudadanía; que el derecho a una información veraz se sustituya por la manipulación sistemática de los hechos a base de mentiras o de medias verdades que confunden a la opinión pública. *Conjunto de procesos indeseables que si bien no han conseguido, todavía, provocar una quiebra en la sociedad española, muestran ya indicios preocupantes de que se puede estar gestando esa fractura que conviene detectar y soldar cuando antes*[18].

Lo que hace este párrafo, por tanto, es denunciar el uso político del discurso de ruptura y crisis, al mismo tiempo que advierte sobre una fractura que debe ser detectada y reparada *cuanto antes*. Por lo tanto, de hecho, tanto la postura de la derecha, como la de la izquierda españolas coinciden en manifestar una común ansiedad con respecto a la idea de la identidad nacional «fracturada» (y por consiguiente anormal) que necesita literalmente ser «soldada». Esto es consistente con el paradigma desproblematizador de la llamada CT (Cultura de la Transición), pero también con el de la democracia del consenso, como he desarrollado en la primera parte de este libro. Amador Fernández-Savater sostiene acertadamente que ambos paradigmas son *normalizadores* en el sentido de que coinciden en presentar los conflictos y problemas como fisuras potenciales en el *statu quo* y su reparto de lugares, tareas y poderes: «quién puede hablar y quién no, quién puede decidir y quién debe limitar-

---

[18] Canales Fernández, «Manifiesto por la convivencia, frente a la crispación», *otromundoesposible.com,* 11 de abril de 2007, el énfasis es mío.

se a obedecer, qué palabra tiene valor y cuál es mero ruido. Por tanto, es una política profundamente "despolitizadora" porque la política consiste precisamente en hacer preguntas sobre los modos de estar juntos»[19]. Llama también la atención el uso del impersonal en la última parte de la cita, que no hace explícito quiénes serán los encargados de solucionar el problema nacional, aunque se pueda asumir que tan ingente tarea caiga sobre los hombros de los intelectuales que firman y a quien se dirige el manifiesto o de otros similares, así como del estado. Por lo tanto, si en el discurso de la derecha se apela a un «nosotros» como grupo específico que debe evitar que España se rompa y se pierda, en el de la izquierda es otro *nosotros,* también específico, el que debe empezar a soldar fracturas. En ninguno de los dos casos ese *nosotros* interpela al conjunto de la ciudadanía que en ambos casos parece necesitada no solo de tutela y de guía, sino de expertos soldadores de la nación. Asimismo, el mensaje que se quiere transmitir es que hay una *manipulación* que desvirtúa el funcionamiento «normal» de las instituciones, no la posibilidad de que la normalidad institucional pueda ser, en sí misma, problemática. Irónicamente, aquí intelectuales de izquierdas adoptan una estrategia (la insistencia en el institucionalismo) que en otros países se asocia con la derecha: así, por ejemplo, los «estrictos constitucionalistas» de Estados Unidos, que en realidad favorecen la interpretación más reductiva y conservadora de las leyes posible. Recientemente, Ernesto Laclau recordaba a este respecto que las instituciones nunca son neutrales, y que cualquier intento de cambio profundo acaba chocando con ellas y con el orden institucional vigente. La solución, entonces, según él, no es la oposición a todo tipo de institución, sino pasar a nuevas formas institucionales a través de las cuales se puedan canalizar nuevas fuerzas y nuevas estrategias. Esto es, a veces el problema es la normalidad institucional misma, y su cuestionamiento y cambio sustancial es la única posible solución[20].

Lo que sí diferencia ambas posiciones ante los conflictos nacionales es el tono de su retórica: mientras que el PP en general apelaba

---

[19] Amador Fernández-Savater, «Emborronar la CT (del "No a la guerra" al 15-M)», *CT o Cultura de la Transición. Crítica a 35 años de cultura española,* Barcelona, Debolsillo-Random House Mondadori, 2012, pp. 37-38.

[20] Ernesto Laclau, «Los medios se han transformado en el principal partido opositor», *Página/12,* 14 de octubre de 2012.

a las emociones (furia, miedo), el PSOE trataba de ubicar sus argumentos en el terreno de la racionalidad burocrática. Dejando de lado, como ya he dicho, que en ocasiones la ley misma es el problema, hay que considerar también que las apelaciones a la racionalidad y a la legalidad burocrática no pueden llevar a lo que Durkheim llama la «efervescencia colectiva», la canalización de la energía pasional tan vital para la conciencia nacional[21]. En efecto, como se ha señalado con frecuencia, las identidades nacionales se articulan por medio de procesos sociales y políticos complejos, pero deben ser activadas a través de inversiones afectivas. Aun cuando se pueda reconocer lo manipuladoras que son las denuncias de la derecha sobre la desmembración nacional, lo cierto es que como mensaje político son mucho más efectivas que la sobriedad retórica del ex-presidente socialista y su empeño en negar la evidencia apelando a una nunca definida normalidad democrática. De hecho, la misma ausencia de reacciones emocionales fuertes por parte de Zapatero, parte de su famoso «talante» en el gobierno, fue constantemente objeto de burla en un país en el que los problemas han sido generalmente resueltos «ipso facto et manu militari» y en donde las alusiones al aparato genital masculino a menudo sirven como aplaudida justificación para la actuación autoritaria e unilateral. De hecho, la relación entre el «talante» de Zapatero (incluso su manera de sonreír) y su debilidad política fue constantemente subrayada por la prensa. Aunque José M. Aznar tampoco se caracterizaba por su expresividad (su propia mujer reconocía que sus reacciones le hacían parecer un «cubito de hielo»), en realidad lo que no demostraba eran emociones positivas, en cambio sí se le podía ver muy a menudo colérico, indignado o irritado, algo que, por lo visto, es muy apropiado para los políticos españoles.

Las tensiones entre la invocación a la «normalidad» y la denuncia de la crisis que han caracterizado a la democracia española se volvieron particularmente obvias en relación a la crisis económica que ya sobrevolaba España en 2007, pero que fue persistentemente negada por el gobierno socialista. No solo el presidente del gobierno insistió en señalar la fortaleza general del país y su ausencia de conflictos sociales, sino que también hizo una llamada al patriotismo social y económico para ayudar a capear lo que consideraba una

---

[21] Don Handelman, «The Cartesian Divide of the Nation-State: Emotion and Bureaucratic Logic», cit., p. 123.

tormenta aislada en un clima por demás estable[22]. Rodríguez Zapatero estaba irremisiblemente equivocado con respecto a la situación económica de España y sus pronósticos: como el tiempo se encargaría de demostrar, la tormenta resultó ser un *tsunami*. Más allá de los considerables errores concretos de gestión de su gobierno, sus persistentes apelaciones a la normalidad de una realidad que se empezaba a perfilar como muy peligrosa fueron uno de sus peores errores políticos. Por un lado, es sabido que la articulación de un peligro inminente es lo que le da a un estado su propia condición de posibilidad. Por otro, no es menos sabido que desde un punto de vista de gestión política, en determinadas coyunturas históricas, cuando las cosas se ponen mal para la mayoría de los ciudadanos, lo que funciona no es negar la evidencia, sino canalizarla apropiadamente a través de la *catexis* emocional, y la activación de lealtades emocionales. Lealtades fuertes. Y ahí entró en escena la selección nacional de fútbol y su actuación en el Mundial de 2010.

La historia es bien conocida, y de hecho en España ya ha alcanzado proporciones míticas. Es la historia de una selección que ya había ganado la Eurocopa contra Alemania en 2008, hecho que no se repetía desde 1964, cuando un gol histórico de Marcelino contra la URSS en el estadio Santiago Bernabéu dio a la dictadura franquista un momento de éxtasis y una publicidad impagable. Una selección que en 2010 llegó invicta a las eliminatorias del Mundial de Fútbol y que estaba clasificada como número uno del mundo por el *ranking* de la FIFA. Una selección formada por jugadores de diferentes comunidades autónomas de España, siete de los cuales jugaban para el F. C. Barcelona, cuyo estilo de juego y compenetración fueron cruciales para el resultado final[23]. Una selección, por tanto, que desafiaba tanto las estadísticas de fútbol como los estereotipos nacionales sobre la incapacidad de acción conjunta para un objetivo común. Cuando a pesar de las altísimas expectativas puestas en los jugadores, y contra todo pronóstico, el equipo perdió el primer partido del torneo frente a Suiza –un rival no precisamente temible ni de gran prestigio fútbo-

---

[22] «Zapatero niega la crisis económica aunque reconoce dificultades y problemas», *madridpress.com,* 30 de junio de 2008. «Zapatero pide más "patriotismo" económico y promete dos millones de empleos», *elpais.com,* 9 de enero de 2008.

[23] El tipo de juego del Barcelona y de la selección nacional española, denominado coloquialmente «tiki-taka», se relaciona estrechamente con el llamado «fútbol total», practicado con enorme éxito por el Ajax y la selección nacional holandesa. El F. C. Barcelona heredó y perfeccionó la técnica por influencia del entrenador Johan Cruyff.

lístico– y en el medio del furor mediático en España, ocurrió lo impensable. En lugar de refugiarse, como era lo habitual, en la narrativa del victimismo y la injusticia (el supuesto desprecio mundial histórico por España, la mala suerte o los robos arbitrales), lo que hizo el equipo fue asumir la evidencia. Con notable contención frente a los continuos embates de la prensa, el entrenador, Vicente del Bosque, se limitó a insistir en la necesidad de sobreponer el trabajo a la famosa furia racial, el respeto por el contrario a los delirios de grandeza, la persistencia y el trabajo en equipo a la brillantez individual y los raptos de inspiración. Así se llegó a la eliminación decisiva de Alemania en semifinales con un gol del jugador, catalán y catalanista Carles Puyol, que colocó al equipo en la final por primera vez en su historia. España ganó el Mundial, en un triunfo agónico sobre Holanda en el tiempo suplementario, con un gol marcado por el jugador manchego pero formado en la cantera del F. C. Barcelona, Andrés Iniesta. La euforia colectiva que presidió las celebraciones masivas en las calles españolas fue indescriptible. Lo que quiero explorar en el resto de estas páginas es cómo esa victoria fue interpretada en la prensa como el triunfo de una España unificada y finalmente «normal». Quiero también destacar el rol que las emociones, en particular las emociones positivas, tuvieron en esta construcción y preguntar dónde quedó tanta emoción, después de haber sido tan efectivamente movilizada. ¿Pudo alguna de ellas subsistir? Y si así fue, ¿qué efecto tuvieron a nivel social o político? Finalmente, quiero considerar lo que quedó fuera de esta narrativa: otros sonidos y otras voces sofocados por las celebraciones de la «Furia Roja». Terminaré con una breve coda, en alusión a la «repetición de la jugada» que supuso la nueva victoria de la selección nacional en la Eurocopa de 2012, en pleno apogeo de una crisis económica e institucional sin precedentes en la España democrática y con una reflexión sobre el papel de las emociones, positivas y negativas, en la democracia.

DE LA MINUSVALÍA EMOCIONAL AL ORGULLO NORMALIZADO

Ya inmediatamente después de la victoria sobre Alemania en las semifinales, hubo en la prensa alusiones frecuentes a una España que había vencido a sus fantasmas. En efecto, es notable cuán a menudo la frase «España aleja a sus fantasmas» u otras similares se encuentran en el contexto de narrativas de eventos deportivos, particularmente referidas a deportes de grupo. La expresión aparece por lo general en el contexto de las celebraciones de la fantasía de la normalidad y la cohesión nacional. En este caso, la causa de celebración fue una selección que trabajó en equipo, «a favor de una causa común y sin partidas de nacimiento»[24]. En una serie de artículos escritos antes, durante y después del Mundial de Fútbol, el columnista del diario *ABC,* Ignacio Camacho, pareció capturar particularmente bien un cierto estado de ánimo, no solo propio de posturas conservadoras, por cierto, al hablar de la selección nacional de fútbol como metáfora de una España que era «mejor que la misma España»[25].

Según esta perspectiva, lo que la España real debería imitar de su contraparte futbolística era una cohesión que parecía «confortable y natural», sin esas preocupantes fisuras que aparentemente se habían finalmente soldado, gracias al «sentido común». Sin embargo, como es sabido, detrás de toda buena fantasía existe un buen síntoma que intenta salir a la superficie (y, en efecto, la palabra fantasía significa «aparición espectral»). En este caso, el espectro que casi arruina la fiesta fue el de las «inútiles políticas identitarias» identificadas por Camacho como una «conflictividad histérica». Es desde luego sumamente revelador que lo que deberían ser legítimas discrepancias de forma en la que se concibe y se goza lo español sean localizadas por el columnista en el terreno de la histeria. Tal localización feminiza y, por tanto en este contexto, deslegitima lo que se aparta del «sentido común» nacional, además de ignorar lo que Freud estableció y Elaine Showalter, entre otras, ha elaborado: que el síntoma histérico tiene un significado, que la histeria implica una postura de rechazo, duda o cuestionamiento de una verdad impuesta. Como señala Žižek, también el leninismo descalificaba a sus enemigos internos, a los revisionistas, con el mote de histéricos, asumiendo que la duda y su expresión eran indicativas de falta de convicción y carácter[26].

Teniendo en cuenta que Camacho no es solo periodista sino además filólogo, es significativo que eligiera invocar la poesía de Miguel Hernández para capturar su particular visión de una España masculina plural «con catalanes proactivos, andaluces esforzados, asturia-

---

[24] José Sámano, «Un equipo para todos», *elpais.com, edición impresa,* 9 de julio de 2010.

[25] Ignacio Camacho, «España y España», *ABC.es,* 5 de julio de 2010.

[26] Ramon Benitez, «Interview with Slavoj Žižek» [*eyeshot.net,* n.d. 31 de octubre de 2010].

nos esenciales, madrileños generosos y vascos solidarios», todos unidos a través de lazos irrompibles e incuestionables[27]. Después de la victoria frente a Alemania, Camacho escribe otra columna titulada «España sin fantasmas» (de nuevo, la alusión a lo que ya no está utilizada para señalar lo que ha sido finalmente alcanzado), en la que interpela a su yo de juventud para decirle que su entendimiento negativo de la españolidad, basado en la frustración y el sufrimiento, en los ideales fallidos, ha sido finalmente reemplazado por «un ardor espontáneo, fogoso, pasional». Camacho caracteriza a su propia generación de posguerra como «minusválida de emociones», pero establece que sus propios hijos pueden ahora disfrutar sin culpa (esto es, gozosamente) de una idea apasionada de España. El periodista menciona a escritores como Quevedo, Ortega, Larra, la generación del 98, Gil de Biedma e incluso Blas de Otero para declarar que «el Viejo, lánguido, cansino problema de España» ha sido sustituido por una España que finalmente está «satisfecha consigo misma». España no es ya por tanto una «pasión inútil», sino una «sentimentalidad común». De hecho, las alusiones a los «sentimientos» y a la sentimentalidad recorren el artículo de principio a fin. La conclusión es que el «shock emocional» que el equipo provocó en el país entero tuvo un efecto terapéutico sobre la desmoralización previa y la tristeza que, hasta ese momento, caracterizaba la identidad nacional. Camacho no fue ciertamente el único en afirmar que la alegría es una emoción que puede funcionar como cemento para esa españolidad fracturada que lamentaban tirios y troyanos, desplazando por fin el «dolor orteguiano» por un «orgullo normalizado» representado por un grupo de hombres nacidos en la década de los ochenta. En efecto, incluso alguien tan poco admirador de la selección nacional española como el político vasco Iñaki Anasagasti, quien a menudo ha declarado que mientras los vascos, catalanes y gallegos no tengan sus propias selecciones nacionales deportivas, él no podrá alegrarse de los triunfos de la selección española, reconoció que la victoria de España era bien merecida. También apuntó que la reacción emocional era completamente comprensible como una expresión del orgullo *nacionalista* español, cuya existencia debería ser abiertamente reconocida y no, como suele ocurrir, subsumida en un supuesto «patriotismo» neutral[28].

---

[27] Ignacio Camacho, «España y España», cit.

[28] Iñaki Anasagasti, «El nacionalismo español existe» [http://ianasagasti.blogs.com/, 7 de agosto de 2010].

Sostener que el disfrute del fútbol, y de los deportes en general, es difícilmente separable de los afectos y desafectos nacionales y nacionalistas que suscita, no es una gran novedad. En el contexto español, Manuel Vázquez Montalbán decía con su habitual sorna, pero muy astutamente, que, pasada la hegemonía indiscutible de la Guardia Civil, el principal instrumento vertebrador de España era la liga nacional de fútbol, por su carácter de «guerra civil multilateral permanente e incruenta que provoca el sorprendente efecto de la unidad entre los públicos y los estadios de España»[29]. El estudio «La patria del gol» de Daniel Gómez ofrece numerosísimas citas de esos efectos de unidad, así como de lo que se ha dado en llamar «nacionalfútbolismo», algunas de las cuales resultan embarazosas por su tono a todas luces delirante (y eso que el libro termina antes de la victoria en el Mundial). Gómez explora también la compleja relación de vascos y catalanes con el deporte, y la temprana, e inevitable, politización de todo lo que ocurría dentro y fuera del estadio, desde todos los lados del espectro político. De ahí las arengas en favor de la utilización del tirón popular del fútbol por parte de Manuel Aznar Zubigaray (abuelo del expresidente del gobierno Jose M. Aznar) en su etapa de simpatizante del nacionalismo vasco, y en favor de la movilización nacionalista, patriótica, que el fútbol facilitaba[30]. O la distinción del falangista Jacinto Miquelarena entre «el amor al club» que era femenino y «basado en los colores y los cintajos», y el amor varonil, patriótico, que el fútbol podía y debía canalizar para no derivar en un «regionalismo» peligroso[31].

Lo irónico es que en el caso español el fútbol fue inicialmente un asunto extranjero ligado a la incipiente industrialización de finales del siglo XIX, igual que ocurrió en el caso de Latinoamérica, cuya afición fútbolística llegó de la mano de los trabajadores británicos, especialmente los portuarios y los de la red de ferrocarriles.

---

[29] Manuel Vázquez Montalbán, *Aznaridad,* Barcelona, Mondadori, 2003, p. 237. Aspecto también comentado por Carlos Taibo, *España, un gran país. Transición, quiebra y milagro,* cit.

[30] Daniel Gómez, *La patria del gol. Fútbol y política en el Estado español,* Irún, Alberdania, 2007, p. 28.

[31] *Ibid.,* p. 31.

El primer club español, el Recreativo de Huelva, fue fundado en 1889 por escoceses que trabajaban en las minas de Río Tinto (una empresa inglesa). Trabajadores ingleses en la industria de Bilbao ya se habían juntado para formar el Bilbao Football Club, aprovechando sus ratos de ocio, y en 1898 se funda el Athletic Club en Bilbao. En 1899 se formó el F. C. Barcelona, gracias a un grupo de futbolistas suizos, ingleses y catalanes. No deja de ser irónico que el Real Madrid (originalmente Madrid Football Club) fuera fundado por dos hermanos catalanes, Juan y Carlos Padrós, en 1902. La selección española tuvo que esperar hasta 1920, esto es, después de haber sido formada la federación catalana (1904) y la vasca (1915). Asimismo, la tan cacareada «furia española» en realidad fue, en el contexto deportivo, y propiamente dicha, una «furia vasca». La expresión remonta su uso a 1920, cuando el jugador vasco José María Belausteguigoitia, «Belauste», se preparaba en 1920 para tirar un penalti que convirtió con gran fuerza e intensidad, dando así la victoria a la primera selección nacional española. La fuerza de Belauste se basaba en su (para la época) insólita altura y fuerza, que había ejercitado además practicando deportes vascos, incluyendo el lanzamiento de palanca, o barra vasca. A su poderío físico se añadía una notable educación (era abogado) y un incuestionable compromiso político con un nacionalismo vasco conservador. En efecto, el héroe de la selección española venía de una familia fuertemente nacionalista y él mismo fue militante del Partido Nacionalista Vasco durante casi toda su vida. En 1922 se exilió por sus opiniones políticas. Durante la Guerra Civil intentó huir a zona sublevada por su catolicismo, pero finalmente dejó España y murió en México. Esto es, algunas de las contradicciones que marcan todavía la relación de los jugadores catalanes y vascos con la selección española se manifestaron ya desde los inicios de esta, y los mitos sobre la furia y el carácter nacional no dejan de ser exactamente eso, mitos en el sentido que le dio Roland Barthes al término en su estudio ya clásico: narrativas naturalizadas, desprovistas de su contexto histórico. En realidad, las raíces históricas de la expresión «furia española» se remontan a 1576, cuando las tropas españolas que no habían cobrado sus sueldos, enfurecidas, saquearon la ciudad de Amberes, que quedó destruida. No parece una característica muy apropiada para erigirse en símbolo del carácter nacional, pero está claro que, en ciertos contextos, el potencial para dominar por la fuerza se valora por encima de otras virtudes, como la inteligencia, la prudencia o la estrategia. Dado que la final del Mundial de 2010 se jugó entre España y Holanda, las referencias a la «Furia Roja» española por parte del equipo naranja y la prensa holandesa deben ser entendidas en relación a este hecho histórico, que sin duda era un referente claro para los holandeses (no tanto para la prensa española que, en general, eludió tan espinoso asunto).

En medio de la conmoción creada por el triunfo de la «Furia Roja», hubo manifestaciones de otro tipo de furia, no relacionada con el disfrute de lo nacional, sino con la rabia o la desilusión, que también reclamaron su lugar y su visibilidad. La más importante fue la del millón de catalanes que, un día antes de la final del Mundial de Fútbol, se manifestaron en protesta por la decisión del Tribunal Constitucional Español de eliminar partes importantes del Estatuto de Autonomía catalán, una reacción seriamente minimizada por parte del gobierno del país y cuyas graves consecuencias se verían con claridad años después. La polémica y largamente diferida decisión del Tribunal, que incluía la negativa a considerar a Cataluña como nación y del catalán como lengua vehicular; las numerosas enmiendas al texto original, específicamente en relación con la identidad lingüística de Cataluña y en general el frenazo a los intentos del gobierno catalán por aumentar su nivel de autogobierno, desataron una ola de furia que culminó en una protesta masiva en Barcelona. El impacto del fallo judicial (que se produjo cinco años después de haber sido escrito el texto), tanto como el de la manifestación que lo siguió, fueron oscurecidos debido a que tuvieron lugar dos días antes de la final del Mundial de Fútbol. De hecho, en algunos diarios de alcance nacional, el episodio fue casi ocultado a la opinión pública. La portada del domingo 11 de julio de 2010 –el día después de la protesta– del diario *ABC* fue una gigantesca bandera española con la palabra «España» en el medio y el escudo nacional en el fondo (figuras 4.3. y 4.4.).

Si bien en la segunda página se aludía a la «marcha independentista encabezada por Montilla», destacando cómo el entonces presidente del gobierno catalán había desafiado al estado español, el artículo que se refería específicamente al evento no aparecía hasta la página 20, aun cuando en la página 10 algunas fotografías apuntaban al giro «radical» de la política catalana. Irónicamente, es en ese mismo ejemplar en el que el artículo «España como pasión», comentado anteriormente, puede verse ocupando una página entera.

FIGURA 4.3.   FIGURA 4.4.
Diario *ABC*, portada y contraportada, 11 de julio de 2010.

Como ya he señalado, Ignacio Camacho, el autor de ese artículo, reclamaba un patriotismo nacional basado en las emociones (en la pasión), aunque despojado de toda agresividad o resentimiento. Sin embargo, tanto el artículo en concreto como su contexto en general apuntan a lo que solo puede ser descrito como un rechazo agresivo de los nacionalismos no estatales, que son presentados, en tono fuertemente emotivo, como amenazas graves a la estabilidad democrática. Esto es, la pluralidad democrática española se representa a través de un equipo de fútbol formado por jugadores de diferentes orígenes e ideologías, *siempre y cuando* compitan exclusivamente bajo la bandera española y se identifiquen con un único sentimiento nacional. El hecho de que después de la final dos jugadores catalanes, Xavi Hernández y Carles Puyol, se envolviesen en la bandera catalana *(senyera)* para celebrar el éxito fue, o bien criticado, o directamente omitido por la mayoría de los comentaristas del evento[32]. Como apunta

---

[32] En su momento, se comentó la contradicción de que muchos de los catalanes que se manifestaron en contra del Estatuto no solo vieron el partido, sino que lo celebraron, en gran parte debido a la cantidad de jugadores catalanes y/o del Barcelona que integraban la selección nacional española. Esto no invalida mi argumento, al contrario, lo refuerza, porque demuestra que los afectos y los apegos no son unívocos, sino complejos y contradictorios. Por otro lado, y como desarrollo más adelante, la búsqueda del goce colectivo es perfectamente comprensible en cualquier contexto cultural.

Sara Ahmed en otro contexto, esta actitud refleja una visión del pluralismo en que este acaba siendo transformado en consenso, sostenido por el amor incuestionable a un ideal común. Desde este punto de vista, la fantasía multicultural funciona como un tipo de amor condicional y condicionado, en el que solo una parte, la marcada con la diferencia, tiene la responsabilidad del fracaso o el éxito del ideal nacional[33].

MEDITACIÓN DE LAS BANDERAS

En relación a «la guerra de las banderas» (la reticencia o negativa de algunas comunidades autónomas a desplegar la bandera española, o la preferencia de ciertos deportistas a celebrar sus triunfos internacionales con banderas de comunidades autónomas), la escritora Elvira Lindo aseguraba en una columna para *El País* que si de hecho España fuese *normal,* las discusiones en torno a las banderas ya no existirían[34]. Un comentario que parece ignorar que la normalidad del estado-nación requiere que en acontecimientos internacionales sus deportistas, artistas y todos aquellos que contribuyan al panorama de la cultura nacional, se identifiquen públicamente con una identidad única y cohesionada. Esto no es en absoluto exclusivo de España, todo lo contrario. Si hay una democracia europea «normalizada», esa es la del Reino Unido, un país con tanta seguridad en sus propios valores que hace de la excentricidad una característica positiva. Y sin embargo, en medio de la euforia patriótica que supusieron los Juegos Olímpicos de Londres de 2012, los jugadores escoceses e irlandeses del Norte crearon una gran polémica al reconocer en público que no cantarían el himno nacional «God save the Queen», entendido como una celebración exclusiva de «lo inglés»; sí pidieron que se respetara el himno, como cualquier otro, en público. Desde luego, ningún político inglés solicitó crear una ley para obligar a nadie a cantar, por mucho que se encontrara reprensible la actitud y así lo manifestaran algunos. Por su parte, el tenista Andy Murray celebraba su oro olímpico en Wimbledon llevando sendas muñequeras con la bandera escocesa. Todos esos deportistas quisieron manifestar que políticamente forman parte de un estado llama-

---

[33] Sara Ahmed, *The Cultural Politics of Emotion,* cit., pp. 139-139.
[34] Elvira Lindo, «Banderas», *elpais.com,* 14 de julio de 2010.

do «Gran Bretaña», pero que su *sentimiento* nacional pertenecía a Escocia, Gales o Irlanda del Norte, países a los que representan en competiciones internacionales, con excepción de los Juegos Olímpicos. Si bien la decisión de no cantar el himno o de no estrechar la mano de la reina en público creó polémica, sin duda, lo que no generó fue un debate político al más alto nivel sobre la necesidad de crear medidas legales que impidan que eso se produzca. En España, por el contrario, como han señalado los juristas Gerardo Pisarello y Jaume Asens, el artículo 8 de la Constitución, que de hecho reproduce el artículo 38 de la Ley Orgánica del estado franquista, encomienda al ejército la defensa de la unidad de la patria, algo impensable para otros países europeos. Existe también el delito de ultraje a la bandera, así como el de ofensas a España. Aunque teóricamente las banderas autonómicas también deben ser objeto de protección jurídica, en la práctica esos agravios no solo no se persiguen, sino que se toleran, como lo demuestra la abundancia de banderas no constitucionales que se ven en los estadios o concentraciones derechistas. Pisarello y Asens se preguntan, entonces, «¿qué simboliza una bandera que necesita dotarse de una coraza institucional y penal tan desmesurada?»[35].

Dos meses después de la celebración gozosa de unidad nacional española representada por el Mundial de 2010, cuando por primera vez en la democracia se pudieron ver banderas españolas ondeando en las calles sin que estuvieran vinculadas con la (ultra)derecha tradicional, las fracturas en el edificio de la identidad nacional habían vuelto a ser visibles. Sergio Ramos, un andaluz que juega para el Real Madrid, reaccionó de manera brusca durante una conferencia de prensa en Salamanca a partir de una pregunta formulada en catalán al jugador Gerard Piqué. Después de responder en catalán, Piqué se ofreció a traducir su respuesta al castellano, a lo que Ramos, visiblemente irritado, respondió «en andaluz, díselo en andaluz que ya le cuesta [al periodista catalán] entender el castellano». Igualmente problemático fue otro incidente que tuvo lugar un año después de la victoria en el campeonato mundial, durante la celebración de la victoria del equipo español sub-19 en el campeonato europeo. Mientras se preparaba para subir al podio, uno de los jugadores se envolvió en la bandera asturiana, y el entrenador,

---

[35] Gerardo Pisarello y Jaume Asens, «El blindaje penal de la bandera española: notas sobre un despropósito», *sinpermiso.info,* 18 de mayo de 2008, p. 2.

Ginés Meléndez, se la quitó, visiblemente enfadado. Más tarde, Meléndez diría a la prensa que los jugadores no podían ser condecorados «con banderas que no fueran de España». El problema es que, al menos legalmente y por ahora, las banderas representantes de las distintas comunidades autónomas son *también* banderas españolas. Pero como ya hemos visto en páginas anteriores, en España la parte nunca puede simbolizar el todo, a veces ni siquiera es compatible con él, y se considera un excedente o una patología. Es sintomático de la ansiedad nacional el hecho de que ni siquiera la bandera asturiana sea compatible con la expresión pública de lo español, siendo el imaginario colectivo de esa españolidad el que ha asignado a Asturias el papel de localización originaria («cuna») de las esencias patrias. De hecho, el incidente con la bandera asturiana revela que la intensidad del conflicto de las banderas había escalado. Durante la celebración del Mundial, el jugador asturiano Villa, responsable de varios de los goles clave de la selección, se envolvió en la bandera asturiana sin problema. Igualmente, el corredor de Fórmula I Fernando Alonso podía arroparse en la insignia del Principado sin polémica. En cambio, el motociclista Jorge Lorenzo, mallorquín, sí era recriminado: esto es, no todas las banderas autonómicas se ven como incompatibles con la españolidad en el mismo grado.

En el terreno de lo deportivo, en los dos años siguientes al Mundial (2010-2012), los enfrentamientos futbolísticos entre el Real Madrid y el Barcelona alcanzaron cotas de agresividad inéditas. Estas culminaron en 2011, cuando el entrenador del Madrid, José Mourinho, le metió un dedo en el ojo al segundo entrenador del Barcelona, Tito Vilanova, quien a su vez respondió dándole una palmada a Mourinho en el cuello. La tangana que siguió involucró a un número considerable de jugadores, todos los cuales fueron penalizados. Pero lo realmente interesante fue la reacción de los medios de comunicación al incidente. Hubo un reconocimiento, a veces implícito, a veces explícito en la prensa deportiva, incluso en la más afín al madridismo, de que las cosas habían ido demasiado lejos, que se había perdido el *fair play* y que la cohesión de la selección nacional sufriría por ello. Pero la responsabilidad última eludía ahondar en la larga historia de enfrentamientos entre dos equipos que simbolizan dos posiciones muy diferentes ante la autoridad política del estado. Como decía Vázquez Montalbán, el F. C. Barcelona asumió desde los años veinte del siglo pasado la condición simbólica de ejército desarmado de Cataluña y, a partir de la victoria franquista, el Real Madrid se convirtió poco más o menos que en la versión actualizada de los tercios de Flandes[36]. Esto a pesar de que el Real Madrid Football Club fue el equipo de la República, un régimen al que fue oficialmente afín. De hecho, en 1931 se quitó los símbolos monárquicos de su escudo, al que incorpora la franja morada, color que durante la República se asociaba con los comuneros de Castilla. También dejó de ser «Real» para pasar a ser Madrid C. F. Todo ello cambió, de más está decirlo, con el régimen franquista que españolizó el nombre del equipo y restituyó el apelativo de «Real», aunque de hecho la franja morada se mantiene, por razones desconocidas, hasta 1997 y en ocasiones incluso ahora en la segunda equipación. En cualquier caso, la historia de desencuentros entre el equipo nacional «por antonomasia» desde el final de la Guerra Civil y otros, en particular el F. C. Barcelona, es de muy largo alcance. Pero, como suele ocurrir, la historia se deja de lado para buscar la explicación más conveniente en un determinado momento. Para conveniencia de todos los involucrados, en 2011 había un malo en la película al que todos podían odiar: el entrenador *portugués* Mourinho, consistentemente denunciado como destructor de la armoniosa unidad que había sido la selección. De hecho, varios periódicos, incluyendo *El País,* se referían rutinariamente al técnico no por su nombre, sino por su nacionalidad: «el portugués». Sin dejar de reconocer el papel de crispador oficial al que Mourinho es tan aficionado, ni quitar hierro a su adusta y poco deportiva actitud ante el contrario, no es menos cierto que «el portugués» funcionó también como conveniente cabeza de turco, como síntoma de un malestar de muy largo alcance[37]. La realidad, por lo demás obvia, es la percepción de que la lealtad a Cataluña, en toda su especificidad cultural y política, y la lealtad a España (o a la idea hegemónica de España) son incompatibles. Parte de la realidad es también el desdén habitual con que en España se mira a los vecinos portugueses, algo comentado por varios de los jugadores de dicha nacionalidad que participan en la Liga española, y la reticencia a que fuera precisamente un portu-

---

[36] Manuel Vázquez Montalbán, *Aznaridad,* cit., p. 31.

[37] Asimismo, el ideal del *fair play* es en sí mismo otra fantasía constitutiva del imaginario del deporte, entendido como espacio privilegiado donde las tensiones políticas y sociales quedan suspendidas en un terreno donde todos son iguales.

gués el encargado de volver a dar brillo y esplendor a esa empresa nacional que es el Real Madrid.

Lo que parece fuera de toda duda, por lo demás, es que la armonía y la coherencia nacional española solo pueden darse en un marco suspendido de la realidad cotidiana y concreta, en un espacio donde las tensiones se aparcan lo suficiente como para lograr un gran triunfo deportivo que defina «lo común», pero que vuelven a aparecer, como esas apariciones espectrales que aparentemente se habían desterrado, en el momento del goce, cuando unos quieren colgarse al cuello una *senyera* y otros, la bandera canaria o asturiana. Uno de los momentos más interesantes de la retransmisión del Mundial de Fútbol se produjo cuando Puyol marcó el gol definitivo contra Alemania. En uno de los vídeos de la euforia popular subsiguiente, se veía a un chico joven diciendo, con cara de absoluto desconcierto, «Ha sido el polaco», esto es, refiriéndose al jugador con la denominación despectiva que se usa para hablar de los catalanes. La cara del chico, muy joven, reflejaba por un lado la alegría por el gol y por el otro el estupor de que hubiera que agradecérselo precisamente a un «polaco». Ese momento de goce suspendido o frustrado se representa también en una de las películas de la serie *Torrente,* de enorme éxito popular. El personaje principal, un expolicía fascista, racista y machista, confiesa en la tumba de su ídolo personal que el mundo ha cambiado para mal, que aunque España hubiera ganado el Mundial, la victoria «no contaba» porque había sido con jugadores del Barça. En realidad, lo que predominó fue la actitud contraria: la victoria sí contaba, sin duda: lo que se diluyó fue la aportación específica de los jugadores catalanes.

El escritor catalán Sergi Pàmies declaró que, mientras que la celebración posvictoria del Mundial había sido ejemplar en el hecho de que no había ido «en contra» de nadie, las anomalías básicas de la identidad española permanecían iguales aun en el medio de toda la euforia: la realidad era, y es, que los jugadores catalanes no hubiesen podido gritar «Visca Catalunya» en Madrid (incluso aunque Villa pudo, de hecho, gritar «Viva Asturias» o Iniesta a favor de Fuentealbilla, el pueblo manchego del que es originario) del mismo modo que los jugadores españoles en Camp Nou no hubiesen podido declamar su patriotismo o su alegría etílica con un «Viva España». Así lo demuestra también el hecho de que la victoria de la selección nacional de fútbol en la Eurocopa de 2012 supu-

FIGURA 4.5.   FIGURA 4.6.
Diario *ABC,* portada y contraportada, 1 de julio de 2012.

so una repetición de los acontecimientos de 2010: portada casi idéntica del diario *ABC* con la bandera española (figuras 4.5. y 4.6.), numerosos artículos elogiando lo que se puede conseguir si se trabaja en conjunto, en equipo, con un fin común.

No hubo ningún reconocimiento en profundidad de lo que los distintos componentes del equipo aportan, en toda su especificidad cultural. Ninguna reflexión sobre la necesidad de redefinir «lo común» más allá de los estereotipos y las ideas fijas, para hacerlo verdaderamente inclusivo, el resultado de una constante negociación democrática, y no la imposición al conjunto de una de las partes del conjunto de algo que se considera, de entrada y para siempre, innegociable. Al contrario, en la celebración final que tuvo lugar en el centro de Madrid, amenizada por los chistes del portero Pepe Reina, se veía al jugador del Barcelona Gerard Piqué portando bufanda roja, y al lado del mismo Sergio Ramos que se burlaba de que los periodistas utilizaran el catalán para hacer preguntas a su compañero.

La pregunta pertinente, entonces, sería si quedó algo de aquella explosión catártica de emoción nacional española que tuvo lugar durante esas semanas del verano de 2010. Porque, después de todo, las transformaciones sociales son posibles solo si hay algo que moviliza, que emociona, que conmueve. Como manera de explorar esta respuesta, quiero detenerme en varios episodios y comentarios. El primero, las declaraciones del polémico expresidente del F. C. Barcelona, Joan Laporta, que declaró que mientras el Barça como equipo pertenece al mundo, él personalmente «no se emocionaba» por la selección española, aun cuando hubiera jugadores del Barça en ella[38]. El segundo comentario es del escritor andaluz Isaac Rosa, quien sin alinearse con el nacionalismo español ni el catalán, criticó desde otro punto de vista la cantidad de banderas españolas que podían verse en todos lados durante el Mundial de Fútbol[39]. Reconociendo que quejarse sobre las banderas sería catalogado como «aguafiestas» y como una manifestación de un resentimiento antiespañol, insistía sin embargo en señalar dos hechos importantes. Primero, que le gustaría basar su patriotismo en elementos más allá de los deportivos y del tipo de éxito que promueven. Y en efecto, en medio del maremágnum futbolístico y de las reclamaciones nacionalistas, se pierden otras importantes objeciones a la impresionante atención mediática que recibe el deporte de elite y su utilización política. Como demuestra A. Bairner, dados los valores fuertemente jerárquicos y patriarcales que caracterizan la estructura de los deportes, algunas mujeres, y algunos hombres, no se sienten automáticamente incluidos en una celebración tan rotunda de una masculinidad centrada en la potencia física y la capacidad adquisitiva, jactanciosa y arrogante. Eso no quiere decir que las mujeres no puedan disfrutar de las victorias deportivas, por supuesto, ni que los deportistas varones no sean desde luego objetos de deseo y admiración para ellas también. Pero sí es indudable que la imagen del deportista vencedor, sobre todo en ciertos deportes con gran proyección mediática como el fútbol, el baloncesto, la natación o el atletismo, se basa en la promoción de un cierto tipo de masculinidad agresiva, ultracompetitiva, fuertemente sexualizada y asociada con el poder adquisitivo. Por lo demás, y en general, los deportes celebran la juventud, la fuerza física y el espíritu de competitividad por encima de otras cualidades, por lo que la enorme repercusión social de las victorias deportivas establece una jerarquía sumamente problemática con respecto a otras características cívicas deseables,

---

[38] Bobby Ghosh, «As Spain Begins its World Cup Quest, a Team United has Fans Divided», *time.com,* 16 de junio de 2010.

[39] Isaac Rosa, «Qué haremos después con tanta bandera», *Trabajar cansa, Diario Público,* 7 de julio de 2010.

¡LAS BANDERAS SON DE QUIEN LAS AGITA!

elroto@inicia.es

FIGURA 4.7. El Roto, diario *El País,* 24 de febrero de 2007.

como la solidaridad, la generosidad, la capacidad para resolver conflictos, la empatía. La segunda objeción de Isaac Rosa apuntaba a algo que era por lo demás evidente: que el único proceso de normalización que se había llevado a cabo había sido el de que la bandera roja y gualda ahora representa a un equipo (unido), pero no a una nación (unificada). Una crítica similar expresaba dos años después, el politólogo Juan Carlos Monedero, en su blog «Comiendo Tierra»/«Comuna de Ideas» en el que justificaba sus razones para no ver la final de la Eurocopa que enfrentaba a España e Italia. Tan interesantes como dichas razones son las reacciones a ellas, una gran parte de las cuales acusaban al autor de sectarismo y de destruir el poco placer que les quedaba a los españoles «con la que está cayendo».

Por otro lado, la emoción patriótica parece extinguirse en cuanto se deja de oír el ruido de las últimas celebraciones y se termina la normalidad de la cohesión: la bandera nacional vuelve entonces a recobrar su identificación con la derecha antidemocrática, algo que se critica frecuentemente (precisamente desde la derecha), pero cuyas causas reales prefieren eludirse o se manipulan aludiendo a una izquierda acomplejada sin motivo alguno (figura 4.8.). El conocido humorista Andrés Rábago García «El Roto» intervenía en el debate para recordar que las banderas son simplemente de quien las agita (figura 4.7.).

FIGURA 4.8. «España, País Raro» [www.miclonmalvado.com].

La última ironía en la disputa sobre las banderas es que en medio de todas las apelaciones a su plusvalía política y emocional, su valor es también, desde luego, económico. Un artículo en *El País* de 2010 explicaba la importancia material de la bandera «bien hecha», de producto nacional, frente a las falsificaciones hechas en China que se desintegraban enseguida. Una empresa situada en Colmenar Viejo es la encargada de proporcionar banderas de calidad para todos los grandes acontecimientos oficiales, así como de reparar la enorme bandera que preside la madrileña Plaza de Colón desde el 12 de octubre de 2001. El artículo hacía hincapié en que la empresa tenía que defenderse para poder ofrecer un producto nacional de calidad frente a la «competencia desleal» china, pese a que también han sido proveedores oficiales de actos de tanto alcance económico como simbólico: la Expo de Sevilla y los Juegos Olímpicos de Barcelona (1992). Pero hay otro elemento importante en esta historia de superación empresarial y patriotismo: el dueño de la empresa es, de hecho, un uruguayo que llegó a España sin papeles. Hoy es un ejemplo de empresario emprendedor que solo lleva corbatas con la bandera rojigualda, y ha hecho su fortuna vendiendo patriotismo español.

El goce cohesivo (secretos del corazón)

Los debates en torno al triunfo de «la Roja» inciden en la importancia crucial que tienen el goce y las emociones en las identificaciones colectivas, y también en su papel en la teoría y práctica política. Desde ese punto de vista, la selección española de fútbol logró hacer tangible para muchos la fantasía de la unidad nacional cohesiva y eficiente, de ahí su enorme trascendencia, mucho más allá de lo estrictamente deportivo. Así se interpretaba desde el inteligente programa de humor de la televisión vasca *Vaya semanita,* en el episodio «Me volví español», uno de los más vistos de la serie. El episodio es anterior al Mundial, pero posterior a la Eurocopa de 2008, que también ganó España. En él, unos padres le recriminan a su hijo «muy vasco» que tenga una camiseta de «la Roja» con el nombre del jugador Torres. A partir de ahí, un número musical recrea la metamorfosis de una serie de jóvenes nacionalistas vascos en españoles, sobre la base del reconocimiento de que no pueden remediar disfrutar y emocionarse con los triunfos de Gasol, Nadal o la selección nacional de fútbol. Asimismo, el chico en cuestión proclama que está harto de «sufrir en San Mamés» (el estadio de fútbol del Athletic Club de Bilbao)[40]. Más o menos en la misma línea está el conocido chiste en el que un español reconoce ser «republicano, de izquierdas y del Atleti», ante lo cual otro español le pregunta «pero bueno, ¿y tú, cuándo disfrutas?»[41]. La escritora Almudena Grandes, aludiendo con perspicacia a la importancia del goce en las identificaciones políticas, hacía referencia a ese chiste en un breve artículo en *El País* en el que hablaba de las consecuencias de la victoria electoral del PP. Si la unión nacional a través del goce puede ser objeto de humor, lo contrario, esto es, el reconocimiento público de la imposibilidad de una identificación gozosa con lo español, es recibido con notable hostilidad, cuando no con amenazas de acciones legales. Después de la sonora pitada al himno nacional que tuvo lugar en Madrid en 2012 durante la final de la Copa del Rey entre el Athletic de Bilbao

---

[40] Hay que recordar que el Athletic de Bilbao es el único equipo en el contexto español que solo admite jugadores de cantera, esto es, que no contrata grandes figuras extranjeras, lo cual, naturalmente, limita sus posibilidades de éxito en las grandes competiciones. La posibilidad de que esto cambie se narra como parte de una fantasía infantil en el libro de Kirmen Uribe *Bilbao-New York- Bilbao.*

[41] Almudena Grandes, «Placer», *elpais.com, edición impresa,* 9 de enero de 2012.

y el F. C. Barcelona se propuso una ley que prohibiría ultrajar en público los símbolos nacionales, entre ellos, la bandera, el himno nacional «y» la familia real. La idea no cuajó en aquel momento, quizá porque para el momento en que llegó al Congreso (junio de 2012), la crisis económica y política era de tal magnitud que nadie quería centrarse en otro tema. Esto no impidió a la presidenta de la Comunidad de Madrid, Esperanza Aguirre, manifestar que «en los países serios» como Francia o Estados Unidos no se pitaba el himno, y que si hechos así se producían en España, los torneos deportivos deberían disputarse a puerta cerrada. Lo que las declaraciones de Aguirre y otras muchas similares parecen no entender es que el patriotismo que tanto admiran en otros países no solo se impone por decreto-ley, sino que se apoya fomentando fuertes vínculos afectivos y un sentimiento positivo de pertenencia colectiva. Dejando de lado la discusión sobre lo que podría considerarse el nacionalismo siempre a flor de piel (o chauvinismo, depende de cómo se mire) de americanos y franceses, lo cierto es que en ambos países la ley protege el derecho a manifestarse en contra de los símbolos nacionales, incluyendo la bandera. Y si bien es verdad que el presidente Sarkozy amenazó con suspender un partido si se repetían incidentes que le desagradaban, lo cierto es que los ciudadanos franceses se manifestaron de forma contundente en contra de lo que entonces se denominó su autoritarismo napoleónico. En el momento en que este libro comenzaba a imprimirse, el gobierno ha propuesto una ley que castiga severamente las ofensas o ultrajes a España, sus comunidades autónomas, sus símbolos, instituciones o himnos, en el nombre de una «mejor convivencia entre los ciudadanos». Cómo puede favorecer la convivencia el blindaje legal contra la expresión pública (pacífica) de desagradado hacia un determinado símbolo, no queda claro. Tampoco queda claro por qué manifestar públicamente la indignación hacia instituciones que, se ha demostrado, han abusado de la ciudadanía y cuyos representantes muchas veces están involucrados en procesos legales es una ofensa a España: los que tanto se preocupan por el país y la imagen que tiene en el exterior, bien harían en reconocer que lo que hay que atajar es el problema, y no la protesta pública sobre el problema, es decir, defender menos el honor de entes e instituciones en lo abstracto y más las prácticas democráticas concretas que deben regirlas.

Volviendo al terreno del fútbol, la historia ofrece los antecedentes de hechos que a menudo se representan como pataletas de chi-

Figura 4.9. Guardia Civil en el estadio de Les Corts, Barcelona.
Imagen: Archivo del F. C. Barcelona. Cortesía de Jaume Subirana.

quillos malcriados. La historia del fútbol en España demuestra que las pitadas al himno nacional por parte de hinchas catalanes y vascos se remonta casi a los orígenes de la selección nacional. Ya en 1925, el general Joaquín Milans del Bosch, gobernador civil de Barcelona, fue testigo de una tremenda pitada que impidió que se oyera la Marcha Real. Llegado el desaire a oídos del dictador Primo de Rivera, la consecuencia fue la clausura del entonces estadio del Barcelona (Estadi de Les Corts) durante seis meses y la invitación al presidente del club a abandonar el país (figura 4.9.). Desde entonces, el estadio del F. C. Barcelona se considera «territorio desafecto» al estado, a la Corona (figura 4.10.).

Quizás ante tanta persistencia, y tanta repetición del mismo tira y afloja, se debería pensar en un cambio de estrategia, aunque solo fuera para evitar embarazosas situaciones. Si los catalanistas y nacionalistas vascos han sido históricamente «desafectos» a la causa española, el jarabe de palo y la ley del silencio, la exigencia legal de veneración de los símbolos del estado no van a mejorar la situación, antes al contrario. La mano en el corazón con que los norteamericanos, de cualquier origen, reciben su himno indica exacta-

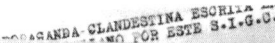

CATALANS !!

Els fets del dissabte dia 6 al Camp Nou ens han descobert un cop més l'existència d'unes discriminacions i preferéncies que ens afecten des de fa més de 30 anys a nosaltres com a catalans.

Perquè: la clara preferéncia pel Madrid, club que representa el poder central, portada a terme repetidament de la forma que segui: penaltis, expulsions, temps de propina, etc, etc, i les traves posades als equips catalans (veto els jugadrs estrangers, cas dels paraguaians, designació d'árbitros etc.) no és més que una mostra del trabe desigual que reben els catalans- tant els de neixement com els que han vingut per treballar - per part de l'Estat centralista en tota els aspectes.

L'actuació brutal de la policia el dia passat va posar en evidéncia la fòbia anticatalana d'aquest govern que només ens té en compte per atreure suc del nostre treball, i que je no ens té en compte, en cavi, quan es tracta de portar una política equitativa a qualsevol nivell especialment en les inversions públiques (vegeu només les empreses i obres públiques pagades de la nostra butxaca quan a Madrid per exemple son finançades por govern amb els nostres diners: carreteres, autopistes, promoció turística etc.); un govern que es proposa com a objectiu la desaparecció de Catalunya com a poble (com va dir Bernabeu: "Cataluña sería muy agradable sin los catalanes") i que per eixó la nostra llengua está prohibida a les escoles i llocs oficials.

Ja és hora que no aguantem més en silenci aquesta vergonyosa situació de abús. Contra la injustícia no sols els camps de futbol sinó a tot arreu de qué som objecte

XIULEM AQUEST DIUMENGE L'APARICIO AL CAMP DE LA FIGURA VISIBLE DE L'ESTAT QUE TE EL CINISME DE VISITAR-NOS

FIGURA 4.10. Texto pidiendo el silbido al jefe del estado en el Camp Nou.
Imagen: s. a., s. d., archivo del Gobierno Civil de Barcelona. Cortesía de Jaume Subirana.

mente dónde está la fuerza de la identidad nacional, para bien y para mal: es algo que funciona cuando «se siente» como propio. Naturalmente, la identificación afectiva con una identidad nacional no surge de forma espontánea, sino que es el resultado de una serie de factores, incluyendo la movilización de los aparatos e instituciones del estado para fomentar y sobre todo naturalizar ese patriotismo. Esto, que se considera completamente legítimo y necesario en relación al nacionalismo español, también llamado patriotismo, o en relación a cualquier otro estado, se critica reiteradamente al hablar de los nacionalismos no estatales, a los que se acusa de fomentar las bajas pasiones y un excesivo emocionalismo. Esto es, el corazón que late como español, nunca se equivoca en sus afectos, que si son intensos se considera muestra de una muy saludable conciencia patriótica. Por algo, en el momento del arranque del Mundial de Fútbol de 2010, la portada del periódico deportivo *Marca* simbolizaba la idea de unión nacional española con la imagen de un corazón, los colores rojo y gualda y el titular «46.745.807 corazonadas» (figura 4.11.), una cifra que aludía a la población española en junio de 2010.

FIGURA 4.11. Diario *Marca,* portada, 15 de junio de 2010.

En la misma línea, la portada del diario *La Verdad,* premiada, por cierto, presentaba la idea de la españolidad como literalmente marcada en el cuerpo de un joven pintado con los colores nacionales y con los puños cerrados en posición de ataque. Los colores de la bandera española sobre su addomen enmarcan distintas frases («Yo soy español, español, español»; «Gracias por este sueño»). Sobre el corazón, el famoso toro de Osborne, y en el pecho, el lema «A por ellos» (figura 4.12.).

La misma emocionalidad se considera excesiva y negativa, sin embargo, si se manifiesta como relación de una lealtad no estatal, a la que se otorga una dimensión irracional e inútil, lo cual no deja de ser contradictorio. Si la fuerza de los vínculos colectivos no puede desligarse de todo aquello que hace latir con más fuerza el corazón, de lo visceral, habría que reconocer que es inevitable el derecho a emocionarse en distintos grados (o en ningún grado) con determinadas manifestaciones de orgullo patriótico, propio o ajeno. En efecto, habría que separar, como mínimo, la necesidad de respetar los símbolos nacionales ajenos, de la obligación de sentirlos y conmoverse con ellos. Pero eso simplemente no es posible en España. En los

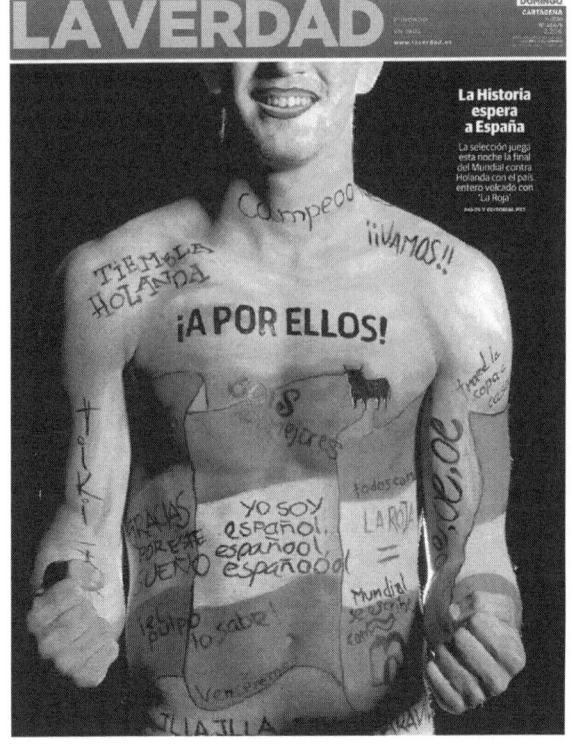

Figura 4.12. Diario *La Verdad,* portada, 10 de julio de 2010.

Juegos Olímpicos de Londres en 2012, el jugador de *hockey* sobre hierba Alex Fábregas reconoció al periódico *Ara* que «su sentimiento» era catalán, y que no se emocionaba de la misma forma con «Els Segadors» que con la «Marcha Real»; pero que jugaba con la selección española porque era la única oportunidad que tenía para participar al más alto nivel deportivo. La reacción fue tan brutal (incluso con amenazas de muerte) que el jugador tuvo que cerrar su cuenta de Twitter y dejar de responder a los comentarios. Fue también reprendido por la federación aunque no sancionado, quizá porque se le necesitaba como una de las principales figuras de un equipo formado en su gran mayoría por catalanes. De hecho, hay que recordar que Cataluña es la región autónoma que más deportistas aportó a los Juegos Olímpicos de Londres, seguida por Madrid. Esto es comprensible, no por razones de genética deportiva, sino porque los mejores centros de preparación deportiva se encuentran en dichos lugares. Por lo demás, no parece ser muy sensato criticar a deportistas por querer competir al máximo nivel, sobre todo cuando se les niega la posibilidad de escoger a qué nación quieren representar y cuando su eventual triunfo, sean sus razones las que sean, redunda en prestigio de su nación administrativa (por así decirlo). La única solución que queda a los que están en esta situación es convertirse, como decía una canción de Lluís Llach, en «contrabandistas del sentimiento» y esperar que no se descubran detectores para los secretos del corazón[42].

La indignación pública que produce el saber que «en el fondo» el triunfo deportivo no viene motivado por un auténtico sentimiento, sea del nacionalismo estatal, de otro tipo de nacionalismo, o incluso de identificación con un cierto club frente a otro, parece tener más que ver con la exigencia imperativa de goce que critica Žižek, el plantear el deber como obligación que debe disfrutarse. Llevar ese principio a sus máximas consecuencias es lo que hizo Corea del Norte, que impuso sanciones de prisión a los ciudadanos que no mostraron suficiente emoción tras la muerte de Kim-Jong Il. Hay que recordar, además, que la fantasía está intrínsecamente ligada a la forma en que se organiza el goce, de ahí que el odio al enemigo vaya siempre acompañado de la letanía de lo que este nos quita: la verdadera batalla se gana no cuando el enemigo cede su lengua, su territorio, sus hábitos, sino la forma en que concibe y expresa el goce. Ahora bien, el imperativo de *jouissance* patriótica plantea una situación imposible. Por un lado, se privilegia lo visceral, la corazonada, como expresión del sentimiento de identidad nacional sancionado por la autoridad competente. Por otro, esa expresión ritualizada se exige como deber ineludible de pertenencia a dicha comunidad nacional, un deber cuyo cumplimiento se reclama legal e institucionalmente. Un ejemplo de este tipo de dilema se encuentra en los numerosísimos comentarios y análisis del seguimiento que hubo en Cataluña y el País Vasco de los partidos de la selección española de fútbol. Constantemente se comparaban los límites de audiencia de unas comunidades autónomas con otras, para llegar a conclusiones contradictorias. Por un lado, quedaba claro que los telespectadores de todo el estado estaban pegados al televisor viendo el fútbol; por otro, las cuotas de audiencia eran sin duda menores en el País Vasco y en Cataluña que en Madrid, Asturias, Galicia y Andalucía. Pero lo interesante es ese interés de la prensa nacional, y su-

---

[42] La canción es *Pais petit* de Lluís Llach.

puestamente del público lector, por saber y reiterar hasta qué punto catalanes y vascos se sentían o no identificados con el triunfo español y, sobre todo, *se alegraban* o no con él.

La necesidad de confirmar que parte del territorio español no celebraba el triunfo de la españolidad oficial es consistente con la idea, ya desarrollada en la primera parte de este libro, de que la fantasía de cohesión nacional siempre necesita un obstáculo, una figura antagonista que encarne la frustración del goce. En ese sentido, el sentimiento de traición cuando un jugador decide abandonar lo que ha sido «su» equipo, no se limita a la selección nacional de fútbol. En la temporada 2012, el Athletic Club de Bilbao se vio sacudido por un acontecimiento que parecía impensable en el entorno en que se podía decir «Con cantera y afición, no hace falta importación»; el único equipo español que se mantiene «con los de casa», esto es, nacidos en el País Vasco, descendientes de vascos o formados fútbolísticamente en la cantera del equipo. Los entrenadores y el equipo técnico también pueden ser, y en efecto a menudo lo son, de distintas partes del mundo. Después de haber jugado una excelente temporada, la mejor en décadas, dos de los jugadores estrella del equipo, Javi Martínez y Fernando Llorente, decidieron abandonarlo en busca de nuevos horizontes fútbolísticos y, es de suponer, de una mejora de su cuenta bancaria. En medio de una crisis económica sin precedentes, con Alemania dictando el rumbo de los países del sur de la Unión Europea, Martínez hizo un fichaje millonario precisamente con un equipo alemán que además es uno de los mejores del mundo (el Bayern de Múnich) y Llorente manifestó también su deseo de irse a otro equipo europeo. La reacción oficial (por parte de la directiva del equipo) y popular no se hizo esperar: durante los entrenamientos, se veían pancartas de diferente signo político acusando a ambos de mercenarios y de haber traicionado los valores de un equipo, pero también de un país (el País Vasco). En el momento en que se escriben estas líneas, Llorente, que no había encontrado quien abonara el alto precio que se pide por él, funcionaba como un exiliado dentro de su equipo. El que fuera máximo goleador y figura de su equipo, la «leyenda de Bilbao», pasó a ser símbolo del deportista mercenario, recriminándosele su origen navarro-riojano y su participación entusiasta en la selección nacional española que ganó el campeonato mundial. En este sentido, la trayectoria de Llorente funciona bien como símbolo de algo que ya analicé en la primera parte: los sueños de unidad y cohesión siempre acaban produciendo monstruos.

La furia con que los aficionados al fútbol reciben ciertos traspasos solo se explica por los afectos nacionalistas que el fútbol moviliza, que incluyen la necesidad de querer aferrarse a la fantasía de que los jugadores quieren ganar por convicción, por amor patriótico, porque se identifican emocionalmente con los colores de la camiseta que portan. La visión de cada nuevo jugador de un equipo siendo presentado a la afición y besando el escudo de su camiseta es la puesta en escena de esa fantasía que no parece tambalearse por mucho que los jugadores, la mayoría de las veces, acaben de bajarse de un avión que los trae de su país de origen, de donde se van no por elección enteramente libre, sino para prosperar económica y deportivamente. A menudo, tampoco saben hablar el idioma del equipo que los contrata, ni conocen gran cosa de la historia nacional que representan: si acaso, la historia del equipo en cuestión y los ceros que acompañan el cheque que les firman. Puestos a indignarse, habría que hacerlo con el peso del factor económico en la motivación de unos deportistas que con ciertos deportes (fútbol, baloncesto, tenis) ganan cantidades obscenas de dinero y que reciben por sus éxitos primas altísimas, incluso en épocas de crisis sin precedentes. Habría que indignarse también con la falta de civismo de equipos de la primera división española que manejan enormes cantidades de dinero y que sin embargo mantienen una deuda con Hacienda de más de 600 millones de euros, una cifra que no incluye la posible deuda que puedan tener los más grandes entre los grandes (Real Madrid o F. C. Barcelona). Mientras tanto, los equipos modestos, los de tercera, cuyos jugadores y técnicos muchas veces sí juegan por amor al arte y compromiso con la afición, que no tienen presupuesto para desplazamientos y a veces ni cobran sus modestos sueldos, van desapareciendo por ahogo económico.

Asimismo, el espíritu de unión y la compenetración de los que hacen gala ciertos equipos nacionales, que tanto se alaban en época de victorias y se consideran virtudes intrínsecas, es algo que se construye también a golpe de talonario. Los jugadores funcionan mejor como equipo cuando pueden jugar juntos de forma habitual, cosa que, particularmente en el contexto europeo, ocurre con más facilidad en los equipos con más recursos, los cuales tienen la capacidad adquisitiva para atraer a los mejores jugadores del mundo y, por el contrario, es algo insostenible para los países de escasos recursos. Un caso obvio sería la selección nacional argentina, en la que no falta precisamente el talento fútbolístico y que tampoco es de las más desfavorecidas en un contexto mundial. Sin embargo, el conjunto nacional no rinde lo que rinden sus figuras en sus clubes respectivos. La compenetración de Leonel Messi con sus compañeros en el F. C. Barcelona, por ejemplo, ha sido hasta ahora infinitamente mayor que la que tiene con sus compañeros en la selección nacional argentina. No se trata de minimizar la excelencia de un equipo que hizo historia, pero es evidente que la práctica constante, la continuidad en los entrenamientos, la comunicación deportiva y personal asidua así como los recursos puestos a disposición de los grandes clubes, son factores importantísimos a la hora de crear esa cohesión que a menudo se interpreta como algo que viene dado *a priori* y de forma natural. De hecho, y yendo más allá, en ciertos países, innumerables niños y jóvenes no pueden desarrollar su capacidad deportiva simplemente por falta de recursos, no ya para su equipamiento, sino para una nutrición adecuada sin la cual no se puede esperar el rendimiento físico que el deporte de elite exige. Es conocido que el propio Messi, por ejemplo, era un niño con problemas de crecimiento que se solucionaron con un costoso tratamiento médico, proporcionado por el F. C. Barcelona. Esto es algo que reconocen y lamentan todos los entrenadores y jugadores de equipos latinoamericanos, por no decir africanos: a ellos les resulta prácticamente imposible construir un equipo con vocación nacional, porque sus mejores jugadores nunca están juntos en el país, esto es, no pueden lograr esa cohesión que tan fundamental es para lograr un grupo efectivo. Y, sin embargo, a menudo en lugar de poner el énfasis en las causas estructurales que hacen que ciertos grupos puedan cohesionarse y funcionar con efectividad como un todo, y otros no, la desilusión y la rabia por el fracaso se traspasan a factores individuales y extradeportivos. Es decir, el problema sería, supuestamente, que Messi (por dar el ejemplo más notorio) no es lo suficientemente argentino, no siente su patria con la debida intensidad, debido a que se ha criado en Cataluña, a pesar de sus insistentes declaraciones sobre que su máximo objetivo como jugador sería ganar un Mundial con la selección argentina. La doble pertenencia del jugador (a su país de origen y al de adopción) se ve entonces como factor desestabilizador de ese ideal nacional cohesivo que la pasión deportiva pone en funcionamiento. Del mismo modo, la innegable compenetración y efectividad de la selección nacional española se fomenta de muy diferentes maneras, incluyendo los incentivos económicos. Hay que recordar que sus jugadores eran los que tenían prometida la mayor recompensa económica de todos los equipos que jugaron el Mundial de 2010 en caso de victoria: más o menos medio millón de euros por jugador. Unos jugadores que, por lo demás, eran ya millonarios. No se trata de proponer que el dinero sea el único incentivo; naturalmente, el éxito al nivel más alto de exigencia en su deporte y el clamor popular, son factores a tener en cuenta también. Pero que el factor económico pesa, no cabe duda. La prueba está en que cuando la selección volvió a ganar la Eurocopa en 2012, logrando así un triplete sin precedentes, en medio de una crisis económica también sin precedentes, se corrió el rumor de que algunos jugadores donarían sus primas en caso de triunfo, como habían prometido hacer los jugadores italianos. Pero rápidamente los jugadores salieron al paso de los rumores para decir que no, que cada uno se quedaba con su dinero y su paga extra, y el pueblo se quedaba con el recuerdo de la gloria.

LA DEMOCRACIA SENSIBLE

Negar o desdeñar como superficial el «panem et circenses», lo significativo del goce nacional promovido por el deporte en general, o el fútbol en particular, es crítica y políticamente estéril. En su lugar, sería más productivo reflexionar sobre el potencial movilizador de la energía afectiva y la necesidad de identificar sus puntos de adhesión, los lugares estratégicos donde la energía queda fijada, tanto de manera positiva como negativa. Como sostiene Yannis Stavrakis, lo que se necesita es un *ethos* más allá de la política de la fantasía, una relación diferente entre lo negativo y lo placentero o, en otras palabras, una ética política que tome en consideración la importancia, pero también la parcialidad, del goce[43]. Si en el momento actual existe algún déficit que pueda reconocerse como el culpable de la derrota de las políticas democráticas de izquierda, no es de tipo epistémico, sino afectivo, en el sentido de que no es que haya falta de ideas, proyectos o propuestas, sino que fracasan en inspirar la acción colectiva[44]: literalmente, no conmueven. Esa es también la opinión del politólogo Juan Carlos Monedero, que de-

---

[43] Yannis Stavrakakis, *The Lacanian Left,* Albany, State University of New York Press, 2007, p. 269.

[44] *Ibid.,* p. 282.

clara sin ambages que los lemas en torno a los cuales se ha agrupado tradicionalmente la izquierda (tierra y libertad; pan y trabajo; socialismo o muerte) simplemente no tienen capacidad de movilización en el momento actual. Esa capacidad hoy en día la retiene la derecha, desde Berlusconi al Tea Party norteamericano pasando por el (neo)conservadurismo español, que han sabido movilizar la frustración y la rabia de los ciudadanos para canalizarlas en proyectos e iniciativas que, irónicamente, disminuyen la existencia de la esfera pública y favorecen el poder de la plutocracia. Esto es, el populismo fundamentalista reaccionario sabe aprovechar para sus propósitos el inevitable antagonismo que recorre el espacio social, mientras que la izquierda moderada liberal persiste en negarlo obstinadamente con la retórica de un consenso idealizado y su visión neutralizada de la diferencia[45]. Quejarse de que los populismos (de derecha o de izquierda) apelan a las «bajas pasiones» y pedir en cambio una política meramente racional no resuelve en absoluto el problema, al contrario, lo incrementa, como demuestra el peligroso ascenso de los partidos ultranacionalistas de derechas, de la xenofobia y del fascismo en Europa. La izquierda tiene que entender que es preciso unir emoción y gestión, renovar las emociones y ser capaz de concretar alternativas concretas[46]. M. Walzer propone que en lugar de insistir en la apelación a procedimientos deliberativos neutrales, algo que por lo demás no deja de ser una mera aspiración, lo que se necesita para cambiar el panorama político es extender la legitimidad racional también a las pasiones políticas democráticas[47]. En el contexto español, J. C. Monedero explora esa misma línea para insistir en que solo la emoción racional puede romper la clausura del pensamiento que caracteriza a la democracia:

> Solo la sensibilidad puede convocar a la razón ausente. Solo la emoción puede romper la clausura del pensamiento lograda por la sobreinformación, el afán consumista, el miedo al futuro, la nega-

---

[45] Slavoj Žižek comenta este punto en numerosas ocasiones, más recientemente en *The Year of Dreaming Dangerously,* Londres, Verso, 2012 [ed. cast.: *El año que soñamos peligrosamente,* Madrid, Akal, 2013].

[46] Juan Carlos Monedero, «Aviso para marxistas despistados: ¡Es el fútbol, idiotas!», *Comiendo tierra, publico.es,* 29 de junio de 2012.

[47] Michael Walzer, *Politics and Passion: Toward a More Egalitarian Liberalism,* New Haven, Yale University Press, 2006, p. 126.

ción del pasado y la zozobra ante la incertidumbre y el castigo. Si el sistema solo entiende objetos [...] la sensibilidad devuelve a su lugar a las personas[48].

Es interesante que Monedero apele a la sensibilidad, un término que también utiliza M. Foessel en su reivindicación de una «democracia sensible», fórmula que quiere subrayar la importancia de los afectos en la constitución del vínculo democrático. Defender una democracia sensible no implica, en absoluto, defender el sentimentalismo, volver a la retórica fascista de la *mera* corazonada o la muerte a la inteligencia, o el refugio en la melancolía paralizante. Implica, por el contrario, la meditación sobre lo que significa «vivir juntos», el significado de la ubicua apelación a un *nosotros* continuamente invocado pero cuyo significado no puede discutirse:

> Convertida en un lugar común del discurso político y mediático, se apela a ella [la fórmula del «vivir juntos»] para conferir un poco de concreción a los vínculos institucionales debilitados por su abstracción, o para precaverse contra los riesgos de disolución del espacio público en el comunitarismo. De modo que ya nadie sabe si «vivir juntos» designa un proyecto o una necesidad, ni si hay que alegrarse de ello o lamentarlo[49].

Exigir una democracia sensible es todo lo contrario a la privatización de lo íntimo que se vive actualmente en los países occidentales, donde se impone una instrumentalización aparentemente sentimental del vínculo político. En efecto, en las últimas décadas, los movimientos más conservadores han sabido fomentar y canalizar un tipo de sentimentalidad nacional «antipolítica», haciendo que los únicos sentimientos relevantes sean los privados, los individuales: el dolor de la víctima como madre, como padre, como huérfano, pero no como ciudadano o ciudadana, como parte de una colectividad. En palabras de Lauren Berlant, se ha hecho de la nación un estado sentimental privatizado. La esfera pública se ha convertido en una esfera pública íntima, donde la ciudadanía se convierte en condi-

---

[48] Juan Carlos Monedero, *Dormíamos y despertamos. El 15-M y la reinvención de la democracia,* Madrid, Editorial Nueva Utopía, 2012, p. 181.

[49] Michaël Foessel, *La privación de lo íntimo. Las representaciones políticas de los sentimientos,* Barcelona, Península, 2010, p. 142.

ción de un tipo de asociación social derivada de actos, valores y sentimientos privados. Desestimada la orientación de la persona hacia la vida pública en tanto tal, lo público se concibe como simultaneidad de mundos privados que convergen en virtud de sus coincidencias ideológicas[50]. La indignación, la rabia, se marcan como sentimientos excesivos, peligrosos e irresponsables cuando se expresan en relación a lo que deben ser valores cívicos o modelos alternativos de ciudadanía; pero se presentan como enteramente legítimos cuando se usan para marcar los límites de una pertenencia nacional basada en un determinado concepto de moralidad y ética. Por eso mismo es iluminador estudiar los momentos de «optimismo opresivo» de una determinada cultura nacional, los mecanismos por los que se suprime la resistencia «negativa» al *statu quo,* la forma en que los deseos más utópicos acaban integrándose en visiones (ultra) conservadoras[51].

El análisis de Berlant sobre la privatización de la esfera pública y el «optimismo cruel» que caracteriza el discurso político, se refiere concretamente al optimismo de la presidencia de R. Reagan, heredado y cultivado por la derecha republicana norteamericana hasta el momento actual. En el contexto español, ese mismo optimismo opresivo es el que presidía la era del aznarismo y su eslogan «España va bien». Pero es evidente que ese optimismo derivado de un supuesto «milagro español» y el goce colectivo que supusieron las victorias deportivas a nivel internacional, no duraron mucho: quedaron sumergidos en la crisis económica que puso a la vista, sin lugar a dudas, la podredumbre y las grietas en un edificio necesitado de renovación política y moral desde hacía mucho tiempo. Sin embargo, han habido otras instancias en que las emociones y el sentir colectivo también tuvieron un lugar importantísimo: las movilizaciones y las prácticas desarrolladas a partir del hundimiento del petrolero *Prestige,* que fueron articuladas a través de la plataforma y del eslogan «Nunca mais», o las manifestaciones en contra de la Guerra de Iraq, que movilizaron a millones de personas en toda España, siendo la participación ciudadana del 90 por 100. No cabe duda de que

---

[50] Lauren Berlant, *The Queen of America goes to Washington city: Essays on Sex and Citizenship,* Durham, Duke University Press, 1997, p. 5.

[51] Lauren Berlant, *The Queen of America goes to Washington city,* cit., p. 13. El concepto de optimismo cruel lo desarrolla en su siguiente libro, titulado precisamente *Cruel Optimism,* Durham, Duke University Press, 2011.

la furia y la rabia estuvieron presentes en todas esas manifestaciones y en muchos de los lemas que presidieron el movimiento ciudadano del 15-M, como no podía ser de otra forma, dado el momento de crisis en que ya estaba inmerso el país. Como es sabido, el escritor y diplomático francés S. Hessel, autor del libro *¡Indignaos!,* fue uno de los pilares teóricos del movimiento que adoptó su perspectiva de la necesidad de un alzamiento contra la indiferencia y a favor de la insurrección pacífica. Pero aparte de la indignación, hubo otro elemento del que se habla menos pero que, sin embargo, destacan todos los que estuvieron en la Puerta del Sol de Madrid o en las muchas manifestaciones que tuvieron lugar en numerosos lugares de España: la alegría, la ilusión por un cambio posible. «Primero estaba indignada, ahora estoy ilusionada», se leía en varias pancartas. Muchas otras pedían abiertamente una sonrisa para ayudar a reiniciar el sistema, y en casi todas, se hacía alusión a una necesaria solidaridad y empatía con los otros para solidificar un movimiento que pedía la desobediencia civil frente a la violencia[52]. Como dice Germán Labrador Méndez, la expansión social del movimiento 15-M se acompañó de una afectividad también expansiva[53]. Naturalmente, ese posicionamiento lo hizo objeto de numerosas burlas y descalificaciones, de los que consideraban a los que pretendían cuestionar las cosas de raíz el modus operandi de la democracia representativa, «perroflautas», «inútiles», «ilusos», cuando no insultos peores. Pero la grieta en el edificio del consenso incuestionable era ya visible y no podía ser soldada por la fuerza. Y esta vez, la Puerta del Sol de Madrid, el kilómetro cero, tantas veces mencionado en discursos centralistas y centralizados, algunos de cuyos edificios todavía conservan la memoria de acciones y procesos dictatoriales, servía como punto de convergencia voluntaria de aspiraciones y afectos similares (pero no necesariamente idénticos). Se ha dicho que el movimiento no tuvo la cohesión necesaria para poder plantarle cara a las fuerzas políticas y económicas que se le oponían, en parte por su falta de conexión con mecanismos de poder, por su carácter invertebrado, por su énfasis en la afectividad. Pero quizá precisamente el derecho

---

[52] Para una selección de lemas representativos, véase Ignacio Ramonet, «Palabras de "indignados"», *Le Monde diplomatique* 109, julio de 2011.

[53] Germán Labrador Méndez, «Si te pasa a ti, me pasa a mí y le pasa al operario. Gramática de afectos y poética de lo común del hip-hop al movimiento 15-M», trabajo inédito.

a expresarse sin mediación del poder fue parte de la reivindicación planteada en esa plaza pública, la posibilidad de que una conciencia política invertebrada no fuera automáticamente descalificada. Por otro lado, una consecuencia que no se le puede negar al 15-M es haber creado un sentido de comunidad, un cuestionamiento público de la cultura del acomodo y del silencio, una apelación a la ciudadanía, y una aspiración a una democracia más sensible. Es precisamente el impulso afirmativo que inició el movimiento lo que puede ser la clave de su resonancia política. Como dice Alain Badiou, hablando justamente del movimiento 15-M: indignarse nunca ha sido suficiente, porque los afectos negativos no pueden reemplazar a las ideas afirmativas[54]. Pero lo que sí consiguieron las personas que día tras día manifestaron su furia, pero también su esperanza y su solidaridad, fue precisamente hacer visible lo oficialmente inexistente, crear redes de comunicación y acción afectivas e inclusivas y, de este modo, distanciarse de la representación del estado y su normalidad. Como bien arguye Labrador Méndez, la «Spanish Revolution» que inicia el 15-M estaba ya previamente instalada en los corazones de los que salieron a hacerse visibles en el espacio público, y las columnas de indignados que marchaban por los distintos caminos de España constituyeron una «homeopatía» de ese corazón colectivo cuyas arterias parecían completamente bloqueadas[55]. Lo que marca el movimiento 15-M es precisamente la transferencia de los afectos de lo íntimo a lo público, a la reivindicación de un tipo de democracia y de ciudadanía *sensible* que reconozca la importancia de esos afectos en la constitución del vínculo democrático y no circunscriba este a lo meramente instrumental. Como indica Foessel en su estudio sobre las representaciones políticas de los sentimientos, la democracia comparte con lo íntimo el no ser meramente una sociedad de propietarios[56].

Es incuestionable que la inversión libidinal y la movilización de energías afectivas son elementos necesarios para la producción de identificaciones sostenibles. Asimismo, y como nos recuerda Manuel Castells en *Redes de indignación y esperanza,* son los afectos los desencadenantes de la acción política. Por lo tanto, la cuestión no es

---

[54] Alan Badiou, *El despertar de la historia,* Madrid, Clave Intelectual, 2012, p. 131.
[55] *Ibid.,* p. 131.
[56] Michaël Foessel, *La privación de lo íntimo. Las representaciones políticas de los sentimientos,* cit., p. 155.

FIGURA 4.13. Toma la calle.
Imagen tomada del archivo de Juan Torres López [http://juantorreslopez.com/].

lamentar por qué esto es así, sino qué tipo de inversión se impone en un determinado momento, por qué y cómo puede ser (re)localizada. De igual forma, hay que considerar la importancia democrática de la negatividad y el antagonismo, incluyendo las razones que se encuentran detrás de la negación o la reticencia a unirse a una celebración determinada. Esto en sí mismo implicaría la movilización de un tipo de goce diferente, un goce siempre consciente de su propia parcialidad, y por tanto de la posibilidad de que coincida o no con el goce del otro[57]. En este contexto, los distintos tipos de afectos, políticos y personales, con sus distintos puntos de adhesión, y la inevitable tensión que ello pueda ocasionar, no serían percibidos

---

[57] Todd McGowan, *The end of Disatisfaction? Jacques Lacan and the Emerging Society of the Enjoyment,* Albany, SUNY Press, 2004, p. 195, citado en Stavrakakis, *Lacanian Left,* p. 279.

como anomalías de la democracia, sino al contrario, como la prueba irrefutable de su existencia. La alternativa es, por supuesto, continuar refugiándose en el espacio ameno y confortable de la fantasía nacional normalizada, un espacio donde las tensiones y los desacuerdos se resuelven, o se neutralizan, como por arte de magia. Es posible ampararse en la promoción de, y la aspiración a, una cultura cohesionada por decreto-ley, en la cual el goce patriótico se exige como condición de pertenencia a lo común, pero cuyas implicaciones y referentes no pueden debatirse en público. Se puede seguir exigiendo que ese estado de cohesión sea presidido por la bandera de un país al que no es posible no amar sin consecuencias punibles; donde todo el mundo está de acuerdo, pero no existen palabras para ratificar ese acuerdo en público; donde no hay crispaciones, porque son rápidamente soldadas por los expertos en unificar naciones con sus sopletes. Un país donde el estado da permiso a la gente indignada con la incapacidad, la opacidad, el abuso y la mala gestión pública y privada a mostrar «un grado razonable de conflictividad», pero no más[58]. Y para eso, para asegurar que no se va más allá de lo que el estado considera razonable, se propone una reforma del Código Penal que castigue las conductas que alteren el orden público y la paz social, incluyendo la restricción y modulación del derecho a manifestarse públicamente. Un país donde la negociación democrática, con toda su complejidad y sus tensiones antagónicas, se entiende como obstáculo al triunfo pleno e incuestionable del estado de placidez resultante del disfrute de las atracciones puestas a nuestra disposición por una corte de sabios, que amablemente nos indican cuáles son las más indicadas y las desaconsejables, por nuestro propio bien. Un país, en fin, muy parecido a la fantasía de esencias patrias y convivencias gozosas que Julian Barnes recrea con tanta inteligencia y humor en *Inglaterra, Inglaterra*.

De hecho, la idea de crear una réplica de la realidad nacional española a salvo de las tensiones y las complejidades de dicha realidad, aislada en un recinto cerrado y que encima tuviera valor turístico, no está solo en la mente de un escritor inglés. Es un proyecto que se puso en práctica durante la dictadura de Miguel Primo de Rivera, con motivo de la Exposición Universal de Barcelona de 1929,

---

[58] Palabras del ministro del Interior, Jorge Fernández Díaz, en el otoño de 2012 reconociendo que las frustraciones de la gente se podían manifestar en una «razonable conflictividad», pero no más allá.

el año que pasó a la historia como marcador de la peor crisis económica del siglo XX. Es precisamente en esa fecha cuando, como parte de las obras creadas para la Exposición, se construye el «Pueblo Español», una especie de síntesis de la diversidad artística y cultural española localizada en un recinto aislado. Los distintos edificios, construidos a escala real, representan la variedad peninsular como un continuo, como una serie de «yuxtaposiciones imposibles»[59]. Así, la torre mudéjar de Utebo (Zaragoza) puede verse al lado de un patio andaluz; y en la plaza castellana hay un bar donde, en inglés, se nos informa de que podemos acceder al sabor de la Costa Brava. Significativamente, el acceso a esta España en miniatura, a esta representación en la que lo diverso y divergente se vuelve unificado y convergente, se hace a través de Castilla, ya que es la réplica de las murallas de Ávila la que da paso al recinto. Más aún, como ha demostrado Jordana Mendelson, la recreación de la unidad en la diversidad que plantea el Pueblo Español necesita ser activada mediante una visión comercializada de la cultura: es la mirada del turista y su interacción con el conjunto la que hace que la réplica adquiera su carácter de pueblo representativo, por cuyas calles se puede pasear, observar y comprar sin tener que quedarse más que un rato. El Pueblo Español se adelanta a la idea, hoy bien extendida, del parque temático cultural, cuya lógica plantea poder aprehender la singularidad cultural sin tener que molestarse en viajar; moverse en un espacio controlado, sin riesgos ni incomodidades. El conjunto, ideado y diseñado por artistas catalanes, es a la vez vehículo y resultado de la fantasía de la nación diversa, pero homogénea y armónica; una metáfora del viaje sin movimiento y de la experiencia artística como consumición de productos previamente etiquetados. Hoy en día, dicha fantasía sigue en marcha y abierta al público, si bien la crisis se hace notar y las tiendas de artesanía o de arte contemporáneo están casi vacías. Los turistas, por otro lado, prefieren adentrarse por el casco histórico de Barcelona, zona que por otro lado también se ha convertido casi en un recinto acotado para el ocio y el consumo del turista pero en un espacio a menudo hostil para muchos de sus ciudadanos.

---

[59] Jordana Mendelson, *Documenting Spain: Artists, Exhibition Culture, and the Modern Nation, 1929-1939 (Refiguring Modernism)*, Pensilvania, Penn State University Press, 2005 [ed. cast.: *Documentar España: Los artistas, la cultura expositiva y la nación moderna, 1929-1939*, Barcelona, Ediciones de La Central, 2012].

Es probable que los turistas que todavía pasean por las calles del Pueblo Español no quisieran ni pensar más allá de lo que la representación en sí quiere resaltar. No querrían saber mucho de la propia geografía donde se asienta ese espacio idílico de la convivencia y su historia: Montjuïc, el monte de los judíos, lugar estratégico desde donde se bombardeó la ciudad de Barcelona varias veces, y cuyo castillo fue usado como prisión y lugar de fusilamiento hasta la dictadura franquista. Tampoco es necesario saber que el amurallado recinto sirvió durante la Guerra Civil Española como campo de internamiento de prisioneros. O que André Malraux rodó allí parte de la película *Sierra de Teruel (L'espoir)*, con guion traducido por ese artista español sin sitio en España, Max Aub. *Sierra de Teruel* es una película que refleja en su temática y su materialidad el contexto histórico que le da origen, incluyendo las vicisitudes materiales de financiación y de logística que afectaron a la producción, que tuvo que ser terminada en Francia debido a la entrada en Barcelona de las tropas franquistas. Su narración discontinua, que exige que el espectador reactive las imágenes que ve, constituye precisamente lo opuesto al tipo de visualización pasiva que supone la representación amena que significa el Pueblo Español. De hecho, es bastante probable que si por algún error de planificación se proyectara la película como parte del programa de entretenimiento que se ofrece al visitante cada noche en el Pueblo Español, o se hablara de bombardeos, fusilamientos de presos políticos y de cementerios judíos en las colinas, los visitantes lo interpretaran como un elemento más en el *collage* de esa esencia nacional española tan cuidadosamente recreada en el recinto. Todo ello podría integrarse en un guión donde se dan a probar al público algunas emociones fuertes, siempre relacionadas con un pasado superado y normalizado. A continuación, se haría una condena humanitaria y general de los enfrentamientos fratricidas donde todos tienen la misma responsabilidad, para luego apelar a la fuerza de la unión y la confianza en el futuro. Al final de la representación, se ofrecería una agradable copa de cava catalán en una plaza castellana cercana a un patio andaluz, para demostrar que, dejando de lado molestas ideologías, la diversidad del pueblo español funciona muy bien dentro de un espacio controlado y consensuado que bien podríamos llamar *España, España*.

V. RESTA Y SIGUE: LAS CUENTAS ERRÓNEAS DE LA DEMOCRACIA DEL CONSENSO

Ya ves, aquí seguimos, día a día
Capeando temporales sucesivos
Viviendo en la noespaña que es España.
Ángela Figuera (1962).

La nación española, la nación de ciudadanos, es mucho más valiosa que lo que intentan quienes encuentran en ella una resistencia a sus proyectos políticos. Lo es por su compromiso con la defensa de los derechos humanos y del pluralismo social y cultural. Lo es por la consideración especial del ser humano, por la limitación y vigilancia del ser político, por el respeto al estado de derecho.

Todo esto nos diferencia y nos hace mejores. De esa diferencia y esa superioridad cívica verdaderamente radical debemos ser conscientes los españoles, y en ella debemos encontrar ánimo para enfrentar inteligente y eficazmente a quienes pretenden dañarnos.
José M. Aznar (2013).

Querer vivir nos obliga a pensar. Pensar es por tanto un gesto radical que tiene más que ver con la insensatez que con el asentimiento. Y es un gesto radical porque antes que nada consiste en interrumpir la normalidad, es decir, esa movilización total en la que estamos insertos [...] Pensar es, pues, interrumpir el sentido común, agujerear la realidad, destruir el manto de obviedad que la protege, en definitiva, abrir espacios de vida.
Santiago López Petit (2013).

«La verdad está ahí fuera.» Esa cita de *Expediente X,* que el filósofo Slavoj Žižek utilizaba para demostrar que las verdades ideológicas más profundas siempre se pueden encontrar en la superficie de la vida cotidiana, sirvió para arrancar el inicio de este análisis y servirá también para cerrarlo. Volvamos la mirada, por tanto, a lo que está a la vista en España en los momentos actuales, con el gobierno del Partido Popular bien consolidado gracias a su mayoría absoluta, pero tocado por los múltiples frentes políticos que tiene abiertos. Un momento en que todavía persiste la falta de proyecto del Partido

Socialista, de cuyo descalabro electoral todavía no se ha recuperado. Evaluemos la situación cuatro años después del acelerón evidente de un movimiento de movilización ciudadana en los espacios públicos que continúa aún hoy, algo que se interpreta de muy diferentes maneras: como un atentado contra lo común o, por el contrario, como el esfuerzo por reconstruirlo, sosteniendo una conciencia de ciudadanía democrática participativa más allá del voto cada cierto número de años.

Se puede empezar por lo obvio, por las cifras y los datos que copan las portadas de los periódicos día tras día, por lo cuantificable en números. Una tasa de paro del 25 por 100, que probablemente llegue al 27 por 100 a finales de 2014, y que entre la juventud alcanza el 52 por 100. La tasa de crecimiento más baja de la Unión Europea, exceptuando Grecia. Unos 526 desahucios forzosos de viviendas, locales y segundas viviendas al día, cifra que sigue en aumento; relacionado con ello, y con la situación económica en general, 200 intentos de suicidio al día y un aumento notable en la venta de ansiolíticos y antidepresivos. España, tradicionalmente tierra de emigrantes y que se convirtió en receptora de ellos en los años del «milagro» económico, ha cerrado ciclo, volviendo a ver a una parte significativa de su población tener que buscar opciones de vida fuera del país. A pesar de ello, nuestros políticos, siempre tan optimistas, aseguran que tampoco hay que alarmarse demasiado, ya que muchos de nuestros jóvenes están, en realidad, ampliando estudios, y que si trabajan en Europa, es lo mismo que si trabajaran en España[1]. Por lo demás, la población española no crece, y si se mantienen las tendencias actuales, se reducirá hasta los 45,6 millones en 10 años. Asimismo, es una población cada vez más envejecida (el 43 por 100 tiene más de cuarenta y cinco años) y debido a la situación económica del estado, para cuando llegue a la tercera edad, no tendrá derecho a las mismas prestaciones en materia de salud y jubilación que hasta hace bien poco se daban por sentadas. La privatización de la gestión sanitaria de hospitales públicos ya ha empezado, aunque por ahora haya sido frenada en los tribunales. La falta de recursos médicos y humanos ha hecho que en

---

[1] Esteban González Pons, vicesecretario general de Estudios y Programas del Partido Popular, afirmaba en junio de 2013 que el hecho de que los jóvenes españoles se fueran a trabajar dentro de la Unión Europea significaba que, en cierta medida, «estaban en casa» desde el punto de vista del «patriotismo europeo». La ministra de Trabajo, Fátima Báñez, decía que la salida de los jóvenes obedecía a una «movilidad exterior» que había que ver «con naturalidad».

todo el país se alarguen las listas de espera para intervenciones e incluso para las consultas: en Cataluña por ejemplo, han aumentado un 42 por 100 respecto a 2010 y en Madrid en 2013 había 65.000 personas en listas de espera para una operación quirúrgica. No muy diferente es la situación en otras comunidades autónomas como Castilla-La Mancha, Canarias o Galicia. El cierre de farmacias ha aumentado en todo el territorio nacional y el desempleo en ese sector de la población ha subido al 20 por 100, cuando tradicionalmente se trataba de un segmento donde era muy bajo. La falta de pago a las farmacias catalanas hizo que ese gremio no precisamente revolucionario de la población se declarara en huelga y saliera a protestar a la calle. Irónicamente, cuando en septiembre de 2008 el entonces consejero de Sanidad de la Comunidad de Madrid, Juan José Güemes, realizó una exposición en el Hotel Ritz de la capital acerca de las infraestructuras sanitarias de la región, la tituló «Oportunidades de negocio»[2].

La educación pública también ha sufrido drásticos recortes, y pasa de representar el 4,9 por 100 del PIB (una cifra ya por debajo de la media europea) al 3,9 por 100. Asimismo, se ha aumentado el número de alumnos por clase y se reducen las plantillas de profesores. Esto en un país con uno de los índices de abandono escolar más altos de Europa, un escandaloso 28,4 por 100, frente a la media europea, que es del 14,1 por 100. Las subidas de tasas y el aumento del IVA del material escolar del 4 por 100 al 21 por 100, ha tenido consecuencias graves para familias ya duramente golpeadas por el paro y la precariedad laboral. Es evidente que las continuas, y muy costosas, reformas educativas y los debates interminables sobre el contenido de lo que se debe enseñar –a alguno de los cuales aludí en los capítulos anteriores– no parecen haber conducido a un debate profundo no solo sobre lo que se enseña, sino sobre el cómo se enseña. La ausencia de las universidades públicas españolas en los *rankings* de excelencia mundial (donde solo asoman la cabeza, alrededor del puesto 200, la Universidad de Barcelona, la Autónoma de Barcelona y la Autónoma de Madrid)[3] se lamenta, pero se enfoca la solución en la racionalización del gasto y el bajo rendimiento de los estudiantes.

---

[2] «La privatización de hospitales en Madrid abre un negocio de 400 millones de euros», *eldiario.es,* 11 de diciembre de 2011.

[3] De acuerdo al QS World University Ranking y al Times Higher Education World University Ranking. En otros indicadores, aparecen también la Universitat Pompeu Fabra y la Universidad Complutense de Madrid.

No se contemplan, sin embargo, causas estructurales entre las cuales se encuentra el cómo se enseña, además del qué: el apego a la lección magistral y a una pedagogía normativa, centrada en la transmisión de contenidos fijos por parte del profesor a un alumno pasivo. Este tipo de instrucción impide la adquisición y el desarrollo de las habilidades críticas, constructivas y comunicativas que constituyen la base con la que se construye un currículum en otros países, con los que nos gustaría compararnos. Países que, en efecto, tienen estudiantes más motivados, profesores más valorados y resultados mucho más satisfactorios, aun con una inversión menor por alumno. En cualquier caso, no son solo los jóvenes españoles los que dan motivo de preocupación. De acuerdo al informe del Programa Internacional para la Evaluación de Competencias de Adultos (PIAAC), y en comparación con otros países considerados desarrollados, los adultos españoles ocupan el penúltimo puesto en comprensión lectora y el último en matemáticas. Por delante, no solo países como Japón, Finlandia, Holanda o Suecia, sino también Estonia, Eslovaquia, la República Checa, Chipre, Polonia (Grecia y Portugal no aparecen en el informe). La Organización para la Cooperación y el Desarrollo Económicos (OCDE), comentando las cifras, aseguraba que el resultado es preocupante porque hay una clara correlación entre la competencia lectora y la participación activa en la sociedad, en la vida política y el voluntariado, así como en la satisfacción con la vida laboral e incluso la salud. Esto es, la formación de los adultos de un país está estrechamente ligada a la calidad de su vida pública y privada en el contexto de una democracia participativa[4].

En este clima, en 2013 el gobierno presentó y aprobó una nueva ley de educación (Ley Orgánica para la Mejora de la Calidad Educativa, LOMCE, también conocida por «Ley Wert» por el apellido del ministro de Educación, Cultura y Deporte) que generó una fuerte polémica desde su primera articulación. Entre los aspectos más discutidos, se encontraba lo que se entendió como un trato de favor a la enseñanza concertada: la vuelta de la asignatura de religión (católica, claro está), optativa pero puntuable y computable para las notas ordinarias, y la deriva a partir de los quince años de alumnos con dificultades a Formación Profesional. La ley hace énfasis en la importancia del control estatal de las asignaturas llamadas troncales (lengua castellana, ciencia, matemáticas, historia e idioma extranje-

---

[4] «Marca España», *El Periódico,* 8 de octubre de 2013.

ro) y de las evaluaciones nacionales externas. Las lenguas minoritarias del estado pasan a ser «asignaturas de especialización opcionales» y, por lo tanto, no contarían para la homologación de los estudios a nivel estatal. Asimismo, la ley recorta atribuciones a las autonomías para fortalecer la homogeneidad de requisitos (y, supuestamente, de resultados), así como la capacidad del estado de definir íntegramente ciertas materias. El espíritu y objetivo de las reformas queda bien reflejado en la posición de la secretaria de Estado de Educación de que gracias a la nueva ley la historia de España dejará de ser conflictiva porque la definirá el estado con contenidos homogéneos. En resumidas cuentas, en medio de un innegable y clamoroso fracaso del sistema educativo nacional y en vez de una completa reconceptualización de métodos y objetivos, la nueva ley perpetúa la lógica de la democracia del consenso en la cual el todo es todo, y la parte solo se tolera debidamente subordinada a ese todo representativo, que desde el estado determina cuál es el conocimiento sustancial y cuál el accesorio. El hecho de que el proyecto de ley saliera adelante con el voto de las autonomías gobernadas por el Partido Popular, pero que fuera del todo imposible el pacto de estado que se hubiera necesitado en unos momentos tan graves, se explica si se considera que ante las peticiones de cambio en el documento inicial, la propuesta apenas se cambió en nada. Cuando en octubre de 2013, profesores, alumnos y padres y madres de familia salieron a la calle masivamente como colofón de unas jornadas de huelga en protesta por la nueva ley, el gobierno lo consideró como ruido propio de aquellos que no querían sacar adelante al país. En una entrevista sobre el tema, el ministro Wert reconoció que la reforma saldría adelante sin consenso, porque estaba convencido de que era lo que España necesitaba. Esto es, en vez de plantearse la (definitivamente complicada) tarea de negociar el disenso en un tema de crucial importancia social en la que estaban implicados muy distintos sectores sociales, se ignoró por completo tal posibilidad desde una postura que en el mejor de los casos se podría calificar como de un nuevo despotismo ilustrado: todo para el pueblo, pero sin el pueblo.

Las continuas alusiones a la normalidad democrática por parte de los políticos españoles parecen contradictorias con la realidad de los muy considerables problemas que afectan el propio funcionamiento de un gobierno democrático, empezando por la absoluta falta de transparencia que existe en todos los ámbitos de gestión, y los apabullantes niveles de corrupción e impunidad. Como muestra, bastan algunos botones: caso Gürtel, caso Pokemon, caso Nóos, caso Palma Arena, caso de los Ere, caso Pallerols, caso Bárcenas. Todos ellos no son más que la punta del iceberg, por supuesto. Más aún, en todos, lo que se critica o penaliza es la mala gestión o el fraude en fondos públicos o por parte de figuras públicas, lo cual incide aún más en el desprestigio de lo común y de todo lo que tenga que ver con el estado o con las instituciones políticas. Sin embargo, las conductas delictivas o fraudulentas de las empresas privadas, a menudo por cierto en estrecha relación con entidades o representantes públicos, no son objeto de igual consideración. Es más, con frecuencia, los banqueros y directivos responsables de la ruina de instituciones importantes salen inmunes de la catástrofe; algo desde luego no privativo de España: hasta finales de 2012, los bancos americanos considerados «demasiado grandes para fracasar» seguían recibiendo subsidios de 83 billones de dólares al año y tampoco han sufrido consecuencias legales por su fracasada gestión. En el entorno español es particularmente ilustrativo el caso Bankia, cuyas pérdidas netas en 2012 se elevaban a 19,06 billones de euros, y que pidió un rescate de otros 19 billones. La consecuencia para el expresidente de Bankia, Rodrigo Rato, considerado el peor CEO del año 2012 por la revista *Bloomberg,* fue que se le ofreció un cargo en el consejo asesor de Telefónica Europa. Eso sí, no se le permitió irse con los 1,2 millones de euros que pretendía llevarse una vez declarada la quiebra, supuestamente porque para entonces las circunstancias sociales ya estaban demasiado alteradas como para permitirlo. Irónicamente, en medio de la gravísima situación económica del país, y justo un año después del rescate de la banca española (87.000 millones de euros en 2012), muchos bancos españoles aumentaron sus beneficios de forma espectacular, sin que ello se haya traducido en una flexibilización de los requisitos crediticios que siguen paralizando la compra de inmuebles y la creación o expansión del pequeño o mediano negocio.

El caso Bankia nos permite empezar a enlazar el cómputo de cifras (que constituyen un archivo interminable) con las narrativas y los imaginarios simbólicos que las acompañan, esto es, ligar las cuentas con los cuentos. Para ello, podemos recordar la primera parte de este estudio, el cual se abría con una reflexión sobre el planteamiento que ofrecía Pedro Almodóvar en *Carne trémula* sobre la realidad española. Con una trama situada en 1996, el cineasta confesaba que

FIGURA 5.1. La Ventilla, antes de su demolición y renovación, con las Torres Kío al fondo. Imagen de la Comunidad de Madrid [http://www.madridiario.es/galeria/ventilla-fotografias-remodelacion-pasado-presente-1/40976.html].

su intención al rodar la película en un momento difícil para la democracia española había sido recordar la energía positiva de la Transición. Como muestra del cambio radical que había experimentado el país, se hacía énfasis en dos imágenes: una, la de las torres de Europa, también llamadas Torres Kío, que contrastaban con la barriada marginal de La Ventilla, en proceso de expropiación y demolición (figura 5.1.); otra, la de la gente en las calles del centro de Madrid, felizmente inmersa en un ambiente ruidoso y festivo de compras navideñas.

Para 1999, las antiguas viviendas de La Ventilla estaban destruidas, y para 2010, la transformación del barrio se daba por concluida (figura 5.2.). No hay duda de que ciertos aspectos de la remodelación resultaron positivos para los habitantes de la zona, incluyendo mejores comunicaciones y servicios y la consiguiente disminución de la criminalidad. No es menos cierto que lo que era un barrio obrero y popular, con origen en la inmigración que se produjo a finales del siglo XIX y principios del XX desde diversos puntos de España hasta la capital en busca de trabajo, perdió por completo su carácter y su memoria. El nuevo plan proponía explícitamente borrar hasta las irregularidades del terreno y normalizar la morfología

FIGURA 5.2. La Ventilla en 2010 [http://img837.imageshack.us/
img837/7844/1tetunfinal.jpg].

de la zona, que finalmente fue incorporada a la lógica del urbanismo
como negocio en la que se sumió todo el país.

El ya famoso edificio de Bankia (las torres de Europa, también
conocidas como Torres Kío) permite visualizar el no menos polémico
Obelisco de Madrid, que se erige desde 2009 en la Plaza de Castilla,
en el lugar que antes ocupaba un monumento a José Calvo Sotelo,
una figura crucial para la narrativa de la Guerra Civil (figura 5.3.). El
creador del obelisco, Santiago Calatrava, hasta hace poco considerado un visionario y uno de los arquitectos estrella de la España que iba
tan bien, está ahora inmerso en multitud de procesos legales en varios países por el sobrecoste de sus proyectos, que además, en muchos casos, resultan literalmente inadecuados para el entorno físico
en que se insertan o para la función que tienen. Solo el mantenimiento anual del monumento cuesta al Ayuntamiento de Madrid 300.000
euros al año. Eso aparte de los más de cinco millones de euros de
dinero público que puso la alcaldía, a pesar de que el edificio supuestamente era una donación de Caja Madrid en conmemoración de su
tercer aniversario. La inutilidad y el derroche que supone este monumento creado para estar en movimiento y que, sin embargo, permanece inmóvil, deteriorándose poco a poco debido al altísimo
costo de su mantenimiento, simboliza una forma de entender las in-

Figura 5.3. Estatua de Calvo Sotelo, en Plaza de Castilla [http://static.panoramio.com/photos/large/7461662.jpg].

tervenciones en el espacio público, de espaldas a la sociedad civil y sin debate entre creadores, ciudadanos y gestores de lo público.

Estas cifras, demoledoras como todas las anteriormente citadas, son indicativas de los profundos problemas estructurales que afectan al país. Pero los números y los datos concretos, siendo importantes, cuentan solo una parte de la historia. Como en todas las historias, es importante también fijarse en cómo se dice lo que se dice, en el tono, en la perspectiva, en las metáforas preferidas, en las palabras escogidas y en las descartadas. Pasemos a valorar, entonces, lo que el crítico Raymond Williams denominaba la «estructura de sentimiento» de una determinada época: la combinación de elementos objetivos, empíricos, con la manera en que dichos elementos se sienten y se perciben, con la tonalidad afectiva predominante de los debates públicos. Ello conducirá a una valoración de los discursos con que se legitima el actual estado de cosas, así como la distancia existente entre las valoraciones oficiales de la realidad y su percepción por parte de una gran parte de la ciudadanía[5].

Paisaje afectivo de una crisis

En su estudio sobre la persistencia de la fantasía de «la buena vida» (un paquete ideológico que incluye seguridad económica, laboral y emocional) en un momento histórico marcado por la precariedad, Lauren Berlant afirma que los contornos de una determinada realidad se perciben afectivamente antes que de ninguna otra

---

[5] Raymond Williams, *Marxismo y Literatura,* Barcelona, Península, 1997.

259

manera. Según esta autora, la esfera pública es un mundo en el que la gente está ligada por proyecciones afectivas de un interés común constantemente (re)negociado[6]. Sin embargo, como he venido arguyendo a lo largo de este trabajo, si algo caracteriza la España del apogeo de la crisis (2011-2013) es la insistencia en presentar el interés común como estático e incuestionable, sancionado por las estructuras de poder (por el estado, pero también por los intereses económicos que lo sostienen). En nombre de la defensa de ese bien común, las respuestas oficiales a todos los retos, escándalos, iniciativas fallidas y fracasos políticos estrepitosos es, precisamente, por un lado, la negación de la legitimidad de los afectos que movilizan a los ciudadanos (la ira, la indignación) y la promoción de otros que los paralizan (el miedo), por otro. Incluso en casos en que *comprensivamente* los políticos declaran hacerse cargo de la cólera ciudadana –como, por ejemplo, en la estafa por la venta por parte de los bancos de acciones preferentes como si fueran una inversión de renta fija, a menudo a clientes jubilados o desprotegidos–, dicha comprensión siempre se matiza con llamadas a la prudencia «en los tiempos que corren» y «con las que está cayendo». Las continuas apelaciones al aguante silencioso y estoico, o al sacrificio, se presentan también como marchamos de buena ciudadanía: bienaventurados los que no se quejan, los que sufren en silencio, los que siguen creyendo, contra toda evidencia. Del mismo modo, se advierte que ciertas reivindicaciones, quejas o propuestas no solo no son sensatas, sino que son, incluso, antidemocráticas y antipatrióticas. La lógica subyacente al argumento de limitar la conflictividad social «a lo razonable» –en expresión del actual ministro del Interior, Jorge Díaz Fernández– es que hay que mantener la unidad de propósito, luchar por lo común y aceptar las medidas que el gobierno impone como receta segura para salir de la crisis. Esas medidas, cuya dureza se reconoce, implican un justo castigo a unos supuestos excesos colectivos (haber vivido «por encima de nuestras posibilidades»), castigo que no se extiende a las entidades (bancos, cajas de ahorros, instituciones públicas y privadas) cuya función era precisamente la de gestionar lo económico. Hay además una completa falta de sintonía entre las soluciones que recomienda el gobierno para salir de la crisis y las posibilidades reales de ponerlas en marcha. A la vez

---

[6] Laurent Berlant, *Cruel Optimism,* cit. Para este punto, véase, en particular, la introducción «Cruel Optimism», pp. 23-50.

que se lamenta el exceso consumista, y con la contradicción propia del sistema en que vivimos, se deplora también la caída del consumo que conduce al fracaso de tantos negocios. Del mismo modo, se insta a los jóvenes a crear sus propios negocios, puesto que está claro que encontrarlos hechos es casi imposible. Tal recomendación choca con la realidad de la falta de clientes, dado el estado de la economía familiar de las clases medias. Pero, sobre todo, choca con el hecho también cuantificable de que, de acuerdo a un informe del Banco Mundial, es más difícil emprender un negocio en España que en Ruanda, Jamaica, Afganistán, la República Kirguiza, Chile, Australia, Bielorrusia, o Marruecos. El mensaje dominante emitido una y otra vez desde medios oficiales es que no hay que cuestionar en absoluto las medidas de un gobierno avalado por los votos, sino, por el contrario, mantener la tan obsesivamente repetida unidad de propósito, determinada en exclusiva desde ese gobierno cuyos objetivos concretos no se articulan más allá del pronunciamiento general «salir de la crisis». Es decir, como arguye el filósofo Peter Pál Perbart, vivimos un momento en que lo común aparece en su máxima fuerza de afectación a la vez que resulta evidente su secuestro, su vampirización y su expropiación en nombre del consenso, de la guerra, del pánico, de modos caducos de asociación[7]. Pero lo que no se consigue, lo que ni siquiera se plantea, es la forma de poner en común lo que de hecho ya es común, «poner en circulación lo que ya es patrimonio de todos, hacer proliferar lo que está en todos y en todas partes, sea el lenguaje, la vida, la inventiva»[8].

Las propias metáforas con que se narra la crisis (desde la derecha o desde la izquierda) constituyen parte del problema, puesto que como señala E. Lizcano, «sin los cuentos de la crisis, a los de arriba no les salen las cuentas»[9]. El inteligente análisis de Lizcano nos recuerda que las narrativas de la crisis funcionan a base de metáforas de naturalización («tsunami económico», «sequía crediticia», «tormenta mediática») que presentan como inevitable y natu-

[7] Peter Pál Perbart, «Una crisis de sentido es la condición necesaria para que algo nuevo aparezca», Amador Fernández-Savater (ed.), *Fuera de Lugar. Conversaciones entre crisis y transformación,* Madrid, Acuarela y A. Machado, 2013, pp. 53-54.

[8] *Ibid.,* p. 54.

[9] Emmanuel Lizcano, «Sin los cuentos sobre la crisis, a los de arriba no les salen las cuentas», en Amador Fernández-Savater (ed.), *Fuera de Lugar. Conversaciones entre crisis y transformación,* cit., pp. 143-159.

ral lo que es, en efecto, evitable y resultado de intervenciones muy concretas. El segundo tipo de metáfora predominante son las médicas («activos tóxicos», «efecto contagio», «inyectar liquidez») que promueven una movilización afectiva hacia el cuerpo social enfermo y necesitado de cura: así, lo que en efecto constituye la enfermedad (un tipo concreto de política económica), se transforma en el enfermo. El último paso en ese posicionamiento es personificar la economía, sus instituciones y su lógica (los mercados «castigan a las divisas»; las Bolsas «responden con alegría»; se «cubren las necesidades» del mercado). De ahí que se pueda hablar de la economía política como de un enfermo necesitado de diagnóstico, medicinas, y también de un determinado tipo de terapia afectiva. Al mismo tiempo, las continuas recomendaciones en favor de la aceptación incuestionable del marco de análisis en que se presenta la crisis vienen envueltas en una retórica pedagógica: se hacen severas exhortaciones a la necesidad de «hacer los deberes» como si los ciudadanos españoles, y los políticos que los representan, fueran niños y niñas en edad escolar que tienen que presentar sus notas ante una autoridad paternal que tiene el poder de o bien firmarlas y aprobar nuestro progreso, o bien imponernos un severo castigo. Y lo peor es que esa retórica es en efecto la más apropiada para la realidad de una democracia tutelada, que continuamente se ampara en la fantasía de la normalidad democrática para descartar cualquier indagación o cuestionamiento sobre su propio funcionamiento. Por otro lado, no deja de ser cierto que la normalidad de las democracias gerenciales en el momento actual implica que sean los mercados internacionales y sus representantes políticos en ciertos países los que imponen las políticas a seguir a países solo teóricamente soberanos.

El mundo afectivo de la crisis se caracteriza también por un particular «paisaje sonoro» en el que se pueden distinguir distintos mensajes y tonalidades[10]. Los sonidos más perceptibles, los más agudos y los que se oyen por encima de las demás son las voces beligerantes que claman, precisamente, contra palabras que no se quieren oír, que se consideran ilegítimas e irrelevantes. En ese sentido, España comparte con el resto del mundo occidental el modo fundamental de expresión del apego nacional, que es la ansiedad sobre el estado de la nación misma. Una ansiedad manifestada en la insistencia

[10] Laurent Berlant *Cruel Optimism,* cit., p. 226.

en reivindicar el sentido de pertenencia incuestionable a ella por encima de otras cuestiones, como de la distribución de recursos y riesgos en la comunidad[11]. De manera mucho más insistente que otras naciones, sin embargo, la española apela a la unidad como bien esencial en sí mismo. Si en otros entornos la unidad sirve para apuntalar otros objetivos como la libertad o el progreso, en España, su invocación es tautológica: hay que unirse para estar unidos y así evitar el riesgo, siempre latente, de fractura social o política. Como hemos visto, incluso en el periodo democrático esa idea unitaria de España no solo ha seguido blindada legalmente y protegida por el ejército, sino que se esgrime una y otra vez para movilizar afectivamente a los ciudadanos, y no solo desde posiciones conservadoras. Así, cada momento de crisis va acompañado de llamadas de atención sobre el estado de la nación española, cuya integridad territorial y cultural se interpreta como bajo una grave amenaza por parte de los que quieren separarse de ella (el secesionismo catalán o vasco), por la reiterada negativa de otros de no querer unirse a ella (Gibraltar), o por aquellos que quieren cuestionar de raíz los principios básicos en base a los cuales se gobierna (que pueden ir desde los llamados «perroflautas» hasta los integrantes de la Plataforma de Afectados por la Hipoteca o los simpatizantes del grupo Democracia Real ¡YA!). De todas esas resistencias, la que en estos momentos genera una respuesta más visceral y agresiva es el independentismo catalán, problema que, como el vasco hace unos años, parece superar en importancia a todos los demás, incluyendo los imposibles índices de paro, el deterioro de la sanidad y la educación, el hecho de que los niveles de corrupción en la vida pública hayan merecido los reproches de la Unión Europea, la salida obligatoria de los jóvenes a otros países en busca de un medio de vida o el aumento notable de enfermedades mentales y suicidios. Los sucesivos gobiernos españoles no han sido capaces de articular un proyecto en verdad aglutinador, capaz de movilizar a la ciudadanía en pos de un objetivo siquiera parcialmente común: el éxito de la selección nacional de fútbol, en ese sentido, no puede atribuirse a ninguna iniciativa política por mucho que se utilizara para justificar muchas, como ya vimos en el capítulo 4. Más aún, ese ejemplo demuestra precisamente que para que un grupo funcione de forma cohesionada y efectiva, la motivación tiene que surgir desde dentro mismo del grupo, no

---

[11] *Ibid.,* p. 47.

puede ser impuesta solo por coacciones externas. Además, las diferencias internas tienen que estar gestionadas de forma inteligente y respetuosa. El problema consiste en que, en un momento que se caracteriza por la supuesta «desafección» ciudadana hacia la política, hay un proyecto que ha sabido canalizar de manera trasversal los deseos, las frustraciones y las aspiraciones de una parte significativa de la población: me refiero, claro está, al movimiento independentista catalán.

DE AFECTOS Y FRACTURAS

Dos momentos clave fueron las Diadas (Día Nacional de Cataluña) de los años 2012 y 2013, convocadas con enorme éxito de asistencia y gran repercusión mediática nacional e internacional. La respuesta en medios conservadores españoles a la «Vía Catalana», la cadena humana que atravesó Cataluña, formada por personas (medio millón según el Ministerio del Interior, 1,6 millones según la Generalitat) que a las 17:14 horas unieron sus manos a favor de la independencia, fue furibunda. Así, un periódico nacional aseguraba que «España espera respuesta. El desafío de la sedición independentista», un titular que aparecía en una portada donde la *senyera* estelada (bandera independentista catalana) que llevaban unos participantes en la Diada de 2013 quedaba integrada, por sobreposición gráfica, en una bandera de España (figura 5.4.)[12].

Las referencias a los actos que tienen lugar en Cataluña como «desafíos» y «órdagos» eran, y siguen siendo, frecuentes, y el tono belicista de los comentarios contrasta con lo que incluso observadores hostiles reconocían que fue el ambiente alegre y pacífico que caracterizó la «Vía Catalana». Otro periódico publicado por los mismos días, subrayaba con certeza «No nos dividirán», texto sobrepuesto a una foto de la *senyera* y de la bandera española: el «nosotros» que quedaría dividido es claramente diferente del «nosotros» que por el contrario parece haber encontrado un punto de unión incuestionable en la exigencia de consulta[13]. En realidad, la Diada de 2013 se convirtió en el hilo musical con el que durante días interminables no se dejó oír ningún otro tipo de sonido, y esto lite-

---

[12] *ABC,* 13 de septiembre de 2013.
[13] *La Razón,* 12 de septiembre de 2013.

FIGURA 5.4. Diario *ABC,* portada del 13 de septiembre de 2013.

ralmente: algunas cadenas, como la conservadora Intereconomía, hicieron del tema de la Diada y el secesionismo el objetivo prácticamente único de su programación durante 48 horas. El tema realmente da mucho de sí, y funciona como salva-pantallas conveniente tras el que ocultar otros asuntos como la corrupción generalizada y de altísimo nivel que afecta tanto a los partidos principales como a los sindicatos y las empresas privadas, la evasión de impuestos, la lentitud y politización de la justicia, y sobre todo, en general, la falta de visión y de proyectos de estado que puedan competir con lo que evidentemente ha sido una movilización de enorme éxito por parte de la ciudadanía catalana. A la vez que se insiste machaconamente en el gravísimo peligro que las manifestaciones independentistas suponen, no ya para el funcionamiento de la nación, sino para su propia esencia, se descalifica la presencia masiva de gente en la calle reivindicando posiciones independentistas o, al menos, una consulta popular en Cataluña en relación al derecho de autodeterminación. Después de varios años de intentar minimizar el tirón popular de la Diada, y ante la evidencia de la apabullante cantidad de participantes en 2012 y 2013, la estrategia actual es hablar de las tácticas de propaganda utilizadas por el gobierno catalán para impulsar a la gente a salir a la calle, sin querer entender que, en este caso, ha sido más bien todo lo contrario: un impulso popular, manifestado también en las urnas pero sin uniformidad política, ha forzado a un partido conservador a acelerar un proceso que probablemente por sí mismo no hubiera llevado adelante. Igualmente, las negativas rotundas desde el estado a reconocer la realidad de la situación catalana han hecho que grandes segmentos de población, que hace años se hubieran sentido cómodos dentro de una opción federal, ahora ya no consideren esa opción. Y eso no ha ocurrido en las nuevas generaciones, sino en población que creció durante el franquismo[14]. Incluso una periodista de *El Mundo* reconocía que la capacidad de solidaridad y emoción de los catalanes producía cierta envidia, en el sentido de que era muy difícil pensar en un proyecto que movilizara a los españoles de forma similar[15]. En el momento en que este libro va a prensa, el gobierno catalán acaba de fijar fecha y preguntas para la consulta de autodeterminación (9 de noviembre de 2014). La respuesta del gobierno español: negar tajantemente tal posibilidad puesto que choca con «el fundamento» de la Constitución que es «la indisoluble unidad de España». No se explica por qué la unidad indisoluble de España tiene más importancia que otros principios que también se articulan en la Constitución, como el derecho al trabajo (artículo 35), la política orientada al pleno empleo (artículo 40), el derecho a la protección de la salud (artículo 43), el derecho a una vivienda adecuada y a ser protegidos de la especulación (artículo 47), todos los cuales han sido repetidamente vulnerados por los partidos mayoritarios. Esto por no recordar que la Constitución ya ha sido reformada dos veces: una en 1992 y otra en 2011, esta última con el objetivo de mantener la estabilidad presupuestaria y confianza financiera en Europa. La respuesta del Partido Socialista, por su parte, sumergido en una crisis de identidad que sigue desgastando su conexión con lo que ha conformado su electorado, ha sido recordar su españolidad (aludir al significado de la «E» de sus siglas) y

---

[14] Así lo demuestra Germá Bel en su último libro, *Anatomía de un Desencuentro/ Anatomia d'un desengany,* Barcelona, Destino, 2013.

[15] Lucía Méndez. Citada en Gemma Busquets, «Perdre la guerra de les emocions», *El Punt Avui,* 12 de septiembre de 2013, p. 40.

alertar, una vez más, contra el riesgo de fracturas sociales. Para evitarlas, apela a una nebulosa de la defensa de la unidad española dentro de una pluralidad, equilibrio que no supieron articular mientras estuvieron en el poder y ahora aspiran a mantener poniendo sobre la mesa de posibilidad remota del federalismo. La preocupación por la fractura nacional se extiende ahora al nivel familiar, ya que varios ministros del gobierno (Gallardón y Díaz Fernández) se han manifestado preocupados porque haya familias catalanas que no pueden convivir ni siquiera en fiestas debido a la división ocasionada por el proceso soberanista[16].

Hay que decir, por lo demás, que las apelaciones a la normalidad nacional y a la unión, a los esfuerzos comunes y a la unidad de propósito que caracterizan a una nación plena, se escuchan también dentro de Cataluña. Por un lado, el president Mas se congratula porque en su opinión nunca ha estado Cataluña tan cerca de su plenitud como nación[17]. Por otro, y desde otro ángulo, la campaña publicitaria de Òmnium Cultural de 2013 insistía en la voluntad colectiva de ser un país *normal* que decide sobre su educación, su sanidad, su modelo energético y donde se debate en pluralidad de una manera abierta[18]. El objetivo de que los ciudadanos puedan decidir sobre cuestiones fundamentales para ellos, me parece enteramente comprensible y deseable: es más, dicho así, es difícil encontrar a quienes se opongan a tal meta. Otra cosa es asociar el objetivo y la pluralidad con la *normalidad* de un país o de un estado-nación, cosa que no se ajusta a la realidad de la mayoría de los países, sujetos a la lógica de mercados transnacionales, y donde la democracia consensual reduce cada vez más la capacidad de decisión ciudadana. Asimismo, como bien demuestra la historia, la normalidad del estado-nación no es precisamente la pluralidad, la adecuada gestión de sus recursos y la posibilidad de que el pueblo decida. Tampoco lo es portarse bien con los vecinos, como indica la publicidad del Òmnium (figura 5.5.).

---

[16] «Hay familias que ya ni se pueden reunir en Navidad», *El Mundo,* 4 de enero de 2014, p. 6.

[17] La cita es de Jaume Pi, «Mas: "Nunca como hoy Catalunya había estado tan cerca de su plenitud nacional"», *La Vanguardia,* 10 de septiembre de 2012. Aparece en el artículo inédito de Javier Krauel, en «Democratic Affect: a Reading if the September 2012 Rallies in Catalonia», presentado en la conferencia de la Modern Languages Association, 10 de enero de 2014.

[18] La campaña es de 2013. Véase http://unpaisnormal.eu/.

FIGURA 5.5. Publicidad de Òmnium: «És normal portar-te bé amb els teus veïns».

Históricamente, las naciones se han caracterizado por tener relaciones tensas con sus vecinos, y las invasiones, conquistas y abusos estaban a la orden del día, a no ser que se buscaran alianzas políticas y pactos de familia. En épocas más modernas, se puede ignorar olímpicamente a los vecinos o bien despreciarlos y visitarlos de vez en cuando en época de vacaciones. El llevarse bien con los vecinos –de nuevo, un objetivo enteramente deseable– es más bien la excepción, a menudo resultado del empeño decidido de convivencia y de complicadas negociaciones. Es más, es muy posible coincidir con los vecinos en los objetivos políticos y sin embargo no poder tolerarlos por otros factores. En cualquier caso, el tema de la relación con los vecinos es particularmente interesante en relación al concepto de fantasía nacional, ya que enlaza con la tensión entre la ilusión de unidad y cohesión, por un lado, y la existencia de alguien que impide que esa ilusión se concretice. No por casualidad, Žižek titula una de la secciones de *El acoso de las fantasías* precisamente «¿Amar a tu prójimo? No gracias», frase que en el inglés original dice literalmente «¿Amar al vecino? No gracias»[19]. La cuestión de los vecinos

[19] Slavoj Žižek, *El acoso de las fantasías,* Madrid, Akal, 2011.

mal avenidos también hizo su aparición en la publicidad de la Diada de 2013. Uno de los anuncios que animaba a participar en la «Vía Catalana» presentaba a dos conocidos personajes de la vida cultural catalana, el escritor Quim Monzó y el actor Juanjo Puigcorbé, como vecinos que se irritan continuamente el uno al otro. Estos dos personajes, en realidad incompatibles, se encuentran durante la «Vía Catalana» y acaban uniendo sus manos en un objetivo común. La pregunta, claro, sería qué pasa después de ese momento de convergencia y unión: cómo se negocia la cotidianidad con un vecino que seguramente va a seguir irritando con sus ruidos, con sus olores y con su mera presencia; ¿cómo construir un país con aquel con quien no apetece ni siquiera compartir el portal y cuyas preferencias chocan con las nuestras e impiden nuestro disfrute? Son preguntas importantes que no invalidan en absoluto el derecho a expresar de forma pública y legal una alternativa para Cataluña, sino que quieren insertarse dentro del planteamiento de la posibilidad de cuestionar las fantasías que sostienen nuestros apegos y la *doxa* del orden social existente[20].

En última instancia, es fundamental cuestionar la idea misma de «normalidad nacional», y el apego incuestionable que todavía genera. No hay que olvidar que el ideal de normalidad nacional se pone en circulación en el siglo XIX en el contexto del auge del eugenismo y del uso de la estadística por parte del estado: esto es, en un momento en que se crean métodos «científicos» para tipificar, clasificar y por tanto controlar a la población[21]. A partir del siglo XIX, la nación normal se metaforiza como un cuerpo sano, no marcado por ninguna desviación física ni mental y capaz de reproducirse en otros cuerpos sanos: es una metáfora poderosa, peligrosa y de muy largo alcance, como hemos visto en los capítulos anteriores. Por lo tanto, cualquier apelación a la «normalidad» como base de un nuevo proyecto político y social debe tomar en cuenta todo lo que implica la hegemonía de la normalidad y la forma en que la normatividad cultural moviliza un tipo de lógica excluyente de la diferencia.

---

[20] Esta posibilidad es, de hecho, parte del movimiento independentista, aunque de manera interesada no se le de visibilidad. Puede consultarse por ejemplo el número «Un esfuerzo más» de la revista *Espai en Blanc* [http://www.espaienblanc.net/UN-ESFUERZO-MAS-Prologo.html].

[21] Lennard J. Davis *Enforcing Normalcy. Disability, Deafness and the Body,* Londres, Verso, 1995.

Por mucho que pareciera lo contrario leyendo la prensa española, el pueblo catalán no es el único que ha manifestado sus afectos y desapegos de forma clara y pública. En el año 2012, en Madrid hubo casi una manifestación por día, en un movimiento de protesta que incluía a profesores, médicos, jueces, empleados de limpieza, mineros, estudiantes y trabajadores de metro, entre muchos otros. De hecho, sería más fácil decir quién *no* se ha manifestado. La socióloga Amparo Lasén apunta a la contradicción que supone que se hable de «desafección» ciudadana hacia lo político cuando hay tales niveles de movilización y participación en el espacio público, también a nivel de asociaciones de distinto signo. Lasén lamenta que el interés por la política se mida solo «a través de los niveles de afiliación a partidos y otros colectivos institucionalizados», cuando estamos asistiendo, de hecho, a una redefinición de la naturaleza de lo político y a una importante interpelación ciudadana al poder[22]. Esto es, no existe tanto una desafección, en el sentido de «falta de adhesión» a la política, como un intento de canalización pública de afectos y emociones diferentes que pueden ser negativos (como la indignación, la ira o el despecho), pero también positivos (como la alegría, la simpatía o la esperanza). Esta realidad, en vez de entenderse como lo que es, una actitud activa de los ciudadanos en el ejercicio de sus derechos cívicos, se limita a computarse. Cada manifestación masiva (de un signo u otro, por cierto) genera una guerra de cifras informativa: organizadores y opositores ofrecen las suyas propias, y lo que se ve es que incluso en el terreno de lo teóricamente visible y computable, el consenso simplemente no existe. Significativamente, estas guerras de cifras, lejos de ser anecdóticas o expresiones de posiciones ideológicas diferentes, ponen de manifiesto lo que para Rancière es la esencia misma de la política: el cómputo erróneo de las partes del todo[23]. En efecto, para el crítico francés la política siempre está hecha de cuentas erróneas que inscriben «la distorsión que separa y reúne dos lógicas heterogéneas de comunidad»[24]. Esa distorsión po-

---

[22] Amparo Lasén, «Las nuevas formas de acción colectiva desafían la lógica de la representación», en Amador Fernández-Savater (ed.), *Fuera de Lugar. Conversaciones entre crisis y transformación,* cit., pp. 257-271.

[23] Jacques Rancière, *El desacuerdo. Política y filosofía,* cit., p. 19.

[24] *Ibid.,* p. 56.

lítica no se zanja, sino que se *trata* aceptando que la relación entre las partes, incluso la determinación del terreno de juego mismo, es algo modificable. Recordemos que, desde el punto de vista de Rancière la política democrática es la que tiene lugar cuando una «aparición indebida» hace posible ver lo que no tenía razón ni posibilidad de ser visto; cuando se fuerza a que sea reconocido como discurso aquello que el funcionamiento normal de las cosas hubiera relegado a la categoría de mero ruido. Ante la evidencia de que el balance de las cuentas del patriotismo promovido desde el estado no cuadran, antes al contrario, manifiestan un consistente déficit no solo en Cataluña, sino también en grandes segmentos de la población, la respuesta no ha sido intentar analizar por qué esto está ocurriendo, cuáles son las partidas que generan la pérdida sostenida, descubrir cuál es el registro de la información contabilizada. Al contrario, la reacción, noventayochista y unamuniana, es negar la mayor. En efecto, como es sabido y nos recuerda J. R. Resina, cuando algo en la historia de España no cuadraba con la visión que Unamuno tenía sobre el tema, aludía a la intrahistoria, que él sabía interpretar de forma que encajara con su visión del país[25]. Los protagonistas de la intrahistoria no salían en las noticias:

> Los periódicos nada dicen de la vida silenciosa de millones de hombres sin historia que a todas horas del día y en todos los países del globo se levantan a una orden del sol y van a sus campos a proseguir la oscura y silenciosa labor cotidiana y eterna, esa labor que, como las madréporas suboceánicas, echa las bases sobre las que se alzan los islotes de la historia[26].

Tomando ejemplo de la admiración unamuniana por la oscura labor cotidiana de millones de hombres sin historia, pero sin poder absorber, por otro lado, la brillantez y capacidad de (auto) cuestionamiento del escritor vasco, el gobierno español, asediado por las protestas en muchos frentes y desbordado por el apoyo popular al independentismo dentro de Cataluña, decide ahondar precisamen-

---

[25] Véase, en este sentido, el artículo de Joan Ramon Resina, «For Their Own Good: The Spanish Identity and Its Grand Inquisitor, Miguel de Unamuno», en Jesus Torrecilla (ed.), *La generación del 98: Frente al nuevo fin de siglo,* Atlanta, Rodopi B.V., 2000, pp. 235-267.

[26] Miguel de Unamuno, *En torno al casticismo,* Madrid, Cátedra, 2005, pp. 144-145.

FIGURA 5.6. Diario *ABC,* portada del 13 de octubre de 2013.

te en esa «vida silenciosa». Así, la visible desafección de los catalanes se explica aludiendo a unas reservas ocultas de patriotismo español incapaz de expresarse de manera abierta debido a la presión social. En ese contexto, ya en la preparación de la celebración del 12 de octubre, día de la Hispanidad, los medios de comunicación conservadores empezaron a aludir al «grito de la mayoría silenciosa»[27], hasta entonces sofocada en su deseo de expresión dentro de Cataluña pero que, impelida por las circunstancias, salía a manifestarse a la calle.

Aunque algunos medios de comunicación hablan de «clamor», (figura 5.6.) el número de manifestantes fue, de hecho, bastante modesto, aunque superior al del año anterior: de más está decir que independientemente de cuántos fueran, nadie ponía en cuestión su derecho a hacerse oír y ver. La misma expresión «mayoría silenciosa» fue utilizada también en otros contextos, por ejemplo, para dis-

---

[27] Titular de *La Razón,* 13 de octubre de 2013.

tinguir a la gente que se manifestaba en las calles de los patriotas que se quedan en casa callados pero, supuestamente, en tácito apoyo de la política gubernamental. Así, el presidente del gobierno, Mariano Rajoy, alababa en la Asamblea Nacional de la ONU en Nueva York (2012) a la mayoría de los 47 millones de españoles que no protestaban, sino que estaban *trabajando* para salir de la crisis. Ese comentario asume el hecho, claramente incorrecto, de que los protagonistas de las protestas no son trabajadores y trabajadoras (maestros, médicas, enfermeros, farmacéuticas, mineros, empresarias, comerciantes, amas de casa). Asume que, por el hecho de manifestarse públicamente, los ciudadanos no están aportando también soluciones a la crisis y que la expresión pública del disenso es un mero desahogo, pero no una contribución al funcionamiento democrático. No queda tampoco muy claro cómo puede un gobierno erigirse en intérprete de una «mayoría» que, sin embargo, no solo no se manifiesta, sino que además no se deja oír, lo cual implica que el gobierno se adjudica incluso la capacidad de interpretar el sentido de la ausencia y la renuncia. En cualquier caso, el deseo de los representantes públicos españoles de oír a los ciudadanos como mucho una vez cada cuatro años en las urnas y que, por lo demás, se dediquen en silencio a sus labores sin interferir con el gobierno, es consistente con el concepto de la democracia gerencial y consensual. Una democracia en la que el pueblo siempre tiene que ser tutelado por una corte de sabios (intelectuales, políticos, hombres selectos) que son los que interpretan el verdadero sentir popular y se erigen en portavoces inapelables del sentido común y las prioridades políticas. En efecto, las palabras del presidente del gobierno, Mariano Rajoy, enfatizaban lo que es el subconsciente político de la clase dirigente, no exclusivo por cierto de un determinado partido:

> Si ellos [la mayoría silenciosa] están a la altura de la gravedad del momento que vivimos, creo que quienes ocupamos el espacio público, el gobierno, el resto de las administraciones, los partidos políticos, el que apoya al gobierno y la oposición, los medios de comunicación y los sindicatos deben estar a la altura de la sociedad y no estropear con intereses de vuelo corto la grandeza del comportamiento de nuestros compatriotas[28].

---

[28] Miguel González, «Rajoy rechaza el 25-S y alaba "a la mayoría silenciosa que no se manifiesta"», *El País,* 27 de septiembre de 2012.

Interesante idea esa de que los que ocupan el «espacio público» son los políticos, los medios de comunicación y los sindicatos. Es decir, se hace una identificación entre «espacio público» y representatividad oficial que de hecho borra por completo la existencia de los ciudadanos que no tienen cargos oficiales o visibilidad política, que como es evidente también ocupan el espacio público. Como ya analicé en el primer capítulo, la estrategia del actual gobierno consiste en ignorar los mensajes políticos que no convienen, relegándolos a la categoría de ruido. Y el hecho es que, en los últimos años, ha habido mucho ruido. Como en el caso de las revueltas del monte Aventino, las calles españolas han sido escenario de multitud de mensajes, muy explícitos, para la clase dirigente. En principio, esos mensajes se desestimaban como marea de fondo de unos cuantos radicales para ser progresivamente reprimidos con mayor contundencia, judicial y policial. En efecto, como se analizaba en un artículo titulado «Mayoría silenciosa o mayoría silenciada»[29], el Partido Popular ha combatido las protestas en la calle desde todos los frentes posibles: desde el judicial, intentando criminalizarlas y restringir el derecho de manifestación, al mediático, tratando de ocultarlas, pasando también por el policial. El discurso político oficial, además, ha intentado radicalizar la imagen de los manifestantes, cuando lo cierto es que muchas de esas protestas han conseguido reunir a sectores de la población que nunca se hubieran imaginado a sí mismos teniendo que manifestarse de ese modo: jubilados afectados por las preferentes; farmacéuticos que no pueden cobrar las medicinas que han despachado; padres y madres de familia que ven impotentes cómo la calidad de la enseñanza se deteriora o cómo se rebajan a límites absurdos las ayudas a dependientes. Parte de las cuentas erróneas de la democracia española tienen que ver, en efecto, con estos «grupos incongruentes», esto es, con los representantes de segmentos sociales «dislocados y fuera de contexto» que nunca se hubieran imaginado manifestándose públicamente contra su gobierno, pero que ahora lo hacen con considerable indignación[30]. La hostilidad y la descalificación a esa masiva

[29] Marta Romero, «Mayoría silenciosa o mayoría silenciada?», *eldiario.es,* 10 de octubre de 2013.

[30] El término «grupos incongruentes» es de T. della Tella, pero aparece citado y comentado en el artículo de Roger Bartra, «Democracia y cultura. Las lecciones del populismo», incluido en *La maleta de Portbou. Revista de Humanidades y Economía,* septiembre-octubre de 2013, p. 56.

presencia ciudadana en las calles demuestra que, como vimos en el primer capítulo de este estudio, las nuevas demandas de la ciudadanía se entienden como algo «fuera de lo común», como un intento de redistribución intolerable de lo visible y lo invisible, de lo que se puede oír y lo inaudible. Irónicamente, el control del espacio público se justifica en razón a necesidades del estado como único garante de la estabilidad ciudadana. En cualquier caso, y como subraya también el artículo anteriormente citado de M. Romero, es interesante constatar el contexto original de la frase «mayoría silenciosa», que fue usada por el presidente Richard Nixon para minimizar la considerable oposición popular norteamericana a la Guerra de Vietnam. Utilizando como estrategia la polarización ideológica y el «divide y vencerás», Nixon logró, en efecto, movilizar al electorado más conservador y a una clase media temerosa de perder sus privilegios, apelando al retorno a una normalidad nacional que la revuelta callejera, y el cuestionamiento del patriotismo cohesionador, cuestionaban. Es verdad que Nixon ganó las elecciones con una abrumadora mayoría, con lo cual su apelación al silencio de la mayoría funcionó. No es menos cierto que la historia, que sigue inexorable su curso, demostró que aquella oposición a la guerra estaba bien fundada, y hasta el día de hoy la actuación de Estados Unidos en Vietnam sigue siendo motivo de controversia y autocuestionamiento para los propios norteamericanos. No hace falta decir, además, que el desprecio de Nixon por las reglas del juego democrático tuvo también, en última instancia, consecuencias fatales para su vida política y cambió el rumbo del país. Sin embargo, la apelación a la «mayoría silenciosa» se ha seguido usando con éxito por parte de políticos conservadores norteamericanos y europeos, ya que es una estrategia capaz de generar apoyo apelando a un consenso superador de las ideologías.

La exigencia política del silencio y la aceptación como marca de buena ciudadanía no es solamente un tema de debate en las tertulias políticas. La importancia del tema queda reflejada en la gran cantidad de viñetas humorísticas que lo tratan a diario. Destacan entre ellas las del humorista gráfico Andrés Rábago, «El Roto», un comentarista incisivo de la realidad social con comentarios visuales como «Toda protesta es resistencia a la autoridad» (figura 5.7.).

«Vigila Para lo que lo que se dice en los despachos no se oiga en la calle y lo que se dice en la calle no se oiga en los despachos»; «Desoyen nuestros gritos pero vigilan nuestros correos». En este

FIGURA 5.7. El Roto, sobre la realidad social.

ambiente, destacaba un anuncio (en prensa escrita y televisión) con un lema que apuntaba precisamente a lo contrario: «Te hemos oído» (dentro de Cataluña, el lema se expresaba en catalán y castellano, figura 5.8.)[31].

En el anuncio televisivo, el técnico de sonido Paul Ottoson reconocía que lo que para otros era un mero ruido, él sabía interpretarlo como «lo que la vida nos quiere decir». Tan interesante y valiosa cualidad, sin embargo, no estaba puesta al servicio de ningún organismo público, asociación o partido, sino de una entidad financiera privada, por cierto, extranjera. Ese hecho en sí mismo también forma parte, sin duda, de lo que «la vida nos tiene que decir» en este momento histórico: que se nos escucha, en el mejor de los casos, como consumidores, pero no como ciudadanos. Mucho antes de que la crisis fuera visible a gran escala, los silencios que marcan la nueva realidad social habían sido notados. En la fecha simbólica de 1998, un grupo de ciudadanos bajo el lema «Rompamos el silencio» proponía en Madrid una serie de debates, manifestaciones y acciones directas no violentas para hacer visible lo que se omitía de la narrativa dominante en la España que iba bien: la situación de los que no podían acceder a la vivienda, el problema de la infancia, la droga, la situación de los presos, y en general, el reparto de riqueza y la posibilidad de recuperación de un espacio público cada vez más

[31] Se encuentran estos y otros ejemplos en los libros *Camarón que se duerme,* Barcelona, Reservoir Books, 2011, y *A cada uno lo suyo,* Barcelona, Reservoir Books, 2013.

FIGURA 5.8. «T'hem sentit», publicidad en catalán de Ing Direct.

controlado y provatizado[32]. En 1999, se organizaban unas jornadas de acción del mismo título en Barcelona y Córdoba. Más adelante, y como resultado de acciones sociales ligadas a ese movimiento, surgía la revista, y la fundación, *Espai en Blanc,* una apuesta que intentaba crear «una brecha entre el activismo y la academia, el discurso y la acción, las ideas y la experimentación». Muchas de las actividades y colaboraciones de la revista, proponen, como sostiene Marina Garcés, romper el silencio que se nos impone como ciudadanos, no llenándolo y saturándolo de palabras, «sino mediante la acción de hablarnos: a nosotros, entre nosotros. Así se okupa, así se libera un espacio para pensar juntos»[33].

La estrategia de relegar la protesta política a la categoría de ruido y, consiguientemente, cancelarla o ignorarla precisamente por

---

[32] «Rompamos el silencio», véase en http://sindominio.net/laboratorio/archivo/home.htm.

[33] Marina Garcés, «Entre nosotros», *Espai en Blanc,* 19 de diciembre de 2006.

generar una incomodidad para el funcionamiento *normal* de las cosas, tiene por supuesto una larga historia. Ciñéndose a episodios todavía cercanos en el tiempo y en sistemas teóricamente democráticos, L. Berlant analiza el juego entre el ruido y el silencio que caracteriza la protesta social, y subraya cómo a veces el silencio impuesto acaba convirtiéndose en una táctica. Recuerda, en ese sentido, por tomar un ejemplo cercano en el tiempo, a las sufragistas de 1916 y 1919 en Estados Unidos, que tenían que llevar sus pancartas en silencio para no ser acusadas de perturbar la paz. Sus reclamaciones de entonces molestaban a todos aquellos que no estaban interesados en escuchar la dimensión ética y afectiva que se transmitía en esa frecuencia feminista[34]. Por los mismos años, los afroamericanos marcharon también en silencio para protestar contra los linchamientos. Ambas protestas fueron interrumpidas por la policía, que se manifestó con contundencia. La historia se repite en muchos contextos históricos: las Madres de la Plaza de Mayo también hicieron de su presencia silenciosa pero persistente un arma política y una reclamación moral. En la democracia del consenso, la adjudicación del ruido es lo que ocurre cuando alguien habla como minoría, cuando no se acepta la representatividad de la autoridad competente. Hay un tipo de ruido que se permite o incluso se incentiva, pero para el otro, para el que se considera una intrusión intolerable en el espacio del sentido común, se llama a la policía, para que lo cancele[35]. Del mismo modo, hay una ira y una indignación que se consideran legítimas y otras que se consideran improcedentes; una sentimentalidad que se considera virtuosa y otra que se considera una debilidad que debe ser regulada. La política actual, la propia de la democracia del consenso, está diseñada para eliminar la incertidumbre, el ruido ambiental, la inestabilidad y la contradicción que implica la interacción social[36]. Pero lo cierto es que no hay comunicación, ni tampoco ciudadanía democrática, sin una modulación adecuada entre el ruido y el silencio. En este sentido, Berlant nos recuerda que los prisioneros de Abu Ghraib fueron torturados por medio del sonido, les hicieron alternar entre el silencio más absoluto y periodos de ruido atronador. Ambas estrategias consiguen destruir la capacidad del sujeto de relacionarse con el mundo y crean

---

[34] Laurent Berlant, *Cruel Optimism*, cit., p. 229.
[35] Laurent Berlant, *Cruel Optimism*, cit., p. 230.
[36] *Ibid.,* p. 225.

una sensación de aislamiento y absoluto sobrecogimiento[37]. A principios de 2014, en Barcelona se reprimió una manifestación en apoyo de los vecinos de Gamonal (Burgos) con cañones de sonido, unos altavoces que emiten en altísima frecuencia y que provocan el aturdimiento. Recordemos, en este contexto, que Rancière subraya que la política funciona de modo exactamente opuesto a la policía: es lo que permite que un cuerpo se desplace del lugar que tenía asignado, que se vea lo que no tenía motivo para ser visto, que se escuche como discurso lo que no era escuchado sino como ruido, o que se impida que se escuche lo que está «fuera de lugar»[38]. De acuerdo a esa premisa, no hacen falta grandes dotes de observación para concluir que, lamentablemente, en el mundo actual, hay muy poca política y mucha labor policial.

OPTIMISMO CRUEL

En el paisaje sonoro de la España de la crisis, se perciben también otras tonalidades afectivas: mensajes llenos de optimismo, incluso eufóricos, sobre la excelencia del país, que lamentan el «pesimismo» ciudadano y se dedican a promover un orgullo de la españolidad desgajado de las circunstancias concretas del país. Entre los muchos ejemplos que se podrían ofrecer, baste este fragmento de la introducción a de un artículo del diario *ABC* sobre los héroes de la nación, que merece la pena reproducir a pesar de su longitud:

> Se dejaron el alma y la vida por España. Sangre, sudor y lágrimas españolas derramadas durante siglos valiente y generosamente sobre las cuatro esquinas del planeta. Con su esfuerzo, su osadía y su heroísmo labraron un futuro mejor para todos nosotros... Levantaron un Nuevo Mundo, consiguieron que en España nunca se pusiera el sol, atravesaron océanos y desiertos... batallaron como leones heridos cuando el invasor quiso asolar nuestra Nación.
> Resistieron como posesos y suicidas ante cartagineses y romanos...
> Son decenas, cientos, miles de hermanos sin los que no habríamos llegado hasta aquí, son el orgullo que hace latir nuestros cora-

---

[37] *Ibid.,* «On the desire of the political», pp. 223-263.
[38] Jacques Rancière, *El desacuerdo. Política y filosofía,* Buenos Aires, Nueva Visión, 1996.

zones... patriotas en todas las latitudes, vidas entregadas por nuestra fe o nuestra manera de vivir y entender el mundo.

La lista de los héroes en cuestión incluye al Cid, Guzmán el Bueno, el Gran Capitán, el Duque de Alba, Hernán Cortés, Daoíz y Velarde y algunas mujeres con «las costuras bien apretadas» como María Pita o Manuela Malasaña[39]. Es evidente que tanto la retórica del artículo como los personajes escogidos para significar el orgullo social podrían corresponder perfectamente a un trabajo publicado durante el franquismo. Y no es que se trate de un enfoque puntual, atribuible a un colaborador específico. Semanalmente, cuando no con más frecuencia, el mismo diario incluye episodios bélicos del pasado en los que los españoles destacaron por su valor. Es decir, en pleno siglo XXI, todavía es válida la advertencia del poeta Joan Maragall: en España se nos habla demasiado de los saguntinos y de los que mueren por la patria[40]; se habla demasiado de muerte. Es curioso comprobar que la derecha española no haya aprendido nada del patriotismo constitucional que tanto alabó y al que tanto apelaba en la última década de los años noventa del siglo XX. Las narrativas homogéneas de héroes y victorias como base de un orgullo nacional incuestionable es algo que dicho patriotismo constitucional desestima como sumamente improductivo. En su lugar, plantea la necesidad de una memoria puesta en cuestión no solo en la esfera privada, sino también en la pública. La necesidad casi obsesiva de ofrecer a los ciudadanos una fuerte dosis diaria de patriotismo puede tener el efecto contrario al deseado: desde luego, es inevitable preguntarse por qué los españoles necesitan que se les recuerde con tanta persistencia pasadas glorias bélicas y que se presenten como grandes logros hechos que en otros contextos serían menores o se darían por supuesto. El propósito evidente de combatir la ya mencionada «anorexia patriótica» que supuestamente afecta a la nación puede acabar alimentando, por seguir con el mismo tipo de metáfora, un problema de bulimia patriótica, y de nuevo, hay que recordar que

---

[39] Manuel de la Fuente, «Héroes: honor, gloria y recuerdo a los que dieron su vida por la patria», *ABC,* 3 de mayo de 2013.

[40] Me refiero, claro está, a su conocidísimo poema «Oda a Espanya» donde se dice «T'han parlat massa / dels saguntins i dels que per la pàtria moren: les teves glòries / i els teus records, records i glòries / només de morts: has viscut trista», Joan Maragall, *Obra poètica. Versión bilingüe,* ed. de Antoni Comas, Madrid, Clásicos Castalia, 1984, pp. 163-165.

ambas enfermedades se relacionan con situaciones de ansiedad no resueltas. Puestos a querer fomentar un orgullo nacional de «lo nuestro», parece evidente que los esfuerzos tendrían que centrarse en resolver los problemas que hoy lastran la convivencia por no decir la imagen del país: problemas que no se resuelven con un cambio de logo, sino que requieren una reflexión profunda y sincera de «los contextos y formas de vida que pueden haber facilitado graves errores del pasado»[41].

La incapacidad del estado de articular un sentimiento de pertenencia colectivo, o de dar expresión a los marcos, los conceptos y los lenguajes para pensar o bien lo que se tiene en común o lo que se debería tener en común[42], queda de manifiesto una y otra vez, y a todos los niveles. Durante la entrega de los premios Príncipe de Asturias de 2013, Felipe de Borbón declaraba que «España era una gran nación [por la que] vale la pena vivir, querer y luchar». Aun entendiendo las razones para el pesimismo colectivo, la frustración y la desconfianza, el heredero de la corona enfatizaba la importancia de reaccionar y no permanecer «indiferentes o inmóviles». Pero la frustración o la desconfianza no son sentimientos que implican necesariamente inmovilismo, ni mucho menos indiferencia. Son sentimientos que movilizan a la gente, pero no para sostener el andamiaje de las políticas heredadas sino precisamente para cuestionarlas, muchas veces para exigir unas responsabilidades que se eluden de forma sistemática. Recordemos que el movimiento de protesta más visible entre los muchos que han surgido en los últimos años se califica como de «Indignados». A diferencia de la ira, la indignación –como nos recuerda Javier Krauel– es un sentimiento que implica un juicio moral, la evaluación de que una determinada situación es injusta a un nivel suprapersonal. La indignación también atribuye responsabilidades y quizá por eso es una emoción políticamente más efectiva que la ira[43]. La continua insistencia por parte de los estamentos oficiales españoles en que la crítica es negativa y que no se debe «claudicar» al pesimismo, apela a

---

[41] La cita y la reflexión sobre lo que es en verdad el patriotismo constitucional se encuentra en el brillante trabajo de Jan-Werner Muller, *Constitutional Patriotism,* Princeton, Princeton University Press, 2007, p. 27.

[42] La idea de pensar sobre lo que se debería tener en común, no solo sobre lo que ya se tiene en común, es de Muller, *op. cit.,* p. 8.

[43] Javier Krauel, «The Anatomy of Imperial Indignation: Ramiro de Maeztu's Hacia otra España», en *Imperial Emotions: Cultural Responses to Myths of Empire in Fin-de Siècle Spain,* Liverpool, Liverpool University Press, 2013, pp. 124-139.

lo que L. Berlant denomina la estructura afectiva de un apego optimista, que vuelve una y otra vez a la escena de fantasía («España es un gran país») esperando que (esta vez sí) se cumplan las expectativas que sostienen el entramado de dicha fantasía[44]. Berlant denomina «optimismo cruel» esa relación de apego a un objeto problemático, a una condición de posibilidad cuya realización es imposible, o tóxica, o una fantasía. Y optimismo cruel es lo que se predica cuando representantes políticos de diferente signo insisten todavía en ensalzar la «calidad de vida» que se tiene en España, superior a la de otros países. Habría que preguntarse cuáles son los indicadores que miden la calidad de vida en un país (aparte del sol y las tapas) cuando lo cotidiano, lo ordinario, se ha convertido «en el vertedero de todos los restos provocados por las crisis resultantes del fallo en los mecanismos que estructuraban esa idea de la buena vida»[45].

En el discurso de Felipe de Borbón en los ya mencionados Premios Príncipe de Asturias de 2013, la singularidad de España se resumía en su resistencia, en no claudicar ante la adversidad ni «renunciar al sueño». Asimismo, como ejemplo de que el activo más sólido de una sociedad son sus gentes, se refería a la actitud de los habitantes de Angrois (Galicia), que después del horrible accidente del AVE que tuvo lugar en su municipio en julio de 2013, y en medio de una destrucción desoladora, salieron inmediatamente a ofrecer su ayuda voluntaria a las víctimas. Ese es un relato que sin duda llena de fe en el ser humano y en la solidaridad de una comunidad enfrentada a la tragedia. Pero la pregunta podría ser por qué en un acto *institucional* se tiene que recurrir como ejemplo de la singularidad nacional a la acción *voluntaria,* espontánea y no coordinada de la gente común. ¿Por qué no se pueden dar otros datos, referencias a medidas concretas que los representantes políticos de esas gentes comunes estén tomando y cuyos frutos puedan verse de forma concreta? ¿Por qué no aclarar la responsabilidad exigida a los que, de una forma u otra, contribuyeron a una negligencia que costó tantas vidas? Se podría también haber hecho explícito el compromiso de la Corona con aquellos que han sufrido el abuso de los responsables de la crisis que asola al país, algo que sí pidió por ejemplo uno de los galardonados, el escritor Antonio Muñoz Molina. En última instancia, la solidaridad y generosidad de que hicieron gala los habitantes de Angrois,

---

[44] *Op. cit.,* p. 2.
[45] Laurent Berlant, *ibid.,* p. 3, traducción mía.

absolutamente encomiable, no es una marca española: es la misma solidaridad y generosidad que demostró el pueblo japonés ante una tragedia nuclear, el neoyorquino ante un atentado terrorista, el tailandés o indonesio ante un *tsunami,* el colombiano ante la erupción de un volcán que sepultó todo un pueblo. La misma actitud de millones de personas anónimas que en todas partes del mundo actúan de forma desinteresada en base a un principio de comunidad. Algo que no es, por tanto, patrimonio exclusivo, ni siquiera característico, de un determinado país, sino del mejor lado del ser humano. La forma en que se aludió a la reacción de la gente común en relación al accidente en Galicia parecía presentar como una catástrofe natural e inevitable algo que distaba mucho de serlo. En ese sentido, la comparación ejercía una función parecida a la de las películas de desastres y catástrofes que Hollywood produce con tanta frecuencia y con tantos medios técnicos: como ha analizado Slavoj Žižek, dichas películas son la única afirmación de solidaridad y unión colectiva en un mundo regido por el individualismo y donde el tejido de lo común está tan desgarrado que difícilmente puede cubrir nada[46]. Por tanto, hay un posicionamiento ideológico, consciente o inconsciente, en la presentación de ese accidente agravado por la mala señalización (previamente denunciada e ignorada) e insuficiente seguridad, como si hubiera sido una catástrofe repentina e inevitable. Hay también un posicionamiento ideológico en evitar asumir responsabilidades institucionales y en convertir la solidaridad popular espontánea en el mejor activo de un país en crisis. En un hermoso artículo escrito con motivo del accidente, Enric Juliana resumía bien la situación:

> Cada accidente tiene su signo, su acento principal. Esta vez, de nuevo, la solidaridad de la gente y la pervivencia, pese a todo, de una trama de afectos que abarca a todas las Españas. Los catalanes siguieron el accidente en gallego, viendo en directo TVG. Por abajo, la trama de los afectos sigue viva. Por arriba, todo está averiado[47].

El actual énfasis en sustituir con tramas de afectos e iniciativas individuales lo que debería ser la política social del estado (claramen-

---

[46] Slavoj Žižek, *Welcome to the Desert of the Real, Five essays on September 11 and Related Dates,* Londres, Verso, 2002 [ed. cast.: *Bienvenidos al Desierto de lo Real,* Madrid, Akal, 2005].

[47] Enric Juliana, «La trama de los afectos», *La Vanguardia,* 26 de julio de 2013.

te establecida en la tan invocada y poco respetada Constitución), queda demostrado con la emisión en el horario de la tarde por parte de radiotelevisión española del programa *Entre todos*. Dicho programa presenta casos de familias en situación límite que piden una ayuda para pagar sus necesidades más básicas y montar un pequeño negocio que les permita salir de la miseria. Un panel de expertos (abogados, consultores, psicólogos, motivadores) da su opinión mientras los invitados, a menudo con notoria reticencia, son preguntados por sus circunstancias más difíciles delante de millones de espectadores. Es notable que la narración de dichas circunstancias se haga en clave exclusivamente personal y afectiva: lo que el individuo, o la familia, ha perdido, lo que siente, lo que sufre. No hay en esta exposición del sufrimiento lugar para la indignación o la reflexión sobre la injusticia o sobre las causas estructurales por las que millones de personas de un determinado país tienen que pedir para comer. No hay culpas, no hay responsables. Las cosas son como son y lo único que cabe hacer es esperar que la solidaridad individual (que no institucional) palie los efectos del desastre. Como señalaron numerosos artículos dedicados al programa, el problema no consiste en «fomentar la solidaridad», objetivo loable, sino que la caridad y la iniciativa privada sustituya a lo que hasta hace bien poco eran atribuciones y servicios esenciales del estado, como la educación o el cuidado médico de personas que lo necesitan, incluidos ancianos y menores con minusvalías. En su tono y en su enfoque, *Entre todos* retrotrae al franquismo, al famoso eslogan «Ponga un pobre en su mesa» satirizado por el gran Luis García Berlanga en su película *Plácido*, o al programa radiofónico *Ustedes son formidables*, emitido entre 1960 y 1977 por la cadena SER. Eso sí, en homenaje al momento histórico que nos ha tocado vivir, la misma caridad se presenta ahora no como excelencia moral y cristiana, sino como un mensaje especializado en expertos en gestión empresarial y personal que nos aseguran que el futuro y la felicidad son nuestros si sabemos hacernos cargo de nuestras vidas y no sucumbimos al desaliento.

La importancia del sentimentalismo acrítico y reminiscente del imaginario del franquismo queda asimismo bien retratada en una serie de anuncios de la compañía de embutidos Campofrío que se emitieron en 2011, 2012 y 2013, respectivamente. El primero de ellos, el de más éxito y también el más sutil, presentaba a todos una serie de conocidos humoristas (casi todos hombres, con la excepción de dos mujeres) que una vez al año se reúnen para intercambiar opiniones y dilucidar si todavía se podía hacer reír en los tiempos que corren. Esa pregunta la hacen enfrente de una tumba que resulta ser la de Miguel Gila, el «maestro», quien responde con uno de sus famosos monólogos pidiendo al «enemigo» de una guerra indeterminada que se ponga al teléfono para a continuación solicitar que pare la guerra en un momento determinado. Si bien Gila fue reconocido durante la España democrática, y partiendo de la base de que su humor corrosivo y surrealista no puede ser reducido a una ideología en particular, no hay que olvidar que no fue una figura políticamente «neutral», ya que participó en la Guerra Civil del lado republicano, estuvo en un campo de prisioneros y en las cárceles franquistas. Recurrir a Gila y a su crítica acerada, pero también llena de humanidad, de los desastres de una Guerra Civil a la que él mismo sobrevivió de milagro, es una estrategia muy diferente de la que se utiliza solo un año después. En vista del éxito de crítica y público del anuncio, Campofrío escoge a la misma agencia para sacar otro, ya en el peor momento de la crisis económica. El protagonista del nuevo anuncio es el payaso Alfonso Aragón, alias Fofito, que escribe «El currículum de todos». Desde la primera imagen se plantea el problema de España en términos de patología emocional («nunca se habían vendido tantos antidepresivos»). Con el fondo musical del conocidísimo pasodoble *Suspiros de España,* la voz narrativa sugiere que la forma de enfocar una situación depende «del estado de ánimo», por lo cual hay que acordarse de lo ya conseguido. Lo malo es que empieza entonces una lista que, de hecho, recuerda más bien problemas que logros: escasos premios Nobel, los jóvenes que se tienen que ir a pesar de ser la generación más preparada de la historia, los abuelos que con sus pensiones sostienen a toda la familia, las infraestructuras que hoy en día no se pueden mantener y, por supuesto, el gran valor exportable y cohesionador, la cultura (el Quijote, Velázquez, la generación del 27). Pero lo más interesante viene al final, cuando Fofito y sus ayudantes empiezan a rellenar sobres dirigidos a los dirigentes europeos y las agencias de calificación con embutido español para que vean que «no somos solo palabras». Como era el caso de *Entre todos,* el anuncio de Campofrío moviliza una estética y, lo que es peor, una lógica que traslada a los años de la posguerra y el hambre, al tono triunfalista de un régimen dictatorial que quería camuflar las necesidades básicas de sus ciudadanos presumiendo de valores espirituales que otros pueblos nos envidiaban. En el anuncio de 2012, la autoestima nacional se representa como un conjunto de glorias pasadas, algunas por cierto francamente discutibles, y como algo que depende de la voluntad de las personas; una autoestima que se alimenta de productos de la tierra, como un buen chorizo, algo que por cierto no se pueden permitir muchas familias, con todos los miembros en paro (situación denunciada en otro anuncio de una ONG en la que se ve a una niña comiendo un bocadillo «mágico», esto es, sin nada dentro). En dos devastadores artículos publicados en *ElDiario.es,* Iñigo Sáenz de Ugarte ha diseccionado la estética y el mensaje de esa serie de anuncios y la «resaca melancólica» que producen, alimentada por la borrachera de todos los males disfrazados de cualidades esenciales que se ensalzan en ellos: el conformismo, la aversión a la innovación y la idea de que somos un gran país y que todo se solucionará más pronto que tarde. La versión de 2013 del mismo anuncio («Hazte extranjero») es, como reconoce ese autor, menos problemática que la del año anterior: se reconoce que los españoles somos los últimos en todos los *rankings* y que, en esas circunstancias, dan ganas de borrarse. Y borrarse quiere decir adoptar otra nacionalidad que, por supuesto, es europea y corresponde a países prósperos. A la hora de firmar el documento de la nueva nacionalidad, la actriz que comenta el anuncio (la popular Chus Lampreave) se pregunta si eso le cambiará el carácter y las costumbres que aprecia, entre las que se encuentra tocarse y abrazarse, sentir mucho las cosas, hablar alto y hacer ruido. El final del anuncio presenta otra escena de solidaridad espontánea para montar una cena, y mientras se oye una versión flamenca de la canción *My way* («A mi manera»), la protagonista sentencia: «Uno puede irse, pero no hacerse». Es decir, básicamente, los españoles «somos como somos» y no podemos cambiar, así que seguiremos haciendo las cosas «a nuestra manera». Esto plantea dos problemas: uno, la visión de la identidad española como algo esencial e inalterable, impermeable a la interacción positiva con otras culturas; y otro, la focalización de la singularidad nacional española en lo emotivo y en el goce. Todos los anuncios terminan con un mensaje sobre la pantalla: «Que nada ni nadie nos quite nuestra manera de disfrutar la vida». No es una conclusión en absoluto insustancial, ya que como vimos en la discusión sobre el valor de las victorias deportivas (capítulo 4), la especificidad del goce constituye, en efecto, un elemento fundamental de la cohesión nacional. En el caso de este anuncio, el enemigo que intenta quitar el goce al pueblo español son, como era durante el franquismo, los organismos extranjeros que tienen el poder de evaluarnos, pero que no entienden *nuestros* valores ni nuestra forma de hacer las cosas, y que tampoco saben disfrutar de un buen embutido. Como dice Sáenz de Ugarte con sarcasmo, pero sin distorsionar el mensaje que el anuncio retransmite, la conclusión de la resaca melancólica provocada por la serie de anuncios es «el chorizo como reserva espiritual de la Marca España»[48]. Y eso sí que no hace justicia a la complejidad y a los matices de la cultura española.

La mejor respuesta al involucionismo cultural que representa la lógica de los últimos anuncios de Campofrío no viene de otra costosa campaña publicitaria hecha por profesionales, sino de la respuesta «desde la precariedad» de unos estudiantes de la Universidad de Valladolid, defensores de una educación gratuita, pública y de calidad que forman parte del grupo Alternativa Universitaria. Imitando las premisas del anuncio original, el texto de la nueva versión invierte los valores del mismo: un chorizo de mala pinta se manda a los bancos, presumiblemente representantes del sentido popular de la palabra. Y el que las abuelas tengan que pagar con sus pensiones la educación de sus nietos se ve como lo que es: un hecho deplorable, un fracaso de las políticas económicas de los que rigen el país y no una muestra de grandeza espiritual nacional. En esta versión del anuncio, en vez de hacerse de otro país, los jóvenes presentes lo que se quieren hacer es «desobedientes». La conclusión es también muy diferente: lo que «nada ni nadie» debe quitarnos no es «nuestra manera de gozar», sino las ganas de luchar para mantener los logros por los que ya pelearon otras generaciones de españoles. Y quizás ahí sí tenía razón el discurso de Felipe de Borbón: una de las características del pueblo español es que no se da por vencido. A pesar de que sus dirigentes no estén a su altura.

Fuera de lo común

La serie de anuncios «Campofrío» moviliza una idea de singularidad cultural española que para la última década del siglo pasado se aseguraba que estaba desechada. El aparente asentamiento en la

---

[48] Íñigo Sáenz de Ugarte, «La resaca melancólica de la España de Campofrío», *eldiario.es,* 12-18 de febrero de 2013, y «La España de Campofrío nos hundirá en la miseria», 20 de diciembre de 2012.

normalidad democrática de finales del siglo XX ha vuelto a dar paso al «fuera no nos comprenden» que durante tantos años marcó el discurso político español. Una vez más, dentro de España se piensa de forma reactiva, siempre en respuesta a una mirada foránea que supuestamente minimiza o ignora nuestra grandeza y excepcionalidad. Del mismo modo, lo que los anuncios subrayan es que la especificidad de España consiste en hacer disfrutar al otro foráneo, de proveerle de un goce que de otro modo los eludiría, una postura por cierto compartida con casi todas las campañas de turismo españolas y numerosas intervenciones públicas en foros internacionales. La marca que deja España a los que la visitan siempre es emocional, aunque también deja huellas en el cuerpo. Así lo plantea una (poco afortunada, por cierto) campaña publicitaria con ese eslogan, «España marca» *(Spain marks)*, donde se suceden las imágenes de cuerpos marcados por el sol, la comida y el arte español. La desastrosa intervención de la alcaldesa Ana Botella durante la presentación de la candidatura olímpica Madrid 2020 no solo puso en evidencia el deplorable triunfalismo oficial español o la persistente incapacidad de los líderes políticos españoles para hablar idiomas extranjeros. Lo más lamentable fue el centro mismo de la argumentación de los que supuestamente querían «vender» la ciudad, o más bien la falta de argumentación. De acuerdo a esa presentación, Madrid no era historia, por ejemplo una ciudad que luchó contra el fascismo, hecho que en otro país europeo sería motivo de orgullo; ni siquiera, puestos a buscar en el imaginario patriótico más ortodoxo, el pueblo valiente y acosado retratado por Goya. Tampoco era una población que ha superado considerables retos en muy distintos contextos: la ejemplar reacción ciudadana y la respuesta de los servicios de emergencia y hospitales públicos a los brutales atentados del 11-M sería un ejemplo, una estrategia que siguió la candidatura japonesa ganadora. No era tampoco la ciudad que ha querido plantear un tipo diferente de ciudadanía desde el espacio público (Puerta del Sol, 15-M), algo presumiblemente muy lejano de la sensibilidad de la alcaldesa y su equipo. Por no ser, no era ni lo más evidente que se puede decir de Madrid como ciudad: un lugar de encuentro para gente de orígenes muy distintos, una sociabilidad que habitantes y visitantes consideran como abierta e inclusiva. Para nuestros representantes oficiales, Madrid era, únicamente, una «sensación» que se ofrecía al visitante extranjero, resumida en una frase completamente anodina y más propia de adolescentes de escaso vocabulario («Madrid is fun»). El resto del discurso no mejoraba las cosas: Madrid como microcosmos del disfrute de la vida que caracteriza a los españoles en general y un lugar anclado en un tiempo imperial (el Madrid de los Austrias). La famosa frase «A relaxing cup of *café con leche* in the Plaza Mayor», pronunciada por Ana Botella, pero ideada por un consultor norteamericano, tan criticada y sujeta a mofa, es solo el símbolo de toda una perspectiva: la de una cultura como mero escaparate sin contenido y la de unos gobernantes que no saben ni siquiera entender, ni mucho menos comunicar, la especificidad cultural de su ciudad más allá de los estereotipos más banales. Todo el lamentable episodio, pero sobre todo la lógica subyacente a la candidatura, la presentación y la actuación, quedan resumidas con dos frases. Una es la ya famosa «A relaxing cup of café con leche» y la de otro miembro de la delegación, que ante su incapacidad de entender una pregunta, contestó en un inglés completamente incorrecto, pero de una forma que en cierto modo transmitía bien lo absurdo de la situación: «No listen the ask. Which is the question?». En realidad, la falta de respuestas a preguntas enteramente legítimas no se debe solo al desconocimiento del inglés, puesto que caracteriza también las ruedas de prensa que se dan en territorio nacional, en alguna de las cuales el presidente del gobierno ha hablado desde un cuarto distinto al que ocupaban los periodistas a través de una pantalla de televisión.

La perplejidad e indignación de la delegación oficial española ante la eliminación en primera ronda de la candidatura de Madrid debido a la «incomprensión» extranjera marca un punto de inflexión simbólico. La aspiración a la normalidad democrática europea que ya había empezado a diluirse en el discurso institucional cuando los mercados no reaccionaron de forma inmediata, y positiva, al nuevo gobierno conservador, no solo deja de ser invocada en público, sino que, al contrario, se cuestiona. Esto se percibió claramente en las reacciones hostiles de distintos miembros del gobierno de Mariano Rajoy a sentencias en contra de medidas específicas, como la anulación de la aplicación retroactiva de la llamada «Doctrina Parot», o doctrina del doble cómputo legal de las condenas, por parte del Tribunal Europeo de Derechos Humanos. Muchos representantes del Partido Popular, incluyendo su secretaria general, María Dolores de Cospedal, reaccionaron de forma negativa contra lo que se consideró una injerencia europea en un asunto español, obviando el hecho de que si España participa en la Unión

Europea, el tribunal también representa a los españoles. No fueron pocas las voces que pidieron que se hiciera caso omiso de la decisión europea, puesto que ignoraba la peculiar situación de España en relación al terrorismo. Causaron también gran irritación en el gobierno las críticas europeas a la «Ley de Seguridad Ciudadana» propuesta en 2013, que criminaliza las ofensas a España, restringe el derecho de manifestación –castigando con cifras astronómicas las «no autorizadas»– y despoja de la presunción de inocencia a los ciudadanos en caso de conflicto con la policía, por poner solo algunos ejemplos. La misma irritación que producía la noticia de que la responsable de Interior de la Comisión Europea había mostrado su preocupación por la utilización de vallas con cuchillas («concertinas») en las fronteras en Ceuta y Melilla, apuntando que era posible que dicha decisión fuera contraria a las normas europeas sobre política de inmigración (la decisión europea finalmente fue que las vallas eran legales). La reacción hostil del gobierno en todos estos casos demuestra hasta qué punto España sigue estando fuera de sintonía con lo que es la política democrática, que requiere la aceptación y negociación del litigio. En el momento del conflicto, se repliega sobre sí misma y su percibida singularidad para cerrar el debate con un tajante «no». Esto ocurre incluso en el discurso parlamentario español, caracterizado por su «adversatividad», pero no como parte de un auténtico debate, sino como un «modo de controversia institucionalizado» en el que el desacuerdo se convierte en mera teatralización[49]. Esto es algo por lo demás evidente en las numerosas tertulias radiofónicas y televisivas donde se habla sin parar, pero en general sin orden ni concierto, se repiten los mismos tópicos argüidos con la misma lógica y aparentemente se discute mucho, pero los contertulios tienen mucho cuidado de no ofenderse «a título personal».

El retorno a la singularidad española se percibe de forma evidente en los discursos de la derecha, siempre bien representados por la retórica de J. M. Aznar:

> La nación española, la nación de ciudadanos, es mucho más valiosa que lo que intentan quienes encuentran en ella una resistencia a sus proyectos políticos. Lo es por su compromiso con la defensa

---

[49] Joan G. Burguera (2010), *Gramática y pragmática de la interrogación retórica en español. Una aplicación al debate parlamentario,* Barcelona, Publicacions de la Universitat de Barcelona (disponible *on-line*: http://www.tdx.cat/handle/10803/1705).

de los derechos humanos y del pluralismo social y cultural. Lo es por la consideración especial del ser humano, por la limitación y vigilancia del ser político, por el respeto al estado de derecho.

Todo esto nos diferencia y nos hace mejores. De esa diferencia y esa superioridad cívica verdaderamente radical debemos ser conscientes los españoles, y en ella debemos encontrar ánimo para enfrentar inteligente y eficazmente a quienes pretenden dañarnos[50].

No hace falta detallar la mezcla de arrogancia, paranoia y fantasía que se encuentra en el párrafo anterior. Es altamente improbable que exista un país, uno solo entre todos, que se distinga de los demás por su «consideración especial del ser humano» o «por la limitación y vigilancia del ser político». Pero si existiese, es dudoso que fuera España, cuya historia no es precisamente un ejemplo de respeto al estado de derecho y a la pluralidad de opiniones. Asimismo, la insistencia en una diferencia basada en la superioridad radical (por mucho que esta sea «cívica») suena a soberbia y chirría, de nuevo, en el contexto de una sociedad que no se ha distinguido por su civismo, ante todo porque sus gobernantes en general tampoco lo han considerado parte esencial de la educación. Como en tantos otros documentos de la derecha española, la idea de la amenaza a la nación es un elemento fundamental (aparece varias veces en el resto del documento) y se identifica con lo que Ghassan Hage denomina «nacionalismo paranoico» que actúa sobre la base de la política de la preocupación en lugar de sobre una política de la interdependencia social[51].

La estructura de sentimiento de la España de los últimos años presenta un país inmerso en debates interminables que apelan a la idea de sentido común incuestionable, a la vez que la realidad demuestra que los gobernantes se encuentran irremediablemente «fuera de lo común». Existe por el contrario una necesidad imperiosa de redefinir en qué consiste precisamente lo común, de inventar nuevos modos de pertenencia «desde las trincheras requeridas para la supervivencia»[52]. Una mirada somera a las estanterías de las librerías

---

[50] José M. Aznar, presentación del libro *Cuando la maldad golpea,* palabras introductorias. Accesible en el sitio web de la Fundación FAES: http://www.fundacionfaes. org/file_upload/news/pdfs/20131014194819.pdf.

[51] Ghassan Hage, *Against Paranoid Nationalism: Searching for Hope in a Shrinking Society,* Annasdale, Pluto Press, 2003, p. 9. Citado en Berlant, cit., p. 14.

[52] Laurent Berlant, *op. cit.,* p. 262.

y los libros más destacados en el área de actualidad política o de historia, o una simple atención a debates, tertulias e intervenciones públicas, demuestra que los dos impulsos están bien presentes en la esfera pública: por un lado, la reiteración de la lógica unitaria del estado de consenso, y su requisito de adhesión incuestionable; por otro, numerosas críticas a esa lógica, así como formas alternativas de pensar no solo la crisis, sino la normalidad misma. Como es de esperar, la primera posibilidad se expresa siempre en el lenguaje de la certeza incuestionable, mientras que la segunda, en sus múltiples enfoques, se plantea como pregunta o posibilidad. Hay una mayor ansiedad, además, en la mera posibilidad de sugerir un «borrón y cuenta nueva» que en la lógica del apego nacional, precisamente por la fuerza cohesionadora de la fantasía, que moviliza a su favor los afectos: es, a pesar de todo, incómodo y amenazante separarse de lo que no funciona[53]. La cuestión entonces es intentar adquirir la distancia mínima en relación al marco fantasmático que organiza nuestro goce, para minimizar o neutralizar su eficiencia. Dicho desde otra perspectiva, muy alejada del psicoanálisis: el verdadero patriotismo constitucional (no la versión distorsionada que se popularizó en España a finales de siglo pasado) requiere la indagación en objeto de nuestro apego, el modo en que se constituye y las razones en las que se basa[54]. Para atravesar la fantasía que constituye el soporte de nuestro ser colectivo no basta, desde luego, acumular datos y cifras, sino que hay que enfrentarse a las incongruencias de nuestro propio sistema ideológico. Pongamos un ejemplo. En el momento en que se escriben estas líneas, acaba de publicarse, con éxito, un nuevo libro del economista Germà Bel, *Anatomía de un desencuentro. La Cataluña que es y la España que no pudo ser*. Bel ofrece todo tipo de estadísticas y datos «con las cifras en la mano» para demostrar que la valoración negativa de los catalanes en el resto de España es un hecho comprobable y que tanto la balanza fiscal como la red de transporte público o la política de infraestructuras, lejos de beneficiar a los «insaciables» catalanes que siempre piden más, los perjudica. Bel es un investigador de reconocido prestigio y con una brillante trayectoria internacional, por lo cual es muy difícil cuestionar la veracidad de sus datos, aunque naturalmente sí se podría cuestionar su interpretación. Mi propia posición es que todos esos datos son

[53] *Ibid.*, p. 2.
[54] Muller, cit., p. 47.

completamente irrelevantes porque, como el mismo Bel apunta al final del libro, el problema fundamental tiene que ver con la idea (sostenida desde y por el estado español) de que si un estado no es unitario o uninacional, es débil y con la oposición (catalana) a dicha estructura unitaria. Dicha concepción del estado solo permite dos formas de relacionarse con él: asimilación o secesión, «love it or leave it» como decía el eslogan norteamericano en favor de la Guerra de Vietnam. Es irónico que el título del libro de Bel sea diferente en catalán (*Història d'un desengany*) que en castellano (*Historia de un desencuentro*), un cambio que en sí mismo me parece significativo. En cualquier caso, ni las encuestas de todos los premios Nobel de Economía juntos podrían hacer cambiar de opinión a los que piensan que las peticiones de los catalanes son excesivas porque simplemente no tienen legitimidad, son ruido. Los datos y las explicaciones no pueden combatir el peso de la fantasía: para ello, se necesita reconocer en los excesos, «en las alteraciones del modo "normal" de las cosas, la clave que nos ofrece el acceso a su funcionamiento, la verdad sobre nosotros mismos»[55].

Resta y sigue

En un país y una circunstancia donde cada día se apela a lo común, es importante reflexionar sobre el significado mismo del término y de otras palabras relacionadas con él, como comunidad o comunitario. Una reflexión, por cierto, muy de actualidad y que está generando análisis y propuestas brillantes[56]. En 1998, ese año tan simbólico para España, el mismo año en que se publicaban *Inglaterra, Inglaterra* de Julian Barnes y *El hereje* de Miguel Delibes (ambas discutidas en capítulos anteriores), el filósofo italiano Roberto Esposito ponía en circulación su libro *Communitas. Origine e destino*

---

[55] Slavoj Žižek, *El sublime objeto de la ideología*, cit., p. 175.

[56] Algunas muy recientes y que por tanto no se pueden discutir con detalle en este libro: Marta Segarra, *Repensar la comunidad desde la literatura y el género*, Barcelona, Icaria, 2012; Joana Sabadell-Nieto y Marta Segarra (eds.), *Differences in Common. Gender, Vulnerability and Community*, Ámsterdam & Nueva York, Rodopi, 2014; Marina Garcés, *Un mundo común*, Barcelona, Bellaterra, 2013; el ya mencionado libro *Fuera de lugar*, coordinado por Amador Fernández-Savater; el número de *Hispanic Review*, «La imaginación sostenible», coordinado por Luis Moreno-Caballud (80/4, 2012), entre otros muchos ejemplos.

della comunità, un libro que se ha traducido a numerosas lenguas y se ha convertido en un clásico. En él, Esposito cuestiona la premisa tradicional de que la comunidad es «propiedad» de la propia naturaleza del sujeto, un atributo, una definición que describe a los sujetos que se juntan como pertenecientes a la misma totalidad o bien como lo que surge de esa pertenencia[57]. Se suele interpretar la comunidad como una unión basada en la solidaridad, como el resultado de un vínculo emocional entre sus participantes. En este sentido, los miembros de la comunidad tendrían en común precisamente lo que es más suyo[58]. Estudiando la etimología de la palabra «communitas», Esposito se distancia de ese entendimiento del término, subrayando que en las lenguas romances, «lo común» designa precisamente lo que no es propio, lo que pertenece a muchos o a todos, lo público. Aparte de este primer significado, Esposito fija su atención en la etimología de *munus,* que implica regalo; pero no un regalo equivalente a una posesión que se da, ni tampoco algo que adquiere, sino algo que se otorga como parte de un intercambio y que por lo tanto implica pérdida, transferencia: el *munus* es la obligación contraída respecto al otro que invita a una renuncia apropiada respecto a esa obligación»[59]. El *munus* pone énfasis precisamente en la reciprocidad y carácter mutuo del acto de dar. De ahí se deduce que la comunidad es la totalidad de personas unidas no por una propiedad, sino precisamente por una obligación, por una deuda: están relacionadas no a través de la suma, sino de la substracción, de la falta. Lo común, entonces, no se caracteriza por lo propio, sino precisamente por su contrario, por lo impropio, por un vaciado de lo que se siente como propio en favor de un encuentro basado en una impropiedad radical[60]. Ese encuentro no es necesariamente agradable puesto que implica estar expuesto precisamente a lo que no se es. La asociación constante del término «comunidad» con el sentido de pertenencia a un territorio fijo, a una esencia, a lo nuestro, va unido a un tipo de afecto: el miedo, la ansiedad, la necesidad de proteger ese territorio de los vecinos indeseables. Y, como es sabido, el estado moderno se sostiene sobre el miedo, que garantiza su buen

---

[57] Roberto Esposito. *Communitas. The origin and Destiny of Community (Cultural Memory in the Present),* Palo Alto, Stanford University Press, 2009.

[58] *Ibid.,* p. 3.

[59] *Ibid.,* p. 5.

[60] *Ibid.,* p. 7.

funcionamiento y que acaba siendo la certeza sobre la que se justifica su existencia. Asimismo, el vacío que caracteriza a la comunidad se presenta como plenitud, así reduciéndose la generalidad de «lo común» a la especificidad de «algo» en común[61].

Para Esposito, por tanto, la comunidad no es un sujeto colectivo, ni tampoco una totalidad de sujetos, sino la relación que los atraviesa y, al hacerlo, los altera y los separa de sí mismos: es el «con» y el «entre» y el umbral donde ambos convergen. Por tanto, la comunidad no se basa en la convergencia y la unión, sino en la divergencia y la difusión. Nunca es un punto de llegada, sino uno de partida. A partir de este entendimiento de comunidad, Esposito plantea que la mejor comunicación no está caracterizada por lo que se añade o lo que se multiplica, sino por lo que se substrae o se deduce. Solo cuando se pierden todos los significados asumidos y organizados de antemano en un marco referencial concreto, se puede apreciar y entender otro significado del mundo y de las cosas. La carencia de significados fijados de antemano es la que permite la apertura hacia otros que, en algún momento, no se habían ni siquiera podido pensar[62]. El brillante análisis de Esposito sobre lo que en verdad constituye lo común y la comunidad[63], subraya, por tanto, que para construir una comunidad con principios inclusivos a veces no se trata de seguir sumando, sino de restar: ideas preconcebidas, jerarquías incuestionables, marcos referenciales obsoletos. No es casualidad que la estrategia preelectoral del Partido Popular tenga el lema «Juntos sumamos», sin que se aclaren cuáles son las razones para seguir aportando y sumando más a una empresa cuyo funcionamiento y contabilidad es más que cuestionable. La premisa de la comunidad como punto de partida, y no de llegada, es contraria a la que se articula de manera consistente desde medios oficiales españoles, como demuestra, por ejemplo, la campaña «España, el destino que llevas dentro». Dicha campaña forma parte del Plan Nacional e Integral de Turismo 2012-2015, uno de cuyos objetivos es incrementar el turismo en España siempre basándose además en el «Liderazgo del gobierno de la nación para alinear voluntades de actores y los recursos

[61] *Ibid.,* p. 15.
[62] *Ibid.,* p. 149.
[63] El análisis de Esposito lo ha utilizado brillantemente Marta Segarra en su libro *Repensar la comunidad desde la literatura y el género,* que llegó a mis manos cuando este ya estaba en la recta final, y lo vuelve a retomar en otro de próxima aparición.

FIGURA 5.9. Campaña del Plan Nacional e Integral de Turismo 2012-2015
[http://businesstraveldestinations.com/espana-el-destino-que-llevas-dentro/].

en un proyecto común»[64]. En sus imágenes, estéticamente evocativas, se ve una cabeza de mujer, y dentro de ella distintas imágenes que van cambiando en virtud de lo que se quiere resaltar de España: turismo verde, playas, mundo rural… La conclusión es lógica: «Ven al país que conoces sin conocerlo» (figura 5.9.). Esto es, lo que se plantea es un desplazamiento para buscar lo que de hecho ya es familiar puesto que se piensa, no indagar en el reto de pensar de forma diferente sobre una realidad que se presume familiar.

La idea de España como proyección mental, como imaginario que se adapta a cualquier deseo individual, tiene sin duda más alcance del que seguramente pudieron anticipar los que idearon la campaña. En lugar de transmitir cómo el conocimiento de España, de sus culturas, incluso de las tensiones que la conforman, pueden hacer reconsiderar lo que desde fuera se da por sabido (el cliché, el estereotipo) lo que hace el gobierno de España es subrayar el mensaje de que el país se adecúa a las fantasías de los visitantes, sean las que sean. «Nosotros somos lo que quieran que seamos, porque lo que somos no requiere indagación, y no le va a causar ninguna tensión porque se corresponde a lo que ya lleva usted dentro», es el mensaje que se transmite. Lo más problemático es que esta campaña estaba dirigida especialmente al turismo interior, que ha decaído de forma considerable: esto es, en un momento de tensiones entre las distintas culturas que se integran en el estado, el mensaje del estado es que el desplazamiento interno no sirve para que las distintas culturas de España se conozcan mejor, sino para hacer realidad las fantasías que se llevan dentro. Es, por lo demás, el mismo mensaje que se da a los españoles cuando se habla del «ser español» como una certeza que se corresponde a unas manifestaciones que existen desde tiempo inmemorial, algo que tenemos impreso en nuestro código genético, y no lo que podemos pensar juntos, ahora, dejando un espacio a la contradicción, la duda y las inevitables tensiones derivadas del encuentro con lo que precisamente, existe fuera de nosotros. Quizá si se abandonara esa perspectiva, España podría dejar de ser un tema, entendido como idea fija, y pasar a ser un proyecto cuyo desarrollo fuera en función de un «proceso de comunicación abierto, de una solidaridad cívica resultante de un proceso de reconocimiento mutuo también cívico»[65].

---

[64] «Plan Nacional e Integral de Turismo» [http://www.minetur.gob.es/turismo/es-ES/PNIT/Paginas/que-es-PNIT.aspx].

[65] Jan-Werner Muller, *Constitutional Patriotism,* cit., p. 31.

En lugar de vender la idea de España como fantasía abarcadora de multitud de deseos, sería más productivo plantear precisamente lo contrario: enfrentarse a las fantasías que sostienen la identidad nacional en su versión hegemónica. La política identitaria («somos como somos») asume la existencia de un yo racional, consistente y coherente, que sin embargo no puede resolver los conflictos derivados precisamente de los sueños o de las fracturas de la nación, ni tampoco las exigencias a veces contradictorias que esta provoca[66]. Jacqueline Rose, que ha analizado tan brillantemente el papel de la fantasía ideológica en relación con los estados, se pregunta qué ocurriría con una identidad política o religiosa, incluidas las más fuertes, si pudieran verse como contingentes, como resultado de un camino que se tomó por determinadas circunstancias, pero que podría haber sido diferente. La cuestión que se plantea entonces es si se puede ser leal a una identidad que se entiende como insegura; si se puede suscribir una idea nacional de manera diferente a como se ha venido planteando hasta ahora, sin la adhesión incondicional que se exige como prueba de buena ciudadanía. Entre la afirmación rotunda de una identidad, y la descalificación de todo lo que la pone en cuestionamiento por un lado; y la negación igualmente categórica, por otro, quizá podría haber una posibilidad intermedia: una pertenencia crítica que, como plantea Rose, pudiera localizarse entre el desencanto radical y la convicción incuestionable, entre la «identificación letal y el desencanto del agravio»[67]. En su matizada y erudita exploración de los orígenes del estado de Israel, Rose analiza dos formas de entender el sionismo en los años cuarenta del siglo XX. Ambas aspiran al regreso a Palestina y al renacimiento de la nación. Pero donde un modelo aspira a la «normalización» y asimilación, al deseo de ser «un pueblo como todos los demás», con su lengua, su territorio y su independencia; el otro, ejemplificado por el filósofo Martin Buber, plantea un entendimiento de la patria basado en ideas de justicia y verdad. El valiente argumento de Buber es que la injusticia hacia un enemigo externo inevitablemente traería consecuencias internas para Israel, ya que la violencia acabará volviendo a casa. Más aún, Buber sostiene que la mera pretensión de convertirse en una nación normalizada acabaría por corromper la vida interna de esta[68]. Esto

---

[66] Jacqueline Rose, «Just, Lasting», cit., p. 154.
[67] J. Rose, «Zionism», cit., p. 211.
[68] *Ibid.*, p. 189.

no cuestiona, ni para Buber ni para Rose, el derecho de Israel a existir, ni la realidad innegable y amenazante de que Israel tiene enemigos irreconciliables. Implica, sin embargo, cambiar el ángulo de consideración del problema, la fijación con la idea de un enemigo meramente externo (con la consiguiente invisibilidad de los palestinos israelíes). Implica también incluir en la reflexión sobre el estado de la nación los dilemas éticos presentes desde su fundación. Un discípulo de Buber, Hans Kohn, que dimitió de sus cometidos en la Organización Sionista después de las revueltas árabes de 1929, reconocía que es precisamente en momentos calificados de urgencia, en los estados de excepción, cuando se ve lo que la apariencia de normalidad oculta[69]. Kohn no era «antinacionalista», al contrario, es uno de los teóricos del nacionalismo más importantes de la primera mitad del siglo XX. Lo que él deseaba era un tipo de nacionalismo diferente, abierto a las oscilaciones de la conciencia, inevitablemente ambivalente en ocasiones, incierto, donde las tensiones de lo nacional no fueran reprimidas sino reconocidas. Esa posibilidad queda como objetivo que bien merece la pena revisar.

La democracia de consenso española, y la conceptualización del estado como unitario y centralizado que la precede ampliamente en el tiempo, interpreta la discrepancia sustancial y el antagonismo político como una grave fractura que debe ser soldada de inmediato por expertos. La fricción se entiende no como el resultado inevitable del contacto entre personas y comunidades, sino como desavenencia, como un obstáculo para poder avanzar juntos. En la película *Wittgenstein* (D. Jarman, 1993), el J. Mayard Keynes ficcional comenta una hermosa anécdota sobre la imposibilidad de purgar el mundo de imperfección y ambigüedad, sobre el anhelo de crear una realidad perfecta y pulida como el hielo, hasta que se da cuenta de que sobre el hielo no se puede andar. La escena se refiere en realidad a un texto del mismo Wittgenstein intepretado por el guionista de la película, el crítico Terry Eagleton: buscamos el hielo porque su superficie pulida no crea fricción, no ofrece resistencia y por tanto parece que las condiciones son ideales para caminar. Pero cuando lo intentamos, nos damos cuenta de que precisamente por esa falta de fricción, no es posible avanzar, y hay que volver al terreno rugoso[70]. Y, sin embargo, como sugiere la anécdota recreada en

---

[69] J. Rose, *ibid.,* p. 192.
[70] Ludwig Wittgenstein, *Philosophical Investigations* [1953], parte I, p. 107.

la película, la constatación de la inevitabilidad, e incluso la necesidad, de la fricción no impide que sintamos nostalgia por ese ideal de una superficie lisa y brillante.

En las páginas anteriores he querido plantear precisamente la premisa de que las fracturas y las fricciones de lo social no son defectos de la política democrática, sino la demostración más fehaciente de su existencia. He querido cuestionar también lo que se presenta a los españoles como el objeto axiomático de nuestro apego nacional, para en su lugar plantear la necesidad de indagar en el modo en que se constituye ese apego y las razones para mantenerlo. Ya bien empezada la segunda década del siglo XXI, me parece necesario dejar de lado, por falaz e insuficiente, la opción representada por el eslogan que los defensores de la Guerra de Vietnam esgrimían a los norteamericanos opuestos a ella, «Love it or Leave it»: esto es, ama al país exactamente como te lo presentan, o abandónalo. Creo que en pleno siglo XXI hay que dejar de amenazar a los que no quieren integrarse en un proyecto nacional para en su lugar, buscar «los marcos, los conceptos, el lenguaje para poder pensar y cuestionar lo que se tiene en común, o quizá lo que se debería tener en común»[71]. Asimismo, es fundamental cuestionarse quién es ese «nosotros» en cuyo nombre se excluye, se borra, se niega, se narra, se cuenta. En última instancia, de lo que se trata es de que en vez de que «lo común» se tenga que imponer y defender con leyes, con ejércitos, con vallas equipadas con cuchillas y con marcas registradas, se pueda empezar la tarea, mucho más exigente, de construir día a día una comunidad a la que todos queramos pertenecer, con la cabeza y el corazón. Quizás así, en vez de seguir representando a la nación como un destino que ya llevamos dentro, un lugar adecuado a la medida de todos nuestros deseos, tengamos la valentía de «interrumpir el tráfico de estereotipos que nos deja como ya estábamos, confirmados en lo que ya creíamos»[72]. Para ello, tenemos que estar dispuestos a adentrarnos en las zonas desconocidas o inhóspitas de las topografías imaginarias representadas por las fantasías nacionales. Es muy probable que ir más allá de los lugares previamente marcados, con los refugios previstos, dé paso a un estado de ansiedad, puesto que la ansiedad es la emoción que surge cuando se produce

---

[71] Muller, *op. cit.*, p. 8.

[72] Amador Fernández-Savater, «Prólogo», en *Fuera de Lugar. Conversaciones entre crisis y transformación,* cit., p. 17.

un colapso temporal de nuestro marco de referencias. Y, sin embargo, no hay otra posibilidad de avanzar en una nueva dirección que aceptar la incertidumbre que inevitablemente acompaña el (auto) cuestionamiento y la búsqueda de nuevos espacios, donde cualquiera pueda contar y ser contado.

ABELLÁN, José Luis, «España en el siglo XXI: Hacia una cultura de la intermediación global», en *Global Crossroads 2012: Redefining Spain in the 21st Century,* 11-14 de abril de 2012, University of Auckland (Nueva Zelanda), *Global Crossroads 2012,* Spanish Department, The University of Auckland, 9 de mayo de 2012.

AGAMBEN, Giorgio, *State of Exception,* trad. de Kevin Attell, Chicago, University of Chicago Press, 2005.

AGUADO, Txetxu. *Tiempos de ausencias y vacíos: Escrituras de memoria e identidad,* Bilbao, Deusto, 2010.

AGUILAR, Paloma y HUMLEBÆK, Carsten, «Collective Memory and National Identity in the Spanish Democracy. The Legacies of Francoism and the Civil War», *History & Memory* 14/1-2 (2002), pp. 121-156.

AHMED, Sarah, *The Cultural Politics of Emotion,* Edimburgo, Edinburgh University Press, 2004.

ALCAIDE GONZÁLEZ, Rafael, «El ferrocarril en España (1829-1844): las primeras concesiones, el marco legal y la presencia de la geografía en las memorias de los anteproyectos de construcción de las líneas férreas», *Biblio 3W. Revista Bibliográfica de Geografía y Ciencias Sociales* 190 (1999), *Geocrítica.*

ALLEN, Ester (ed.), «To Be Translated or Not to Be», *IRI Report on the International Situation of Literary Translation,* Barcelona, Institut Ramon Llull, 2007.

ALVAR, Carlos; MAINER, José-Carlos y NAVARRO, Rosa, *Breve historia de la literatura española,* Madrid, Alianza, 1997.

ÁLVAREZ, Enrique, *Dentro/fuera. El espacio homosexual masculino en la poesía española del siglo XX,* Madrid, Biblioteca Nueva, 2010.

ÁLVAREZ JUNCO, José, «Emoción compartida», *elpais.com, edición impresa,* 20 de julio de 1997.

—, «The Formation of Spanish Identity and Its Adaptation to the Age of Nations», *History & Memory* 14/1-2 (2002), pp. 13-36.

—, *Mater Dolorosa: La idea de España en el siglo XIX,* Madrid, Taurus, 2001.

ANASAGASTI, Iñaki, «El nacionalismo español existe», *Iñaki Anasagasti* [http://ianasagasti.blogs.com], 7 de agosto de 2010.

ANDERSON, Benedict, *Comunidades imaginadas: reflexiones sobre el origen y la difusión del nacionalismo,* México, Fondo de Cultura Económica, 1993.

ANDRÉ, Sylvie, «New Pathways for Rethinking Literary Studies in the 21st century», *Diogenes* 58/1-58/2 (2011), pp. 75-87.

ANDRÉ-BAZZANA, Bénédicte, *Mitos y mentiras de la Transición,* Barcelona, El viejo Topo, 2006.

APALATEGI, Ur, «Guerra civil y literaria en la novelística reciente de Ramón Saizarbitoria», *I Congreso Internacional de Literatura y Cultura Españolas Contemporáneas, La Plata 1-3 de octubre de 2008,* La Plata, Facultad de Humanidades - Universidad Nacional de La Plata, 2008.

APTER, Emily, *Against World Literature: On the Politics of Untranslatability,* Londres, Verso, 2013.

ARES, Berta, «Jaume Cabré: Nadie es amo de los temas narrativos», *Revista De Letras,* 13 de diciembre de 2012.

ARETXAGA, Begoña, *States of Terror: Begoña Aretxaga's Essays,* Reno, Center for Basque Studies, University of Nevada Press, 2005.

ARNSCHEIDT, Gero, «La construcción de una historia de España. Uso e invención de "Lieux de memóire" en la obra narrativa y ensayística de Antonio Muñoz Molina», en Ulrich Winter (ed.), *Lugares de la memoria de la Guerra Civil y el franquismo: Representaciones literarias y visuales,* Madrid, Vervuert Iberoamericana, 2006, pp. 39-55.

ASAMBLEA DE INTERVENCIÓN DEMOCRÁTICA, *Manifiesto por la convivencia, frente a la crispación.*

ATXAGA, Bernardo, *Zazpi etxe Frantzian [Siete casas en Francia],* Madrid, Alfaguara, 2009.

AUB, Max, «El remate», en *Sala de espera,* México, Avandaro, 1961.

AUNIÓN, J. A. y ÁLVAREZ, Pilar, «Wert da un giro ideológico a Educación para la Ciudadanía», *elpais.com,* 18 de mayo de 2012.

AVELAR, Idelber, «The Ethics of Interpretation and the International Division of Intellectual Labor», *SubStance* 29.1, n.º 91, Special Section, Brain Cultures (2000), pp. 80-103.

AYÉN, Xavi, «Jaume Cabré hechiza a los alemanes», *LaVanguardia. com,* 16 de marzo de 2012.

AZNAR, José María, «Incorporación del legado del poeta Luis Cernuda a la Residencia de Estudiantes. Discurso del presidente del gobierno, José María Aznar», Madrid, 12 de mayo de 1997 [intervenciones institucionales, www.jmaznar.es].

—, «Declaraciones del presidente del gobierno, José María Aznar después de la reunión anual ordinaria del patronato de la Residencia de Estudiantes», Madrid, 5 de junio de 1998 [conferencias de Prensa, www.jmaznar.es].

—, *Balance de política cultural 2000-2004,* Madrid, Ministerio de Educación, Cultura y Deporte, 2004.

—, «Intervención de Aznar en el 17.º Congreso Nacional del Partido Popular», 17.º Congreso Nacional del Partido Popular, Sevilla, Fundación FAES [*Fundaciónfaes.org,* 18 de febrero de 2012].

—, «Cuando la maldad golpea», palabras introductorias en la presentación del libro *Cuando la maldad golpea.* Accesible en el sitio web de la Fundación FAES [http://www.fundacionfaes.org/].

AZÚA, Félix de, *El aprendizaje de la decepción,* Barcelona, Anagrama, 1996.

AZURMENDI, Mikel, *La herida patriótica: La cultura del nacionalismo vasco,* Madrid, Taurus, 1998.

BADIOU, Alain, *El despertar de la historia,* Madrid, Clave Intelectual, 2012.

BAIRNER, Alan, *Sport, Nationalism, and Globalization. European and North American Perspectives,* Albany, State University of New York Press, 2001.

BALIBAR, Etienne, «The Nation Form: History and Ideology», en Geoff Eley y Ronald Grigor Suny (eds.), *Becoming National: A Reader,* Nueva York, Oxford University Press, pp. 132-151.

BALIBREA, Mari Paz, «El paradigma exilio», *Nuevo Texto Crítico* 29/32 (2003), pp. 17-39.

—, *Tiempo de exilio: Una mirada crítica a la modernidad española desde el pensamiento republicano en el exilio,* Barcelona, Montesinos, 2007.

BARNES, Julian, *England, England,* Londres, Jonathan Cape, 1998.

BARRENETXEA MARAÑÓN, Igor, «La pelota vasca. La piel contra la piedra: historia de una polémica», *Estudios Vascos* 25 (2006), pp. 138-162.

BARTHES, Roland, *Mythologies,* París, Seuil, 1957 [ed. cast.: *Mitologías,* Madrid, Siglo XXI de España, 2009].

BARTRA, Roger, «Democracia y cultura. Las lecciones del populismo», en *La maleta de Portbou. Revista de Humanidades y Economía.* Septiembre-Octubre de 2013, p. 56.

BEL, Germà, *España, capital París,* Barcelona, Destino, 2010.

—, *Anatomía de un desencuentro,* Barcelona, Destino, 2013.

BELMONTE, Eva, «Masiva manifestación en Barcelona en apoyo al Estatut y contra el constitucional», *elmundo.es,* 10 de julio de 2010.

BENEYTO, José María, *Tragedia y razón: Europa en el pensamiento español del siglo XX,* Madrid, Taurus, 1999.

BENÍTEZ, Ramon, «Interview with Slavoj Žižek», *eyeshot.net.*

BERGER, Stefan, *The Search for Normality: National Identity and Historical Consciousness in Germany since 1800,* Nueva York, Berghahn Books, 2003.

BERLANT, Lauren, *The Anatomy of National Fantasy: Hawthorne, Utopia and Everyday Life,* Chicago, University of Chicago Press, 1991.

—, *The Queen of America goes to Washington city: Essays on Sex and Citizenship,* Durham, Duke University Press, 1997.

—, *Cruel Optimism,* Durham, Duke University Press, 2011.

BERMÚDEZ. Silvia, «De patriotas constitucionales, neoconservadores y periféricos. ¿Qué hace una España como tú en un entre siglos como este?», *Revista de Estudios Hispánicos* 37/2 (2003), pp. 341-357.

BILLIG, Michael, *Banal Nationalism,* Londres, Sage Publications, 1995.

BLANCO WHITE, José María, *Obra inglesa de Blanco White,* trad. de Juan Goytisolo, Madrid, Alfaguara, 1999.

BOER, Roland, *Political Myth: On the Use and Abuse of Biblical Themes,* Durham y Londres, Duke University Press, 2009.

BOSQUE, Ignacio, «Sexismo lingüístico y visibilidad de la mujer», *elpais.com,* 4 de marzo de 2012.

BOURDIEU, Pierre, *Outline of a Theory of Practice,* trad. de Richard Nice, Nueva York, Cambridge University Press, 1977.

—, *Distinction: A Social Critique of the Judgment of Taste,* trad. de Richard Nice, Cambridge, Harvard University Press, 1984.

—, «Deux impérialismes de l'universel», en Christine Fauré y Tom Bishop (eds.), *L'Amérique des Français,* París, Editions F. Bourin, 1992, pp. 149-155.

BOURDIEU, Pierre y WACQUANT, Loïc Loïc, «On the Cunning of Imperialist Reason», *Theory, Culture and Society* 16/1 (1999), pp. 41-58.

BOYD, Carolyn, *Historia Patria: Politics, History and National Identity in Spain, 1875-1975,* Princeton, Princeton University Press,

1997 [ed. cast.: *Historia patria. Política, historia e identidad nacional en España: 1875-1975,* Barcelona, Ediciones Pomarés-Corredor, 2000].

BROWN, Wendy, *States of Injury,* Princeton, Princeton University Press, 1995.

BUCHANAN, Patrick, *The Death of the West: How Dying Populations and Immigrant Invasions Imperil our Country and Civilization,* Nueva York, Thomas Dunne, 2002.

BUFFERY, Helena; DAVIS Stuart y HOOPER, Kirsty, «Introduction», en Helena Buffery, Stuart Davis y Kirsty Hooper (eds.), *Reading Iberia: Theory/History/Identity,* Oxford, Peter Lang, 2007, pp. 9-22.

BUFFERY, Helena; HOOPER, Kirsty; OLAZIREGUI, M. J.; DELGADO, L. y LABANYI, Jo, *A Cultural History of Spanish Literature,* Cambridge, Polity Press, en preparación.

BURGUERA, Joan G., *Gramática y pragmática de la interrogación retórica en español. Una aplicación al debate parlamentario,* tesis doctoral, Barcelona, Publicacions de la Universitat de Barcelona, 2010.

BUSQUETS, Gemma, «Perdre la guerra de les emocions», *El Punt Avui,* 12 de septiembre de 2013, p. 40.

BUTLER, Rex y STEPHENS, Scott, «Slavoj Žižek's Third Way», «Introduction» a Slavoj Žižek, *The Universal Exception,* Londres, Continuum, 2006, pp. 1-12.

CABEZAS, Alberto, «Juan Goytisolo. Premio Juan Rulfo 2004», *La Prensa Literaria,* 7 de agosto de 2004.

CABO ASEGUINOLAZA, Fernando; ABUÍN GONZALEZ, Anxo y DOMÍNGUEZ, César (eds.), *A Comparative History of Literatures in the Iberian Peninsula,* Vol. I, Filadelfia, John Benjamin, 2010.

CABRÉ, Jaume, *Les veus del Pamano,* Barcelona, Proa, 2004.

—, *Jo confesso,* Barcelona, Proa, 2011.

—, «Jaume Cabré: "Nadie es amo de los temas narrativos"», entrevista con Berta Ares, *Revista de Letras, lavanguardia.com,* 13 de diciembre de 2012.

CAMACHO, Ignacio, «España y España», *ABC.es,* 5 de julio de 2010.

—, «España sin fantasmas», *ABC.es,* 9 de julio de 2010.

—, «España como pasión», *ABC.es,* 11 de julio de 2010.

CANALES FERNÁNDEZ, Abraham, «Manifiesto por la convivencia, frente a la crispación», *otromundoesposible.com,* 11 de abril de 2007.

CAÑAS, Gabriela, «Francisco Ayala, Premio Nacional de Literatura: "El galardón es el resultado normal de una anormalidad"», *elpais. com, edición impresa,* 29 de noviembre de 1983.

CAPARRÓS LERA, José María, *El cine de nuestros días (1994-1998),* Madrid, Rialp, 1999.

Carne trémula, dirección de Pedro Almodóvar, El Deseo, S. A., 1997.

CARR, Raymond, *Historia de España,* trad. de José Gil Aristu, Barcelona, Península, 2001.

CASANOVA, Pascale, *The World Republic of Letters,* Cambridge, Harvard University Press, 2004.

CASTELLANOS LÓPEZ, José Antonio, «De consensos, rupturas y nuevas historias: una visión de la Transición desde la España actual», Damián Alberto González (ed.), *El franquismo y la Transición en España: Desmitificación y reconstrucción de la memoria de una época,* Madrid, Los Libros de la Catarata, 2008, pp. 154-178.

CASTELLS, Manuel, *Redes de Indignación y de Esperanza: Los movimientos sociales en la era de Internet,* Madrid, Alianza, 2012.

CASTRO, Américo, *Español, palabra extranjera,* Madrid, Taurus, 1970.

CASTRONOVO, Russ y GILMAN, Susan, «Introduction. The Study of the American Problems», en Russ Castronovo y Susan Gilman (eds.), *States of Emergency: The Object of American Studies,* Durham, University of North Carolina Press, 2009, pp. 1-16.

CERCAS, Javier, *Soldados de Salamina,* Barcelona, Tusquets Editores, 2008.

—, «El mérito de Delibes», *elpais.com, edición impresa,* 4 de abril de 2010.

CERNUDA, Luis, «Díptico español», en *Desolación de la Quimera. Antología Poética,* ed. de Ángel Rupérez, Madrid, Austral, 2002.

CIORAN, E. M., *The Temptation to Exist,* introducción de Susan Sontag y trad. de Richard Howard, Chicago, The University of Chicago Press, 1968.

CLEMENS, Justin y NAPARSTECK, Ben (eds.), *The Jacqueline Rose Reader,* Durham, Duke University Press, 2011.

COLLINI, Stefan, *Public Moralists: Political Thought and Intellectual Life in Britain, 1850-1930,* Oxford, Clarendon Press, 1991.

CORCORAN, Steven, «Editors' Introduction», en Jacques Rancière, *Dissensus. On Politics and Aesthetics,* Londres, Continuum, 2010.

COSTA, Jordi, «CT y cine: la inclemencia intangible. Una primera aproximación a la obra crítica y cinematográfica de j.l.i.», en Guillem Martínez (coord.), *CT o la Cultura de la Transición. Crítica a 35 años de cultura española,* Barcelona, Debolsillo-Random House Mondadori, 2012, pp. 125-140.

CRAMERI, Kathryn, «Reading Iberias: Teaching and Researching the "Other Cultures" of Spain», en Helena Buffery, Stuart Davis y Kirsty Hooper (eds.), *Reading Iberia: Theory/History/Identity,* Oxford, Peter Lang, 2007, pp. 209-226.

CRUZ, Jacqueline, «Of Good Torturers and Evil Workers: Antonio Muñoz Molina's Plenilunio», en Eloy E. Merino y H. Rosi Song (eds.), *Traces of Contamination: Unearthing the Francoist Legacy in Contemporary Spanish Discourse,* Lewisburg, Bucknell University Press, 2005, pp. 199-219.

CRUZ, Juan, «Entrevista de Juan Marichal, Historiador: "Peligra la libertad de conciencia"», *elpais.com, edición impresa,* 5 de febrero de 2002.

DAMROSCH, David, *What is World Literature?,* Princeton, Princeton University Press, 2003.

DAVIS, Lennard, *Enforcing Normalcy. Disability, Deafness and the Body,* Londres, Verso, 1995.

DE TORO, Suso, *Españoles todos,* Barcelona, Península, 2004.

«Defensa completa la última lectura de la Revisión Estratégica, que la semana que viene negociará con el PSOE», *LaVanguardia.com,* 24 de octubre de 2002.

DEL CASTILLO, Pilar, «La cultura en el espejo de la política», *Balance de política cultural 2000-2004,* Madrid, Ministerio de Educación, Cultura y Deporte, 2004.

DE LA FUENTE, Manuel, «Héroes: honor, gloria y recuerdo a los que dieron su vida por la Patria», *ABC,* 3 de mayo de 2013.

DELEUZE, Gilles y GUATTARI, François, *Kafka: Pour une Littérature Mineure* [1975], trad. de Dana Polan Paris, Minneapolis, University of Minnesota Press, 1986.

DELGADO, Luisa Elena, «La normalidad y sus síntomas», *Letras Peninsulares* 15/2 (2002), pp. 193-205.

—, «La nación (in)vertebrada: razones para un debate», *Revista de Estudios Hispánicos* 37/2 (2003), pp. 319-340.

—, «Re/Constructions: An Introduction», *Re/Constructions,* número especial del *Journal of Spanish Cultural Studies* 4/1 (2003), pp. 3-11.

—, «Settled in Normal: Narratives of a Prozaic (Spanish) Nation», en Teresa Vilarós (ed.), *Nationalisms,* número especial del *Arizona Journal of Hispanic Cultural Studies* 7 (2003), pp. 117-132.

—, «*The Sound and the Red Fury: The Sticking Points of Spanish Nationalism*», *Cultural/Political Reflection: Lines, Routes, Spaces,* número especial del *Journal of Spanish Cultural Studies* 11/3 (2010), pp. 263-276.

—, «The Astigmatic Vision and the Perception of Minority Literatures», en Mari Jose Olaziregi (ed.), *Writers in Between Languages: Minority Languages in the Global Scene,* Nevada, University of Nevada, Center for Basque Studies, 2009, pp. 131-145.

DELIBES, Miguel, *El hereje,* Barcelona, Ediciones Destino, 1998.

—, «Miguel Delibes disecciona *El hereje* (2000)», *Cultura con Ñ,* RTVE, 12 de marzo de 2010.

DEL PINO, Luis, «¿Fue el 11-M un órdago lanzado a la cara de Zapatero?: El nuevo Pacto de Estella», *libertaddigital.com,* 16 de febrero de 2007.

DE LOS RÍOS, César Alonso, *Si España cae...asalto nacionalista al estado,* Madrid, Espasa Calpe, 1994.

DENAES, «Actualidad», *Fundación DENAES, para la defensa de la Nación Española,* Fundación DENAES, 20 de julio de 2012 [revisado en web el 22 de julio de 2012].

«Discurso de Su Majestad el Rey ante las Cortes Generales con ocasión del XXV Aniversario de su reinado», *Casa de su Majestad el Rey,* 22 de noviembre de 2000.

DOMÍNGUEZ MICHAEL, Christopher, «Maldito sea el martillo de herejes», *Letras Libres,* Editorial Vuelta, julio de 2012.

DOMÍNGUEZ ORTIZ, Antonio, *España: Tres milenios de historia,* Madrid, Marcial Pons Ediciones de Historia, 2000.

DURKHEIM, Emile, *The Elementary Forms of Religious Life,* Oxford, Oxford University Press, 2001.

ECO, Umberto, *El nombre de la rosa,* Barcelona, Lumen, 2005.

«*El hereje*: Miguel Delibes», *Juntadeandalucia.es,* Junta de Andalucía, Consejería de Cultura, 19 de septiembre de 2007.

ELORRIAGA Unai, *SPrako tranbia,* Donostia, Elkarlanean, 2001.

«Embajadores honorarios de la marca España», *Foro de Marcas Renombradas Españolas,* Fundación Foro de Marcas Renombradas Españolas, n.d.

ENDERS, Victoria Lorée y BETH RADCLIFF, Pamela (eds.), *Constructing Spanish Womanhood: Female Identity in Modern Spain,* Nueva York, State University of New York Press, 1999.

«Enemigos, no hay enemigo», prod. De Nuria Vila, 2005 *[Archive. org.].*

ENRIQUE, Antonio, *Canon heterodoxo. Una reflexión crítica de la literatura española,* Barcelona, DVD Ediciones, 2003.

«Entregados los premios literarios nacionales de 1983», *elpais.com, edición impresa,* 27 de junio de 1984.

EPPS, Bradley, «To be (a Part) of a Whole: Constitutional Patriotism and the Paradox of Democracy in the Wake of the Spanish Constitution of 1978», *Revista de Estudios Hispánicos* 44 (2010), pp. 545-569.

España es cultura / Spain is culture: portal oficial de la cultura de España, Ministerio de Educación, Cultura y Deporte [www.mcu.es], s.f.

«España espera respuesta. El desafío de la sedición independentista», *ABC,* 13 de septiembre de 2013.

ESPRIU, Salvador, «XLVI.» *La pell de brau,* 1960, *Associació d'Escriptors en Llengua Catalana* [www.escriptors.cat, 8 de julio de 2009].

ESPOSITO, Roberto, *Communitas. The origin and Destiny of Community (Cultural Memory in the Present),* Palo Alto, Stanford University Press, 2009.

ESTEBAN, Iñaki, «Los jueces afirman que Sarrionandia está "limpio" y la familia recoge hoy el premio», *ABC.es,* 23 de noviembre de 2011.

FABER, Sebastiaan, *Exile and Cultural Hegemony: Spanish Intellectuals in Mexico, 1939-1975,* Vanderbilt, Vanderbilt University Press, 2002.

—, «Economies of Prestige: The Place of Iberian Studies in the American University», *Hispanic Research Journal* 9/1 (2008), pp. 7-32.

FERNÁNDEZ ÁLVAREZ, Manuel, *Felipe II y su tiempo,* Madrid, Espasa Calpe, 1998.

—, *Carlos V, el César y el hombre,* Madrid, Espasa Calpe, 1999.

FERNÁNDEZ, James D., «Conmemoraciones para el olvido. España 1898-1998», Eduardo Subirats (ed.), *Intransiciones: Crítica de la cultura española,* Madrid, Biblioteca Nueva, 2002, pp. 133-143.

FERNÀNDEZ, Josep-Anton, *El malestar en la cultura catalana,* Barcelona, Editorial Empúries, 2008.

FERNÁNDEZ-SAVATER, Amador, «El arte de esfumarse; crisis de la cultura consensual en España», *Fuera de lugar, publico.es,* 14 de abril de 2011.

—, «Emborronar la CT (del "No a la guerra" al 15-M)», en *CT o Cultura de la Transición. Crítica a 35 años de cultura española,* Barcelona, Debolsillo-Random House Mondadori, 2012.

— (ed.), *Fuera de Lugar. Conversaciones entre crisis y transformación,* Madrid, Acuarela y A. Machado, 2013, pp. 53-54.

«Fernando Savater, Claudio Magris y Javier Arcenillas, premios Cavia, Luca de Tena y Mingote», *ABC.es,* 11 de junio de 2012.

FERRANDIS, Joaquín, «El jefe de policía se refiere a los estudiantes como "el enemigo"», *elpais.com,* 21 de febrero de 2012.

FOARD, Douglas W., «The Spanish Fichte: Menéndez Pelayo», *Journal of Contemporary History* 14 (1979), pp. 83-97.

FOESSEL, Michaël, *La privación de lo íntimo. Las representaciones políticas de los sentimientos,* Barcelona, Península, 2010.

FONTANA, Josep, «La Academia no está legitimada para censurar», *El País,* 2 de julio de 2000, pp. 12-13.

FORNER, Juan Pablo, *Amor de la patria: discurso que, en la Junta General pública que celebró la Real Sociedad Económica de Sevilla el día 23 de noviembre de 1794, leyó D. Juan Pablo Forner, fiscal del crimen de la Real Audiencia y director de la sociedad,* Sevilla, por los Sres. Hijos de Hidalgo, y G. de Bonilla, impresores de dicha Real Sociedad, 1794.

FREIXEDO, Xacobe, *La nación española y el nacionalismo constitucional,* Barcelona, Ariel, 1998.

FUSI, Juan Pablo y PALAFOX, Jordi, *España: 1808-1996. El desafío de la modernidad,* Madrid, Espasa-Calpe, 1997.

—, *España, evolución de la identidad nacional,* Madrid, Temas de Hoy, 2000.

—, «Ortega y España», en A. Morales Moya, J. P. Fusi Azpurúa, A. de Blas Guerrero (dirs.), *Historia de la nación y del nacionalismo español,* Madrid, Galaxia Guttenberg, 2013.

GABILONDO, Joseba, «El anillo postnacional de Moebius: deseo y política en la literatura vasca reciente (2000-2012)», *Ínsula. Revista de letras y ciencias humanas* 797/5 (2013), pp. 33-35.

—, «Jon Juaristi: Compulsive Archaeology and the Basque Nationalist Primal Scene», *Revista Internacional de Estudios Vascos* 43/2 (1998), pp. 539-554.

—, *The New Barbarians: Intellectuals, Terrorists, and Migrants in Neoliberal Spain,* Trabajo inédito.

—, «Savater and State Melancholia: On Spanish History and its Postnational State in Globalization», *Revista de Estudios Hispánicos* 37/2 (2003), pp. 357-381.

GALLEGO-DÍAZ, Soledad, «La opacidad corrompe», *elpais.com,* 18 de marzo de 2012.

GARCÉS, Marina, «Entre nosotros», *Espai en Blanc,* 19 de diciembre de 2006.

—, *Un mundo común,* Barcelona, Bellaterra, 2013.

GARCÍA CALERO, Jesús, «Los problemas también buscan mecenas», *ABC.es,* 18 de mayo de 2012.

GARCÍA DE CORTÁZAR, Fernando, *Los mitos de la Historia de España,* Barcelona, Planeta, 2003.

GARCÍA DE CORTÁZAR, Fernando y GONZÁLEZ, José Manuel, *Breve historia de España,* Madrid, Alianza Editorial, 1993.

GARCÍA LORCA, Federico, *Sonetos del amor oscuro,* Barcelona, Ediciones Altera, 1995.

GARCÍA MONTERO, Luis, «Los rencores de Luis Cernuda», *Revista de Occidente* 254-255 (2002), pp. 19-38.

GHOSH, Bobby, «As Spain begins its World Cup Quest, a Team United has Fans Divided», *time.com,* 16 de junio de 2010.

GÓMEZ, Daniel, *La patria del gol: Fútbol y política en el Estado español,* Irún, Alberdania, 2007.

GÓMEZ LÓPEZ-QUIÑONES, Antonio, «Ese arte superior: el *Guernica* según Antonio Saura y el recuerdo de la Guerra Civil», *Confluencia* 20/2 (2005), pp. 174-188.

GONZÁLEZ, Juan Manuel, crítica de *El hereje* de Miguel Delibes Setién, en *1.000 libros en lengua española que has de leer antes de morir,* 29 de octubre de 2011.

GONZÁLEZ, Miguel, «Rajoy rechaza el 25-S y alaba "a la mayoría silenciosa que no se manifiesta"», *El País,* 27 de septiembre de 2012.

GONZÁLEZ MADRID, Damián (coord.), *El franquismo y la Transición en España. Desmitificación y reconstrucción de la memoria de una época,* Madrid, Libros de La Catarata, 2008.

GONZÁLEZ QUIRÓS, José Luis, *Una apología del patriotismo,* Madrid, Taurus, 2002.

GOPEGUI, Belén, *El padre de Blancanieves,* Madrid, Anagrama, 2007.

GOYTISOLO, Juan, «Lo que no se dice de Sepharad», *elpais.com,* 21 de diciembre de 1999, p. 2.

GRACIA, Jordi, *A la intemperie. Exilio y cultura en España,* Barcelona, Anagrama, 2009.

—, *Hijos de la razón. Contraluces de la libertad en las letras españolas de la democracia,* Barcelona, Edhasa, 2001.

GRACIA, Jordi; MAINER, José-Carlos y PONTÓN, Gonzalo, *Historia de la literatura española: Derrota y restitución de la modernidad, 1929-2010,* Barcelona, Crítica, 2010.

GRANDES, Almudena, «Bildu», *elpais.com, edición impresa,* 9 de mayo de 2011.

—, «Placer», *elpais.com, edición impresa,* 9 de enero de 2012.

GRAU NAVARRO, José, «Wert aligera de carga ideológica a Educación para la Ciudadanía», *ABC.es,* 19 de mayo de 2012.

GUILLORY, John, *Cultural Capital: The Problem of Literary Canon Formation,* Chicago, The University of Chicago Press, 1995.

HAGE, Ghassan, *Against Paranoid Nationalism: Searching for Hope in a Shrinking Society,* Annasdale, Pluto Press, 2003.

HALL, Stuart, *The Hard Road to Renewal: Thatcherism and the Crisis of the Left,* Londres, Verso, 1988.

—, «Cultural Studies and its Theoretical Legacies», en Lawrence Grossberg, Cary Nelson y Paula Treichle (eds.), *Cultural Studies,* Londres, Routledge, 1992, pp. 277-286.

«El hereje: Miguel Delibes», *juntadeandalucia.es,* Junta de Andalucía, Consejería de Cultura, 19 de septiembre de 2007.

HANDELMAN, Don, «The Cartesian Divide of the Nation-State: Emotion and Bureaucratic Logic», Helena Wulff (ed.), *The Emotions. A Cultural Reader,* Oxford, Berg, 2007, pp. 119-143.

HERMOSO, Borja, «Almodóvar da crédito a un rumor sobre un intento golpista del PP», *elmundo.es,* 17 de marzo de 2004.

HESSEL, Stephan, *Indignaos,* Destino, Madrid, 2010.

«heterodoxia», *Real Academia Española. Diccionario de la lengua castellana,* 12.ª ed., Madrid, D. Gregorio Hernando, 1884 *[archive. org].*

«Heterodoxia», *Real Academia Española. Diccionario de la lengua española,* 20.ª ed., Madrid, Espasa-Calpe, 1984.

HIRSCHBERG, Lynn, «The Redeemer», *The New York Times,* 5 de septiembre de 2004.

«Jaime Mayor y las cosas que helarán la sangre», editorial en *libertaddigital.com,* 24 de febrero de 2012.

JANKÉLÉVITCH, Vladimir, *Lo imprescriptible,* Barcelona, El Aleph, 1987.

JIMÉNEZ LOSANTOS, Federico, *Lo que queda de España: Con un prólogo sentimental y un epílogo balcánico,* Madrid, Temas de Hoy, 1995.

JUARISTI, Jon, *El linaje de Aitor: La invención de la tradición vasca,* Madrid, Taurus, 1987.

—, *Vestigios de Babel: Para una arqueología de los nacionalismos españoles,* Madrid, Siglo XXI de España, 1992.

—, *El bucle melancólico: Historias de nacionalistas vascos,* Madrid, Espasa-Calpe, 1997.

JULIANA, Enric, «La trama de los afectos», *La Vanguardia,* 26 de julio 2013.

JUSDANIS, Gregory, *The Necessary Nation,* Princeton, Princeton University Press, 2001.

KAMEN, Henry, *Imagining Spain: Historical Myth and National Identity,* New Haven, Yale University Press, 2008.

KAVAFIS, Konstantino, *Poesía completa,* trad. de Anna Pothitou y Rafael Herrera Montero, Madrid, Visor, 2003.

KRAUEL, Javier, «The Anatomy of Imperial Indignation: Ramiro de Maeztu's *Hacia otra España*», en *Imperial Emotions. Cultural Responses to myths of empire in fin-de siècle Spain,* Liverpool, Liverpool University Press, 2013, pp. 124-139.

—, «Sharing Democratic Affect: a Reading of the September 2012 Rallies in Catalonia», presentado en la conferencia de la Modern Languages Association, 10 de enero de 2014 (inédito).

LABANYI, Jo, «History and Hauntology; or What does one do with the Ghosts of the Past?», en Joan Ramon Resina (ed.), *Disremembering the Dictatorship: The Politics of Memory in the Spanish Transition to Democracy,* Ámsterdam, Rodopi, 2000, pp. 65-83.

—, «Thinking outside the national/global binary from the 21st century», trabajo inédito.

LABRADOR MÉNDEZ, Germán, *Letras arrebatadas: Poesía y química en la Transición española,* Madrid, Devenir, 2009.

—, «Si te pasa a ti, me pasa a mí y le pasa al operario. Gramática de afectos y poéticas de lo común del hip-hop al movimiento 15-M», trabajo inédito.

—, «La quimera esférica. La experiencia estética de la crisis española y su simbolización quijotista en la Eurocopa de 2012», *ALCESXXI, Journal of Contemporary Spanish Literature and Film* 1 (2013), pp. 355-417.

LACASTA-ZABALZA, José Ignacio, «Tiempos difíciles para el *patriotismo constitucional español*», *Cuadernos Electrónicos de Filosofía del Derecho,* marzo de 1999 [www.uv.es/cefd, 3 de diciembre de 2012].

LACLAU, Ernesto, «Los medios se han transformado en el principal partido opositor», *Página/12,* 14 de octubre de 2012.

LAÍN ENTRALGO, Pedro, «Epílogo», en *España como nación,* Barcelona, Planeta, 2000, pp. 249-253.

LAÍNZ, Jesús, *Adiós, España: Verdad y mentira de los nacionalismos,* Madrid, Encuentro, 2004.

LAMO DE ESPINOSA, Emilio, «¿La segunda Transición?», en José Juan Toharia (ed.), *Pulso de España 2010: Un informe sociológico,* Madrid, Biblioteca Nueva, 2011, pp. 47-68.

LANE, Christopher (ed.), *The Psychoanalysis of Race,* Nueva York, Columbia University Press, 1998.

LASÉN, Amparo, «Las nuevas formas de acción colectiva desafían la lógica de la representación», en A. Fernández-Savater (ed.), *Fuera de Lugar. Conversaciones entre crisis y transformación,* Madrid, Acuarela y Antonio Machado, 2013, pp. 257-271.

LINDO, Elvira, «Banderas», *elpais.com,* 14 de julio de 2010.

LIZCANO, Emmánuel, «Sin los cuentos sobre la crisis, a los de arriba no les salen las cuentas», en A. Fernández-Savater (ed.), *Fuera de Lugar. Conversaciones entre crisis y transformación,* Madrid, Acuarela y Antonio Machado, 2013, pp. 143-159.

LÓPEZ FACAL, Ramón, *La gestión de la memoria: La historia de España al servicio del poder,* Barcelona, Crítica, 2000.

LÓPEZ GARCÍA, J. A., «La presencia de Carl Schmitt en España», *Revista de Estudios Políticos (Nueva época)* 91 (1990), pp. 139-168.

LOUREIRO, Ángel, «Spanish Nationalism and the Ghosts of Empire», en L. Elena Delgado (ed.), *Re/Constructions,* número especial del *Journal of Spanish Cultural Studies* 4, 1 (2003), pp. 65-76.

—, «Pathetic Arguments», *Journal of Spanish Cultural Studies* 9, 2 (julio de 2008), pp. 225-237.

MACARTHUR, Marit J., «One world? On the Poetics of Passenger Flight and the Perception of the Global», *PMLA: Publications Of The Modern Language Association Of America* 127, 2 (2012), pp. 264-282.

MAESTRE, Agapito, «Sentido común es sentido democrático», *libertaddigital.com,* 6 de marzo de 2012.

MAINER, José-Carlos, «La invención de la literatura española», en José M. Enguita y José-Carlos Mainer (eds.), *Literaturas regionales en España. Historia y Crítica,* Zaragoza, Institución Fernando el Católico, 1994, pp. 23-45.

La mala educación, dirección de Pedro Almodóvar, Canal + España, El Deseo S. A., Televisión Española y Warner Sogefilms S. A., 2004.

The Man Who Shot Liberty Valance, dirección de John Ford, Paramount Pictures, 1962.

MANZANO MORENO, Eduardo, «La construcción histórica del pasado nacional», Juan Sisinio Pérez Garzón *et al.* (eds.), *La gestión de la memoria: La historia de España al servicio del poder,* Barcelona, Crítica, 2000, pp. 33-62.

MANZANO MORENO, Eduardo y PÉREZ GARZÓN, Juan Sisinio, «A Difficult Nation? History and Nationalism in Contemporary Spain», *History & Memory* 14, 1-2 (2002), pp. 259-284.

MARAGALL, Joan, *Obra poètica. Versión bilingüe,* ed. de Antoni Comas, Madrid, Clásicos Castalia, 1984.

«Marca España», *El Periódico,* 8 de octubre de 2013.

MARÍAS, Javier, «Desde una novela no necesariamente castiza», en *Literatura y fantasma,* Madrid, Alfaguara, 2001, pp. 51-70.

MARTÍNEZ, Guillem, «El concepto CT», en *CT o la Cultura de la Transición. Crítica a 35 años de cultura española,* Barcelona, Debolsillo-Random House Mondadori, 2012.

MARX, Karl, «A Contribution to the Critique of Hegel's Philosophy of Right. Introduction», *Early Writings,* trad. de Rodney Livingstone y Gregor Benton, Nueva York, Vintage, 1975, pp. 243-258.

—, *Crítica de la Filosofía del Derecho de Hegel,* trad. de Analía Melgar, Buenos Aires, Del Signo, 2004.

—, *El dieciocho brumario de Luis Bonaparte,* trad. de Elisa Chuliá Rodrigo, Madrid, Alianza Editorial, 2012.

MARZO, Jorge Luis, *La memoria administrada: El barroco y lo hispano,* Madrid, Katz Conocimiento, 2010.

—, *¿Puedo hablarle con libertad, excelencia? Arte y poder en España desde 1950,* Murcia, Ad Hoc-Cendeac, 2010.

MARZO, Jorge Luis y BADIA, Tere, *El D_Efecte Barroc. Polítiques de la Imatge Hispana. soymenos.net,* Barcelona, Centre de Cultura Contèmporania de Barcelona y Direcció de Comunicació de la Diputació de Barcelona, 2010.

—, «Las políticas culturales en el Estado español (1985-2005)», *soymenos.net,* Espais, 2006.

«Masiva manifestación en Barcelona en apoyo al Estatut y contra el constitucional», *elmundo.es,* 7 de julio de 2010.

MAYHEW, Jonathan, «The Avant-Garde and its Discontents: Aesthetic Conservatism in Recent Spanish Poetry», *Hispanic Review* 67 (1999), pp. 347-363.

—, *The Twilight of the Avant-Garde: Spanish Poetry, 1980-2000,* Liverpool, University of Liverpool Press, 2009.

MAYOR OREJA, Jaime, «¿Por qué voy a tener que condenar yo el franquismo?», *lavoz.com,* 13 de octubre de 2007.

MCGOWAN, Todd, *The end of Disatisfaction? Jacques Lacan and the Emerging Society of the Enjoyment,* Albany, SUNY Press, 2004.

MEDEM, Julio, *La pelota vasca. La piel contra la piedra,* ed. de Gorka Bilbao, Madrid, Aguilar, 2003.

MEDINA DOMÍNGUEZ, Alberto, *Espejo de sombras. Sujeto y multitud en la España del siglo XVIII,* Madrid, Marcial Pons, 2009.

MENÉNDEZ PELAYO, Marcelino, *Historia de los heterodoxos españoles,* Madrid, CSIC, 1992.

MENÉNDEZ PIDAL, Ramón, *La España del Cid,* Madrid, Plutarco, 1929.

MENÉNDEZ SALMÓN, Ricardo, *La ofensa,* Barcelona, Seix Barral, 2007.

MENDELSON, Jordana, *Documenting Spain: Artists, Exhibition Culture, and the Modern Nation, 1929-1939 (Refiguring Modernism),* Pensilvania, Penn State University Press, 2005.

MIGNOLO, Walter, «Local Histories and Global Designs: An Interview with Walter Mignolo», *Imperial Disclosures I.,* L. Elena Delgado y Rolando Romero (ed.), número especial de *Discourse: Journal for Theoretical Studies in Media and Culture* 22/3 (2000), pp. 7-33.

—, *Local Histories/Global Designs: Coloniality, Subaltern Knowledges, and Border Thinking,* Princeton, Princeton University Press, 2000 [ed. cast.: *Historias locales/diseños globales. Colonialidad, conocimientos subalternos y pensamiento fronterizo,* Madrid, Akal, 2003].

MIGUÉLEZ-CARBALLEIRA, Helena, «"La literatura es eso, literatura": The Rhetoric of Empty Culture in Francoist and Neo-Francoist Discourses», *Journal of Spanish Cultural Studies* 13/2 (2012), pp. 189-203.

MILLÁS, Juan José, «Realidades múltiples», en *Articuentos,* Barcelona, Alba, 2000, pp. 39-45.

—, «¡Era tan normal!», *elpais.com,* 9 de marzo de 2012.

MONEDERO, Juan Carlos, *La Transición contada a nuestros padres. Nocturno de la democracia española,* Madrid, Los Libros de la Catarata, 2011.

—, «Aviso para marxistas despistados: ¡Es el fútbol, idiotas!», *Comiendo tierra, publico.es,* 29 de junio de 2012.

—, *Dormíamos y despertamos. El 15-M y la reinvención de la democracia,* Madrid, Editorial Nueva Utopía, 2012.

MONZÓ, Quim, «Ante el Rey de Suecia», *El Millor dels Móns,* Barcelona, Quaderns Crèma, 2001.

—, Discurso de inauguración de la Feria del Libro en Fráncfort, 9 de octubre de 2007.

—, «Vida familiar», *Guadalajara,* 1996, trad. de Javier Cercas, *Ochenta y seis cuentos,* Barcelona, Anagrama, 2009, pp. 377-390.

MORALES MOYA, A.; FUSI AZPURÚA, J. P. y BLAS GUERRERO, Andrés de (dirs.), *Historia de la nación y del nacionalismo español,* Madrid, Galaxia Guttenberg, 2013.

MOREIRAS MENOR, Cristina, *Cultura herida: literatura y cine en la España democrática,* Madrid, Ediciones Libertarias, 2002.

MORENO-CABALLUD, Luis (ed.), «La imaginación sostenible», *Hispanic Review* 80/4 (2012).

MORENO CABRERA, Juan Carlos, *El nacionalismo lingüístico: Una ideología destructiva,* Barcelona, Península, 2008.

MOUFFE, Chantal, *The Challenge of Carl Schmitt,* Londres, Verso, 1999.

—, «Democratic Citizenship and the Political Community», en *The Return of the Political,* Londres, Verso, ²2005, pp. 60-73 [ed. cast.: *El retorno de lo político,* Barcelona, Paidós, 1999].

—, *The Democratic Paradox,* Londres, Verso, ²2005 [ed. cast.: *La paradoja democrática,* Barcelona, Gedisa, 2003].

— (ed.), *El desafío de Carl Schmitt,* Buenos Aires, Prometeo, 2012.

MÜLLER, Jan-Werner, *Constitutional Patriotism,* Princeton, Princeton University Press, 2007.

MUÑOZ MOLINA, Antonio, *Plenilunio,* Madrid, Alfaguara, 1997.

—, *Sefarad: Una novela de novelas,* Madrid, Alfaguara, 2001.

—, «Max Aub. La larga espera», *Letras Libres* 53/5 (2003), pp. 42-45.

NAIRN, Tom, *The Break-Up of Britain. Crisis and Neo-Nationalism,* Londres, New Left, 1977.

NEGRÓ ACEDO, Luis, *El diario El País y la cultura de las elites durante la Transición,* Madrid, Foca, 2006.

NICOL, Eduardo, «Conciencia de España», *La vocación humana,* México, Colegio de México, 1953, pp. 203-220.

«No nos dividirán», *La Razón,* 12 de septiembre de 2013.

NÚÑEZ SEIXAS, Xosé Manoel, *Patriotas y demócratas. El discurso nacionalista español después de Franco,* Madrid, Los Libros de la Catarata, 2010.

OLAZIREGUI, María José; BUFFERY, Helena; HOOPER, Kirsty; DELGADO, Luisa Elena y LABANYI, Jo, *A Cultural History of Spanish Literature*, Cambridge, Polity Press, en preparación.

ORTEGA Y GASSET, José, *Meditaciones del Quijote,* Madrid, Calpe, 1914.

—, *España invertebrada: Bosquejo de algunos pensamientos históricos,* Madrid, Espasa Calpe, 1964.

«Padres de la patria», en *Vaya semanita,* Euskal Telebista.

PAMIÈS, Sergi, «Españoles por el mundo», *lavanguardia.es,* 14 de julio de 2010.

PAPELL, Antonio, «España invertebrada», *El Diario Vasco,* 28 de octubre de 2002.

PARTIDO POPULAR, «Declaración de San Millán de la Cogolla a favor de las Humanidades», *elpais.com, edición impresa,* 11 de julio de 2000.

PEDRÓS-GASCÓN, Antonio Francisco, «Héroes para un nuevo 98 (acerca de la invisibilidad ideológica en la novela española reciente)», *España contemporánea. Revista de Literatura y Cultura* 22/1 (2009), pp. 7-35.

La pelota vasca. La piel contra la piedra [Euskal pilota. Lrrua harriaren kontra], dirección de Julio Medém, Golem Distribución, 2003.

PERBART, Peter Pál, «Una crisis de sentido es la condición necesaria para que algo nuevo aparezca», en A. Fernández-Savater (ed.), *Fuera de Lugar. Conversaciones entre crisis y transformación*, Madrid, Acuarela y Antonio Machado, 2013, pp. 53-54.

PÉREZ GARZÓN, Juan Sisinio; MANZANO, Eduardo; LÓPEZ FACAL, Ramón y RIVIÉRE, Aurora, *La gestión de la memoria: La historia de España al servicio del poder,* Barcelona, Crítica, 2000.

PERRET, Sally, *The National Award in Narrative Literature and the Role of Art in Democratic Spain (1977-2011),* tesis doctoral, University of Illinois at Urbana-Champaign, 2012.

PISARELLO, Gerardo y ASENS, Jaume, «El blindaje penal de la bandera española: notas sobre un despropósito», *sinpermiso.info,* 18 de mayo de 2008.

PLAN NACIONAL E INTEGRAL DE TURISMO [http://www.minetur.gob.es/turismo/es-ES/PNIT/Paginas/que-es-PNIT.aspx].

«POLITICS 97», *bbc.co,* mayo de 1997 [14 de octubre de 2006.]

POMBO, Álvaro, *El metro de platino iridiado,* Barcelona, Editorial Anagrama, 1990.

«Por una soberanía idiomática», *Página 12,* 17 de septiembre de 2009.

PRADA, Juan Manuel de, *Las máscaras del héroe,* Barcelona, Seix Barral, 2008.

«La privatización de hospitales en Madrid abre un negocio de 400 millones de euros», *eldiario.es,* 11 de diciembre de 2011.

PSOE, «La España plural: la España constitucional, la España unida, La España en Positivo», Santillana del Mar, Partido Socialista Obrero Español, 30 de agosto de 2003.

—, «Programa electoral 2008», 11 de febrero de 2008, Partido Socialista Obrero Español [www.psoe.es/ambito/saladeprensa/docs/index.do?action=View&id=176123].

«Quita la bandera», *libertaddigital.com,* Libertad Digital Televisión, 7 de septiembre de 2011.

RÁBAGO, Andrés, *Camarón que se duerme se lo lleva la corriente,* Barcelona, Reservoir Books, 2011.

—, *A cada uno lo suyo,* Barcelona, Reservoir Books, 2013.

RADCLIFF, Pamela B., *Making Democratic Citizens in Spain: Civil Society and the Popular Origins of the Transition,* Palgrave MacMillan, 2011.

RAMONEDA, Josep, «Política y sentido», *elpais.com,* 8 de febrero de 2012.

—, *La izquierda necesaria,* Barcelona, RBA, 2012.

RAMONET, Ignacio, «Palabras de "indignados"», *Le Monde Diplomatique* 109 (julio de 2011).

RANCIÈRE, Jacques, *El desacuerdo. Política y filosofía,* Buenos Aires, Nueva Visión, 1996.

—, *La parole muette: essai sur les contradictions de la littérature,* París, Hachette littératures, 1998.

—, *Dis-Agreement: Politics and Philosophy,* Minneapolis, University of Minnesota Press, 1999.

—, *The Politics of Aesthetics,* trad. de Gabriel Rockhill, Londres, Continuum, 2004.

—, *El odio a la democracia*, Buenos Aires, Amorrortu, 2007.

—, *Dissensus: On Politics and Aesthetics,* ed. y trad. de Steven Corcoran, Nueva York, Continuum, 2010 [ed. cast.: *El desacuerdo. Política y filosofía,* Buenos Aires, Nueva Visión, 1996].

—, *Momentos Políticos,* Buenos Aires, Clave Intelectual, 2011.

—, *The Politics of Literature,* Cambridge, Polity Press, 2011.

RAWLS, John, *Political Liberalism: Expanded edition,* Nueva York, Columbia University Press, 2004.

REAL ACADEMIA DE LA HISTORIA, *España: reflexiones sobre el ser de España,* Madrid, Real Academia de la Historia, 1997.

—, *España como nación,* Barcelona, Planeta, 2000.

RESINA, Joan Ramon, «Introduction», en *Disremembering the Dictatorship: The Politics of Memory in the Spanish Transition to Democracy,* Ámsterdam, Rodopi, 2000, pp. 1-14.

—, «For Their Own Good: The Spanish Identity and Its Grand Inquisitor, Miguel de Unamuno», en Jesus Torrecilla (ed.), *La generación del 98: Frente al nuevo fin de siglo,* Atlanta, Rodopi B.V., 2000, pp. 235-267.

—, *Del Hispanismo a los estudios ibéricos: Una propuesta federativa para el ámbito cultural,* Madrid, Biblioteca Nueva, 2009.

—, «Post-Hispanism, or the Long Goodbye of National Philology», Mari Jose Olaciregui (ed.), *Writers in Between Languages: Minority Literatures in the Global Scene,* Nevada, University of Nevada, Center for Basque Studies, 2009, pp. 199-213.

—, *Iberian modalities: A relational Approach to the Study of Culture in the Iberian Peninsula,* Liverpool, Liverpool University Press, 2013.

RETAMOSO, Roberto, «Los avatares de lo nacional», *Estudios Sociales* 4/6 (1994), pp. 33-43.

RIERA, Carme, *En el último azul,* Madrid, Alfaguara, Santillana, 2006.

RINESI, Eduardo, NARDACCHIONE Gabriel y VOMMARO, Gabriel (eds.), *Los lentes de Victor Hugo. Transformaciones políticas y desafíos teóricos en la Argentina reciente,* Buenos Aires, Prometeo, 2007.

RIVAS, Manuel, *En Salvaxe Compaña,* A Coruña, Xerais, 1995.

—, *Galicia, Galicia,* Madrid, Aguilar, 2001.

—, *Una espía en el Reino de Galicia (ensayos),* Madrid, Aguilar, 2005.

ROCKHILL, Gabriel, «Introduction. The Reconfiguration of Meaning», en Jacques Rancière, *The Politics of Aesthetics,* Londres, Continuum, 2004, pp. 1-6.

ROMERO, Marta, «¿Mayoría silenciosa o mayoría silenciada?», *eldiario. es,* 10 de octubre de 2013.

«Rompamos el silencio» [http://sindominio.net/laboratorio/archivo/home.htm].

ROSA, Isaac, «Qué haremos después con tanta bandera», *Trabajar cansa, Diario Público,* 7 de julio de 2010.

ROSE, Jacqueline, *States of Fantasy,* Oxford, Oxford University Press, 1996.

—, «Just, Lasting, Comprehensive», en *The Jacqueline Rose Reader,* Durham, Duke University Press, 2001.

RUIZ ROBLEDO, Agustín, «Amaiur tiene derecho», *El País*, 22 de diciembre de 2011.

RUIZ TORRES, Pedro, «La historia en el debate político sobre la enseñanza de las Humanidades», *Ayer* 30 (1998), pp. 63-100.

«Rutas Culturales», *España es cultura/Spain is culture: portal oficial de la cultura de España,* Ministerio de Educación, Cultura y Deporte, n.d.

SÁENZ DE UGARTE, Ignacio, «La resaca melancólica de la España de Campofrío», *eldiario.es,* 18 de diciembre de 2013.

—, «La España de Campofrío nos hundirá en la miseria», *eldiario. es,* 20 de diciembre de 2012.

SAID, Edward, *Representations of the Intellectual: The 1993 Reith Lectures,* Nueva York, Vintage Books, 1996.

SAIZARBITORIA, Ramón, *Guárdame bajo tierra,* Madrid, Afaguara, 2002.

SAIZARBITORIA, Ramón, SABADELL-NIETO, Joana y SEGARRA, Marta (eds.), *Differences in Common. Gender, Vulnerability and Community,* Ámsterdam y Nueva York, Rodopi, 2014.

SALABERT, Juana, *El bulevar del miedo,* Madrid, Alianza Editorial, 2007.

SÁMANO, José, «Un equipo para todos», *elpais.com, edición impresa,* 9 de julio de 2010.

SÁNCHEZ, Clara, *Lo que esconde tu nombre,* Barcelona, Ediciones Destino, 2010.

SÁNCHEZ FERLOSIO, Rafael, «La cultura, ese invento del gobierno», *elpais.com, edición impresa,* 22 de noviembre de 1984.

SANTANA, Mario, «On Visible and Invisible Languages», Mari Jose Olaciregui (ed.), *Writers in Between Languages: Minority Literatures in the Global Scene,* Nevada, University of Nevada, Center for Basque Studies, 2009, pp. 199-213.

SAN SEBASTIAN, Isabel, «España se rompe (sin remedio)», *elmundo. es, edición digital,* 16 de julio de 2009.

SANZ VILLANUEVA, Santos, *La novela española durante el franquismo. Itinerarios de la anormalidad,* Madrid, Gredos, 2010.

SARLO, Beatriz, *Borges, un escritor en las orillas,* Buenos Aires, Ariel, 1995 [título recientemente reeditado (2007) por Siglo XXI de España].

SARTRE, Jean Paul, *¿Qué es la literatura?,* trad. de Aurora Bernárdez, Buenos Aires, Losada, 1950.

SAURA, Antonio, *Contra el Guernica: Libelo,* Barcelona, El Central, 2009.

SAVATER, Fernando, *Contra las patrias,* Barcelona, Tusquets, 1984.

—, «Reivindicación de una España invertebrada», en *Las razones del militarismo y otras razones,* Madrid, Anagrama, 1984.

—, *Perdonen las molestias: Crónica de una batalla sin armas contra las armas,* Madrid, Ediciones El País, 2001.

SCHLESINGER, Arthur, *The Disuniting of America,* Nueva York, Norton, 1992.

SCHMITT, Carl, *Teoría de la Constitución,* Madrid, Alianza Universidad Textos, 1983.

Schwarz, Roberto, «Brazilian Culture: Nationalism by Elimination», en John Gledson (ed.), *Misplaced Ideas: Essays on Brazilian Culture,* Londres, Verso, 1992, pp. 1-19.

Segarra, Marta (ed.), *Repensar la comunidad desde la literatura y el género,* Barcelona, Icaria, 2012.

Senabre, Ricardo, «El hereje», *elcultural.es,* 12 de marzo de 2010.

Senghor, Albin y Sambá, Karim, «Cultura de la Transición. Entre la servidumbre política y las cifras de ventas», *Ladinamo,* Revista LDNM, octubre-diciembre de 2007.

«Sergio Ramos s'empipa perquè Piqué respon una pregunta en català durant una roda de premsa de la selecció espanyola», *324. cat.,* Televisió de Catalunya y Catalunya Ràdio, 8 de octubre de 2010.

Shih, Shu-mei, «Comparisons as Relation», en Rita Felski y Susan Friedman (eds.), *Comparison: Theories, Approaches, Uses,* Baltimore, Johns Hopkins University Press, 2013, pp. 79-99.

Smith, Paul J., «Spanish Spring Cinema After Franco», *Sight and Sound* (1997).

Sociedad Estatal para la Conmemoración de los Centenarios de Felipe II y Carlos V, «Un príncipe del Renacimiento: Felipe II, un monarca y su época», Museo Nacional del Prado, Madrid. 13 de octubre de 1998 - 10 de enero de 1999.

Sommer, Doris, *Proceed with Caution when Engaged by Minority Writing in the Americas,* Cambridge, Harvard University Press, 1999.

Spivak, Gayatri Chakravorty, *Death of a Discipline,* Nueva York, Columbia, 2003.

Stanford Friedman, Susan, «Why not compare?», *PMLA Publications Of The Modern Language Association Of America* 126/3 (2011), pp. 753-762.

Stavrakakis, Yannis, *Lacan and the Political,* Nueva York, Routledge, 1999.

—, *The Lacanian Left,* Albany, State University of New York Press, 2007.

—, *La izquierda lacaniana: Psicoanálisis, teoría, política,* México, Fondo de Cultura Económica, 2010.

Taibo Arias, Carlos (ed.), *Nacionalismo español: Esencias, memoria e instituciones,* Madrid, Los libros de la Catarata, 2007.

—, *España, un gran país. Transición, milagro y quiebra,* Madrid, Catarata, 2012.

TAHMASSIAN, Lena, «Carl Scmitt and the Basque Conflict: from the Design of Francoism to Spanish Democrary», *Journal of Spanish Cultural Studies* 1/1(2012), pp. 59-81.

TEJEDOR, Ángel, «La debilidad de Zapatero alienta las rebeliones internas en el PSOE», *elsemanaldigital.com,* 6 de septiembre de 2010.

THERBORN, Goran, *La ideología del poder y el poder de la ideología,* Madrid, Siglo XXI de España, 1987.

Todo sobre mi madre, dirección de Pedro Almodóvar, co-producción España-Francia, El Deseo S. A., Renn Productions y France 2 Cinema, 1999.

«Tormenta política por la decisión del gobierno de instaurar un homenaje mensual a la bandera», *lavanguardia.com,* 10 de septiembre de 2002.

TORREJÓN, José Miguel (ed.), *La littérature d'auteurs portugais en langue castillane,* Vol. 44, *Arquivos do Centro Cultural Calouste Gulbenkian,* ed. de Luísa Brás de Oliveira, Lisboa, Fundação Calouste Gulbenkian, 2002.

TORO, Suso de, *Españoles Todos,* Barcelona, Península, 2004.

TOVAR, Antonio, *El imperio de España,* Madrid, A. Aguado, 1941.

TRIANA-TORIBIO, Núria, *Spanish National Cinema,* Londres, Routledge, 2003.

TRONCHONI, Nadia, «El portugués: El fútbol es para hombres», *El País,* 8 de agosto de 2011.

TUSELL, Javier, *España, una angustia nacional,* Madrid, Espasa-Calpe, 1999.

—, «El Nuevo nacionalismo español», *elpais.com,* 29 de enero de 2001.

UNAMUNO, Miguel de, *En torno al casticismo*, Madrid, Cátedra, 2005.

«Un esfuerzo más», *Espai en Blanc* [http://www.espaienblanc.net/UN-ESFUERZO-MAS-Prologo.html].

URIARTE, Edurne, «La calle es suya», *ABC.com,* 11 de marzo de 2012.

URIBE URBIETA, Kirmen, *Bilbao-New York-Bilbao,* San Sebastián, Elkar, 2008.

VARELA, Javier, *La novela de España: Los intelectuales y el problema español,* Madrid, Taurus, 1999.

VALERA, Juan, «España y Portugal», *Revista Ibérica,* 15 de diciembre de 1861.

VÁZQUEZ MONTALBÁN, Manuel, *Crónica sentimental de España,* Barcelona, Lumen, 1970.

—, *Aznaridad,* Barcelona, Mondadori, 2003.

«Vidal Quadras: España está formada por diecisiete "metástasis"», *libertaddigital.com,* 22 de septiembre de 2012.

VILARÓS, Teresa M., *El mono del desencanto,* Madrid, Siglo XXI de España, 1998.

VILLACAÑAS, José Luis, «De Carlos a Carolus: Dos memorias», *Casa encantada. Lugares de memoria en la España constitucional (1978-2004),* Fráncfort, Vervuert, 2005, pp. 181-207.

VV.AA., *Símbolos de España,* Madrid, Centro de Estudios Políticos y Constitucionales, 2000.

VV.AA., «La monarquía hispánica: Los Austrias, Felipe II», *Biblioteca Virtual Miguel de Cervantes: Historia,* Fundación Biblioteca Virtual Miguel de Cervantes, n.d.

WALZER, Michael, *Politics and Passion: Toward a More Egalitarian Liberalism,* New Haven, Yale University Press, 2006.

WERT, José Ignacio, «Anorexia patriótica», *elpais.com, edición impresa,* 21 de marzo de 2001.

«Wert da un giro ideológico a Educación para la Ciudadanía», *El País,* 18 de mayo de 2012.

WILLIAMS, Raymond, *El marxismo y la literatura,* Barcelona, Península, 1997.

WITTGENSTEIN, Ludwig, *Philosophical Investigations,* Londres, Wiley-Blackwell, 2009.

YEATS, William Butler, «Meditations in Time of the Civil War», en *The Tower,* Nueva York, MacMillan, 1928.

YILDIZ, Yasemin, *Beyond the Mother Tongue: The Postmonolingual Condition,* Nueva York, Fordham University Press, 2012.

ZALDÚA, Iban, *Ese idioma raro y poderoso. Once decisiones cruciales que un escritor vasco está obligado a tomar,* Madrid, Lengua de Trapo, 2012.

«Zapatero niega la crisis económica aunque reconoce dificultades y problemas», *madridpress.com,* 30 de junio de 2008.

«Zapatero pide más "patriotismo" económico y promete dos millones de empleos», *elpais.com,* 9 de enero de 2008.

ŽIŽEK, Slavoj, *The Sublime Object of Ideology,* Londres, Verso, 1989 [ed. cast.: *El sublime objeto de la ideología,* Madrid, Siglo XXI de España, 2010].

—, *Looking Awry: An Introduction to Jacques Lacan through Popular Culture,* Cambridge, Mass., MIT Press, 1991 [ed. cast.: *Mirando al sesgo. Una introducción a Jacques Lacan a través de la cultura popular,* Buenos Aires, Paidós, 2000].

—, *Tarrying with the Negative, Kant, Hegel and the Critique of Ideology*, Durham, Duke University Press, 1993.

—, *The Plague of Fantasies*, Londres, Verso, 1997 [ed. cast.: *El Acoso de las fantasías*, Madrid, Akal, 2011].

—, «Love Thy Neighbor? No, Thanks!», en Cristopher Lane (ed.), *The Psychoanalysis of Race*, Nueva York, Columbia University Press, 1998, pp. 154-175.

—, *The Ticklish Subject. The Absent Centre of Political Ontology*, Londres, Verso, 1999 [ed. cast.: *El espinoso sujeto: el centro ausente de la antología política*, Buenos Aires, Paidós, 2001].

—, *Welcome to the Desert of the Real. Five essays on September 11 and Related Dates*, Londres, Verso, 2002 [ed. cast.: *Bienvenidos al desierto de lo real*, Madrid, Akal, 2005].

— (ed.), *Ideología: Un mapa de la cuestión*, México, Fondo de Cultura Económica, 2003.

—, *The Parallax View*, Cambridge, Mass., MIT Press, 2006 [ed. cast.: *Visión del paralelaje*, Buenos Aires, Fondo de Cultura Económica, 2005].

—, *The Universal Exception*, Londres, Continuum, 2006.

—, *The Year of Dreaming Dangerously*, Londres, Verso, 2012 [ed. cast.: *El año que soñamos peligrosamente*, Madrid, Akal, 2013].

ÍNDICE ONOMÁSTICO

12398556R00195

Printed in Great Britain
by Amazon.co.uk, Ltd.,
Marston Gate.